JN441105

東洋古典譯註叢書 95

譯註 揚子法言 2

著者 揚雄
譯註 朴勝珠
懸吐 成百曉

전통문화연구회

飜譯委員

企劃編輯　東洋古典飜譯編輯委員會
飜譯研究管理　朴相水
譯　　註　朴勝珠
懸　　吐　成百曉
潤　　文　李孝宰
校　　訂　李孝宰
編輯出版　白俊哲

圖書管理

事業管理　權源吾
弘報管理　李和春
普　　及　申洋先
古典情報化　安成守

東洋古典譯註叢書를 발간하면서

우리의 古典國譯事業은 민족문화 진흥의 기초사업으로 1960년대부터 政府 支援으로 古文獻 現代化 작업을 추진하여 많은 成果를 거두었다. 당시 이 사업 추진의 先行課題로 東洋古典이라 일컬어지는 중국의 基本古典을 먼저 飜譯하여야 한다는 學界의 주장이 있었음에도 불구하고 우리 고전이 아니라는 일부의 偏狹한 視角과 財政 事情 등으로 인하여 배제되어 왔다.

전통적으로 중국의 기본고전은 우리 歷史와 함께 숨쉬며 각종 교육기관의 敎科書로 활용됨은 물론이고 지식인들의 必讀書가 되어 왔으며, 우리 文化의 基底에 자리잡고 거의 모든 방면의 體系와 根幹을 형성하여 왔다. 그래서 학문연구의 기본서 역할을 해 왔을 뿐만 아니라 오늘날에도 우리의 國學徒 및 東洋學 研究者들에게 같은 역할을 하고 있음은 주지의 사실이다. 그럼에도 불구하고 中國古典은 우리 것이 아니라 하여 專門機關의 飜譯對象에 포함하지 않음으로써, 대부분 原典에서의 직접 번역이 아닌 重譯이나 拔萃譯의 방식이 주를 이루면서 敎養水準으로 出版되어 왔다.

오늘날 東洋 三國 중에서 우리의 東洋學 연구가 가장 부진한 이유는, 東洋基本古典에 대한 폭넓은 이해의 부족과 漢文古典 讀解力의 저하에 기인함을 우리는 솔직히 인정하여야 한다. 따라서 이들 중국고전에 대한 신뢰할 만한 國譯이 이루어지는 것이 한국학 연구를 촉진시키는 시급한 先行課題라 할 수 있다.

이에 韓國學 및 東洋學의 연구와 古典現代化의 基盤構築을 위해서는, 전문기관으로 하여금 동양고전을 단기간에 각 분야의 專門 研究者와 漢學者가 상호 협동하여 연구번역하여 飜譯의 傳統性과 效率性, 研究의 專門性을 높일 수 있도록 政策的 配慮가 있어야 한다.

이에 本會에서는 元老 및 中堅 漢學者와 斯界의 專攻者로 하여금 協同硏究飜譯하여 공부하는 사람들이 믿고 引用하거나 깊이 있는 註釋 등을 활용할 수 있게 하고, 知識人들의 敎養을 증진시켜 줄 수 있는 東洋古典의 國譯書 간행을 지속적으로 추진해 왔다. 근래에 다행히 이 사업에 대하여 각계 지도층의 폭넓은 이해와 지원에 힘입어 2001년도부터 國庫補助를 받아 東洋古典譯註叢書를 간행하게 되었다. 이를 계기로 우리 先學의 註釋과 見解를 반영하는 등 국역사업의 內實을 기하게 되었음을 이 자리를 빌어 衷心으로 감사드리며, 아울러 國譯에 參與하신 관계자 여러분의 勞苦에 깊은 謝意를 표한다.

끝으로 우리의 이러한 작업은 오랜 역사 위에 축적된 先賢들의 業績과 現代學問을 이어주는 튼튼한 架橋와 礎石이 되어 진정한 韓國學과 東洋學 발전에 기여할 것을 굳게 믿으며, 21세기를 우리 文化의 世紀로 열어 가는 밑거름이 되도록 우리의 力量을 本 事業에 경주하고자 한다. 江湖諸賢의 부단한 관심과 지원을 기대해 마지않는다.

社團法人 傳統文化硏究會 理事長 李啓晃

凡 例

1. 본서는 李軌・柳宗元의 註와 宋咸・吳祕・司馬光의 添註를 合刊한 ≪新纂門目五臣音註揚子法言≫(국립중앙도서관 소장본 : 일산貴1262-2)을 底本으로 하였다.
2. 본서는 원전의 傳統性과 現代性을 구현하기 위해 노력하였다.
3. 原文에는 우리나라 전통방식으로 현토하였다.
4. 저본에는 原文의 章節이 없으나, 일본 桃源藏〔桃井白鹿〕의 增註本과 중국 紀國泰의 ≪揚子法言今讀≫(巴蜀書社, 2010)을 참고하여 章節을 나누고, 아라비아숫자로 표기하였다.
5. 讀音이 특수하거나 僻字인 경우는 원문의 해당 글자 뒤의 ( ) 속에 한글로 音을 달아 주었다.
6. 飜譯은 原義에 충실하게 하되 이해가 어려운 부분은 意譯 또는 補充譯을 하였다.
7. 飜譯文은 한글과 漢字를 混用하였으며, 맞춤법과 띄어쓰기는 한글 맞춤법과 표준어 규정을 따르는 것을 원칙으로 하였다.
8. 譯註는 校勘, 異說, 인용문의 出典, 故事, 전문용어, 難解語 등에 관한 사항을 밝혔다.
9. 校勘은 원문의 誤字, 脫字, 衍文, 倒文 등을 대상으로 하였다.
10. 本書에서 校勘에 참고한 主要 書目의 略稱은 다음과 같으며, 譯註에도 이 약칭으로 표기하였다. 그 외의 저술은 譯註에서 書目을 밝혀두었다.
    - 底本 : ≪新纂門目五臣音註揚子法言≫, 국립중앙도서관 소장본.
    - 四庫全書本 : 文淵閣四庫全書 第696冊, 影印古籍.
    - 四部叢刊本 : 四部叢刊初編 第333冊, 上海涵芬樓藏影宋刊本.
11. 본서에 사용된 주요 符號와 略號는 다음과 같다.

    “ ” : 對話, 각종 인용

    ‘ ’ : “ ” 안에서 再引用, 强調

〈 〉: ‘ ’ 안에서 再引用

( ) : 원문에서는 讀音이 특수한 글자나 僻字의 音, 번역문에서는 간단한 譯註

≪ ≫ : 書名, 出典

〈 〉: 篇章名, 作品名, 補充譯

〔 〕: 번역문과 뜻은 같으나 音이 다른 漢字 및 字句

譯註에서 인용하여 번역한 原文

저본의 脫字 補充

( )〔 〕: (저본의 誤字)〔교감한 正字〕

( ) : 저본의 衍字

目 次

譯註 揚子法言 2

五百[*1)] 第八

* 咸曰"矜其未至而誘之, 自非聖人, 則孰能與於世. 故五百之義, 次之寡見."

宋咸이 말하였다. "〈성인의 경지에〉 이르지 못한 것을 불쌍하게 여겨 인도하는 것은 자신이 聖人이 아니면 누가 세상에 간여할 수 있겠는가. 그러므로 〈五百〉을 〈寡見〉 다음에 놓은 것이다.

聖人은 聰明淵懿으로 繼天測靈①하여 冠乎群倫하여 經諸範②이라 譔五百③이로라

① 聖人……繼天測靈 : 咸曰"靈, 萬靈也. 言天有泰否(비), 聖有出沒, 皆不常然. 故聖人之出沒, 繼天道之否泰, 所以測濟萬靈者也." ○ 祕曰"神靈."

宋咸이 말하였다. "靈은 온갖 生靈이다. 天道는 통함과 막힘이 있고 聖人은 세상에 나오기도 하고 숨기도 하여 모두 일정하지는 않다. 그러므로 聖人이 세상에 나오기도 하고 숨기도 하여 天道의 막힘과 통함을 잇는 것은 온갖 생령을 헤아려 구제하기 위한 것이라는 말이다."

○ 吳祕가 말하였다. "靈은 神靈이다."

② 冠乎群倫 經諸範 : 範, 模. ○ 咸曰"倫, 品也. 範, 猶制度也. 言聖人之生, 冠于群品, 經緯以制度, 而爲天下利." ○ 祕曰"至聖之著存乎軌範." ○ 光曰"聖人以聰明深美之德, 繼成上天之功, 測知神靈之理, 首出群類, 立之法度, 以爲萬世之常道."

範은 모범이다.

○ 宋咸이 말하였다. "倫은 品物이다. 範은 制度와 같다. 聖人이 만사만물 중에 으뜸으로 태어나 制度로써 다스려 天下를 이롭게 하였다는 말이다."

○ 吳祕가 말하였다. "至聖은 軌範에 보존되고 드러난다."

○ 司馬光이 말하였다. "聖人은 聰明하며 깊고 아름다운 德으로 上天의 功을 이어서 이루고 神靈한 이치를 헤아려 알며, 모든 사람들 중에 으뜸으로 나와 法度를 세워 萬世의 常道가 되었다."

③ 譔五百 : 祕曰"麟鳳不常出, 聖人不常生. 或如三辰之竝照, 或如一天之獨久, 能存其道, 則墻奧可量哉." ○ 光曰"明聖人之道."

---

1) ≪法言≫의 각 편명은 ≪論語≫와 마찬가지로 각 편의 첫 章에 나오는 첫 두 글자를 따서 지었다. 이하의 모든 편명이 이와 같다.

吳祕가 말하였다. "기린과 봉황이 항상 나오지는 않고, 聖人이 항상 나오지는 않는다. 〈성인이 나오면〉 혹은 해와 달과 별이 함께 비치는 것과 같고 혹은 한 하늘이 홀로 오래 가는 것과 같으니, 그 道를 보존한다면 심오한 것을 헤아릴 수 있을 것이다."

○ 司馬光이 말하였다. "聖人의 道를 밝힌 것이다."

聖人은 총명하며 깊고 아름다운 德으로 하늘을 잇고 신령함을 헤아려 뭇사람 중에 으뜸으로 나와 〈만세에 모범이 될〉 법칙을 세웠다. 〈이에 성인의 위대함을 알게 하기 위하여〉 〈五百〉을 지었다.

01. 或問 五百歲而聖人出이라하니 有諸①아 曰 堯舜禹는 君臣也而竝②하고 文武周公은 父子也而處③하고 湯孔子는 數百歲而生④하시니 因往以推來하면 雖千一을 不可知也⑤니라

① 五百歲而聖人出 有諸：孟軻・史遷, 皆有此言.[2] ○ 祕曰 "趙岐言 '五百歲聖人一出, 天道之常也.'"

孟軻와 司馬遷이 모두 이러한(500년마다 성인이 나온다는) 말을 하였다.

○ 吳祕가 말하였다. "趙岐가 '500년마다 성인이 한 명 나오는 것은 떳떳한 天道이다.'라고 하였다."

② 堯舜禹君臣也而竝：光曰 "竝世."

司馬光이 말하였다. "〈堯, 舜, 禹는〉 함께 같은 시대에 살았다."

③ 文武周公父子也而處：光曰 "同處."

司馬光이 말하였다. "〈文王, 武王, 周公은〉 같은 곳에서 함께 살았다."

④ 湯孔子數百歲而生：光曰 "湯上距禹, 下距文王, 孔子上距周公, 皆數百歲."

司馬光이 말하였다. "湯임금으로부터 위로 禹王까지, 湯임금으로부터 아래로 文王까지, 孔子로부터 위로 周公까지가 모두 수백 년이다."

⑤ 因往以推來 雖千一不可知也：千歲一人, 一歲千人, 不可知也. ○ 祕曰 "堯・舜・禹三聖相竝, 後數百年, 始生湯, 文・武・周公三聖同處, 後數百年, 始生孔子. 先則比年而三聖, 後則遠年而一聖, 因往以推來, 雖千年一聖, 亦未可知也. 夏后氏有國四百三十二歲而湯興, 周有國五百七十二歲而孔子生."

---

2) 孟軻史遷 皆有此言：孟子와 司馬遷이 모두 500년마다 성인이 나온다는 말을 하였다.≪孟子≫ 〈盡心 下〉에 "堯舜으로부터 湯에 이르기까지가 500여 년이다."라고 하였고, ≪史記≫ 〈太史公自序〉에 太史公(司馬遷)이 말하기를 "先親(司馬談)께서 말씀하기를 '周公이 세상을 떠난 지 500년 만에 孔子가 태어났다."라고 하였다.

천 년에 한 명의 성인이 나올지, 일 년에 천 명의 성인이 나올지 알 수가 없다.
○ 吳祕가 말하였다. "堯, 舜, 禹 세 성인은 같은 시대를 살았는데 그후 수백 년 만에 비로소 湯이 태어났고, 文王·武王과 周公 세 성인은 같은 곳에서 함께 살았는데 그후 수백 년 만에 비로소 孔子가 태어났다. 먼저는 짧은 시일 동안 세 명의 성인이 나왔고, 나중에는 오랜 시일이 지난 뒤에 한 명의 성인이 나왔으니, 지나간 일을 통해 앞일을 미루어보면 천 년 만에 한 명의 聖人이 나올지 또한 알 수가 없다. 夏后氏가 나라를 소유한 지 432년 만에 湯王이 나왔고, 周나라가 나라를 소유한 지 572년 만에 孔子가 태어났다."

혹자가 물었다.

"500년마다 성인이 나온다고 하였으니, 그런 일이 있습니까?"

揚子가 말하였다.

"堯와 舜, 舜과 禹는 군신간으로서 같은 시대에 나란히 나왔고, 文王·武王과 周公은 부자간으로서 같은 시대에 나란히 살았고, 〈禹王으로부터〉 몇백 년이 지난 뒤에 湯王이 나왔고, 〈周公으로부터〉 몇백 년이 지난 뒤에 孔子가 나왔다. 지난 일을 통해 앞일을 미루어보건대 천 년 만에 한 명의 성인이 나올지, 일 년 만에 천 명의 성인이 나올지 알 수가 없다."

02. 聖人은 有以擬天地而參諸身乎①인저

① 聖人 有以擬天地而參諸身乎：稟天地精靈, 合德齊明. 是以首擬天, 腹擬地, 四肢合四時, 五藏合五行, 動如風雷, 言成文章也. ○ 咸曰 "夫天地之道, 或泰而通, 或否而塞, 泰則萬物阜, 否則萬化閼, 弗一而常也. 夫聖人之道, 或生而出, 或亡而絶, 出則萬物遂, 絶則萬化滅, 亦弗一而常也. 是故天地不常泰, 亦不常否, 聖人不常出, 亦不常絶. 揚子因上論聖人之生, 有以合天地之化, 遂爲之言爾. 註以別爲一義, 且云 '首擬天, 腹擬地.' 以形體解之, 甚失揚旨矣.' 夫人之有血氣形體, 首圓象天, 足方象地. 至于肢藏, 各有所法, 雖庸愚者, 皆然. 豈獨聖人哉. 學者宜辨之." ○ 祕曰 "聖人有以擬法天地而參乎言行也. 管子曰 '聖人若天然, 無私覆也, 若地然, 無私載也.' 禮曰 '譬如天地之無不持載, 無不覆燾.' 皆言聖人之道也" ○ 光曰 "言德與天地參者則爲聖人, 無疏數(삭)之期也."

聖人은 天地의 精氣를 품부받아 德은 天地와 같고 밝음은 日月과 같다. 이러므로 머리는 하늘에 견주고 배는 땅에 견주며, 四肢는 四時에 합하고 五臟은 五行에 합하며, 행동은 風雷와 같고 말은 文章을 이룬다.

○ 宋咸이 말하였다. "天地의 道는 혹은 통하기도 하고 혹은 막히기도 하는데, 통하면 萬物이 풍성하고 막히면 온갖 변화가 그쳐서 한결같고 일정하지 않다. 성인의 道는 혹은 성인이 태어나서 세상에 나오기도 하고 혹은 성인이 죽어서 단절되기도 하니, 성인이 세상에 나오면 萬物이 이루어지고 성인이 죽어서 단절되면 만 가지 변화가 사라져서 또한 한결같이 일정하지 않다. 이러므로 天地는 항상 통하지도 않고 또한 항상 막히지도 않으며, 성인은 항상 나오지도 않고 또한 항상 단절되지도 않는다. 揚子가 위에서 성인이 태어나는 것을 논함에 天地의 造化에 부합되는 것이 있었기 때문에 마침내 이러한 말을 한 것이다. 李軌의 註에서 별도로 한 가지 의미를 만들고, 또 '머리는 하늘에 견주고 배는 땅에 견준다.'라고 하여 形體로써 해석한 것은 揚子의 본지를 크게 잃었다. 사람은 血氣와 形體가 있어 머리가 둥근 것은 하늘을 본뜬 것이고 발이 모난 것은 땅을 본뜬 것이며, 四肢와 五臟에 이르러서도 각각 본받은 바가 있다. 비록 어리석은 자라도 모두 그러하니 어찌 유독 성인만 그러하겠는가. 배우는 자는 마땅히 이를 분별해야 한다."

○ 吳祕가 말하였다. "성인은 하늘과 땅을 본받아 말과 행실에 참고한다. 管子가 '성인은 하늘과 같아서 사사로이 덮어줌이 없고, 땅과 같아서 사사로이 실어줌이 없다.'라고 하였고, ≪禮記≫ 〈中庸〉에 '비유하건대 하늘과 땅이 실어주지 않음이 없고 덮어주지 않음이 없는 것과 같다.'라고 하였으니, 모두 성인의 道를 말한 것이다."

○ 司馬光이 말하였다. "德이 天地와 나란히 셋이 되면 성인이라 하니, 〈孟子는 500년마다 성인이 나온다고 했지만〉 드물게 나올지 빈번하게 나올지는 기약할 수 없다."

성인은 天地에 견줄 만한 德이 있기 때문에 천지와 더불어 三才가 될 수 있을 것이다.

03. **或問 聖人有詘乎**①아 **曰 有**니라 **曰 焉詘乎**②아 **曰 仲尼於南子**에 **所不欲見也**③요 **於陽虎**에 **所不欲敬也**④로되 **見所不見**하고 **敬所不敬**하니 **不詘如何**⑤오 **或曰 衛靈公問陳**엔 **則何以不詘**⑥이니잇고 **曰 詘身**은 **將以信道也**니 **如詘道而信身**이면 **雖天下**라도 **不可爲也**⑦니라

① 聖人有詘乎 : 咸曰 "問有所詘身之事." ○ 光曰 "詘, 與屈同."

宋咸이 말하였다. "성인도 몸을 굽히는 일이 있는지 물은 것이다."

○ 司馬光이 말하였다. "詘은 屈(굽히다)과 같다."

② 焉詘乎：咸曰 "焉, 安也. 言安所詘."

宋咸이 말하였다. "焉은 安(어찌, 누구)이다. 누구에게 굽혔느냐는 말이다."

③ 仲尼於南子 所不欲見也：祕曰 "南子, 衛靈公夫人也. 孔子本不欲見也."

吳祕가 말하였다. "南子는 衛 靈公의 夫人인데, 孔子가 본래 만나고 싶어 하지 않았다."

④ 於陽虎 所不欲敬也：祕曰 "陽虎, 陽貨, 爲季氏家臣, 專魯之政, 孔子本不欲敬也."

吳祕가 말하였다. "陽虎는 陽貨이니, 季氏의 家臣이 되어 魯나라의 國政을 전횡하였으므로 孔子가 본래 공경하고자 하지 않았다."

⑤ 見所不見……不詘如何：祕曰 "孔子見其本不欲見者, 欲使靈公行治道也. 敬其本不欲敬者, 如有用我者, 吾其爲東周乎,[3] 是欲詘身以行道. 語曰 '子見南子.' 又曰 '時其亡也而往拜之.'"

吳祕가 말하였다. "공자가 본래 만나고 싶지 않은 자를 만난 것은 영공으로 하여금 治道를 행하게 하고자 해서이고, 본래 공경하고 싶지 않은 자에게 경의를 표한 것은, '만약 나를 써주는 자가 있다면 주나라의 도를 동방인 노나라에 부흥시키겠다.'는 뜻이니, 이것은 몸을 굽혀 道를 행하고자 한 것이다. ≪論語≫ 〈雍也〉에 '공자께서 南子를 만났다.'라고 하였고, 또 〈陽貨〉에 '공자께서도 그(양화)가 없는 틈을 타 가서 사례하셨다.'라고 하였다.

⑥ 衛靈公問陳 則何以不詘：祕曰 "不詘, 謂不順從靈公而對以俎豆之事[4]." ○ 光曰 "陳, 直刃切."

吳祕가 말하였다. "굽히지 않았다는 것은 공자가 영공의 물음에 순순히 응하지 않고 俎豆의 일로써 대답한 것을 이른다."

○ 司馬光이 말하였다. "陳은 直과 刃의 반절이다."

⑦ 詘身將以信道也……不可爲也：仲尼之敬陽虎, 揚子之臣王莽, 所詘〔者〕[5]形也, 於神何時撓哉. 諸如此例, 學者宜識其旨. ○ 咸曰 "信, 讀如屈伸之伸. 言見南子・陽虎, 是身也. 雖詘之可矣, 於道何損. 對靈公, 是道也. 將詘之可乎. 雖得天下, 不當爲矣. 故孔子曰 '君子之行己, 可以詘則詘, 可以伸則伸.'[6] 揚子之於事莽, 亦斯之謂乎." ○

---

3) 如有用我者 吾其爲東周乎：≪論語≫ 〈陽貨〉에 보인다.

4) 不順從靈公而對以俎豆之事：≪論語≫ 〈衛靈公〉에 보인다. 衛나라 靈公이 孔子에게 陣法을 묻자, 공자께서 "俎豆(禮器)에 대한 일은 일찍이 들었거니와 군대에 관한 일은 배우지 못하였다."라고 대답하고, 다음날 마침내 떠났다.

5) 〔者〕：저본에는 '者'가 없으나, 四部叢刊本에 의거하여 보충하였다.

6) 君子之行己……可以伸則伸：≪孔子家語≫ 〈屈節〉에 보인다.

光曰 "信, 與伸同. 雖利之以天下, 猶不可爲詘道伸身之事."

仲尼가 陽虎를 공경하고, 揚子가 王莽에게 신하 노릇 할 때 굽힌 것은 몸이었으니, 정신이야 언제 굽힌 적이 있겠는가. 모든 이와 같은 例는 배우는 자가 의당 그 본지를 알아야 한다.

○ 宋咸이 말하였다. "信은 屈伸(굽히고 펴다)의 伸으로 읽어야 한다. 공자께서 남자와 양호를 만난 것은 몸이다. 몸은 비록 굽히더라도 괜찮으니 道에 무슨 손상됨이 있겠는가. 영공에게 대답한 것은 道이니, 장차 도를 굽히는 것이 가하겠는가. 비록 천하를 얻는다 해도 마땅히 〈도를 굽히는 일을〉 해서는 안 된다. 그러므로 공자가 말씀하기를 '君子가 처신함에 〈몸을〉 굽힐 만하면 굽히고 펼 만하면 편다.'고 하였으니, 양자가 왕망을 섬긴 것도 이러한 경우임을 이른 것이다."

○ 司馬光이 말하였다. "信은 伸(펴다)과 같다. 비록 천하를 이롭게 할 수 있다 해도 오히려 도를 굽혀서 몸을 펴는 일을 해서는 안 된다."

혹자가 물었다.

"聖人도 몸을 굽히는 일이 있습니까?"

揚子가 말하였다.

"있다."

혹자가 말하였다.

"누구에게 굽혔습니까?"

양자가 말하였다.

"仲尼는 〈衛나라 靈公의 부인인〉 南子를 만나고 싶어 하지 않았고, 〈魯나라 季氏의 家臣인〉 陽虎를 공경하고 싶어 하지 않았다. 그런데 만나고 싶지 않은 자를 만났고, 공경하고 싶지 않은 자를 공경하였으니, 이것이 굽힌 것이 아니고 무엇이겠는가."

혹자가 말하였다.

"위나라 영공이 孔子에게 陣法에

靈公問陳圖

대해 물었을 때는 어찌하여 굽히지 않았습니까?"

양자가 말하였다.

"몸을 굽히는 것은 장차 도를 펴고자 해서이니, 만약 도를 굽혀서 몸을 편다면 비록 천하를 얻는다 해도 할 수 없다."

04. **聖人**은 **重其道而輕其祿**하고 **衆人**은 **輕其道而重其祿**하나니 **聖人**은 **曰 於**(오)라 **道行歟**아하고 **衆人**은 **曰 於**(오)라 **祿殖歟**①아하나니라

① 聖人曰……祿殖歟：聖人以行道爲務，凡人以祿殖爲先．○ 光曰"殖，豐多也．"

성인은 도를 행하는 것을 급선무로 여기고, 범인은 祿을 불리는 것을 급선무로 여긴다.

○ 司馬光이 말하였다. "殖은 풍부하고 많은 것이다."

聖人은 道를 중하게 여기고 祿을 가볍게 여기며, 衆人은 도를 가볍게 여기고 녹을 중하게 여기니, 성인은 '아, 도를 행할 수 있을까.'라고 말하고, 중인은 '아, 녹을 불릴 수 있을까.'라고 말한다.

05. **昔者**에 **齊魯有大臣**하니 **史失其名**①이니라 **曰** (如何)〔**何如**〕[7] **其大也**니잇고 **曰 叔孫通**이 **欲制君臣之儀**하여 **徵先生於齊魯**한대 **所不能致者二人**②이라 **曰 若是則 仲尼之開跡**[8] **諸侯也 非邪**③아 **曰 仲尼開跡**은 **將以自用也**④라 **如委己而從人**이면 **雖有規矩準繩**이라도 **焉得而用之**⑤리오

① 齊魯有大臣 史失其名：以道事君，不可則止，爲大臣也．史失其名者，不書其名也．

道로써 군주를 섬기다가 불가하면 그만두는 것을 大臣이라 한다. '史失其名'은 사서에 그 이름을 쓰지 않은 것이다.

② 叔孫通……所不能致者二人：高帝時，叔孫通爲泰常，欲制君臣之禮，乘亂之餘，權時之制，不合聖典．雖盡其美，未盡其善，故不能致之．○ 祕曰"叔孫通，爲漢高，起朝儀，召魯諸生三十餘人．魯有兩生，不肯行曰'又欲起禮樂，禮樂所由起，積德百年而

7) (如何)〔何如〕: 저본에는 '如何'로 되어 있으나, 四部叢刊本에 의거하여 '何如'로 바로잡았다.

8) 開迹 : 제후국에 가서 자신의 포부를 펴서 보여줌을 말하니, '歷聘'이라는 말과 같다.

後可興也. 吾不忍爲公所爲, 不合古, 吾不行. 公往矣, 毋汙我.' 通笑曰 '若眞鄙儒也. 不知時變.' 遷固二史, 皆曰魯有兩生, 而揚謂齊魯, 豈其接近而言哉." ○ 光曰 "先生, 謂宿儒."

漢 高帝 때에 叔孫通이 太常이 되어 군신간의 禮를 만들고자 하였으나 난리를 겪은 뒤에 임시로 만든 것이어서 성인의 법도에 합치되지 않았다. 지극히 아름답기는 하지만 지극히 善하지는 못하였기 때문에 〈두 유생을〉 오게 하지 못한 것이다.

○ 吳祕가 말하였다. "叔孫通이 漢 高帝를 위하여 조정의 예의를 일으키고자 하여 魯 지방의 諸生 30여 인을 불렀다. 그중에 魯 지방의 두 유생은 끝내 부름에 응하지 않고, 숙손통에게 말하기를 '〈공이 섬긴 군주가 열 명에 이르는데, 모두 아첨하여 섬겨 親貴를 얻었다. 그런데 지금 천하가 막 정해진 터에 죽은 자는 아직 장사도 못 지냈고, 다친 자는 아직 일어나지도 못하였는데〉 또 禮樂을 일으키고자 하니, 禮樂이 말미암아 일어나는 것은 德을 쌓은 지 백 년이 된 뒤에야 일으킬 수 있다. 우리는 공이 하는 짓을 차마 할 수 없다. 공의 행위는 옛 도에 합하지 않으니, 우리는 가지 않을 것이다. 공은 어서 가 버려서 우리를 더럽히지 말라.'라고 하니, 숙손통이 웃으며 '그대들은 참으로 비루한 儒者이니, 시대의 변화를 알지 못하는구나.'라고 하였다. 司馬遷과 班固 두 사관은 모두 '魯有兩生'이라고 하였는데 揚子는 '齊魯'라고 하였으니, 아마도 제와 노 지방이 가까이 붙어 있기 때문에 그렇게 말했을 것이다."

○ 司馬光이 말하였다. "先生은 宿儒(학식과 덕망이 높은 선비)를 이른다."

③ 若是則仲尼之開跡諸侯也 非邪 : 咸曰 "開, 謂開布其跡於諸侯之國." ○ 祕曰 "若以二生爲是, 則仲尼欲行敎於諸侯, 非歟. 開, 開說其君臣之義. 跡, 跡述其禮儀之制." ○ 光曰 "或難揚子, 以齊魯二生, 知道不行, 而不起爲是, 則仲尼之歷聘爲非邪."

宋咸이 말하였다. "開는 제후들의 나라에서 자신의 행적을 드러내는 것을 말한다."

○ 吳祕가 말하였다. "만약 두 유생이 옳다면 仲尼가 제후들에게 가르침을 행하고자 한 것은 잘못인가. 開는 군신간의 義에 대해 開說(陳述)하는 것이고, 跡은 禮儀의 제도를 행적으로 기술하는 것이다."

○ 司馬光이 말하였다. "혹자가 揚子에게 '齊·魯 지방의 두 유생이 道가 행해지지 않을 줄을 알고 출사하지 않은 것이 옳다면, 중니가 제후들을 두루 찾아다닌 것은 그른 것인가.'라고 힐난한 것이다."

④ 仲尼開跡 將以自用也 : 欲行其道, 制素法也. ○ 祕曰 "欲行己之道, 合於聖人之法."

道를 행하고자 하여 素法(常法)을 제정한 것이다.

○ 吳祕가 말하였다. "자신의 도를 행하고자 하되 聖人의 法에 부합하였다."

⑤ 如委己而從人……焉得而用之 : 咸曰 "規矩準繩, 猶制度也. 言委己而從人, 則雖有制度, 不得專而用之, 故二人所以不至也. 如孔子則不然." ○ 祕曰 "通制漢儀, 得隨時之

義. 而揚獨許此二生者, 蓋善其惡(오)叔孫之面諛, 而雜用秦儀, 且欲自明揚之志, 不隨莽改作也." ○ 光曰 "二生所守, 三王之禮, 而叔孫通, 阿諛希世, 雜用秦儀. 若起則當委己而從之, 安得自用其道也."

宋咸이 말하였다. "規矩準繩은 制度와 같다. 자신의 도를 버리고 다른 사람의 요구를 따른다면 비록 제도가 있더라도 마음대로 쓸 수가 없다. 그러므로 노나라 유생 두 사람이 이르지 않은 것이다. 그러나 만약 孔子라면 그렇게 하지 않을 것이다."

○ 吳祕가 말하였다. "숙손통이 漢나라 儀禮를 제정한 것은 때에 따라 변통하는 의리에 맞다. 그런데 揚雄이 유독 이 두 유생을 인정한 것은 〈두 유생이〉 숙손통이 군주에게 아첨하여 秦나라 때의 禮儀를 섞어 쓴 것을 미워한 점을 선하게 여겼기 때문이고, 또 양웅 자신의 뜻은 王莽을 따라 바꾸지 않았음을 스스로 밝히고자 한 것이다."

○ 司馬光이 말하였다. "두 유생이 지킨 것은 三王의 禮인데, 叔孫通은 아첨하여 당시 군주의 비위를 맞추어 秦나라 때의 禮儀를 섞어 썼다. 두 유생이 만약 출사하였다면 마땅히 자신의 도를 버리고 남을 따랐어야 하니 따른다면 어찌 자신의 도를 쓸 수 있겠는가."

옛날에 齊와 魯 지방에 大臣(덕이 높은 신하)이 있었는데, 역사에 그 이름이 전하지 않는다. 혹자가 말하였다.

"어찌하여 대신이라고 합니까?"

揚子가 말하였다.

"叔孫通이 〈漢 高祖를 위하여〉 군신간의 禮儀를 만들고자 하여 齊나라와 魯나라에서 선생들을 불렀는데, 이르게 하지 못한 사람이 두 명 있었으니, 바로 이들이었다. 〈이 때문에 대신이라고 하는 것이다.〉"

혹자가 말하였다.

"이와 같다면 仲尼가 제후들을 두루 찾아다닌 것은 잘못한 것입니까?"

양자가 말하였다.

"중니가 제후들을 두루 찾아다닌 것은 장차 자신의 도를 행하고자 해서였다. 만약 자신의 도를 버리고 남을 따른다면 비록 規矩準繩(법도)을 가지고 있다 하더라도 어떻게 쓸 수 있겠는가."

06. **或問 孔子之時**에 **諸侯有知其聖者歟**아 **曰 知之**니라 **曰 知之則曷爲不用**고 **曰**

不能이니라 **曰 知聖而不能用也**를 **可得聞乎**잇가 **曰 用之則宜從之**①니 **從之則棄其所習**②하고 **逆其所順**③하며 **彊其所劣**④하고 **捐其所能**⑤하여 **衝衝如也**⑥니 **非天下之至德**이면 **孰能用之**⑦리오

① 用之則宜從之 : 祕曰 "用其人, 當從其道."

吳祕가 말하였다. "그 사람을 등용했으면 마땅히 그 사람의 도를 따라야 한다."

② 從之則棄其所習 : 光曰 "習, 謂故常所安."

司馬光이 말하였다. "習은 전부터 내려오는 전례를 편안하게 여기는 것을 말한다."

③ 逆其所順 : 光曰 "順, 謂情志所欲."

司馬光이 말하였다. "順은 情과 뜻에 원하는 것을 이른다."

④ 彊其所劣 : 光曰 "彊, 其亮切. 劣, 謂彼所難能."

司馬光이 말하였다. "彊은 其와 亮의 반절이다. 劣은 저 제후들이 잘하지 못하는 것을 이른다."

⑤ 捐其所能 : 咸曰 "夫子所習者正, 彼所習者不正, 故當棄之. 夫子所順者道, 彼所順者非道, 故當逆之. 夫子所劣者非, 彼所劣者是, 故當彊之. 夫子所能者德, 彼所能者不德, 故當捐之." ○ 祕曰 "既從聖人之道, 則諸侯習其異聞者棄之, 順非而澤者逆之, 劣於仁義者彊之, 以攻戰聚斂爲能者捐之, 是之謂能用之." ○ 光曰 "捐, 與專切. 能, 謂心所素有."

宋咸이 말하였다. "夫子(孔子)가 익힌 것은 바르고, 저 제후들이 익힌 것은 바르지 않으므로 〈공자를 등용하면〉 당연히 바르지 않은 것을 버려야 한다. 夫子의 마음에 순한 것은 道이고, 저 제후들의 마음에 순한 것은 道에 맞지 않는 것이므로 〈공자를 등용하면〉 당연히 자신의 마음에 원하는 것과 어긋났을 것이다. 夫子가 능하지 못한 것은 옳지 않은 일이고, 저 제후들이 능하지 못한 것은 옳은 일이므로 〈공자를 등용하면〉 당연히 옳은 일을 힘써야 한다. 夫子가 능한 것은 德이고, 저 제후들이 능한 것은 不德이므로 〈공자를 등용하면〉 당연히 부덕을 버려야 한다."

○ 吳祕가 말하였다. "이미 성인의 道를 따른 뒤에는 제후가 익숙하게 들었던 다른 일들을 버리고, 잘못을 합리화시키며 번지르르하게 꾸미는 것이 마음에 거슬리며, 잘하지 못하는 仁義에 힘쓰고, 攻戰하고 聚斂하는 것을 능사로 여기는 것을 버려야 하니, 이것을 일러 〈성인의 도를〉 잘 썼다고 한다."

○ 司馬光이 말하였다. "捐은 與와 專의 반절이다. 能은 마음에 고유한 것을 이른다."

⑥ 衝衝如也 : 光曰 "心相逆鬪之貌."

司馬光이 말하였다. "마음속에서 서로 거스르며 다투는 모양이다."

⑦ 非天下之至德 孰能用之：咸曰 "衙衙，猶多也．言諸侯如是者多矣，安能用之." ○ 祕曰 "當時諸侯衙衙然，非有天下之至德至道，誰能用之哉." ○ 光曰 "李宋吳本，皆無德字．音義稱天復本有之，今從之．至德，謂至明之德也."

宋咸이 말하였다. "衙衙은 多와 같다. 제후 중에 이와 같은 자가 많으니, 어찌 공자를 등용할 수 있겠느냐는 말이다."

○ 吳祕가 말하였다. "당시의 諸侯들이 많았으나 天下의 제후 중에 지극히 밝은 德과 지극히 밝은 道가 있는 자가 아니면 누가 공자를 등용할 수 있겠는가."

○ 司馬光이 말하였다. "李軌本・宋咸本・吳祕本에는 모두 '德'자가 없다. ≪音義≫에 일컫기를 '天復本에 〈「德」자가〉 있다.'라고 하였는데, 지금 이것을 따랐다. 至德은 지극히 밝은 德을 이른다."

혹자가 물었다.

"孔子 당시에 제후들 중에 孔子가 聖人이라는 것을 안 자가 있었습니까?"

揚子가 말하였다.

"안 자가 있었다."

혹자가 말하였다.

"공자가 성인이라는 것을 알았다면 어째서 등용하지 않았습니까?"

양자가 말하였다.

"공자가 성인이라는 것을 알았지만 등용할 수가 없었다."

孔子

혹자가 말하였다.

"공자가 성인이라는 것을 알면서 등용할 수 없었던 이유를 들려주시겠습니까?"

양자가 말하였다.

"공자를 등용하면 공자의 道를 따라야 하는데, 공자의 도를 따르려면 〈자신이〉 익숙하고 편한 것들은 버려야 하고, 자신의 마음에 원하는 것과는 어긋나며, 능하지 못하는 것들은 힘써야 하고, 능한 것들은 버려야 해서 마음이 몹시 편치 않으니, 천하에 지극히 밝은 덕이 있는 사람이 아니라면 누가 공자를 등용할 수 있겠는가."

07. 或問 孔子는 **知其道之不用也**하고 **則載而惡**(오)**乎之**①릿고 **曰 之後世君子**②니라 **曰 賈如是**면 **不亦鈍乎**③아 **曰 衆人**은 **愈利而後鈍**④하고 **聖人**은 **愈鈍而後利**⑤하여 **關百聖**[9)]**而不慙**⑥하고 **蔽天地而不恥**⑦하니 **能言之類 莫能加也**⑧라 **貴無敵**하고 **富無倫**⑨하니 **利孰大焉**⑩이리오

① 孔子……則載而惡(오)乎之 : 欲知載道術, 何所之詣. ○ 祕曰 "何所之乎." ○ 光曰 "惡音烏."

道術(道學)을 싣고 어디로 가려고 했는지 알고자 한 것이다.

○ 吳祕가 말하였다. "惡乎之는 어디로 가려고 했느냐는 말이다."

○ 司馬光이 말하였다. "惡는 음이 烏이다."

② 之後世君子 : 許來哲. 〔○〕[10)]祕曰 "與諸後世之王者. 禮運曰 '禹・湯・文・武・成王・周公, 由此其選也, 此六君子者, 未有不謹於禮者也.'" ○ 光曰 "俟後之聖賢, 必有能用其道者."

후세의 군자를 기다린다는 것은 후세의 哲人을 인정한 것이다.

○ 吳祕가 말하였다. "後世의 王者를 인정한 것이다. ≪禮記≫ 〈禮運〉에 '禹王, 湯王, 文王, 武王, 成王, 周公이 이 禮義를 써서 왕으로 뽑혔으니, 이 여섯 군자들은 禮를 삼가지 않음이 있지 않았다.'라고 하였다."

○ 司馬光이 말하였다. "후세의 聖賢을 기다린 것이니, 그중에 반드시 자신의 도를 행할 수 있는 자가 있을 것이다."

③ 賈如是 不亦鈍乎 : 言畜貨以遺後, 畜道俟將來, 是遲鈍. ○ 祕曰 "譬如賈之不售." ○ 光曰 "賈音古. 言行道者, 貴於及身, 乃載以遺後世, 譬諸爲賈求利者, 如此, 不亦鈍乎."

財貨를 모아 후손에게 물려주고, 道를 간직하고 후세의 哲人을 기다리는 것은 우둔함을 말한 것이다.

○ 吳祕가 말하였다. "〈道를 간직하고 후세의 哲人을 기다리는 것은〉 비유하면 商人이 물건을 팔지 않는 것과 같다."

○ 司馬光이 말하였다. "賈는 음이 古이다. 道를 행하는 자는 자기 몸에 실현하는 것을 귀하게 여기는데, 마침내 도를 싣고서 후세의 군자에게 전해 주었으니, 장사를 하여 이익을 구하는 자에게 비유하건대 이와 같다면 우둔하지 않겠느냐는 말이다."

---

9) 關百聖 : 關은 貫과 통용되니, 孔子의 주장이 역대 여러 聖人들의 학설과 서로 관통함을 말한다.

10) 〔○〕 : 저본에는 '○'이 없으나, 文例에 의거하여 보충하였다.

④ 衆人 愈利而後鈍 : 咸曰 "邪道苟合, 久而益非." ○ 祕曰 "行一切之利, 不可經世."

宋咸이 말하였다. "간사한 道에 구차하게 영합하면 오래될수록 더욱 잘못된다."

○ 吳祕가 말하였다. "일체 이익에만 골몰하면 세상을 다스릴 수 없다."

⑤ 聖人 愈鈍而後利 : 咸曰 "正德不偶, 久而益光." ○ 祕曰 "初不苟合, 久而利博." ○ 光曰 "言利愈近則愈小, 愈遠則愈大."

宋咸이 말하였다. "바른 德은 구차하게 영합하지 않더라도 오래될수록 더욱 빛이 난다."

○ 吳祕가 말하였다. "처음에 구차하게 영합하지 않더라도 오래될수록 이로움이 넓다."

○ 司馬光이 말하였다. "이로움은 가까울수록 더욱 작고 멀수록 더욱 큼을 말한 것이다."

⑥ 闗百聖而不慙 : 祕曰 "闗, 猶言管也. 荀子曰 '天下之道管是矣, 百王之法一是矣.'[11] 楊倞曰 '管, 樞要也.'" ○ 光曰 "孔子之道, 雖經百聖, 不可易."

吳祕가 말하였다. "闗은 管(關鍵)이라고 말하는 것과 같다. 荀子가 '〈성인이란 도의 근본〔管〕이다.〉 천하의 道는 모두 그(성인)에게 근본을 두고 있고, 역대 성왕의 法도 그에게 통일되어 있다.'라고 하였다. 이에 대한 楊倞의 注에 '管은 樞要(關鍵)이다.'라고 하였다."

○ 司馬光이 말하였다. "공자의 道는 비록 역대의 성인을 거치더라도 바꿀 수가 없다."

⑦ 蔽天地而不恥 : 咸曰 "蔽, 猶塞(색)也. 言道塞於天地而無所愧." ○ 光曰 "蔽, 當作弊, 終也."

宋咸이 말하였다. "蔽는 塞(가득차다)과 같다. 道가 天地에 가득 차도 부끄러운 바가 없다는 말이다."

○ 司馬光이 말하였다. "蔽는 마땅히 弊가 되어야 하니, 〈天地가〉 다하는 것이다."

⑧ 能言之類 莫能加也 : 祕曰 "自生民以來, 未有如夫子也." ○ 光曰 "爲衆說郛"[12]

吳祕가 말하였다. "生民이 있은 이래로 공자와 같은 분은 있지 않았다."

○ 司馬光이 말하였다. "〈공자는〉 온갖 학설의 성곽이다."

⑨ 貴無敵 富無倫 : 光曰 "堯舜所不能踰."

司馬光이 말하였다. "堯・舜은 뛰어넘을 수 없는 분들이다."

⑩ 利孰大焉 : 祕曰 "他貴以位而富以財, 聖人貴以道而富以敎, 無倫敵矣. 利及萬世, 非

---

11) 荀子曰……百王之法一是矣 : ≪荀子≫ 〈儒效〉에 보인다.

12) 爲衆說郛 : 앞의 〈問神篇〉에 "크도다. 天地는 만물의 성곽이 되며, 五經은 온갖 학설의 성곽이 됨이여.〔大哉 天地之爲萬物郭 五經之爲衆說郛〕"라고 하였다.

大而何." ○ 光曰 "範圍天地, 曲成萬物."[13)]

吳祕가 말하였다. "다른 사람은 지위를 귀하게 여기고 재물을 富라고 여기지만, 聖人은 道를 귀하게 여기고 가르침을 富라고 여기니, 필적할 만한 자가 없다. 이로움이 萬代에 미치니, 큰 것이 아니고 무엇이겠는가."

○ 司馬光이 말하였다. "天地를 본받아 萬物을 곡진히 이루어준다."

혹자가 물었다.

"孔子는 자신의 道가 세상에 쓰이지 않을 것을 알고 도를 싣고 어디로 가려고 했습니까?"

揚子가 말하였다.

"후세의 군자에게 가려고 하였다."

혹자가 말하였다.

"〈道를 간직하고 후세의 군자를 기다리는 것은 비유하면 장사꾼이 물건을 팔지 않고 쌓아두고 기다리는 것과 같으니,〉 장사꾼이 이와 같다면 또한 손해를 보지 않겠습니까."

양자가 말하였다.

"衆人의 道는 더 유리한 것 같지만 결국에는 손해를 보고, 성인의 道는 더 손해를 보는 것같지만 결국에는 유리하다. 공자의 도는 역대의 성인에게 견주어도 손색이 없고 천지를 덮어도 모자란 것이 없으니, 생민이 있은 이래로 이보다 더 훌륭한 분은 없었다. 공자의 귀함은 필적할 자가 없고 공자의 부유함은 비교할 자가 없으니, 어떤 이익이 이보다 더 크겠는가."

08. 或曰 孔子之道를 **不可小歟**①아 **曰 小則敗聖**이니 **如何**②오 **曰 若是則何爲去乎**③아 **曰 愛日**④이니라 **曰 愛日而去**는 **何也**⑤오 **曰 由群婢之故也**니 **不聽正**[14)]하고

---

13) 範圍天地 曲成萬物 : ≪周易≫ 〈繫辭傳 上〉에 성인의 위대한 일을 말하며 "天地의 조화를 範圍하여 지나치지 않으며, 萬物을 곡진히 이루어 빠뜨리지 않는다.〔範圍天地之化而不過 曲成萬物而不遺〕"라고 하였으니, 範은 금을 주조할 때의 거푸집과 같고 圍는 틀과 같다. 즉 천지의 무궁한 조화를 성인이 모두 아울러서 中道에서 벗어나지 않게 하는 것이다.

14) 聽正 : 正은 政과 통용되니, 聽政은 정사를 듣고 처리하는 것이다.

諫而不用이라 **噫者**라 **吾於觀庸邪**하니 **無爲飽食安坐而麼觀也**⑥라하니 **由此觀之**컨대 **夫子之日亦愛矣**⑦시니라 **或曰 君子愛日乎**⑧아 **曰 君子仕則欲行其義**하고 **居則欲彰其道**⑨하여 **事不厭**하고 **敎不倦**하나니 **焉得日**⑩이리오

① 孔子之道 不可小歟：嫌孔子大其道, 故當其時不能見用.

孔子가 그 道를 크게 만들었기 때문에 그 당시 세상에 쓰이지 못함을 혐의한 것이다.

② 小則敗聖 如何：祕曰 "小道害聖, 如之何可小." ○ 光曰 "音義曰 '天復本, 無如何字.' 今從李宋吳本."

吳祕가 말하였다. "성인의 道를 작게 만들면 성인의 덕을 손상시키니 어찌 작게 만들겠는가."

○ 司馬光이 말하였다. "≪音義≫에 '天復本에는 「如何」자가 없다.'라고 하였는데, 지금 李軌本·宋咸本·吳祕本을 따랐다."

③ 若是則何爲去乎：咸曰 "言不見用則已, 何去魯去衛之爲乎." ○ 光曰 "道旣不可小, 則所如不合, 何必去父母之邦."

宋咸이 말하였다. "세상에 쓰이지 못했으면 그만둘 것이지 어찌 魯나라를 떠나 衛나라로 갔느냐는 말이다."

○ 司馬光이 말하였다. "道를 이미 작게 만들 수 없다면 가는 곳마다 합하지 않을 것이니, 어찌 굳이 父母의 나라를 떠날 필요가 있겠는가."

④ 愛日：祕曰 "欲及時, 急於行道."

吳祕가 말하였다. "제때에 맞추고자 한 것은 道를 행하는 것을 급하게 여긴 것이다."

⑤ 愛日而去 何也：咸曰 "言欲及時施道, 則止魯可矣, 何去之." ○ 祕曰 "去魯." ○ 光曰 "留魯而化之, 則收效彌遠."

宋咸이 말하였다. "제때에 맞춰서 도를 베풀고자 하였다면 노나라에 머물러 있으면 되니 어찌 떠날 필요가 있겠느냐는 말이다."

○ 吳祕가 말하였다. "노나라를 떠난 것이다."

○ 司馬光이 말하였다. "노나라에 머물면서 교화했다면 효과를 거둠이 더욱 원대했을 것이다."

⑥ 由群婢之故也……無爲飽食安坐而麼觀也：齊人歸女樂, 季桓子受之, 三日不聽朝政, 諫而不用, 於是遂行. ○ 咸曰 "孔子相魯, 齊人懼而欲敗其政. 選齊國中女子好者八十人, 皆衣文衣而舞容璣, 文馬三十駟以遺魯君. 季桓子語魯君爲周道游, 觀終日, 怠於政事. 子路曰 '夫子可行矣.' 孔子曰 '魯今且郊, 如致膰乎大夫, 則吾猶可以止.' 桓子卒受之, 三日不聽政, 郊又不致膰俎於大夫, 遂行. 而師己送之曰 '夫子則非罪也.' 孔

子曰 '吾歌可乎.' 歌曰 '彼婦之口, 可以出走. 彼婦之謁, 可以死敗. 優哉游哉, 聊以卒歲.' 師己反(歌)[15], 桓子曰 '孔子亦何言.' 師己以實告, 桓子曰 '夫子罪我以群婢故也.' 不聽正, 當作不聽政, 字之誤也. 雉噫,[16] 猶歌歎之聲, 梁鴻五噫[17]之類也. 庸邪, 謂女樂也. 言仲尼所以雉噫然歌之而去者, 蓋不能飽食安坐歷觀庸邪之樂, 欲愛日汲汲於施道也." ○ 光曰 "宋吳本, 作不用雉噫者, 今從李本, 無雉字. 正, 與政同. 歷, 一塩反. 季桓子受齊女樂, 不聽政, 孔子諫不用, 乃嘆曰 '吾爲大夫, 豈可坐觀其政亂民困邪.' 故去之他國. 觀庸闕."

齊나라 임금이 女樂(미녀 악사)을 보내니, 季桓子가 그것을 받고 3일 동안 조정의 정사를 처리하지 않고 간해도 듣지 않자, 공자께서 이에 마침내 떠나셨다.

○ 宋咸이 말하였다. "공자가 노나라 재상이 되어 〈국정에 참여하니, 세 달 만에 노나라의 정치가 크게 달라졌다. 그러자〉 제나라 임금이 두려워하여 노나라 정사를 망치고자 하였다. 이에 제나라가 국내의 미녀 80인을 선발해 모두 화려한 옷을 입혀 容璣(舞曲의 이름)에 맞추어 춤을 가르쳐서, 文馬(무늬가 있는 말) 30駟(120필)와 함께 노나라 임금에게 보내었다. 季桓子가 노나라 임금과 각 지방을 순시한다는 핑계를 대고 그곳으로 가서 하루종일 구경하고 정사를 태만히 하자, 子路가 '夫子께서

齊人歸女樂圖

15) (歌) : 저본에는 '歌'가 있으나, ≪史記≫ 〈孔子世家〉에 의거하여 衍文으로 처리하였다.

16) 雉噫 : 大文의 원문에는 '噫'로 되어 있으나, 宋咸本에는 '雉噫'로 되어 있는 듯하다. 아래 司馬光의 설에 자세하다.

17) 梁鴻五噫 : 五噫는 東漢 때에 梁鴻이 지었다고 하는 노래로, 전체가 다섯 구절로 이루어져 있으며, 각 구절의 끝마다 '噫'자가 있으므로 五噫라고 한 것이다. 양홍이 학문을 좋아하여 벼슬하기를 구하지 않은 채 그의 아내인 孟光과 함께 霸陵山으로 들어가 살았는데, 동쪽으로 關門을 나가서 京師를 지나다가 이 노래를 지었다고 한다. 그 노래에, "저 북망산 위에 올라감이여, 아 슬프도다. 서울을 뒤돌아다 봄이여, 아 슬프도다. 궁실이 우뚝하게 높음이여, 아 슬프도다. 사람들이 힘들게 일함이여, 아 슬프도다. 아득히 멀고 먼 미앙궁이여, 아 슬프도다.〔陟彼北芒兮 噫 顧覽帝京兮 噫 宮室崔嵬兮 噫 人之劬勞兮 噫 遼遼未央兮 噫〕"라고 하였다.(≪後漢書≫ 〈逸民列傳 梁鴻〉)

떠나실 만합니다.'라고 하니, 공자가 '노나라가 이제 장차 郊祭를 지낼 것이니, 만일 제사고기를 大夫에게 보낸다면 내가 그래도 머물러 있을 만할 것이다.'라고 하였다. 그런데 계환자가 마침내 제나라의 女樂을 받고 3일 동안 정사를 처리하지 않았으며, 郊祭를 지내고도 그 제사고기를 대부에게 보내지 않자, 공자가 마침내 노나라를 떠났다. 이때 樂師인 己가 전송하며 '이것은 夫子의 잘못이 아닙니다.'라고 하니, 공자가 '내가 노래로 나의 생각을 전해도 되겠는가?'라고 하고서 '저 여자들의 입(말)이 사람을 出奔하게 할 수 있고, 저 여자들의 請謁이 사람을 죽고 패망하게 할 수 있다. 한가로이 지내면서 모름지기 일생을 마치리라.'라고 노래하였다. 樂師인 己가 전송하고 돌아오자, 계환자가 '공자가 또 무슨 말을 하던가?'라고 하였다. 樂師인 己가 사실대로 고하자 계환자가 '夫子가 群婢(女樂)의 일로 나를 탓한 것이다.'라고 하였다. '不聽正'은 마땅히 '不聽政'이 되어야 하니, 글자가 잘못되었다. '雉噫'는 노래하고 탄식하는 소리이니, 梁鴻의 五噫歌 따위이다. 용렬하고 사특한 것은 女樂을 이른다. 仲尼가 탄식하며 노래하고 떠난 것은 배불리 먹고 편안히 앉아서 용렬하고 사특한 즐거움(女樂)을 진력나게 보고 있을 수가 없기 때문에 날짜가 가는 것을 아까워하여 급급히 떠나 도를 베풀고자 했다는 말이다."

○ 司馬光이 말하였다. "宋咸本・吳祕本에는 '不用雉噫者'로 되어 있으나, 지금 李軌本을 따랐기 때문에 '雉'자가 없다. 正은 政과 같다. 厭은 一과 塩의 반절이다. 계환자가 제나라의 女樂을 받고는 정사를 처리하지 않고 공자가 간해도 말을 따르지 않자, 이에 탄식하기를 '내가 대부가 되어서 어찌 정사가 어지러워지고 백성이 곤궁해지는 것을 앉아서 볼 수 있겠는가.'라고 하였다. 그러므로 떠나서 다른 나라로 간 것이다. '觀庸'은 〈뜻을 알 수 없어〉 注釋하지 않았다."

⑦ 由此觀之 夫子之日亦愛矣：惜寸陰. ○ 光曰 "知己道必不行於魯, 故汲汲去之他國."

寸陰(시간)을 아까워하는 것이다.

○ 司馬光이 말하였다. "자기 道가 반드시 魯나라에 행해지지 않을 줄을 알았다. 그러므로 급급히 떠나 다른 나라로 간 것이다."

⑧ 君子愛日乎：祕曰 "君子必如夫子愛日乎."

吳祕가 말하였다. "君子는 반드시 夫子처럼 세월이 가는 것을 아까워하는가."

⑨ 君子仕則欲行其義 居則欲彰其道：祕曰 "仕則欲道之行, 居則欲道之著." ○ 光曰 "居處不仕."

吳祕가 말하였다. "벼슬할 때에는 도가 행해지기를 바라고, 물러나 집에 있을 때에는 도가 드러나기를 바란다."

○ 司馬光이 말하였다. "물러나서 집에 있고 벼슬하지 않는 것이다."

⑩ 事不厭……焉得日：日不暇給. ○ 咸曰 "言不廢一晷, 安得餘日而愛之."

조금도 겨를이 없는 것이다.

○ 宋咸이 말하였다. “한시도 폐한 적이 없으니, 어찌 〈한가하게〉 남는 날이 있어 아까워하였겠느냐는 말이다.”

혹자가 말하였다.

“〈孔子의 道가 너무 커서 세상에 쓰이지 못하니〉 공자의 도를 작게 만들 수는 없습니까?”

揚子가 말하였다.

“작게 만들면 聖德을 손상시키니 어찌 작게 만들 수 있겠는가.”

혹자가 말하였다.

“만약 도를 작게 만들 수 없다면 〈가는 곳마다 합하지 않을 텐데,〉 孔子는 어찌하여 魯나라를 떠나 〈다른 나라로〉 갔습니까?”

양자가 말하였다.

“날짜가 가는 것을 아까워했기 때문이다.”

혹자가 말하였다.

“날짜가 가는 것을 아까워하면서 노나라를 떠난 것은 어째서입니까?”

양자가 말하였다.

“齊나라가 보낸 女樂을 받았기 때문이다. 〈노나라 君臣이 여악을 하루종일 구경하여〉 정사도 다스리지 않고 공자가 간해도 그 말을 따르지 않자, 공자가 말씀하기를 ‘아, 내가 〈노나라 君臣이〉 용렬하고 사특한 여악을 구경하는 것을 보니, 하는 일 없이 배불리 먹고 편안히 앉아서 싫증이 나도록 보고 있다.’라고 하였으니, 이 말을 통해 본다면 공자 또한 날짜가 가는 것을 아까워한 것이다.”

혹자가 말하였다.

“君子는 〈공자처럼〉 날짜가 가는 것을 아까워합니까?”

양자가 말하였다.

“군자는 벼슬할 때에는 義를 행하고자 하고 물러나 집에 있을 때에는 도를 밝히고자 하여, 일을 하기를 싫어하지 않고 가르치기를 게을리하지 않으니, 어찌 남는 날이 있어 아까워하였겠는가.”

09. **或問 其有繼周者**면 **雖百世**라도 **可知也**[18)]라하시더니 **秦已繼周矣**로되 **不待夏禮而治者**하니 **其不驗乎**①인저 **曰 聖人之言**은 **天也**②니 **天妄乎**③아 **繼周者 未欲泰平也**④라 **如欲泰平也**라도 **捨之而用他道**면 **亦無由至矣**⑤리라

① 其有繼周者……其不驗乎 : 祕曰 "孔子言 '殷因於夏禮, 周因於殷禮.' 三代損益相因, 若循環, 而繼周者, 宜復用夏禮矣. 秦不用而治, 是聖人之言無驗乎."

吳祕가 말하였다. "孔子가 말씀하기를 '殷나라는 夏나라의 禮를 因襲하였고, 周나라는 은나라의 禮를 인습하였다.'라고 하였으니, 三代가 損益(加減)하고 서로 인습하는 것은 마치 循環하는 것과 같아서 주나라를 계승하는 자는 마땅히 다시 하나라의 禮를 써야 한다. 그런데 秦나라는 〈하나라의 禮를〉 쓰지 않고 다스렸으니, 聖人의 말이 맞지 않는 것인가."

② 聖人之言 天也 : 咸曰 "聖人之所言者, 天命也, 如五運[19)]正統者爾, 故能相因而損益."

宋咸이 말하였다. "성인이 말한 것은 天命이니 五運과 正統 같은 것이다. 그러므로 서로 인습하고 가감할 수 있다."

③ 天妄乎 : 祕曰 "聖人之言, 天意也. 聖言不驗, 豈天或妄乎. 無妄也. 言暴亂者, 非天意也." ○ 光曰 "聖人之言, 譬如天. 天運行有常, 豈妄動乎."

吳祕가 말하였다. "성인의 말은 하늘의 뜻이다. 그런데 성인의 말이 맞지 않으니 아마도 하늘이 혹 망령된 것인가. 망령되지 않다. 暴亂은 하늘의 뜻이 아님을 말한 것이다."

○ 司馬光이 말하였다. "聖人의 말은 비유하면 하늘과 같은데, 하늘의 運行은 일정한 법도가 있으니 어찌 망령되이 움직이겠는가."

---

18) 其有繼周者……可知也 : ≪論語≫ 〈爲政〉에 子張이 "앞으로 올 10代 王朝의 일을 알 수 있습니까?"라고 하니, 공자가 말씀하기를 "殷나라는 夏나라의 禮를 따랐으니, 덜고 보탠 것을 알 수 있고, 周나라는 殷나라의 禮를 따랐으니, 덜고 보탠 것을 알 수 있다. 앞으로 혹 周나라를 繼承하는 나라가 있다면 비록 百世라도 알 수 있다."라고 한 내용이 보인다.

19) 五運 : 五行의 運行으로, 古代에 오행의 相生相克說에 의거하여 王朝의 興替의 運氣를 推算했던 데서 온 말이다. 伏羲는 木德으로 왕이 되었고, 木은 火를 낳으므로 神農은 火德으로 왕이 되었고, 火는 土를 낳으므로 黃帝는 土德으로 왕이 되었고, 土는 金을 낳으므로 少昊는 金德으로 왕이 되었고, 金은 水를 낳으므로 顓頊은 水德으로 왕이 되었고, 水는 木을 낳으므로 帝嚳은 다시 木德으로 왕이 되었고, 木은 다시 火를 낳으므로 帝堯는 火德으로 왕이 되었고, 火는 다시 土를 낳으므로 帝舜은 土德으로 왕이 되었고, 土는 다시 金을 낳으므로 夏나라는 金德으로 왕이 되었고, 金은 다시 水를 낳으므로 商나라는 水德으로 왕이 되었고, 水는 다시 木을 낳으므로 周나라는 木德으로 왕이 되었다는 것이다.

④ 繼周者 未欲泰平也：咸曰“妄，忘也. 天似未欲天下之平，而忘乎命聖人以繼周. 故秦非正統，偶因暴而得之也.” ○ 祕曰“秦不用三代之禮，是未欲太平也.”

宋咸이 말하였다. “妄은 忘(잊다)이다. 하늘이 천하가 태평하기를 바라지 않아서 성인에게 명하여 周나라를 계승하게 하는 일을 잊은 듯하다. 그러므로 秦나라는 正統이 아니니, 우연히 포악함으로 인하여 〈천하를〉 얻은 것이다.”

○ 吳祕가 말하였다. “秦나라는 三代의 禮를 쓰지 않았으니, 이는 하늘이 천하가 태평하기를 바라지 않은 것이다.”

⑤ 如欲泰平也……亦無由至矣：暴秦之繼周，王莽之簒漢，臧獲猶將悼之，賢者能無慨歎乎. ○ 咸曰“他道，謂邪道，指秦政也. 言天如欲天下之平，則捨秦而立用聖人矣. 用聖人，則秦之邪道，亦無由至矣. 今註辭，殊不據文釋之，但引王莽比秦，似非正文之意. 夫王莽簒也，而秦幷天下，其可謂簒邪. 秦與王莽，暴則同矣，而其所取異焉.” ○ 祕曰“如秦之意，亦欲泰平也，捨禮而用刑法，亦無由至也.”

포악한 秦나라가 周나라를 계승한 것과 王莽이 漢나라를 찬탈한 것을 臧獲(노비)도 오히려 안타까워하였으니, 賢者가 慨歎하지 않을 수 있겠는가.

○ 宋咸이 말하였다. “‘他道’는 邪道를 이르니 秦나라의 정사를 가리킨다. 하늘이 만약 천하가 태평해지기를 바랐다면 진나라를 버리고 곧 성인을 세워 썼을 것이고, 성인을 썼다면 진나라의 邪道가 또한 이를 수 없었을 것이라는 말이다. 지금 註의 내용은 전혀 본문에 의거하여 해석하지 않고 다만 왕망을 인용하여 진나라를 비유하였으니, 正文의 뜻이 아닌 듯하다. 왕망은 찬탈하였지만 진나라는 천하를 겸병하였으니 어찌 찬탈했다고 이를 수 있겠는가. 진나라와 왕망이 포악한 것은 똑같지만 취한 것은 달랐다.”

○ 吳祕가 말하였다. “진나라의 뜻으로 말하자면 또한 태평하기를 바랐지만 하나라의 禮를 버리고 刑法을 썼으니, 또한 〈태평함에〉 이를 수가 없다.”

혹자가 물었다.

“〈孔子께서 말씀하기를〉 周나라를 계승하는 나라가 있다면 비록 백 왕조 이후의 일이라도 알 수 있다고 하였습니다. 그런데 秦나라가 이미 周나라를 계승했으나, 夏나라의 禮를 쓰지 않고 〈형법으로〉 다스렸으니, 〈聖人의 말도〉 맞지 않는가 봅니다.”

양자가 말하였다.

“성인의 말은 하늘과 같으니, 하늘이 어찌 망령되이 말을 하겠는가. 하늘이 아직은 周나라를 계승한 나라가 태평하게 다스리려고 하지 않은 것이다. 만약 천하를 태평하게 다스리려고 했다 하더라도 이것(하나라의 예)을 버리고 다른 도를 쓴다면 또한 태평하게 다스려지는 데에 이를 수 없을 것이다."

10. 赫赫乎日出之光이여 群目之用也로다 渾渾乎聖人之道여 群心之用也①로다

① 赫赫乎日出之光……群心之用也：祕曰"群目, 非日光, 無以辨色. 群心, 非聖道, 無以表正." ○ 光曰"渾, 戶昆・胡本二切. 目因日光然後能有見, 心因聖道然後能有知. 渾渾, 廣大疏通之貌."

吳祕가 말하였다. "모든 사람의 눈은 햇빛이 아니면 색을 분별할 수 없고, 모든 사람의 마음은 聖人의 道가 아니면 표준으로 삼아 바르게 할 수 없다."

○ 司馬光이 말하였다. "渾은 戶와 昆의 반절과 胡와 本의 반절이다. 눈은 햇빛에 의지한 뒤에야 볼 수 있고, 마음은 聖人의 道에 의지한 뒤에야 알 수 있다. 渾渾은 廣大하고 疏通한 모양이다."

혁혁하다. 태양의 빛이여. 모든 사람의 눈은 햇빛이 있어야 볼 수 있다. 광대하다. 聖人의 道여. 모든 사람의 마음은 성인의 도가 있어야 알 수 있다.

11. 或問 天地簡易[20)]하여 而聖人法之어늘 何五經之支離①니잇고 曰 支離는 蓋其所以爲簡易也②니라 已簡已易면 焉支焉離③리오

① 天地簡易……何五經之支離：嫌難了. ○ 咸曰"支離, 猶委曲也." ○ 祕曰"支離, 猶言分散也. 各有科條, 分散而難通." ○ 光曰"支離, 猶扶疎, 繁多之貌."

五經이 어려움을 혐의한 것이다.

○ 宋咸이 말하였다. "支離는 委曲(자세함)과 같다."

○ 吳祕가 말하였다. "支離는 分散이라고 말하는 것과 같다. 五經은 각각 科條(條例)가 나누어져 있어 통달하기 어렵다."

○ 司馬光이 말하였다. "支離는 扶疎(나뭇가지가 무성하게 뻗은 모양)와 같으니, 번다한 모양이다."

② 支離 蓋其所以爲簡易也：支離分別之 而後朗然, 事得簡易. ○ 祕曰"五經分散, 各有科條, 使人沿波討源然後, 知聖人之道, 法天地之簡易也."

---

20) 天地簡易：≪周易≫ 〈繫辭傳〉에 "乾은 쉬움으로써 주장하고 坤은 간략함으로써 능하니, 쉬우면 알기 쉽고 간략하면 따르기 쉽다.〔乾以易知 坤以簡能 易則易知 簡則易從〕"라고 하였다.

支離하게 분별한 뒤에야 명백하여 일이 簡易함을 얻게 된다.

○ 吳祕가 말하였다. "오경이 나누어져 각각 科條가 있으니, 사람으로 하여금 물길을 따라 根源을 찾게 한 뒤에야 聖人의 道가 天地의 簡易함을 본받았음을 알 수 있다."

③ 已簡已易 焉支焉離：既簡既易, 乃是混茫之初. 焉支焉離, 言不可了也. ○ 咸曰 "言天地之道, 闢闔舒慘,[21] 是亦先委曲經營而後, 至於無爲. 五經之文, 浩博祕奧, 亦先委曲分別而後, 至於易了. 如其已自簡, 已自易, 則安用支, 安用離." ○ 祕曰 "已達聖人之道, 何支離之有." ○ 光曰 "道之未明, 故支離以明之, 道之既明, 則坦然簡易, 安用支離也. 言經者所以明道, 既明則經不繁矣."

'既簡既易'는 混茫(천지가 나뉘기 전의 혼돈 상태)의 시초이고, '焉支焉離'는 말이 명료하지 않은 것이다.

○ 宋咸이 말하였다. "天地의 道는 열고 닫으며 편안하고 괴로우니 이것도 우선 자세히 經營한 뒤에 無爲에 이르게 되고, 오경의 글은 浩博하고 祕奧하니 이것을 또한 우선 자세히 분별한 뒤에 간이한 데 이르게 된다. 만약 이미 간이하다면 어찌 지리할 것이 있겠는가."

○ 吳祕가 말하였다. "이미 聖人의 道에 통달한 뒤에는 어찌 지리할 것이 있겠는가."

○ 司馬光이 말하였다. "道에 밝지 못하기 때문에 지리함으로써 이를 밝히는 것이니, 道가 이미 밝아지면 평탄하고 간이하니 어찌 지리할 것이 있겠는가. 經은 道를 밝히기 위한 것이니, 道가 이미 밝다면 經이 번다하지 않을 것이라는 말이다."

혹자가 물었다.

"天地의 道는 간단하고 쉬워서 聖人이 이것을 본받았다고 하였는데, 〈성인이 지은〉 五經은 어찌하여 지루하고 번다합니까?"

揚子가 말하였다.

"오경이 지루하고 번다한 것은 대개 간단하고 쉽게 만들기 위한 것이니, 오경이 이미 간단하고 쉽다면 어찌 지루하고 번다하다고 하겠는가."

---

21) 闢闔舒慘 : '闢闔'은 ≪周易≫ 〈繫辭傳〉에 "문을 닫는 것을 坤이라 하고, 문을 여는 것을 乾이라 하고, 한 번 닫고 한 번 여는 것을 變이라 하고, 끝없이 왕래하는 것을 通이라 한다.〔闔戶謂之坤 闢戶謂之乾 一闔一闢謂變 往來不窮謂之通〕"라고 한 데서 나온 말로, 천지조화의 변화를 의미한다. '舒慘'은 '陽舒陰慘'의 줄임말이다. ≪文選≫에 실려 있는 張衡의 〈西京賦〉에 "대저 사람은 陽의 때에는 편안하고, 陰의 때에는 처참하다."라고 한 데에서 나온 말로, 舒는 즐거움 또는 좋음을, 慘은 괴로움 또는 나쁨을 뜻한다.

12. 或曰 聖人無益於庸也①아 曰 世人之益者는 倉廩也니 取之如單②이어늘 仲尼는 神明也라 小以成小하고 大以成大하여 雖山川丘陵草木鳥獸라도 裕如也③어니와 如不用也인댄 神明도 亦末如之何矣④리라

① 聖人無益於庸也：祕曰"庸，用也．老子有絕聖棄智之言，[22] 故曰無益於用，據漢尙黃老，而司馬談・班固之徒，各稱老嚴[23]之妙，而詆訾聖人，是以或人問難，多此類也."

吳祕가 말하였다. "庸은 用(쓰임)이다. 老子가 聖과 智를 끊어버려야 한다는 말을 하였기 때문에 '실용에 유익함이 없다.〔無益於用〕'라고 하였으니, 漢나라가 黃老를 숭상한 것에 의거하여 司馬談과 班固의 무리가 각각 老莊의 오묘함을 일컫고 聖人을 비난한 것이다. 이 때문에 혹인이 묻고 논란한 것이니, 이러한 종류가 많다."

② 世人之益者……取之如單：有時而盡．○ 光曰"倉廩，雖於人有近益，而所藏不多."

때가 되면 다 없어지는 것이다.

○ 司馬光이 말하였다. "倉廩(곡식 창고)은 비록 사람에게 가까운 이익이 있지만 간직한 것이 많지 않다."

③ 仲尼……裕如也：學其道者，大小，各隨其本量而取足．○ 祕曰"神者，所以用乾坤六子[24]而生萬物者也．聖人之道，神明之道也．得其小大，各有所成，而無所窮盡，裕如也." ○ 光曰"神明，造化也，生物無窮．裕如，有餘貌."

그 道를 배우는 자가 크든 작든 각각 자신의 本量을 따라 충분히 취한다.

○ 吳祕가 말하였다. "神은 乾坤과 六子를 써서 萬物을 낳는다. 성인의 道는 神明의 道이다. 크고 작음에 따라 각각 이루어주면서도 다함이 없기 때문에 여유로운 것이다."

○ 司馬光이 말하였다. "'神明'은 造化이니 만물을 낳음이 무궁하다. '裕如'는 여유가 있는 모양이다."

④ 如不用也 神明亦末如之何矣：神明有所不及，聖人有所不訓．○ 祕曰"如有固背之而不用，亦猶草木鳥獸，斸之翦之，使不得遂其生．雖神明，亦無如之何也." ○ 光曰"頑

---

22) 老子有絕聖棄智之言：≪老子≫ 19장에 "聖과 智를 끊어버리면 백성들의 이익이 백 배가 될 것이며, 仁과 義를 끊어버리면 백성들이 다시 孝와 慈를 회복할 것이며, 기술과 이로움을 끊어버리면 도적이 없어질 것이다.〔絕聖棄智 民利百倍 絕仁棄義 民復孝慈 絕巧棄利 盜賊無有〕"라고 하였는데, 이는 인위적인 것을 모두 버림을 이른다.

23) 老嚴：老는 老子이고 嚴은 莊子이다. 漢 明帝 劉莊의 이름을 避諱하여 '莊'을 '嚴'으로 고친 것이다.

24) 乾坤六子：≪周易≫의 8卦를 家族에 비유하면 乾은 父, 坤은 母, 兌는 少女, 離는 中女, 震은 長男, 巽은 長女, 坎은 中男, 艮은 少男이 된다.

石朽木, 造化所不能移, 昏君愚人, 聖人所不能益."

神明이 미치지 못하는 바가 있고, 성인이 가르치지 못하는 바가 있다.

○ 吳祕가 말하였다. "만약 굳이 어기고 쓰지 않는다면 또한 草木과 鳥獸를 찍어 내고 갉아먹어 그 삶을 이루지 못하게 하는 것과 같으니, 비록 神明이라도 어찌할 수가 없다."

○ 司馬光이 말하였다. "지각없는 돌과 썩은 나무는 천지의 造化도 바꿀 수가 없고, 어두운 군주와 어리석은 사람은 聖人도 유익하게 해 줄 수가 없다."

혹자가 말하였다.

"聖人의 도는 세상 사람의 쓰임에는 아무런 도움이 되지 않습니까?"

揚子가 말하였다.

"세상 사람의 유익함이라는 것은 곡식 창고의 곡식과 같아서 가져다 쓰면 결국에는 다 없어지고 말지만 〈이에 반해〉 仲尼의 도는 神明하여 작은 것은 작은 것대로 이루어주고 큰 것은 큰 것대로 이루어주어, 산천과 구릉과 草木과 鳥獸를 각각 이루어주면서도 〈다하지 않아〉 여유가 있다. 그러나 만약 〈중니의 도를〉 쓰지 않으려 한다면 중니의 神明함도 유익하게 해 주고자 하지만 어찌할 수가 없다."

13. **或問 聖人占天乎**잇가 **曰 占天(地)〔也〕**①[25]시니라 **若此則史也 何異**니잇고 **曰 史**는 **以天占人**하고 **聖人**은 **以人占天**②이시니라

① 占天(地)〔也〕: 言能占之. ○ 祕曰 "孔安國曰 '無事不通, 謂之聖.'" ○ 光曰 "仰觀象, 俯觀法."

점을 칠 수 있다는 말이다.

○ 吳祕가 말하였다. "孔安國이 '어떤 일이든 통달하지 않음이 없는 것을 聖이라고 한다.' 하였다."

○ 司馬光이 말하였다. "위로 象을 관찰하고 아래로 法을 관찰한다."

② 史以天占人 聖人以人占天 : 聖人以人占天者, 先乎天也, 史以天占人者, 後乎天也. 大聖, 先天而天不違, 良史, 後天而奉天時.[26] 知其所先後, 則天人之情得矣. ○ 祕曰

---

25) (地)〔也〕: 저본에는 '地'로 되어 있으나, 兪樾의 ≪諸子平議≫에 "'地'자는 '也'자의 오자인 듯하다. 下文에 '史以天占人 聖人以人占天'이라고 하여 단지 天에 대해서만 말했고 地에 대해서는 말하지 않은 것으로 증명할 수 있다."라고 한 것에 의거하여 '也'로 바로잡았다.

"以天占人者, 觀天以見人事也, 以人占天者, 因人以知天意也." ○ 光曰 "史考察象數, 知人事之吉凶, 聖人修人事, 知天道不能違."

聖人이 人事를 보고 하늘의 뜻을 점치는 것은 하늘보다 먼저 하는 것이요, 史官이 천문을 살펴 인사의 길흉을 점치는 것은 하늘보다 뒤에 하는 것이다. 大聖人은 하늘보다 먼저 하여도 하늘이 어기지 않으며, 훌륭한 史官은 하늘보다 뒤에 하여도 天時를 받드니, 먼저 할 바와 뒤에 할 바를 알면 하늘과 사람의 실정에 맞을 것이다. ○ 吳祕가 말하였다. "'以天占人'은 하늘을 관찰하여 人事를 아는 것이고, 以人占天은 사람이 하는 바로 인하여 하늘의 뜻을 아는 것이다." ○ 司馬光이 말하였다. "史官은 象數를 고찰하여 人事의 吉凶을 알고, 聖人은 인사를 닦아 天道는 어길 수 없음을 안다."

혹자가 물었다.

"聖人도 天文을 살펴 길흉을 점칩니까?"

揚子가 말하였다.

"성인도 천문을 살펴 길흉을 점친다."

혹자가 말하였다.

"이와 같다면 史官과 무엇이 다릅니까?"

양자가 말하였다.

"사관은 천문을 살펴 人事의 길흉을 점치고, 성인은 인사를 보고 하늘의 뜻을 점친다."

14. 或問 星有甘石은 何如①하니잇고 曰 在德이요 不在星이니 德隆則晷星이요 星隆則晷德也②니라

① 星有甘石 何如 : 祕曰 "或人復問, 史之尤著者, 善於占星. 晉志曰 '諸侯之史, 齊有甘德, 魏有石申夫,[27] 皆掌著天文, 各論圖驗. 其巫咸・甘・石之說, 後代所宗."

---

26) 先天而天不違……後天而奉天時 : ≪周易≫ 乾卦 〈文言傳〉에 "무릇 大人이란 天地와 그 德이 합하며, 日月과 그 밝음이 합하며, 四時와 그 질서가 합하며, 鬼神과 그 吉凶이 합하여, 하늘보다 먼저 하여도 하늘이 어기지 않으며 하늘보다 뒤에 하여도 天時를 받드나니, 하늘도 어기지 않는데 하물며 사람에게 있어서며, 귀신에게 있어서랴."라고 하였다.

27) 諸侯之史……魏有石申夫 : ≪晉書≫ 〈天文志〉에는 "諸侯之史 則魯有梓愼 晉有卜偃 鄭有裨

吳祕가 말하였다. "혹자가 史官 중에 더욱 저명한 자가 占星을 잘하였는지 다시 물은 것이다. ≪晉書≫ 〈天文志〉에 '諸侯의 사관 중에 齊나라에는 甘德이 있고 魏나라에는 石申夫가 있었으니, 이들은 모두 天文을 기록하는 일을 맡아 각각 圖象의 應驗에 대해 논하였다. 그중 巫咸과 甘德과 石申夫의 說은 後代에 宗主로 높이는 것이었다.'라고 하였다."

② 在德……星隆則晷德也：咸曰 "晷, 影也, 猶影蔽之也. 隆, 尙也. 言隆尙於德, 則影蔽星晷, 隆尙於星, 則影蔽德業." ○ 祕曰 "晷, 規也. 星之妖瑞, 不虛發, 應有德無德之隆盛, 亦規德而已." ○ 光曰 "晷, 影也, 影從形者也. 德崇則星從而祥, 星崇則德從而壞."

宋咸이 말하였다. "晷는 그림자이니 그림자가 가리는 것과 같다. 隆은 높임이다. 德을 받들어 높이면 덕이 별자리를 가리고(별자리에 영향을 미치고), 별자리를 받들어 높이면 별자리가 德業을 가린다(덕업에 영향을 미친다)는 말이다."

○ 吳祕가 말하였다. "晷는 規(窺 살피다)이다. 별자리의 요망함과 상서로움은 괜히 나타나는 것이 아니라 有德과 無德의 隆盛함에 응하는 것이니 또한 德을 살펴볼 뿐이다."

○ 司馬光이 말하였다. "晷는 그림자이니, 그림자는 형체를 따르는 것이다. 德이 높으면 별자리가 德을 따라서 상서로운 조짐을 나타내고, 별자리가 융성하면 德이 별자리를 따라서 좋지 않게 된다."

혹자가 물었다.

"天文으로 점을 치던 甘公과 石申이 있는 것은 어째서입니까?"

揚子가 말하였다.

"德에 달려 있는 것이지 별자리에 달려 있는 것이 아니다. 德이 높으면 별자리에 영향을 주고, 별자리가 융성하면 德에 영향을 준다"

15. 或問大人한대 曰 無事於小爲大人[①]이니라 請問小한대 曰 事非禮義爲小[②]니라

① 無事於小爲大人：賢者, 志大之謂. ○ 祕曰 "小, 小道."

竈 宋有子韋 齊有甘德 楚有唐昧 趙有尹皐 魏有石申夫(諸侯의 사관 중에 魯나라에는 梓愼이 있고, 晉나라에는 卜偃이 있고, 鄭나라에는 裨竈가 있고, 宋나라에는 子韋가 있고, 齊나라에는 甘德이 있고, 楚나라에는 唐昧가 있고, 趙나라에는 尹皐가 있고, 魏나라에는 石申夫가 있었다.)"라고 하였다.

賢者는 뜻이 큼을 이른다.

○ 吳祕가 말하였다. "小는 小道(禮樂과 政教 이외의 기예)이다."

② 事非禮義爲小 : 尙志在乎禮義, 大人之事備矣. ○ 光曰 "治禮義, 則餘無不治者, 所以爲大."

뜻을 고상히 갖는 것이 禮義에 있으면 大人의 일이 구비된 것이다.

○ 司馬光이 말하였다. "禮義를 다스리면 나머지는 다스려지지 않음이 없으니, 대인이 되는 까닭이다."

혹자가 大人에 대해 물으니, 揚子가 말하였다.
"小道를 일삼음이 없는 것을 大人이라 한다."
혹자가 小道에 대해 물으니, 양자가 말하였다.
"禮義가 아닌 일을 小道라 한다."

16. 聖人之言은 遠如天①하고 賢人之言은 近如地②라

① 聖人之言 遠如天 : 天懸象著明, 而人不能察, 聖人設教施令, 而人不能究.

하늘에는 해와 달과 별이 드러나 밝은데 사람들이 살피지 못하고, 聖人은 가르침을 베풀고 명령을 베푸는데 사람들이 찾지 못한다.

② 賢人之言 近如地 : 山川澤田之形, 可得而鑑. ○ 光曰 "天高遠, 不可及, 地雖近, 亦承天而時行."

山川과 澤田의 형체를 볼 수 있다.

○ 司馬光이 말하였다. "하늘은 高遠하여 미칠 수 없고, 땅은 비록 淺近하지만 또한 하늘을 받들어 때에 맞게 행한다."

聖人의 말은 하늘처럼 高遠하고, 賢人의 말은 땅처럼 淺近하다.

17. 瓏瓕其聲者는 其質玉乎①인저

① 瓏瓕其聲者 其質玉乎 : 玉之瓏瓕其聲, 亦猶君子淸玲其德音. ○ 祕曰 "論遠近之美. 孟子曰 '玉振也者, 終條理也.'" ○ 光曰 "(玲)〔瓏〕[28]瓕, 宋吳本作玲瓏, 今從李本. 瓏, 盧紅切. 瓕音靈. 質美則聲淸, 德充則言善."

---

28) (玲)〔瓏〕 : 저본에는 '玲'으로 되어 있으나, 四庫全書本에 의거하여 '瓏'으로 바로잡았다.

옥의 소리가 영롱하게 울리는 것은 또한 군자의 좋은 평판이 맑게 퍼지는 것과 같다.

○ 吳祕가 말하였다. "遠近의 아름다움에 대해 논하였다. ≪孟子≫ 〈萬章 下〉에 '옥으로 거두는 것은 條理를 마치는 것이다.'라고 하였다."

○ 司馬光이 말하였다. "瓏瓕이 宋咸本·吳祕本에는 玲瓏으로 되어 있으나, 지금 李軌本을 따랐다. 瓏은 盧와 紅의 반절이다. 瓕은 음이 靈이다. 바탕이 아름다우면 소리가 맑고, 德이 충만하면 말이 선하다."

소리가 영롱하게 울리는 것은 바탕이 玉이기 때문일 것이다.

18. 聖人은 矢口而成言하고 肆筆而成書①하나니 言可聞而不可殫이요 書可觀而不可盡②이니라

① 聖人……肆筆而成書：矢，正也．肆，操也．○ 祕曰 "矢，放也．肆，恣也．放口恣筆，動成典訓．爾雅曰 '矢，弛也．' 郭云 '弛，放．'"

矢는 바름이다. 肆는 잡음이다.

○ 吳祕가 말하였다. "矢는 풀어놓는 것이고, 肆는 마음대로 하는 것이다. 마음대로 말하고 붓을 놀려도 항상 典訓이 되는 것이다. ≪爾雅≫ 〈釋詁〉에 '矢는 弛이다.'라고 하였는데, 郭璞의 注에 '弛는 풀어놓는 것이다.'라고 하였다."

② 言可聞而不可殫 書可觀而不可盡：性與天道.[29] ○ 祕曰 "所以遠如天." ○ 光曰 "聖人縱心所欲，皆合於道，不可殫盡言深遠也."

性과 天道이다.

○ 吳祕가 말하였다. "고원함이 하늘과 같은 것이다."

○ 司馬光이 말하였다. "聖人은 마음에 하고자 하는 바를 따라도 모두 법도에 합하니 深遠함을 말로 다 표현할 수 없다."

聖人은 입을 열면 훌륭한 말이 되고, 붓을 잡으면 훌륭한 글이 된다. 성인의 말은 들을 수는 있지만 다 이해할 수는 없고, 성인의 글은 볼 수는 있지만 다 깨달을 수는 없다.

---

29) 性與天道：≪論語≫ 〈公冶長〉에 子貢이 "夫子의 文章은 들을 수가 있거니와, 부자께서 性과 天道를 말씀한 것은 들을 수가 없다.〔夫子之文章 可得而聞也 夫子之言性與天道 不可得而聞也〕"라고 하였다. 여기서 文章은 威儀나 文辭 같이 겉으로 드러난 덕을 가리킨다.

19. 周之人多行①하고 秦之人多病②하니 行은 有之也요 病은 曼之也③라 周之士也貴④하고 秦之士也賤⑤하며 周之士也는 肆⑥하고 秦之士也는 拘⑦하니라

① 周之人多行：貴尙德義，(仁)〔人〕[30] 人得行其道．○ 咸曰 “正文但云周之人，是統言衆人矣，而注爲仁人得行其道．況衆人者，非能行道，若以爲仁人，則又與正文相反，非揚旨也．此蓋言周盛王道，禁網疏闊，商賈之人，皆得謗議於市．故衆人略無諱忌，所行皆可爾．”

〈周나라 때에는〉 德義를 귀하게 여기고 숭상하였으니, 사람마다 모두 그 道를 행할 수 있었다.

○ 宋咸이 말하였다. “正文에는 단지 ‘周之人’이라고 말하였으니, 이는 衆人을 통틀어 말한 것이다. 그런데 李軌의 注에는 ‘仁人이라야 그 道를 행할 수 있다.’라고 하였다. 하물며 衆人은 道를 행할 수 있는 자가 아닌데 만약 仁人이라고 한다면 더욱 正文과 相反되니 揚子의 본지가 아니다. 이는 周나라가 성대했을 때에는 王道 정치를 행하여 法網이 성글어서 장사하는 사람들이 모두 시장에서 비방하고 의논할 수 있었기 때문에 衆人들이 조금도 忌諱함이 없어 행동하는 바가 모두 옳았음을 말한 것이다.”

② 秦之人多病：道屈沈也．○ 咸曰 “以道屈沈爲病，又非．爲衆人，安有道可沈哉．此言秦法刻密，偶語者棄市，所忌甚多，衆庶之人，無措手足，動則見病爾．”

道가 침체된 것이다.

○ 宋咸이 말하였다. “李軌의 주에 道가 침체된 것을 病이라고 한 것도 잘못이다. 衆人들이 어찌 침체될 만한 道가 있겠는가. 이것은 秦나라의 法이 각박하고 엄해서 서로 마주하고 사사로이 의논하는 자를 棄市하니, 구애하고 꺼리는 것이 매우 많아 衆人들이 손발을 둘 곳이 없어 걸핏하면 해를 입음을 말한 것이다.”

③ 行有之也 病曼之也：行有之者，周有德也．病曼之者，秦無道也．○ 咸曰 “注殊不解行有之・病曼之之義，但云周有德・秦無道．卽未知行有之・病曼之果何語邪．甚非謂矣．夫行有之者，謂他人所敢行，天下或有之或無之，惟周之人所敢行者．天下皆有之，言多也．病曼之者，曼，長也．言他人所病者．或作之或愈之，惟秦之人所有病者．天下長然，言無愈時也．” ○ 祕曰 “曼，無也．多行，樂於事業而不墮也．多病，困於刑罰而不蘇也．周人所以多行者，由君存而有之也．秦人所以多病者，由君視之如無也．刑法志曰 ‘秦用商鞅，連相坐之法，造參夷之誅．’” ○ 光曰 “行，下孟切．曼，莫半切．周人多賢行者，有聖人之道以敎之也．秦則無，無之故，多疵病．”

‘行有之’는 周나라가 德이 있고, ‘病曼之’는 秦나라가 無道한 것이다.

---

30) (仁)〔人〕：저본에는 ‘仁’으로 되어 있으나, 四部叢刊本에 의거하여 ‘人’으로 바로잡았다.

○ 宋咸이 말하였다. "李軌의 注에 '行有之'와 '病曼之'의 뜻을 전혀 해석하지 않고, 단지 周나라는 德이 있고 秦나라는 無道하다고 하였는데, 알지 못하겠으나 '行有之'와 '病曼之'가 과연 무슨 말인가. 매우 이치에 맞지 않는다. '行有之'라는 것은 다른 사람 중에 과감하게 행하는 자는 천하에 혹 있기도 하고 혹 없기도 하지만, 오직 周나라 사람 중에 과감하게 행하는 자는 천하에 모두 있음을 이르니, 많음을 말한 것이다. '病曼之'라는 것은, 曼은 長이니 다른 사람이 병든 것은 혹은 병이 나기도 하고 병이 낫기도 하지만, 秦나라 사람이 병든 것은 천하처럼 장구하여 나을 때가 없다는 말이다."

○ 吳祕가 말하였다. "曼은 없음이다. '多行'은 事業을 즐거워하여 막히지 않는 것이고, '多病'은 刑罰에 시달려 소생하지 못하는 것이다. 周나라 사람이 훌륭한 행실이 많은 이유는 임금이 백성들을 보존하여 마음에 두기 때문이고, 秦나라 사람들이 병이 많은 이유는 임금이 백성들을 안중에 두지 않기 때문이다. ≪漢書≫ 〈刑法志〉에 '秦나라는 商鞅을 등용하여 서로 연좌하는 법을 만들고 삼족을 멸하는 형벌을 만들었다.'라고 하였다."

○ 司馬光이 말하였다. "行은 下와 孟의 반절이고, 曼은 莫과 半의 반절이다. 周나라 사람이 어진 행실이 많은 것은 聖人의 道로써 가르쳤기 때문이요, 秦나라는 그런 것이 없으니 그런 것이 없기 때문에 병이 많은 것이다."

④ 周之士也貴 : 道泰業隆, 故尊貴. ○ 咸曰 "言周棄邪用賢爲貴." ○ 祕曰 "周之士, 以德行道藝而升之, 所以貴." ○ 光曰 "閑於禮樂, 故可貴."

〈周나라 선비는〉 道가 通泰하고 業이 융숭하기 때문에 尊貴하게 대우하는 것이다.

○ 宋咸이 말하였다. "周나라는 간사한 자를 버리고 어진 자를 등용하는 것을 귀하게 여겼음을 말한다."

○ 吳祕가 말하였다. "周나라의 선비는 德行과 道藝로 뽑아서 올려보냈기 때문에 귀하게 대우한 것이다."

○ 司馬光이 말하였다. "〈周나라 선비는〉 禮樂에 익숙하기 때문에 귀하게 여길 만하다."

⑤ 秦之士也賤 : 道否人卑, 故窮賤. ○ 咸曰 "言秦棄賢用邪故賤." ○ 祕曰 "秦之士, 以刑法而責成之, 所以賤." ○ 光曰 "習於刑名, 故可賤."

〈秦나라 선비는〉 道가 막히고 사람이 천하기 때문에 궁하고 천하게 대우하는 것이다.

○ 宋咸이 말하였다. "秦나라는 어진 자를 버리고 간사한 자를 등용하였기 때문에 천하게 대우한 것이다."

○ 吳祕가 말하였다. "秦나라 선비는 刑法으로써 완성하도록 요구하니 이 때문에 천하게 여기는 것이다."

○ 司馬光이 말하였다. "〈秦나라 선비는〉 刑名(刑法)을 익숙하기 때문에 천하게 여길 만하다."

⑥ 周之士也肆 : 肆放任意而道義行. ○ 咸曰 "古者天子聽政, 公卿至於列士, 皆得獻詩以諫言, 周無所忌, 故臣下皆得肆縱直言." ○ 祕曰 "肆, 猶縱恣也, 縱行公道." ○ 光曰 "優游仁義之間."

〈周나라 선비는〉 거리낌 없이 자기 뜻대로 간언할 수 있어서 道義가 행해진 것이다.

○ 宋咸이 말하였다. "옛날에 天子가 聽政할 적에 公卿으로부터 列士에 이르기까지 모두 獻詩하여 諫言하였으니, 周나라는 꺼리는 바가 없었기 때문에 신하들이 모두 마음대로 直言할 수 있었다."

○ 吳祕가 말하였다. "肆는 '縱恣(마음대로 함)'와 같으니 公道를 마음대로 행하는 것이다."

○ 司馬光이 말하였다. "仁義의 사이에서 한가로이 노니는 것이다."

⑦ 秦之士也拘 : 拘制曲從, 不肆正道. ○ 咸曰 "此謂秦以忠諫爲妖言, 或皆族之, 故臣下無敢議事而拘忌." ○ 祕曰 "拘, 拘束於法." ○ 光曰 "動爲文罔所制."

구속하고 제재당하여 자신의 뜻을 굽혀 따르고 正道를 펴지 못하였다.

○ 宋咸이 말하였다. "이는 秦나라가 忠諫을 妖言이라 하여 모두 멸족시켰기 때문에 신하가 감히 일을 의논하지 못하고 법에 구애되어 의논하기를 꺼림을 이른다."

○ 吳祕가 말하였다. "拘는 법에 구속당하는 것이다."

○ 司馬光이 말하였다. "걸핏하면 법망에 제재당하였다."

周나라 사람은 훌륭한 덕행이 많고 秦나라 사람은 병이 많으니, 훌륭한 덕행은 있어야 하고 병은 없어야 한다. 주나라 선비는 존중 받고 진나라 선비는 천시 받으며, 주나라의 선비는 마음대로 간언할 수 있기 때문에 〈도의가 행해졌고〉 진나라의 선비는 법에 구속당하였기 때문에 〈도의가 행해지지 않았다.〉

20. 月未望則載魄[31)]于西①하고 旣望則終魄于東②하니 其遡於日乎③인저

① 月未望則載魄于西 : 載, 始也. 魄, 光也.[32)] 載魄于西者, 光始出於西而漸東滿. ○ 光

31) 魄 : 달의 윤곽에 빛이 없는 부분을 가리킨다. ≪국역 성호사설≫ 제25권 〈經史門 著朔〉에 "대개 魄이란 望에서 생기고 朔에서 죽는 것이기 때문에 삭 전 1일을 死魄이라 이르고 또 그 전 1일을 旁死魄이라 이른다. 혹시 안개나 비의 관계로 삭・망을 볼 수 없는 경우에는 그다음 날 보아서 哉生明・哉生魄이라 이르며 또 그날에도 볼 수가 없으면, 그다음 날 보아서 朏・旣生魄이라 이른다."라고 하였다.

曰 "魄當作朏, 明也. 明始於西, 以漸變魄."

載는 시작이다. 魄은 빛이다. '載魄于西'는 〈달이 보름이 되기 전에〉 빛이 달의 서쪽면에서 처음 나와서 점점 동쪽면으로 차오르는 것이다.

○ 司馬光이 말하였다. "魄은 마땅히 朏가 되어야 하니 밝음이다. 밝음이 서쪽면에서부터 소멸되기 시작하여 점점 魄으로 변하는 것이다."

② 旣望則終魄于東 : 光稍虧於西, 而漸東盡. ○ 咸曰 "按周書召誥曰 '惟丙午朏.' 傳云 '朏, 明也, 月三日明生之名.' 康誥曰 '惟三月載生魄.' 傳云 '三月始生魄, 月十六日, 明消而魄生', 是則朏爲明, 魄爲晦矣. 夫月未望者, 卽始生明之時也, 正文宜曰 '月未望則載朏于西', 夫月旣望者, 卽始生魄之時也, 正文故曰 '旣望則終魄于東', 今未望, 亦言魄, 蓋字之誤也. 而註文, 隨誤强解, 以魄爲光, 恐失其義." ○ 光曰 "明在於東, 成魄之終."

〈달이 보름이 지난 뒤에는〉 빛이 달의 서쪽면에서부터 차츰 소멸되어 점점 동쪽면으로 가면서 다 없어진다.

○ 宋咸이 말하였다. "살펴보건대 ≪書經≫ 〈周書 召誥〉의 '惟丙午朏'에 대한 孔安國 傳에 '朏는 밝음이니 달이 초사흘에 밝은 부분이 생긴 것을 이르는 명칭이다.'라고 하였고, 〈康誥〉의 '惟三月載生魄'에 대한 孔安國 傳에 '〈周公이 섭정한 7년의〉 3월의 始生魄이다. 매달 16일은 밝은 부분이 조금 줄어들고 어두운 부분이 생기는 때이다.'라고 하였는데, 여기서는 朏를 밝은 부분이라 하고 魄을 어두운 부분이라고 하였다. 달이 보름이 되기 전에는 곧 처음 밝은 부분이 생기는 때이니 正文에 마땅히 '月未望則載朏于西'라고 해야 한다. 달이 이미 보름이 지난 뒤에는 곧 처음 어두운 부분이 생기는 때이니, 正文에 그러므로 '旣望則終魄于東'이라고 한 것이다. 그런데 지금 달이 보름이 되기 전인데도 魄이라고 말하였으니, 이는 글자가 잘못된 것이다. 李軌의 註는 誤字를 따라 억지로 해석하여 魄을 빛이라고 하였으니 본의를 잃은 듯하다."

○ 司馬光이 말하였다. "밝은 부분이 달의 동쪽면에 있는 것은 成魄(生魄)이 다한 것이다."

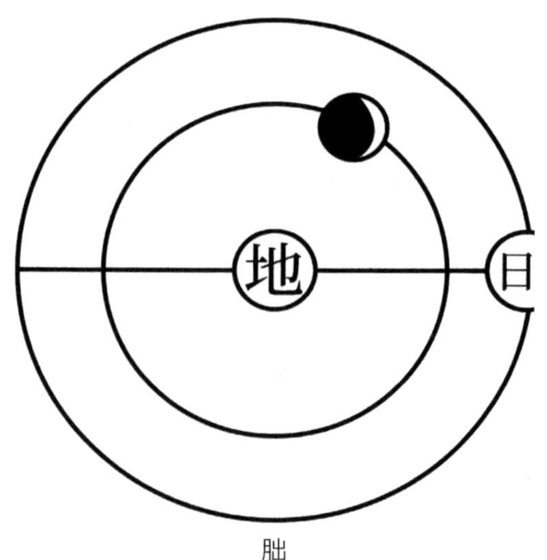

朏

32) 魄 光也 : 李軌는 魄을 빛이라고 하였으나, 魄은 달의 어두운 부분을 가리킨다. 아래 宋咸의 註에 이궤의 주가 잘못되었음을 지적하였다.

③ 其遡於日乎 : 遡, 迎也. 言爲人臣, 終始盛衰, 向迎其君, 如月迎日, 天理然也. ○ 咸曰 "遡, 向也. 夫日行遲, 一歲而周天, 月行速, 一月而周天. 故月之行, 終始皆向日也, 非有迎日之義. 其上下弦之時, 行度近日, 所以光損而未盛. 及夫月十五日, 其行度遠, 而與日相對望, 所以光滿而明也. 猶臣之近君則威損, 遠君則勢盛. 揚子上言周秦之士, 故因論日月之分, 以明君臣之道當然, 而秦不然也." ○ 光曰 "遡音素. 月迎日而有光, 猶臣賴君而有功."

遡는 맞이함이다. 신하 된 자는 始終과 盛衰를 〈임금과 함께하여〉 임금에게로 향하는 것이 마치 달이 해를 맞이하는 것과 같으니, 天理가 그러하다는 말이다.

○ 宋咸이 말하였다. "遡는 향함이다. 해의 운행은 더뎌서 1년에 하늘을 한 바퀴 돌고, 달의 운행은 빨라서 한 달에 하늘을 한 바퀴 돈다. 그러므로 달의 운행은 처음부터 끝까지 모두 해를 향하지만 해를 맞이하려는 뜻이 있는 것은 아니다. 달이 上弦과 下弦일 때에는 운행 도수가 해와 가깝기 때문에 빛이 줄어들어서 성대하지 않다가, 달이 15일에 미치면 운행 도수가 해와 멀어서 해와 서로 마주하여 바라보기 때문에 빛이 가득 차서 밝으니, 이는 신하가 임금에게 가까이 가면 위세가 꺾이고 임금에게서 멀어지면 위세가 성대한 것과 같다. 揚子가 위에서 周나라와 秦나라의 선비에 대해 말하였기 때문에 이어서 해와 달의 분수를 논하여 君臣의 도리에 당연한 것인데 진나라는 그렇지 않았음을 밝힌 것이다."

○ 司馬光이 말하였다. "遡는 음이 素이다. 달이 햇빛을 받아서 빛을 내는 것은 신하가 임금에게 의지하여 功이 있는 것과 같다."

달이 보름이 되기 전에는 빛이 달의 서쪽면에서부터 생기기 시작하여 동쪽면으로 가면서 점점 차오르고, 달이 보름이 지난 뒤에는 빛이 달의 서쪽면에서부터 소멸하기 시작하여 점점 동쪽면으로 가면서 없어지니, 달이 해의 빛을 받아서 빛나기 때문일 것이다.[33)]

21. 彤弓黸矢는 不爲有矣[①34)]니라

33) 달이……것이다 : 신하가 임금에게로 향하는 것은 마치 달이 해를 맞이하는 것과 같으니, 신하는 임금에게 가까이 가면 위세가 꺾이고 임금에게서 멀어지면 기세가 높아진다. 달은 해의 빛을 받아서 빛을 내니 신하가 공을 세우더라도 신하의 공이 아니라 임금의 힘인 것과 같다는 말이다.

34) 不爲有矣 : 汪榮寶의 ≪法言義疏≫에는 '不爲有矣'를 있으나 없으나 크게 차이가 없다는 뜻으로 풀었다. 즉 있어도 그만이고 없어도 그만이어서 중요하게 여기지 않는 것으로 보았다.

① 彤弓黸矢 不爲有矣：以諭有君而無臣. ○ 咸曰 "周之制, 諸侯得賜弓矢然後, 專征伐. 故平王東遷, 晉文侯有安定之功, 遂賜彤弓一・彤矢百・玈弓百・玈矢千也. 此言秦之士, 賤而拘[35], 頗失君臣之道, 則安所用忠, 而得賜於彤玈弓矢哉. 故曰 '不爲有矣'. 注謂 '以諭有君無臣', 不連上文, 失之也." ○ 光曰 "黸, 落胡切. 與玈同. 彤弓玈矢, 人臣之上賞也. 人臣不得君之任使, 安能有功. 故雖受彤弓玈矢之賜, 未可自謂己功, 恬而有之也. 晉平公問 '齊桓之霸, 君之力乎, 臣之力乎', 師曠曰 '管仲善斷割, 隰朋善煎熬, 賓胥無善齊和, 羹已熟矣. 奉而進之, 而君不食, 誰能彊之. 亦其君之力也.'[36] 樂羊拔中山, 返而論功, 魏文侯示之謗書一篋, 樂羊再拜稽首曰 '此非臣之功, 君之力也.'"

군주만 있고 신하가 없음을 비유한 것이다.

○ 宋咸이 말하였다. "周나라의 제도에 제후는 弓矢를 하사받은 뒤에야 정벌을 마음대로 할 수 있다. 그러므로 平王이 東遷할 적에 晉 文侯가 왕실을 안정시킨 功이 있다 하여 마침내 彤弓(붉은색 활) 한 장, 彤矢(붉은색 화살) 백 개, 玈弓(검은색 활) 한 장, 玈矢(검은색 화살) 백 개를 하사하였다. 여기서는 秦나라의 선비는 천시받고 구속당하여 자못 君臣의 道를 잃었으니 忠을 어디에 쓰겠으며 어찌 붉은색과 검은색을 칠한 활과 화살을 하사받을 수 있겠느냐는 말이다. 그러므로 '있다고 하지 않는다.'라고 한 것이다. 李軌의 注에 '군주만 있고 신하가 없음을 비유한 것이다.'라고 하여 上文과 연결하지 않은 것은 잘못이다."

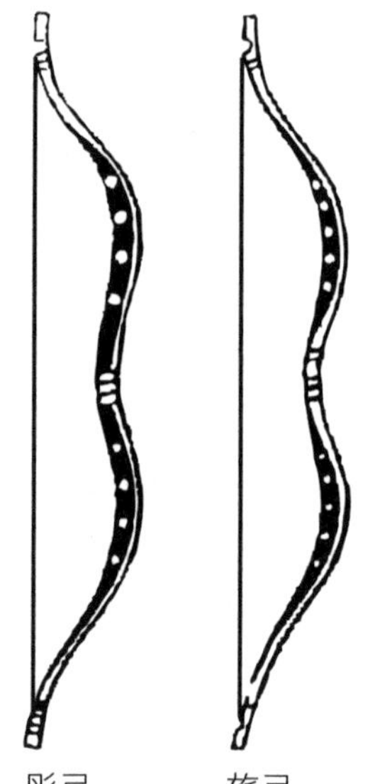
彤弓 玈弓

○ 司馬光이 말하였다. "黸는 落과 胡의 반절이니, 玈와 같다. 彤弓과 玈矢는 신하의 上賞이다. 신하가 임금의 任

35) 秦之士 賤而拘：本篇에 "周나라의 선비는 존중받고 秦나라의 선비는 천시받으며, 주나라의 선비는 마음대로 간언할 수 있기 때문에 〈道義가 행해졌고〉 진나라의 선비는 구속당하였기 때문에 〈도의가 행해지지 않았다.〉〔周之士也貴 秦之士也賤 周之士也肆 秦之士也拘〕"라고 한 것을 가리킨다.

36) 晉平公問……亦其君之力也：≪新序≫ 〈雜事〉에 보인다. 옛날 晉 平公이 叔向에게, "齊 桓公은 아홉 차례나 諸侯를 연합하여 단번에 천하를 바로잡았다는데, 그것이 임금의 힘이었는가, 아니면 신하의 힘이었는가?" 하고 묻자, "管仲은 옷을 마름질하는 데 익숙하였고 隰朋은 꿰매기를 잘하였고, 賓胥無는 선〔純緣〕을 잘 둘렀고 환공은 옷만 입을 줄 알았으니, 이는 바로 그 신하의 힘이었습니다."라고 대답하였다. 師曠이 옆에 서 있다가 "신은 五味에 비유하여 한 말씀 드리겠습니다. 관중은 고기를 잘 썰고 습붕은 잘 지지고 볶았으며 빈서무는 간을 잘 맞추었으나, 임금에게 올려도 임금이 먹지를 않는다면 누가 능히 억지로 먹일 수 있겠습니까? 그러므로 그건 임금의 힘이었습니다."라고 하였다.

使를 받지 못하면 어찌 공을 세울 수 있겠는가. 그러므로 비록 彤弓과 旅矢를 하사받더라도 스스로 자기 공이라고 여겨 태연하게 소유하지 않는다. 晉 平公이 '齊 桓公이 패자가 된 것은 임금의 힘인가? 신하의 힘인가?'라고 물으니, 師曠이 '管仲은 고기를 잘 썰고 隰朋은 잘 지지고 볶으며 賓胥無는 간을 잘 맞추어 국이 이미 요리되었습니다. 그러나 국을 받들어 올려도 임금이 먹지 않는다면 누가 억지로 먹일 수 있겠습니까? 또한 임금의 힘입니다.'라고 하였다. 樂羊이 中山을 함락시키고 돌아와 공을 논할 적에 魏 文侯가 다른 사람들이 악양을 비방한 글〔謗書〕이 가득한 상자 하나를 보여주었더니, 악양이 再拜하고 머리를 조아리며 '이는 신의 공이 아니라 임금의 힘입니다.'라고 하였다."

〈신하가 공을 세워〉 彤弓(붉은색 활)과 𥑮矢(검은색 화살)를 하사받더라도 스스로 자기 공이라고 여기지 않는다.

22. 聆(德)〔聽〕[37]前世하고 清視在下하면 鑑莫近於斯矣①리라

① 聆(德)〔聽〕前世……鑑莫近於斯矣：執古以御今，御今以古，則殷鑑不遠[38]. ○ 咸曰 "聆，聽也. 前世，謂周秦也. 下，謂士庶也. 言後之爲君者，辨聽周秦之疎闊刻密，明視臣庶之行病拘肆[39]，則爲鑑之道，無近於此矣." ○ 光曰 "李本，聆德作聆聽，今從宋吳本. 前世不可見，故云聽，臣民今在下，故云視."

옛것을 가지고 지금을 다스리며 지금을 다스리기를 옛것으로 하면 殷나라의 거울이 멀리 있지 않을 것이다.

○ 宋咸이 말하였다. "聆은 들음이다. 前世는 周나라와 秦나라를 이른다. 下는 士庶人을 이른다. 후세의 군주 된 자가 周나라와 秦나라의 〈法綱의〉 疎闊함과 刻密함을 분명히 듣고, 臣民의 行과 病, 拘와 肆를 밝게 본다면 鑑戒로 삼는 도가 이보다

37) (德)〔聽〕: 저본에는 '德'으로 되어 있으나, 四部叢刊本에 의거하여 '聽'으로 바로잡았다.

38) 殷鑑不遠 : ≪詩經≫ 〈大雅 蕩〉에 "殷나라의 거울은 멀리 있지 아니하여 夏后의 세대에 있다.〔殷鑑不遠 在夏后之世〕"라고 하였는데, 이는 전대의 사례를 거울로 삼아 경계해야 한다는 말이다.

39) 行病拘肆 : 본편의 "周나라 사람은 훌륭한 행실이 많고 秦나라 사람은 병이 많으니, 훌륭한 덕행은 있어야 하고, 병은 없어야 한다. 주나라 선비는 존중받고 秦나라 선비는 천시받으며, 주나라의 선비는 마음대로 간언할 수 있기 때문에 〈도의가 행해졌고〉 진나라의 선비는 구속당하였기 때문에 〈도의가 행해지지 않았다.〉〔周之人多行 秦之人多病 行有之也 病曼之也 周之士也貴 秦之士也賤 周之士也肆 秦之士也拘〕"라고 한 것을 가리킨다.

더 가까운 것이 없을 것이다."

○ 司馬光이 말하였다. "李軌本에는 '聆德'이 '聆聽'으로 되어 있으나 지금 宋咸本·吳祕本을 따랐다. 前代는 눈으로 볼 수 없기 때문에 '聽'이라고 한 것이고, 臣民은 지금 아래에 있기 때문에 '視'라고 이른 것이다."

前代의 일을 분명히 듣고 아랫사람들을 밝게 살펴본다면 이보다 더 가까운 거울이 없을 것이다.

23. 或問 何如動而見畏니잇고 曰 畏人이니라 何如動而見侮니잇고 曰 侮人①이니라 夫見畏與見侮는 無不由己②니라

① 何如動而見畏……侮人：禍福無門, 惟人所召. ○ 咸曰 "鄭康成云 '心服曰畏.' 此言畏, 猶心服而畏敬之也. 故畏敬於人則人亦畏敬之, 慢侮於人則人亦慢侮之."

화와 복은 들어오는 문이 따로 있는 것이 아니라 사람이 부르는 대로 온다.

○ 宋咸이 말하였다. "鄭康成(鄭玄)이 '마음으로 복종하는 것을 畏라 한다.'라고 하였다. 여기서 畏라고 말한 것은 마음으로 복종하여 畏敬하는 것과 같다. 그러므로 남을 외경하면 남들도 외경하고 남을 업신여기면 남들도 업신여긴다."

② 夫見畏與見侮 無不由己：我欲仁, 斯仁至矣.[40]

내가 仁을 하고자 하면 仁이 당장 이른다.

혹자가 물었다.

"어떻게 행동하면 사람들에게 경외를 받습니까?"

揚子가 말하였다.

"다른 사람을 경외하면 경외를 받는다."

혹자가 물었다.

"어떻게 행동하면 사람들에게 업신여김을 당합니까?"

揚子가 말하였다.

"다른 사람을 업신여기면 업신여김을 받는다. 경외를 받는 것과 업신여김을 받는 것은 자신에게 말미암지 않는 것이 없다."

---

40) 我欲仁 斯仁至矣：≪論語≫ 〈述而〉에 "인이 멀리 있는가. 내가 인을 하고자 하면 인이 당장 이른다.〔仁遠乎哉 我欲仁 斯仁至矣〕"라고 하였다.

24. **或問 禮**는 **難以彊世**①라하니 **曰 難故**로 **彊世**②니라 **如夷俟倨肆**와 **羈角之哺果而啗之**면 **奚其彊**③이리오 **或性或彊**이나 **及其名**하야는 **一也**④니라

① 禮難以彊世 : 言禮事至難, 難〔可〕[41]以彊世使行. ○ 光曰 "彊, 其兩切, 下同. 世人, 皆苦禮之拘, 難以彊之."

禮의 일은 지극히 어려워서 세상 사람에게 억지로 행하게 하기가 어려움을 말한 것이다.

○ 司馬光이 말하였다. "彊은 其와 兩의 반절이니, 아래도 같다. 세상 사람이 모두 禮에 구애받는 것을 괴로워하므로 억지로 행하게 하기가 어려운 것이다."

② 難 故彊世 : 祕曰 "禮者, 君子之所好, 而世俗之所難也. 以其難, 故彊之, 使過者俯而就之, 不及者跂而及之." ○ 光曰 "以其難, 故彊使遵之."

吳祕가 말하였다. "禮라는 것이 君子는 좋아하는 것이고 세속 사람은 어려워하는 것이다. 어려워하기 때문에 힘쓰게 하여 지나친 자는 낮추어서 나아가게 하고, 미치지 못하는 자는 발돋움하여 따라가게 하는 것이다."

○ 司馬光이 말하였다. "어렵게 여기기 때문에 억지로 따라오게 하는 것이다."

③ 如夷俟倨肆……奚其彊 : 咸曰 "夷俟倨肆, 皆驕倨之謂也. 羈角, 猶總角也. 傳曰 '貴不期驕而驕自至[42].' 是夷俟倨肆, 不學而能, 人所易也. 總角之童, 哺啗其果, 亦易之也. 設乎禮道不難, 如驕啗之易, 則安用彊敎於世哉." ○ 光曰 "夷俟, 若原壤者[43], 凡剪髮男角女羈[44], 謂幼子也. 人之箕倨驕慢及幼子啗果, 皆其情所欲, 何必彊也."

---

41) 〔可〕 : 저본에는 '可'가 없으나, 四部叢刊本에 의거하여 보충하였다.

42) 傳曰 貴不期驕而驕自至 : ≪書經≫ 〈周書 周官〉에 "지위는 기약하지 않아도 교만해지고 祿은 기약하지 않아도 사치해진다.〔位不期驕 祿不期侈〕"라고 하였는데, 이에 대한 孔安國의 注에 "귀함은 교만함과 기약하지 않아도 교만함이 저절로 이르고, 부유함은 사치함과 기약하지 않아도 사치함이 저절로 이른다.〔貴不與驕期而驕自至 富不與侈期而侈自至〕"라고 하였다.

43) 夷俟 若原壤者 : 原壤은 춘추시대 魯나라 사람으로 孔子의 친구이다. ≪論語≫ 〈憲問〉에 "원양이 다리를 뻗고 앉아서 공자를 기다리니, 공자께서 말씀하기를 '어려서는 공손하지 않고, 장성해서는 칭찬할 만한 일이 없고, 늙어서는 죽지 않는 것이 바로 賊이다.'라고 하시고 지팡이로 그의 정강이를 치셨다.〔原壤夷俟 子曰 幼而不孫弟 長而無述焉 老而不死是爲賊 以杖叩其脛〕"라고 하였다.

44) 剪髮男角女羈 : ≪禮記≫ 〈內則〉에 "자식이 태어난 지 3개월 말에 날짜를 가려서 머리카락을 잘라 황새머리처럼 만들되 남자는 角을 하고 여자는 羈를 한다.〔三月之末 擇日 翦髮爲鬌 男角女羈〕" 하였는데, 陳澔의 주에, "정수리 양옆 角에 해당하는 곳에 머리털을 남겨두고 자르지 않는 것을 角이라 이르고, 정수리 부분에 縱橫으로 각각 한 가닥씩 머리털을

宋咸이 말하였다. "다리를 뻗고 앉는 것과 걸터앉는 것은 모두 오만불손함을 이른다. 羈角은 總角과 같다. 傳에 '귀함은 교만함과 기약하지 않아도 교만함이 저절로 이른다.'라고 하였다. 다리를 뻗고 앉는 것과 걸터앉는 것은 배우지 않아도 능하므로 사람들이 쉽게 하고, 總角을 한 아이가 과일을 깨물어 먹는 것도 쉽게 한다. 禮道를 설행하기 어렵지 않은 것이 다리를 뻗고 앉거나 과일을 깨물어 먹는 것처럼 쉽다면 어찌 세상 사람들에게 억지로 힘써 가르칠 것이 있겠는가."

○ 司馬光이 말하였다. "다리를 뻗고 앉은 것은 原壤과 같은 자이다. 머리카락을 잘라 황새머리를 만들되 남자는 角을 하고 여자는 羈를 하니 어린아이를 이른다. 사람이 다리를 뻗고 앉거나 걸터앉아 오만불손한 것과 어린아이가 과일을 깨물어 먹는 것은 모두 人情에 하고자 하는 것이니 어찌 억지로 할 필요가 있겠는가."

④ 或性或彊 及其名一也 : 性者, 天然生知(之)〔也〕[45]. 彊者, 習學以至也. 雖爲小異, 功業旣成, 其名一也. ○ 咸曰 "性者, 言人之性自然而好禮也. 彊者, 言人之所難用使而爲禮也. 性與彊, 旣皆由禮, 是其爲名, 於行禮同也. 蓋因上文彊禮之論, 故於此誘之爾. 註以生知習學之義, 別爲一段解之, 非謂矣." ○ 光曰 "人或性安於禮, 或自彊以從禮, 及其成名, 一也."

性은 자연적으로 나면서부터 아는 것이고, 彊은 익히고 배워서 도달하는 것이다. 비록 조금 다르지만 功業이 이미 이루어지고 나면 이름이 나는 것은 똑같다.

○ 宋咸이 말하였다. "性(본성대로 행한다)이라는 것은 사람의 본성이 자연스럽게 禮를 좋아한다는 말이다. 彊(억지로 행한다)이라는 것은 사람들이 쓰는 것을 어려워하므로 시켜서 禮를 행하게 한다는 말이다. 性이든 彊이든 모두 禮를 따른 뒤에는 그 명성이 禮를 행함에 있어서 똑같다. 上文에서 禮를 힘쓰게 하는 것을 논하였기 때문에 여기에서 인도한 것이다. 李軌의 註에 나면서부터 아는 것과 익히고 배워서 도달하는 것이라는 뜻을 가지고 별도로 한 단락을 만들어 해석한 것은 잘못이다."

○ 司馬光이 말하였다. "사람은 본성이 禮를 편안히 여기기도 하고 스스로 힘써서 禮를 따르기도 하니, 명성을 이룸에 이르러서는 똑같다."

혹자가 물었다.

"禮는 〈행하기 어려우니 이로써〉 세상 사람들에게 권면하기가 어렵습니다."

揚子가 말하였다.

"禮를 행하기 어렵기 때문에 세상 사람들에게 권면하는 것이다. 〈禮를 행하는 것이〉 다리를 뻗고 걸터앉거나 어린아이가 과일을 깨물어 먹는 것처럼 쉽다면 어

남겨두어서 이를 서로 교차시켜 통하게 한 것을 羈라 이른다."라고 하였다.

45) (之)〔也〕: 저본에는 '之'로 되어 있으나, 四部叢刊本에 의거하여 '也'로 바로잡았다.

찌 권면하겠는가. 禮를 본성대로 행하거나 억지로 행하거나 명성을 이룸에 이르러서는 똑같다."

25. 見弓之張兮여 弛而不失其良兮①로다 或曰 何謂也오 曰 撤之而已矣②니라

① 弛而不失其良兮 : 弛, (合)〔舍〕[46].

弛는 활시위를 풀어놓는 것이다.

② 見弓之張兮……撤之而已矣 : 弓良在撤格, 人良在禮樂. ○ 咸曰 "周禮謂 '撤爲正弓之器也.' 言弓之一弛一張而不失其良者, 以有撤正之也. 人之一動一靜而不失其善者, 以有禮制之也. 此亦因上文而爲之言." ○ 光曰 "撤, 居影切."

활의 좋음은 도지개로 바로잡음에 달려 있고, 사람의 훌륭함은 禮樂에 달려 있다. ○ 宋咸이 말하였다. "≪周禮≫에 '撤은 활을 바로잡는 도구이다.'라고 하였다. 활을 한 번은 풀어놓고 한 번은 팽팽히 조여서 그 훌륭함을 잃지 않는 것은 도지개로 바로잡기 때문이고, 사람을 한 번 動하고 한 번 靜하게 하여 선함을 잃지 않는 것은 禮로 재제하기 때문이라는 말이다. 이는 또한 윗글로 인하여 말을 한 것이다." ○ 司馬光이 말하였다. "撤은 居와 影의 반절이다."

팽팽히 당긴 활을 보니 느슨하게 풀어 놓아도 그 좋음을 잃지 않는다.

혹자가 말하였다.

"무엇을 이른 것입니까?"

揚子가 말하였다.

"〈활을 한 번은 풀어놓고 한 번은 팽팽히 조여서 그 좋음을 잃지 않는 것은〉 도지개로 바로잡기 때문일 뿐이다."

26. 川有防하고 器有範하니 見禮教之至也①니라

① 川有防……見禮教之至也 : 川防禁溢, 器範檢形, 以喩禮教人之防範也. 以舊防爲無所用而壞之者, 必有水敗. 以舊禮爲無所用而去之者, 必有亂患也.[47] ○ 祕曰 "川無防則水爲害, 器無範則人廢業, 禮教失則禍亂生. 王制曰 '用器不中度, 不鬻於市.'"

---

46) (合)〔舍〕: 저본에는 '合'으로 되어 있으나, 四部叢刊本에 의거하여 '舍'로 바로잡았다.

47) 以舊防爲無所用而壞之者……必有亂患也 : ≪禮記≫ 〈經解〉에 보인다.

하천의 제방은 물이 넘치는 것을 막고 기물의 模型(모양이 같은 물건을 만들기 위한 틀)은 기물의 모양을 같게 하니, 이로써 禮敎를 사람의 제방과 모형에 비유한 것이다. 예전에 쌓은 제방을 쓸모없다 하여 파괴하는 자는 반드시 홍수의 해가 있을 것이고, 예전부터 내려오는 禮를 쓸모없다 하여 버리는 자는 반드시 화란과 근심이 있을 것이다.

○ 吳祕가 말하였다. "하천에 제방이 없으면 물이 해가 되고, 기물에 모형이 없으면 사람이 작업을 폐하게 되고, 禮敎를 잃으면 禍亂이 생겨난다. ≪禮記≫ 〈王制〉에 '생활용기가 제도에 맞지 않으면 시장에서 팔지 못한다.'라고 하였다."

하천에는 제방이 있어서 〈물이 넘치는 것을 막고〉, 기물에는 모범(틀)이 있어서 〈기물의 모양을 같게 하니〉, 禮敎의 지극함을 볼 수 있다.

27. **經營然後**에 **知幹楨之克立也**① 니라

① 經營然後知幹楨之克立也：幹楨, 築牆版之屬也. 言經營(官)〔宮〕[48]室, 立城郭, 然後知幹楨之能有所立也. 建宗廟, 立社稷, 然後知禮樂之能有所成也.

幹楨은 담을 쌓을 때 쓰는 나무 기둥 등속이다. 궁실을 짓고 城郭을 세운 뒤에야 幹楨이 잘 서 있는지 알 수 있고, 宗廟를 세우고 社稷을 세운 뒤에야 禮樂이 잘 이루어져 있는지 알 수 있다.

기초를 닦고 계획을 세워 일을 한 뒤에야 楨幹이 잘 서 있는지 알 수 있다.

28. **莊楊**은 **蕩而不法**① 하고 **墨晏**은 **儉而廢禮**② 하며 **申韓**은 **險而無化**③ 하고 **鄒衍**은 **迂而不信**④ 하나니라

① 莊楊 蕩而不法：咸曰 "莊周・楊朱之道, 放蕩而非法."

宋咸이 말하였다. "莊周와 楊朱의 道는 방탕하여 法에 어긋난다."

② 墨晏 儉而廢禮：咸曰 "墨, 謂墨家也. 司馬遷曰 '墨者, 儉而難遵.'[49] 晏, 謂晏嬰也. 禮曰 '晏子, 祀其先人, 豚肩不掩豆, 澣衣濯冠以祭.' 是皆不中禮也."

宋咸이 말하였다. "墨은 墨家를 이르니 司馬遷이 '墨者는 검소하여 따르기 어렵

48) (官)〔宮〕: 저본에는 '官'으로 되어 있으나, 四部叢刊本에 의거하여 '宮'으로 바로잡았다.
49) 墨者 儉而難遵 : ≪史記≫ 〈太史公自序〉에 보인다.

다.'라고 하였고, 晏은 晏嬰을 이르니 ≪禮記≫ 〈禮器〉에 '晏子는 그 先人에게 제사할 때에 〈제수로 마련한〉 돼지다리가 〈작아서〉 祭器도 가리지 못하였고 깨끗하게 빤 옷과 冠으로 제사하였다.'라고 하였다. 이는 모두 禮에 맞지 않는 것이다."

③ 申韓 險而無化：祕曰 "申不害·韓非之法, 傷於險而無敎化."

吳祕가 말하였다. "申不害와 韓非의 法은 각박하여 교화함이 없는 것이 흠이다."

④ 鄒衍 迂而不信：迂(迵)〔廻〕[50], 不可承信. ○ 咸曰 "鄒衍之術, 推天地未生及海外山川之事, 迂誕而不可信也."

迂廻하여 믿을 수가 없다.

○ 宋咸이 말하였다. "鄒衍의 術은 天地가 생기기 전과 海外와 山川의 일까지 유추하였으므로 우활하고 허탄하여 믿을 수가 없다."

莊子와 楊朱는 방탕하여 法에 어긋나고, 墨翟과 晏嬰은 지나치게 검소하여 禮를 폐하며, 申不害와 韓非는 각박하여 교화함이 없고, 鄒衍은 지나치게 오활하여 믿을 수가 없다.

29. 聖人之材는 天地也①요 次는 山陵川泉也②요 次는 鳥獸草木也③니라

① 聖人之材 天地也：覆載, 與天地合其德. ○ 祕曰 "不可逾也." ○ 光曰 "無不覆載."

聖人은 만물을 덮어주고 실어주는 것이 天地와 그 德이 합한다.

○ 吳祕가 말하였다. "넘을 수 없다."

○ 司馬光이 말하였다. "덮어주고 실어주지 않음이 없다."

② 次 山陵川泉也：次聖者, 大賢也. 高顯如山陵, 通潤如川泉. ○ 光曰 "得天地之一端, 佐天地以育物."

次聖(성인에 버금가는 것)은 大賢이다. 높이 드러난 것은 山陵 같으며, 통하고 윤택한 것은 川泉 같다.

○ 司馬光이 말하였다. "天地의 一端을 얻어 천지를 도와 만물을 길러준다."

③ 次 鳥獸草木也：區別各有所長. ○ 咸曰 "班固, 分人爲三等, 演而成九品. 揚亦以人分, 較爲三等矣. 上聖人如天地也, 中賢人如山陵川泉也, 下庶人如鳥獸草木也. 夫人之不學以勉爲賢, 則鳥獸草木之流矣. 有旨哉, 揚子之言." ○ 祕曰 "衆人也. 語曰 '譬諸草木, 區以別矣.' 馬融曰 '言大道與小道殊異. 譬如草木, 異類區別, 言學當以次.'" ○ 光曰 "依於山陵川泉以自生, 所得彌小."

---

50) (迵)〔廻〕：저본에는 '迵'으로 되어 있으나, 四庫全書本에 의거하여 '廻'로 바로잡았다.

각각 가지고 있는 所長을 구별하였다.

○ 宋咸이 말하였다. "班固는 사람을 나누어 3등급으로 만들고 부연하여 9品을 이루었다. 揚子도 사람을 나누어 대강 3등급으로 만들었다. 上等인 聖人은 天地 같고, 中等인 賢人은 山陵과 川泉 같고, 下等인 庶人은 鳥獸와 草木 같다. 사람이 배워서 賢人이 되기를 힘쓰지 않으면 鳥獸와 草木의 무리이다. 깊은 뜻이 담겨 있구나. 揚子의 말이여."

○ 吳祕가 말하였다. "〈鳥獸와 草木은〉 衆人이다. ≪論語≫ 〈子張〉에 '草木에 비유하면 종류로 구별되는 것과 같다.'라고 하였는데, 馬融이 '大道와 小道가 전혀 다름을 草木에 비유하면 大小의 종류가 달라 구별할 수 있는 것과 같다는 말이니, 학문은 마땅히 차서를 따라야 함을 말한 것이다.'라고 하였다."

○ 司馬光이 말하였다. "山陵과 川泉에 의지하여 혼자 사니 얻는 것이 더욱 적다."

聖人의 재주는 〈만물을 덮어주고 실어주는 것이〉 天地와 같으며, 그다음인 賢人의 재주는 〈높이 드러나고 윤택한 것이〉 山陵과 川泉 같고, 그다음인 보통 사람의 재주는 鳥獸와 草木 같다.

先知* 第九

* 先知：咸曰“聖人之哲，動則先知，故次之五百.”

宋咸이 말하였다. “聖人은 명철하여 〈기미가〉 동하면 먼저 안다. 그러므로 〈先知〉를 〈五百〉 다음에 놓은 것이다.”

立政鼓衆하고 動化天下는 莫尙於中和①라 中和之發은 在哲民情②이라 譔先知③라

① 立政鼓衆……莫尙於中和：光曰“鼓，謂鼓舞.”

司馬光이 말하였다. “鼓는 고무함을 이른다.”

② 中和之發 在哲民情：哲，智. ○ 祕曰“五行傳曰‘哲，知也. 中和之發，則民之情僞，無不先知.’ 中庸曰‘喜怒哀樂之未發，謂之中，發而皆中節，謂之和. 中也者，天下之大本也. 和也者，天下之達道也. 致中和，天地位焉，萬物育焉.’” ○ 光曰“哲，當作晢(절). 晢，明也. 言將發中和之政 在先明民情”

哲은 지혜로움이다.

○ 吳祕가 말하였다. “≪五行傳≫에 ‘哲은 아는 것이다. 中和의 정치를 시행하려면 백성들의 진실과 거짓을 먼저 알지 못함이 없어야 한다.’라고 하였고, ≪中庸≫에 ‘희노애락이 아직 발현되지 않은 것을 中이라 하고, 발현하여 모두 절도에 맞는 것을 和라 한다. 中이라는 것은 천하의 큰 근본이고, 和라는 것은 천하에 통용되는 道이다. 中和를 지극히 하면 천지가 제자리를 잡고 만물이 길러진다.’라고 하였다.”

○ 司馬光이 말하였다. “哲은 晢이 되어야 하니, 晢은 밝음이다. 중화의 정치를 펴려고 한다면 먼저 백성의 실정을 밝게 아는 데에 있음을 말한 것이다.”

③ 譔先知：祕曰“聖人達于事幾，吉之先見，故能成天下之化.” ○ 光曰“論爲政之道.”

吳祕가 말하였다. “聖人은 일의 기미에 통달하여 길흉을 미리 내다 보기 때문에 천하의 교화를 이룰 수 있다.”

○ 司馬光이 말하였다. “정치의 도에 대해 논하였다.”

정치하는 道를 확립하여 백성들을 고무하고 천하 사람들을 感化시키는 것은 中和보다 더 나은 것이 없다. 中和의 정치를 시행하는 것은 백성들의 실정을 아는 데에 있다. 그러므로 〈위정자로 하여금 백성들의 실정을 알게 하기 위하여〉 〈先知〉를 지었다.

01. **先知**는 **其幾於神乎**①인저 **敢問先知**하노이다 **曰 不知**②로라 **知其道者**는 **其如視**③ **忽眇緜作昞**④이라

① 先知其幾於神乎 : 幾, 近也. 神以知來, 探未兆也. 逆識先知, 近於神也. ○ 光曰 "幾音機, 下同."

幾는 가까움이다. 神은 앞으로 올 일을 알아 아직 기미가 나타나기 전에 찾아낸다. 미리 알아보고 먼저 안다면 神에 가까울 것이다.

○ 司馬光이 말하였다. "幾는 음이 機이니, 아래도 같다."

② 不知 : 答以不知者, 神悟則先知, 非問之所及. ○ 祕曰 "知之, 其神乎."

알지 못한다고 대답한 것은, 神처럼 깨달으면 먼저 아는 것은 질문한 자가 미칠 수 있는 바가 아니기 때문이다.

○ 吳祕가 말하였다. "〈기미가 나타나기 전에 미리〉 안다면 神과 같을 것이다."

③ 其如視 : 擧目便見.

'其如視'는 눈을 들어 보면 곧 알 수 있는 것이다.

④ 忽眇緜作昞 : 眇緜, 遠視. ○ 咸曰 "忽, 輕也. 眇, 細也. 緜, 遠也. 昞, 謂炳然光明也. 此言先知之道, 臨事則悟. 如明目之視, 忽輕·眇細·緜遠之物, 皆炳然而見也. 注從其如視, 隔爲一句, 復以眇緜爲一事, 釋之, 頗失其義." ○ 光曰 "宋吳本, 昞作炳. 今從李本, 音丙. 闕."

'眇緜'은 아득히 멀리 보는 것이다.

○ 宋咸이 말하였다. "忽은 작은 것(매우 작은 度量의 단위)이다. 眇는 미세한 것이다. 緜은 아득히 먼 것이다. 昞은 환하게 빛나는 것을 이른다. 이것은 먼저 아는 도는 일에 임하면 깨달음을 말하니, 밝은 눈으로 아주 작은 것과 미세한 것과 멀리 있는 물건을 보면 모두 환하게 드러나는 것과 같다. 李軌의 注에는 '其如視'에서 구두를 떼어 한 句로 삼고, 다시 '眇緜'을 한 가지 일로 삼아서 풀이하였는데, 자못 그 본의를 잃었다."

○ 司馬光이 말하였다. "宋咸本·吳祕本에는 '昞'이 '炳'으로 되어 있다. 지금 李軌本을 따랐으니 音은 丙이다. 〈뜻을 알 수 없어〉 注釋하지 않았다."

혹자가 물었다.

"〈기미가 나타나기 전에〉 먼저 아는 자는 神에 가까울 것입니다. 먼저 아는 도에 대해 감히 묻습니다."

揚子가 말하였다.

"나는 모른다. 그 도를 아는 자는 밝은 눈으로 아주 가벼운 것〔忽〕과 아주 미세

한 것〔眇〕과 까마득히 먼 곳〔緜〕도 밝게 보는 것과 같을 것이다.”

02. 先甲一日은 易하고 後甲一日은 難①이라

① 先甲一日易 後甲一日難：甲者, 一旬之始, 已有之(祕)〔初〕[1]也. 先之一日, 未兆也. 後之一日, 已形也. 夫求福於未兆之前易, 救禍於已形之後難. ○ 咸曰 “甲者, 敎令之始也. 夫明王之道, 先令後刑, 故先甲一日以昭而示之也. 示之而雖犯, 猶宥之, 故曰‘先一日易’也. 後甲一日, 以廣而諭之也. 諭之而(尙)〔再〕犯, 則(犯)〔刑〕之, 故曰‘後一日難.’也.” ○ 祕曰 “周禮縣治象之法于象魏[2], 使萬民觀治象, 挾日而斂之. 鄭司農云‘從甲至癸謂之挾日, 凡十日. 是以易稱「先甲三日」·「先庚三日」[3], 皆爲申命令之義.’ 夫干有十日, 自甲至癸, 皆挾日之義. 而易獨取甲庚者, 以甲木主仁, 而示其寬令也. 庚金主義, 而示其嚴令也. 今夫先見者, 察民未犯之前, 先一日申其令, 則其爲治易也. 如當已犯之後, 後一日申其令, 則其爲治難也.” ○ 光曰 “竝闕.”

甲은 1旬의 첫째 날이니, 이미 있는 시초이다. 갑보다 하루 먼저는 아직 조짐이 드러나기 전이고, 갑보다 하루 뒤는 이미 조짐이 드러난 뒤이다. 아직 조짐이 드러나기 전에 복을 구하기는 쉽고, 이미 조짐이 드러난 뒤에 화를 제거하기는 어렵다.

○ 宋咸이 말하였다. “甲은 敎令의 시작이다. 밝은 군왕의 도는 교령을 먼저 내리고 형벌은 뒤로 하기 때문에 〈새 법령을 제정할 때〉 하루 전에 그 교령을 백성들에게 밝게 보여주고, 보여주고 나서 백성이 비록 범하더라도 오히려 용서한다. 그러므로 하루 전에 백성들에게 교령을 보여주면 다스리기가 쉽다고 한 것이요, 교령을 내리고 난 뒤에는 백성들에게 널리 타이르니, 타이른 뒤에 다시 법령을 범하면 형벌한다. 그러므로 교령을 내리고 난 뒤에는 다스리기 어렵다고 한 것이다.”

○ 吳祕가 말하였다. “≪周禮≫ 〈天官 太宰〉에 ‘治國의 法令을 기록한 글을 象魏에 걸어 만민으로 하여금 치국의 법령을 기록한 글을 보게 하고 열흘이 지나면 이를 거두어들인다.’라고 하였는데, 鄭司農(鄭衆)이 이르기를 ‘甲에서 癸까지 한 바퀴

---

1) (祕)〔初〕: 저본에는 ‘祕’로 되어 있으나, 四部叢刊本에 의거하여 ‘初’로 바로잡았다.

2) 象魏 : 象은 法象, 魏는 높다는 뜻으로, 옛적에 궁궐 문 밖에 법령을 높이 게시하여 백성으로 하여금 그 내용을 알게 한 일을 말한다. 상위는 중국에서 궁궐 문 밖에 마주 보게 세운 한 쌍의 건축물로, 여기에 국가의 교령을 현시했다고 한다.

3) 先甲三日·先庚三日 : ≪周易≫ 蠱卦에 “일이 시작되기 앞서 3일 동안 그 이유를 궁구하고, 일이 시작된 뒤에 앞일을 3일 동안 생각한다.〔先甲三日 後甲三日〕”라고 하였고, 巽卦에 “일을 변경하기 앞서 3일 동안 궁구하고, 일을 변경한 뒤에 3일 동안 생각한다.〔先庚三日 後庚三日〕”라고 하였는데, 이를 가리킨다.

돈 것을 挾日이라고 이르니, 모두 10일이다.'라고 하였다. 이 때문에 ≪周易≫에서 일컬은 '先甲三日'과 '先庚三日'은 모두 명령을 신칙한다는 뜻이다. 天干에 10일이 있으니, 甲부터 癸까지 十干이 한 바퀴 돌았다는 뜻이다. 그런데 ≪주역≫에서 十干 중에 甲과 庚만 취한 것은, 甲은 木으로 仁을 주로 하니 명령을 너그럽게 한다는 뜻을 보여주는 것이고, 庚은 金으로 義를 주로 하니 명령을 엄하게 한다는 뜻을 보여주는 것이다. 지금 먼저 아는 자가 백성들이 명령을 범하기 전에 살펴서 1일 앞서 명령을 신칙하면 다스리기가 쉽고, 만약 백성들이 이미 명령을 범한 뒤를 당하여 1일 늦게 명령을 신칙하면 다스리기가 어렵다."

○ 司馬光이 말하였다. "〈뜻을 알 수 없어〉 모두 주석하지 않았다."

사물의 조짐이 드러나기 하루 앞서 신칙하면 다스리기 쉽고, 사물의 조짐이 이미 드러나고 나서 하루 뒤에 신칙하면 다스리기 어렵다.

03. 或問 何以治國고 曰 立政이니라 曰 何以立政고 曰 政之本은 身也니 身立則政立矣①니라

① 身立則政立矣 : 子帥(솔)以正, 孰敢不正.[4)]
'그대가 바름으로써 솔선한다면 누가 감히 바르지 않겠느냐.'라는 뜻이다.

혹자가 물었다.

"어떻게 나라를 다스려야 합니까?"

揚子가 말하였다.

"정치하는 도를 세워야 한다."

혹자가 물었다.

"어떻게 정치하는 도를 세웁니까?"

揚子가 말하였다.

"정치의 근본은 위정자 자신이니, 위정자가 자신을 바르게 세우면 정치가 바르게 설 것이다."

4) 子帥(솔)以正 孰敢不正 : ≪論語≫ 〈顔淵〉에 孔子가 "'政'은 바로잡는다는 뜻이니, 그대가 바름으로써 솔선한다면 누가 감히 바르지 않겠는가.〔政者正也 子帥以正 孰敢不正〕"라고 季康子에게 말한 내용이 보인다.

04. **或問 爲政有幾**①오 **曰 思斁**(역)②이니라 **或問思斁**한대 **曰 昔在**에 **周公**이 **征于東方**하니 **四國是王**③하고 **召伯述職**에 **蔽芾甘棠**하니 **其思矣夫**④인저 **齊桓公**이 **欲徑陳**이로되 **陳不果內**(납)한대 **執袁濤塗**하니 **其斁矣夫**⑤인저 **嗚呼**라 **從政者**는 **審其思斁而已矣**니라 **或問 何思何斁**⑥고 **曰 老人老**하고 **孤人孤**하며 **病者養**하고 **死者葬**하며 **男子畝**하고 **婦人桑之謂思**⑦요 **若汙人老**⑧하고 **屈人孤**⑨하며 **病者獨**⑩하고 **死者逋**⑪하며 **田畝荒**하고 **杼軸空之謂斁**⑫이니라

① 爲政有幾 : 幾, 要也. 欲知爲政善惡之要. ○ 祕曰 "請問其目."

幾는 요점이다. 정사를 잘하고 못하는 요점을 알고자 한 것이다.

○ 吳祕가 말하였다. "그 실천 조목을 물은 것이다."

② 思斁 : 斁, 厭. ○ 咸曰 "言政善則人思慕之, 政惡則人厭苦之." ○ 祕曰 "斁, 厭也. 思斁 二義而已." ○ 光曰 "斁音亦."

斁(역)은 싫어함이다.

○ 宋咸이 말하였다. "정사가 선하면 사람들이 위정자를 사모하고, 정사가 악하면 사람들이 위정자를 싫어하고 괴롭게 여김을 말한 것이다."

○ 吳祕가 말하였다. "斁은 싫어함이다. 백성들이 위정자를 사모하느냐, 백성들이 위정자를 싫어하느냐 두 가지 의리가 있을 뿐이다."

○ 司馬光이 말하였다. "斁은 음이 亦이다."

③ 四國是王 : 王, 匡. ○ 咸曰 "詩云 '周公東征, 四國是皇.'" ○ 光曰 "王, 當爲匡. 詩傳云 '皇, 匡也.'"

王은 匡(바로잡다)이다.

○ 宋咸이 말하였다. "≪詩經≫ 〈豳風 破斧〉에 '주공이 동쪽으로 정벌하니 四國이 바르게 되었다.〔周公東征 四國是皇〕'라고 하였다."

○ 司馬光이 말하였다. "'王'은 '匡'이 되어야 한다. ≪毛詩詁訓傳≫에 '皇은 匡이다.'라고 하였다."

④ 昔在周公……其思矣夫 : 祕曰 "周公旦攝政, 三監管蔡商[5)]及奄之四國叛. 周公東征三

5) 三監管蔡商 : ≪尙書≫ 〈大誥序〉에 "武王이 崩御하자 三監과 淮夷가 반역하였다."라고 하였는데, 孔穎達의 疏에 "三監은 바로 管叔·蔡叔·商(武庚)이다."라고 하였다. 그러나 林之奇는 "漢나라 孔氏가 '三監은 管叔·蔡叔과 商이다.'라고 하였으나 '商'은 아마도 武庚을 가리킬 것이다. 관숙과 채숙으로 하여금 감독하게 하였는데, 만일 '武庚'을 三監의 수에 끼어 넣는다면 무경은 과연 무엇을 감독하겠는가. 그러므로 '三監'은 鄭康成(鄭玄)의 說을 따라 管叔·蔡叔·霍叔을 꼽아야 한다는 것을 알 수 있다.〔漢孔氏曰 三監 管蔡商 商蓋指武庚也 使管

年而歸, 四國於是從王命也. 故東山二章, 言其思也. 詩云 '不可畏也, 伊可懷也.'[6] 召公奭聽訟於甘棠之下, 國人思其人, 美其樹. 詩云 '蔽芾甘棠, 勿翦勿伐.' 皆其思矣." ○ 光曰 "召, 實詔切. 芾, 非貴切. 夫音扶, 下同."

吳祕가 말하였다. "〈武王이 죽은 뒤〉 周公 旦이 攝政할 때 三監인 管叔, 蔡叔과 商(武庚) 및 奄 이상 네 나라가 배반하였다. 이에 주공이 동쪽으로 정벌하고 3년 만에 돌아오니, 네 나라가 이에 王命을 따랐다. 그러므로 〈東山〉 2章은 백성들이 주공을 사모하였음을 말한 것이니, 〈동산〉시에 '두려워하는 것이 아니라, 사모하도다.'라고 하였다. 召公 奭이 감당나무 아래에서 송사를 처리하였는데, 나라 사람들이 소공을 사모하여 소공이 머물던 감당나무까지 찬미하였다. 그러므로 〈甘棠〉시에 '무성히 자란 감당나무, 자르거나 베지 말라.'라고 하였다. 이는 모두 사모한 것이다."

○ 司馬光이 말하였다. "召는 實과 詔의 반절이다. 芾는 非와 貴의 반절이다. 夫는 음이 扶이니 아래도 같다."

⑤ 齊桓公欲徑陳……其戮矣夫 : 伐楚雖美, 而御師不整, 故不敢令徑. ○ 祕曰 "齊桓公, 既伐楚, 而欲徑從陳, 陳不欲內(납)之, 故執袁濤塗. 僖公四年, 左氏無'戮之'之文, 揚據公羊而言也. 公羊傳曰 '濤塗謂桓公曰「君既服南夷矣, 何不還師濱海而東, 服東夷且歸.」桓公曰「諾.」於是還師濱海而東, 大陷于沛澤之中. 顧而執濤塗. 古者周公東征則西國怨, 西征則東國怨. 桓公假塗于陳而伐楚, 則陳不欲其反由己者, 師不正也. 不修其師而執濤塗, 古人之討, 則不然也." ○ 光曰 "內音納."

〈齊 桓公이〉 楚나라를 정벌한 것이 비록 좋기는 하지만 군대를 통솔하는 것이 바르지 않았기 때문에 陳나라가 감히 자기 나라를 통과하지 못하게 한 것이다.

○ 吳祕가 말하였다. "제 환공이 이미 초나라를 정벌한 뒤에 진나라를 통과하려고 하였으나 진나라가 받아들이려 하지 않았기 때문에 진나라 대부인 轅濤塗를 체포하였다. ≪春秋左氏傳≫ 僖公 4년에는 '戮之'에 대한 내용이 없으니, 揚雄이 ≪春秋公羊傳≫에 의거하여 말한 것이다. ≪춘추공양전≫에 '원도도가 환공에게 말하기를 「임금께서 이미 남쪽 오랑캐(楚)를 정벌하였으니, 어찌하여 회군하는 군대를 돌려 바닷가를 따라 동쪽으로 가서 동쪽 오랑캐도 복속시키고 돌아가지 않으

叔監之 若以武庚預三監之數 則武庚果何所監哉 故知三監 從鄭康成之說謂管蔡霍也〕"라고 하였다.(≪尙書全解≫)

6) 不可畏也 伊可懷也 : 周公이 동쪽 지방을 정벌한 지 3년 만에 돌아왔는데, 돌아오는 군사를 위로하여 지은 〈東山〉 시에 "과라의 열매가 집에까지 뻗었으며 쥐며느리가 방에 있으며 납거미가 문에 있으며 집 옆에는 사슴이 마당을 삼았으며 반딧불이 깜빡깜빡하니 두려워할 것이 아니라 그립도다.〔果贏之實 亦施于宇 伊威在室 蠨蛸在戶 町畽鹿場 熠燿宵行不可畏也 伊可懷也〕" 하였다.

십니까?」라고 하니, 환공이 이르기를 「그렇게 하겠다.」라고 하였다. 이에 군대를 돌려 바닷가를 따라 동쪽으로 갔는데 군대가 수초가 우거진 沛澤에 빠지니, 환공이 돌아보고 원도도를 체포하게 하였다. 옛날에 周公이 동쪽을 정벌하면 서쪽 나라가 자기 나라를 먼저 정벌해주지 않는다고 원망하고, 서쪽을 정벌하면 동쪽 나라가 자기 나라를 먼저 정벌해 주지 않는다고 원망했다고 한다. 환공이 진나라에 길을 빌려 초나라를 정벌했는데, 진나라 백성들은 제나라 군대가 돌아갈 때 다시 자기 나라를 거쳐 지나가기를 바라지 않았으니, 제나라 군대의 기강이 엄정하지 않았기 때문이다. 제 환공은 자기 군대의 기율을 엄정하게 단속하지 않고 오히려 원도도에게 죄를 물어 체포하였으니, 옛날에 방백의 정벌이었다면 그렇지 않았을 것이다.'라고 하였다."

○ 司馬光이 말하였다. "內은 음이 納이다."

⑥ 何思何斁 : 光曰 "何以致之."

司馬光이 말하였다. "어떻게 하면 백성들이 사모하고, 어떻게 하면 백성들이 싫어하는지 물은 것이다."

⑦ 老人老……之謂思 : 爲政如此, 人所思也. ○ 祕曰 "使人各得其所, 則見思矣."

정사하기를 이렇게 하면 사람들이 위정자를 사모한다.

○ 吳祕가 말하였다. "사람들로 하여금 각기 제 살 곳을 얻게 하면 사람들에게 사랑을 받을 것이다."

⑧ 若汙人老 : 汙, 慢. ○ 祕曰 "汙, 辱也." ○ 光曰 "汙, 哀都切."

汙는 업신여김이다.

○ 吳祕가 말하였다. "汙는 욕보이는 것이다."

○ 司馬光이 말하였다. "汙는 哀와 都의 반절이다."

⑨ 屈人孤 : 屈, 窮. ○ 祕曰 "屈, 抑之."

屈은 곤궁함이다.

○ 吳祕가 말하였다. "屈은 억누르는 것이다."

⑩ 病者獨 : 祕曰 "無所養."

吳祕가 말하였다. "獨은 구호하는 바가 없는 것이다."

⑪ 死者逋 : 祕曰 "見死者, 逋逃而不葬." ○ 光曰 "逃棄不葬."

吳祕가 말하였다. "죽은 자를 보고는 도망하여 〈시체를 버려두고〉 장사 지내지 않는 것이다."

○ 司馬光이 말하였다. "피하고 장사 지내지 않는 것이다."

⑫ 之謂斁 : 民厭苦也. ○ 祕曰 "使人各失其所, 則見厭矣."

백성들이 위정자를 싫어하는 것이다.

○ 吳祕가 말하였다. "사람들로 하여금 각각 제 살 곳을 잃게 하면 사람들에게 미움을 받을 것이다."

혹자가 물었다.

"정사를 하는 데 요점이 있습니까?"

揚子가 말하였다.

"사모함과 싫어함이다."

혹자가 사모함과 싫어함에 대해 물으니, 양자가 말하였다.

"옛날에 周公이 동쪽으로 정벌하니 네 나라(管·蔡·商·奄)가 왕명을 따랐고, 召伯이 나라 안을 순행할 적에 무성한 감당나무 아래에서 쉬자 〈소백을 사모하여 소백이 머물던 감당나무도 베지 않았다. 이는〉 백성들이 〈주공과 소공을〉 사모한 것이다. 齊 桓公이 楚나라를 정복한 뒤에 陳나라를 통과하려고 하였는데 陳나라가 끝내 허락하지 않자 陳나라 大夫 袁濤塗를 잡아 가두니, 백성들이 〈제 환공을〉 싫어하였다. 아, 위정자는 백성들이 사모하는지 싫어하는지를 자세히 살펴볼 뿐이다."

혹자가 물었다.

"어떻게 하면 백성들이 사모하고, 어떻게 하면 백성들이 싫어합니까?"

揚子가 말하였다.

"〈위정자가〉 노인을 공경하고 고아를 불쌍히 여기며, 병든 자를 구호하고 죽은 자를 장사 지내며, 남자는 농사를 짓고 여자는 누에를 치면 〈정사가 선한 것이니,〉 이것을 일러 백성들이 사모한다고 한다. 위정자가 노인을 업신여기고 고아를 곤궁하게 하며, 병든 자를 구호하는 바가 없고 죽은 자를 내버려두며, 농토는 황폐하고 나라의 창고가 텅비면 〈정사가 악한 것이니〉 이것을 일러 백성들이 싫어한다고 한다."

05. 爲政日新이라 或人敢問日新①하노이다 曰 使之利其仁하고 樂其義②하며 厲之以名하고 引之以美③하여 使之陶陶然之謂日新④이라

① 或人敢問日新：咸曰 "欲知其旨."

宋咸이 말하였다. "그 뜻을 알고자 한 것이다."

② 使之利其仁 樂其義：咸曰 "使民, 以仁爲利, 以義爲樂, 則勸於進矣." ○ 祕曰 "博愛爲仁, 則其利彌廣, 合宜爲義, 則其樂無窮." ○ 光曰 "仁義者顯榮, 故利而樂之."

宋咸이 말하였다. "백성들로 하여금 仁을 이롭게 여기고 義를 즐거워하게 하면 仁과 義에 나아가 부지런히 행할 것이다."

○ 吳祕가 말하였다. "널리 사랑하는 것을 仁이라고 하니, 仁하면 그 이로움이 더욱 광대해지고, 사리에 합하는 것을 義라고 하니, 의로우면 그 즐거움이 무궁하다."

○ 司馬光이 말하였다. "仁義를 행하는 자는 현달하고 영화롭기 때문에 仁을 이롭게 여기고 義를 즐거워하는 것이다."

③ 厲之以名 引之以美：咸曰 "以名譽而勵勸之, 以美善而引導之, 則喜於行矣."

宋咸이 말하였다. "명예로써 권면하고 아름다움과 선함으로 인도하면 인의를 행하는 것을 기뻐할 것이다."

④ 使之陶陶然 之謂日新：咸曰 "如是則民欣欣然無怠, 非日新而何." ○ 祕曰 "日日新." ○ 光曰 "陶陶, 喜爲善之貌."

宋咸이 말하였다. "이렇게 하면 백성들이 기뻐하여 게을리 함이 없을 것이니, 이것이 날로 새롭게 하는 것이 아니고 무엇이겠는가."

○ 吳祕가 말하였다. "날마다 새롭게 하는 것이다."

○ 司馬光이 말하였다. "'陶陶'는 선을 행하는 것을 기뻐하는 모습이다."

정사를 함에 날로 새롭게 해야 한다.

혹자가 물었다.

"감히 날로 새롭게 하는 것에 대해 묻습니다."

揚子가 대답하였다.

"백성들로 하여금 仁을 이롭게 여기고 義를 즐거워하게 하며, 명예로 권면하고 포상과 은총으로 인도하여, 백성들로 하여금 선을 행하는 것을 기뻐하게 하는 것을 날로 새롭게 하는 것이라고 한다."

06. **或問民所勤**[①]한대 **曰 民有三勤**이니라 **曰 何哉**오 **所謂三勤**은 **曰 政善而吏惡**이 **一勤也**[②]요 **吏善而政惡**이 **二勤也**[③]요 **政吏騈惡**이 **三勤也**[④]라 **禽獸食人之食**하고 **土木衣人之帛**[⑤]하여 **穀人不足於晝**하고 **絲人不足於夜之謂惡政**[⑥]이라

① 或問民所勤：勤, 苦.

勤은 괴로움이다.

② 政善而吏惡 一勤也 : 光曰 "不能宣布稱上志."

司馬光이 말하였다. "〈임금은 선한데 관리가 악하면 임금의 선한 정사를〉 선포하여 윗사람의 뜻에 맞게 할 수가 없다."

③ 吏善而政惡 二勤也 : 光曰 "掣肘不得行其志."

司馬光이 말하였다. "〈관리는 선한데 임금이 악하면 임금에게〉 간섭을 받아 뜻한 바를 행할 수가 없다."

④ 政吏駢惡 三勤也 : 政, 君也. 駢, 竝也. ○ 祕曰 "駢, 幷也."

政은 임금이다. 駢은 모두이다.

○ 吳祕가 말하였다. "駢은 모두이다."

⑤ 土木衣人之帛 : 光曰 "衣, 於既切."

司馬光이 말하였다. "衣(입다)는 於와 旣의 반절이다."

⑥ 穀人不足於晝 絲人不足於夜之謂惡政 : 人君苑囿禽獸, 故穀人竭力於晝也. 土木衣綈錦,[7] 故絲人竭力於夜也. 晝夜竭力而猶不足, 是故, 爲惡政.

임금의 苑囿에 기르는 禽獸가 〈사람이 먹을 곡식을 먹기 때문에〉 농사 짓는 농부는 낮에 힘을 다해 농사를 짓고, 〈임금의 궁궐과 담장의〉 흙과 나무가 〈사람이 입을 비단옷을 걸치기 때문에〉 길쌈하는 아낙네는 밤에 힘을 다해 길쌈한다. 그리하여 밤낮으로 힘을 다해 농사를 짓고 길쌈을 해도 오히려 곡식과 의복이 부족하니, 이 때문에 악한 정사라고 하는 것이다.

혹자가 백성들의 괴로움에 대해 물으니, 揚子가 대답하였다.

"백성들에게 세 가지 괴로움이 있다."

혹자가 물었다.

"이른바 세 가지 괴로움이라는 것은 무엇입니까?"

양자가 말하였다.

"임금은 선한데 관리들이 악한 것이 첫 번째 괴로움이고, 관리는 선한데 임금이 악한 것이 두 번째 괴로움이고, 임금과 관리가 모두 악한 것이 세 번째 괴로움이다. 〈임금의 동산에 기르는〉 금수가 사람이 먹을 곡식을 먹고, 〈임금의 궁궐과 담장의〉 흙과 나무가 사람이 입을 비단옷을 걸쳐, 농사를 짓는 농부는 낮에 힘을

---

7) 土木衣綈錦 : 張衡의 〈西京賦〉에 "기둥이나 서까래 등의 나무는 아름다운 비단을 두른 것 같고, 집과 담을 쌓은 土石은 붉은색과 자주색 옷을 입은 것 같다.〔木衣綈錦 土被朱紫〕"라고 보인다.

다해 농사를 지어도 곡식이 부족하고, 길쌈하는 아낙네는 밤에 힘을 다해 길쌈을 해도 옷감이 부족한 것을 악한 정사라고 이른다."

07. **聖人**은 **文質者也**①라 **車服以彰之**②하고 **藻色以明之**③하고 **聲音以揚之**④하고 **詩書以光之**⑤라 **籩豆不陳**하고 **玉帛不分**하고 **琴瑟不鏗**하고 **鐘鼓不耾**이면 **吾則無以見聖人矣**⑥리라

① 聖人文質者也：因人才質，刻而畫之，文而藻之. ○ 咸曰"質者，言世之質野，如鳥獸草木然. 聖人因爲禮樂制度以文飾之，故有別也. 註謂'因人才質，刻而畫之' 無乃不可乎?" ○ 祕曰"因其質而文之." ○ 光曰"質者，爲政之大體也. 質旣美矣，又須禮樂以文之. 周書曰'若作梓材，旣勤樸斲，惟其塗丹雘.'"

사람의 才質에 따라 새겨서 그림을 그리고 문식하여 꾸미는 것이다.

○ 宋咸이 말하였다. "質은 세상의 꾸밈없이 질박한 것을 말하니 鳥獸와 草木 같은 것이다. 聖人이 이로 인하여 禮樂과 制度를 만들어서 문식하였기 때문에 분별이 있는 것이다. 李軌의 註에 '사람의 재질에 따라서 새겨서 그린 것'이라고 한 것은 불가하지 않겠는가."

○ 吳祕가 말하였다. "그 바탕에 따라서 문식하는 것이다."

○ 司馬光이 말하였다. "質은 정치를 하는 大體이다. 質이 이미 아름다운 뒤에야 또 모름지기 禮樂으로 꾸밀 수 있다. ≪書經≫ 〈周書 梓材〉에 '재목을 다룰 때 부지런히 다듬고 깎은 뒤에 단청을 칠하는 것과 같다.'라고 하였다."

② 車服以彰之：車服等差，辨彰貴賤. ○ 祕曰"五車十二衣[8]以彰之."

車馬와 衣服에 차등을 두어 귀천을 분별하였다.

○ 吳祕가 말하였다. "五車와 十二章으로써 귀천을 드러내었다."

③ 藻色以明之：藻色輕重，顯明尊卑. ○ 祕曰"文藻五色以明之." ○ 光曰"藻色謂文物也，彰明上下之體."

무늬와 색깔의 경중으로 존비를 뚜렷하게 밝힌 것이다.

○ 吳祕가 말하였다. "무늬와 五色으로 존비를 밝힌 것이다."

○ 司馬光이 말하였다. "'藻色'은 文物을 이르니, 상하의 체통을 드러내어 밝힌 것

---

8) 五車十二衣：五車는 玉輅·金輅·象輅·革輅·木輅 등 다섯 가지의 수레를 가리킨다. 十二衣는 十二章으로 천자의 관복에 그리거나 수놓은 열두 개의 徽章을 가리키는데, 해·달·별·山·龍·華蟲 등 여섯 가지는 윗옷에 그리고, 宗彝·마름〔藻〕·불〔火〕·粉米·黼·黻 등 여섯 가지는 치마에 수놓았다.

이다."

④ 聲音以揚之 : 歌於管絃, 詠其德美. ○ 祕曰 "和鸞玉佩五音六律以揚之."

관현악에 맞추어 노래하여 그 덕의 아름다움을 읊는 것이다.

○ 吳祕가 말하였다. "〈수레를 타고 갈 때에는〉 和와 鸞이 울리고, 〈걸어갈 때에는〉 佩玉이 울려 五音과 六律로써 덕을 드러내었다."

⑤ 詩書以光之 : 載其功德, 光照後世. ○ 祕曰 "頌載其德, 光顯後世, 皆所謂文質者也."

≪詩≫와 ≪書≫에 功德을 기재하여 후세에 전해져 빛나게 하는 것이다.

○ 吳祕가 말하였다. "그 덕을 칭송하고 기재하여 후세에 명성이 전해지게 하는 것이 모두 이른바 文質이라는 것이다."

⑥ 籩豆不陳……吾則無以見聖人矣 : 言此諸禮存, 故得觀聖人. ○ 祕曰 "耺, 鐘鼓之聲也. 耺, 與隱聲相近. 隱訇(굉), 皆聲也, 此皆謂質野無文而已." ○ 光曰 "李本吳本, 耺皆作抎, 于粉切. 說文云 '抎, 有所失也.' 音義曰 '天復本作耺. 音云, 耳中聲也.' 今從之. 言聖人事業, 皆在制禮作樂之中也."

이 여러 가지 禮가 남아 있기 때문에 聖人을 관찰할 수 있음을 말한 것이다.

○ 吳祕가 말하였다. "耺은 종과 북의 소리이다. 耺은 隱과 글자의 음이 서로 가깝다. 隱과 訇은 모두 소리이니, 여기서는 모두 질박하고 촌스러워 문채가 없음을 이를 뿐이다."

○ 司馬光이 말하였다. "李軌本・吳祕本에는 '耺'이 모두 '抎(두드리다, 치다)'으로 되어 있으니, 于와 粉의 반절이다. ≪說文解字≫에 이르기를 '抎은 잃어버린 바가 있는 것이다.'라고 하였다. ≪音義≫에 말하기를 '天復本에는 耺으로 되어 있다. 음이 云이니, 귓속에서 나는 소리이다.'라고 하였는데, 지금 이것을 따랐다. 聖人의 事業은 모두 예를 제정하고 음악을 만드는 가운데에 있음을 말한 것이다."

聖人은 그 바탕에 따라 〈禮樂으로〉 문식하는 사람이다. 수레와 의복으로써 귀천을 드러내고, 무늬와 채색의 경중으로써 존비를 밝히고, 노래와 음악으로써 덕을 드러내고, ≪詩≫와 ≪書≫로써 〈후세에 전하여〉 공덕을 빛나게 하였다. 〈聖人이 예악으로 문식하지 않아〉 제기가 바르게 진설되지 않고, 옥과 비단 등의 예물이 분수에 맞지 않고, 거문고와 비파를 연주하지 않고 종과 북을 울리지 않는다면 내가 聖人을 관찰할 수 없을 것이다.

08. **或曰 以往聖人之法**으로 **治將來**는 **譬猶膠柱而調瑟**이니 **有諸**잇가 **曰 有之**①니라 **曰 聖君少而庸君多**하니 **如獨守仲尼之道**면 **是漆也**②라 **曰 聖人之法**은 **未嘗不關**

盛衰焉③이라 **昔者**에 **堯有天下**에 **擧大綱**하여 **命舜禹**④하시고 **夏殷周**는 **屬**(촉)**其子**하니 **不膠者卓矣**⑤라 **唐虞**는 **象刑惟明**⑥[9]하고 **夏后**는 **肉辟三千**이니 **不膠者卓矣**⑦라 **堯親九族**하여 **協和萬國**하고 **湯武桓桓**하여 **征伐四克**하니 **由是言之**하면 **不膠者卓矣**⑧라 **禮樂征伐**이 **自天子所出**⑨이어늘 **春秋之時**에 **齊晉**를 **實予**하니 **不膠者卓矣**⑩라

① 或曰……有之：光曰 "言當隨時制宜."
　司馬光이 말하였다. "마땅히 그때그때의 時勢에 맞게 대처해야 함을 말한다."

② 是漆也：漆, 甚於膠. ○ 祕曰 "漆, 膠類."
　칠〔漆〕이 아교〔膠〕보다 더 잘 붙는다.
　○ 吳祕가 말하였다. "漆은 아교의 종류이다."

③ 聖人之法 未嘗不關盛衰焉：咸曰 "觀其盛衰以爲之沿革." ○ 祕曰 "隨時制宜."
　宋咸이 말하였다. "시대의 盛衰를 살펴보고 그에 따라 인습하기도 하고 변혁하기도 한다."
　○ 吳祕가 말하였다. "그때그때의 시세에 맞게 대처한다."

④ 昔者堯有天下……命舜禹：咸曰 "大綱, 猶大道也. 禪位於舜禹, 孟子所謂'天與賢則與賢'也."[10] ○ 祕曰 "大綱, 皇綱也. 堯命舜, 舜命禹." ○ 光曰 "大綱謂天下之政."
　宋咸이 말하였다. "'大綱'은 大道와 같다. 천자의 지위를 堯는 舜에게, 舜은 禹에게 선양한 것은 孟子의 이른바 '하늘이 현인에게 임금의 자리를 주게 하면 현인에게 준다.'라는 것이다."
　○ 吳祕가 말하였다. "'大綱'은 皇綱(皇帝의 紀綱)이다. 堯는 이것을 舜에게 명하고, 舜은 이것을 禹에게 명하였다."
　○ 司馬光이 말하였다. "'大綱'은 天下의 정사를 이른다."

⑤ 夏殷周屬其子 不膠者卓矣：卓, 遠. ○ 咸曰 "夏殷周, 屬(촉)其子, 孟子所謂'天與子則與子'也." ○ 祕曰 "卓然可見." ○ 光曰 "屬音燭."
　卓은 멀다(뛰어나다)이다.

---

9) 象刑惟明：象刑은 죄인에게 직접 肉刑을 가하지 않고 법을 범했다는 표시로 다른 사람들과 服飾을 다르게 하여 스스로 치욕을 느끼게 하는 형벌을 말한다. ≪書經≫ 〈虞書 益稷〉에 帝舜이 禹에게 "온 천하가 나의 덕교를 실행하게 된 것은 바로 그대의 공이 이루어졌기 때문이니, 皐陶가 바야흐로 그대의 공을 받들어서 상형을 밝게 베풀고 있다.〔迪朕德 時乃功惟敍 皐陶方祗厥敍 方施象刑 惟明〕"라고 한 말이 보인다.

10) 孟子所謂天與賢則與賢也：≪孟子≫ 〈萬章 上〉에 "하늘이 현인에게 임금의 자리를 주게 하면 현인에게 주는 것이고, 하늘이 자식에게 임금의 자리를 물려주게 하면 자식에게 주는 것이다.〔天與賢則與賢 天與子則與子〕"라고 보인다.

○ 宋咸이 말하였다. "夏・殷・周가 천자의 지위를 그 아들에게 맡긴 것은 孟子의 이른바 '하늘이 자식에게 임금의 자리를 물려주게 하면 자식에게 준다.'라는 것이다."

○ 吳祕가 말하였다. "특히 뛰어나 볼 만한 것이다."

○ 司馬光이 말하였다. "屬은 음이 燭이다."

⑥ 唐虞象刑惟明：法度彰矣. ○ 祕曰 "畫象也. 何休曰 '孔子曰「三皇設言, 民不違. 五帝畫象, 世順機. 三王肉刑, 揆(象)〔漸〕[11]加.」漢文令曰「蓋聞有虞之時, 畫衣冠異章服以爲戮, 而民不犯.」'" ○ 光曰 "揚子, 以象刑爲畫衣冠異章服也."

法度가 분명한 것이다.

○ 吳祕가 말하였다. "〈상고시대에 體刑이 없었던 대신에 죄인에게 보통 사람과 다른 옷을 입히고〉 의관에 〈五刑을 상징하는〉 그림을 그린 것이다. 何休가 말하기를 '孔子가 「三皇이 말로 해도 백성이 어기는 자가 없었고, 五帝가 의관에 五刑을 상징하는 그림을 그리기만 해도 세상 사람들이 형세에 순응하였는데, 三王이 肉刑을 행하되 조짐을 헤아려 가하였다.」라 하였고, 〈≪漢書≫ 〈刑法志〉에〉 漢 文帝가 명령하기를 「듣자하니 有虞 시대에는 의관에 五刑을 상징하는 그림을 그리고 章服을 달리하는 것으로 욕을 보이기만 해도 백성들이 법을 범하지 않았다고 했다.」라고 하였다.'라고 하였다."

○ 司馬光이 말하였다. "揚子는 五刑을 상징하는 그림을 의관에 그리고 章服을 달리하는 것을 象刑이라고 여겼다."

⑦ 夏后肉辟三千 不膠者卓矣：二帝三王, 期於存公, 不恤私也. ○ 祕曰 "五刑之屬, 三千." ○ 光曰 "辟, 步役切."

二帝와 三王은 공정함을 보존하기를 기약하고 사사로움을 돌아보지 않았다.

○ 吳祕가 말하였다. "五刑의 종류가 3천 가지이다."

○ 司馬光이 말하였다. "辟은 步와 役의 반절이다."

⑧ 堯親九族……不膠者卓矣：人君之跡雖異, 隨時順宜, 其道一也. ○ 祕曰 "仲尼之道, 亦二帝三王之道也."

임금의 자취는 비록 다르지만 시의에 따라 적절하게 대응하는 것은 그 도가 똑같다.

○ 吳祕가 말하였다. "仲尼의 道도 二帝・三王의 도이다."

⑨ 禮樂征伐 自天子所出：祕曰 "道之常也."

吳祕가 말하였다. "〈예악과 정벌이 천자로부터 나오는 것은〉 정상적인 道이다."

⑩ 春秋之時……不膠者卓矣：禮樂征伐, 當由天子所出, 而春秋之時, 天子微弱, 齊桓晉

---

11) (象)〔漸〕: 저본에는 '象'으로 되어 있으나, ≪春秋公羊傳≫ 襄公 29년 조의 '刑人也'에 대한 何休의 注에 '三王肉刑揆漸加'라고 한 것에 의거하여 '漸'으로 바로잡았다.

文, 專命征討. 然其所爲, 皆尊王室, 故春秋公羊傳, 文雖不予, 而實予之, 存於公正也. ○ 祕曰 "予與與同. 春秋之時, 齊晉得專征伐者, 蓋前王與之爾. 僖四年傳 '管仲曰「昔召康公命我先君太公曰『五侯九伯, 女實征之以夾輔周室.』」' 周制, 諸侯有大功, 賜弓矢, 然後專征. 平王賜晉文侯彤弓一・彤矢百・玈弓一・玈矢百, 實與者, 謂孔子刪書而序文侯之命, 無所黜去, 則齊亦宜然也. 自湯武以上, 稱由是言之, 明二霸之迹不可繼也."

禮樂과 征伐은 천자에게서 나와야 하는데, 춘추시대에는 천자가 미약하여 〈諸侯를 다스리지 못하였다. 이에〉 齊 桓公과 晉 文公은 천자의 명을 받들지 않고 마음대로 제후들을 거느리고 가서 〈周나라에 조회하지 않는 자들을〉 정벌하였다. 그러나 그들의 행위가 모두 왕실을 높이는 것이었기 때문에 ≪春秋公羊傳≫에 문자상으로는 비록 인정하지 않았으나 실제로는 인정하였으니 公正함을 보존한 것이다.

○ 吳祕가 말하였다. "予는 與와 같다. 춘추시대에 齊나라와 晉나라가 천자의 명을 받들지 않고 〈동맹국들을 거느려서 조회하지 않는 자들을〉 정벌한 것을 전대의 왕이 허여했기 때문이다. 僖公 4년의 ≪春秋左氏傳≫에 '管仲이 말하기를 「옛날에 召康公이 우리 先君 太公에게 명하기를 『五等의 諸侯와 九州의 伯을 그대가 실로 정벌하여 王室을 輔佐하라.』 하였다.」라고 했다.' 하였다. 周나라 제도에 諸侯가 큰 공이 있으면 弓矢를 하사하니, 그런 뒤에 〈명령을 기다리지 않고〉 정벌을 마음대로 할 수 있다. 平王이 晉 文侯에게 붉은 활 1개, 붉은 화살 100개, 검은 활 1개, 검은 화살 100개를 하사한 것은 실로 허여한 것이니, 孔子가 ≪서경≫을 산삭하면서 〈文侯之命〉을 차례에 넣고 빼버리지 않았으니, 제나라도 의당 이와 같아야 함을 이른 것이다. 湯王과 武王으로부터 이전은 '이를 근거로 하여 말하면'이라고 칭하였으니, 齊 桓公과 晉 文公 두 패자의 자취는 이어갈 수 없음을 밝힌 것이다."

혹자가 물었다.

"지나간 성인의 법을 가지고 앞으로 올 시대를 다스리고자 하는 것은 비유하면 기러기발을 아교로 붙여 〈음의 고저를 조절할 수 없게 하고〉 거문고 줄을 조율하는 것과 같다고 하였는데, 이 말이 사실입니까?"

揚子가 대답하였다.

"사실이다."

혹자가 물었다.

"훌륭한 군주는 적고 용렬한 군주는 많은데, 만약 〈융통성 없이〉 孔子의 도만 고집한다면 이것은 거문고의 기러기발을 칠로 붙여 고정시키는 것과 같습니다."

양자가 대답하였다.

"聖人의 법은 천하의 성쇠와 관계되지 않은 적이 없다. 옛날 堯임금이 천하를 소유하였을 적에 큰 강령(천자의 지위)을 들어 舜에게 명하였고, 舜임금은 또 禹에게 명하였다. 그러나 夏·殷·周 시대에는 이것을 아들에게 맡겼으니, 〈융통성 없이〉 고집하지 않았음이 확실하다. 唐虞(堯舜) 시대에는 죄인에게 직접 형벌을 가하지 않고 보통 사람과 다른 옷을 입혀 치욕을 주었으나, 夏后氏 때에는 肉刑이 3천 가지 조목이었으니, 〈융통성 없이〉 고집하지 않았음이 확실하다. 요임금은 자신의 九族을 화목하게 하고 나아가 모든 나라들을 화합하게 하였으나, 탕왕과 무왕은 무용을 갖추어 무력으로 사방을 정벌하여 승리하였으니, 이를 근거로 하여 말하면 〈융통성 없이〉 고집하지 않았음이 확실하다. 예악과 정벌은 천자로부터 나오는 것인데, 춘추시대에는 齊나라와 晉나라가 그러한 역할을 하는 것을 실로 허여하였으니, 〈융통성 없이〉 고집하지 않았음이 확실하다."

09. 或曰 人君은 **不可不學律令**이니이다 **曰 君子爲國**에 **張其綱紀**하고 **謹其教化**①하여 **導之以仁**이면 **則下不相賊**하고 **莅之以廉**이면 **則下不相盜**하고 **臨之以正**이면 **則下不相詐**하고 **修之以禮義**면 **則下多德讓**이니 **此君子所當學也**라 **如有犯法**이면 **則司獄在**②하니라

① 君子爲國……謹其教化：網之有綱紀，猶君之有股肱也．綱紀張則綱目正，股肱良則庶事康．

그물에 벼리가 있는 것은 임금에게 股肱之臣(임금이 자신의 팔다리처럼 믿고 중히 여기는 신하)이 있는 것과 같다. 紀綱이 펴지면 綱目이 바르게 되고, 고굉지신이 어질면 모든 일이 편안하다.

② 如有犯法 則司獄在：執契而已． ○ 祕曰 "各有司存."

〈만약 법을 범하면 司獄이 따로 있어서〉 증거를 가지고 서로 대조할 뿐이다. ○ 吳祕가 말하였다. "각각 有司(담당관)가 있다."

혹자가 말하였다.

"임금은 율령을 배우지 않아서는 안 됩니다."

揚子가 말하였다.

"군자(위정자)가 나라를 다스릴 때에 기강을 펴고 교화를 삼가서, 〈군자가〉 仁으로 백성들을 인도하면 아랫사람들이 서로 해치지 않을 것이고, 〈군자가〉 청렴함으로 백성들을 다스리면 아랫사람들이 서로 도둑질하지 않을 것이고, 〈군자가〉 정직함으로 백성들에게 임하면 아랫사람들이 서로 속이지 않을 것이고, 〈군자가〉 예의로써 자기 몸을 닦으면 아랫사람들이 덕으로 겸양함을 중시할 것이니, 이것이야말로 군자가 마땅히 배워야 할 것들이다. 법령을 범하는 자가 있으면 〈법을 담당하는〉 司獄이 따로 있다."

10. 或苦亂①한대 曰 綱紀②[12)]니라 曰 惡(오)在於綱紀③오 曰 大作綱하고 小作紀④하니 如綱不綱하고 紀不紀⑤하면 雖有羅網이나 惡(오)得一目而正諸⑥리오

① 苦亂 : 苦, 患. ○ 祕曰 "或人以任有司, 苦患其紊亂."
苦는 근심함이다.
○ 吳祕가 말하였다. "혹인은 有司에게 맡기면 어지러워질까 근심한 것이다."

② 曰 綱紀 : 綱紀然後, 綱目正. ○ 祕曰 "提其綱, 正其紀, 則有條而不紊." ○ 光曰 "自天子 至於庶人, 上下相承, 如身使臂, 臂使指."
기강이 있은 뒤에야 조리가 있어서 그물이 바르게 펴진다.
○ 吳祕가 말하였다. "큰 벼릿줄을 들어올리고 작은 벼릿줄을 바로잡으면 조리가 있어 어지럽지 않다."
○ 司馬光이 말하였다. "天子로부터 庶人에 이르기까지 위와 아래가 서로 이어받아 몸은 팔을 부리고 팔은 손가락을 부리는 것과 같은 것이다."

③ 惡(오)在於綱紀 : 光曰 "惡音烏, 下同."
司馬光이 말하였다. "惡는 음이 烏이다. 아래 '惡得'의 惡도 같다."

④ 大作綱 小作紀 : 網賴綱紀, 君任輔佐. ○ 光曰 "天子爲四方之綱, 諸侯爲一國之綱, 卿大夫士各紀其職, 亂何自生?"
그물은 紀綱에 의지하고, 임금은 보좌하는 신하에게 의지한다.
○ 司馬光이 말하였다. "天子는 사방의 綱이 되고, 諸侯는 한 나라의 기강이 되고,

12) 綱紀 : ≪書經≫ 〈商書 盤庚 上〉에 "마치 그물이 벼리가 있어야 조리가 있어 문란하지 않음과 같다.〔若網在綱 有條而不紊〕"라고 한 데 대한 蔡沈의 註에 "벼릿줄이 들리면 그물눈이 펴짐은 아랫사람이 윗사람을 따르고 작은 사람이 큰 사람을 따름을 비유한 것이다.〔綱擧則目張 喩下從上小從大〕"라고 하였다.

卿大夫와 士는 각각 자기 직임을 다스리면, 어지러움이 어디로부터 생겨나겠는가."

⑤ 如綱不綱 紀不紀 : 謂失綱紀之任.

'綱不綱 紀不紀'는 기강이 기강의 역할을 하지 못함을 이른다.

⑥ 雖有羅網 惡得一目而正諸 : 網無綱紀, 目不正, 君無股肱, 國不治. ○ 祕曰 "王者之教化也, 仁廉禮義, 爲其綱以糾之, 則百辟自正."

그물에 紀綱이 없으면 그물코가 바르게 펴지지 않고, 임금이 팔다리처럼 신임하는 신하가 없으면 나라가 다스려지지 않는다.

○ 吳祕가 말하였다. "王者가 교화할 때에 仁廉과 禮義를 기강으로 삼아 바로잡으면 제후들이 저절로 바르게 된다."

혹인이 정사가 어지러울까 근심하니, 揚子가 말하였다.

"정사는 그물에 綱紀가 있는 것과 같다."

혹자가 물었다.

"어찌하여 그물에 綱紀가 있는 것과 같다고 합니까?"

양자가 대답하였다.

"큰 벼리는 綱이 되고 작은 벼리는 紀가 되니, 만약 綱이 綱의 역할을 하지 못하고 紀가 紀의 역할을 하지 못한다면 비록 그물이 있더라도 어찌 하나의 그물코인들 바르게 펴질 수 있겠는가."

11. 或曰 齊得夷吾而霸어늘 仲尼曰小器①라하시니 請問大器하노이다 曰 大器는 其猶規矩準繩乎인저 先自治而後治人之謂大器②니라

① 仲尼曰 小器 : 祕曰 "管仲之器, 小哉."[13)]

吳祕가 말하였다. "管仲의 그릇이 작다."

② 大器其猶規矩準繩乎 先自治而後治人之謂大器 : 夫以規矩準繩而能使上下無猜者, 大器也. 大器者, 必籠沓群疑之表, 莫得與之爭量也. 管子相桓公, 不能以之自固, 三歸反坫, 然後獲安. ○ 祕曰 "規矩先自圓方, 準繩先自平直, 然後能爲器. 器出於是, 大器者也. 管子不知禮, 安能以禮正國哉."

그림쇠, 곡척, 수준기, 먹줄처럼 〈먼저 자신을 다스린 뒤에 남을 다스려서〉 윗사

13) 管仲之器 小哉 : ≪論語≫ 〈八佾〉에 보인다. 이는 곧 관중이 聖賢의 도를 알지 못하여 자기가 섬기는 임금으로 하여금 王道를 행하게 하지 못했기 때문에 그릇이 작다고 한 것이다.

람과 아랫사람으로 하여금 의심하지 않게 하는 것이 그릇이 큰 자이다. 그릇이 큰 자는 반드시 뭇사람의 의심 밖에 벗어나 있어 아무도 그와 국량을 다툴 사람이 없다. 그런데 管子는 桓公의 재상이 되어 이로써 스스로 견고하게 하지 못하고, 三歸臺를 두고 反坫을 둔 뒤에야 편안할 수 있었다.

○ 吳祕가 말하였다. "그림쇠와 곱자는 먼저 자신부터 둥글고 모나며, 수준기와 먹줄은 먼저 자신부터 평평하고 곧으니, 그런 뒤에야 그릇이 될 수 있다. 그릇이 이러한 데에서 나오면 그릇이 큰 자이다. 그런데 관자는 예를 알지 못하였으니, 어떻게 예로써 나라를 바로잡을 수 있겠는가."

혹인이 물었다.

"제나라는 管夷吾(管仲)를 얻어 패자가 되었는데 孔子가 〈관중에 대해 평하기를〉 '관중의 그릇이 작다.'라고 하였으니, 큰 그릇에 대해서 묻습니다."

揚子가 대답하였다.

"큰 그릇은 그림쇠와 곡척, 수준기와 먹줄과 같을 것이다. 먼저 자신을 다스린 뒤에 남을 다스리는 것을 큰 그릇이라고 이른다."

12. 或曰 正國何先고 曰 躬工人績①이니라

① 躬工人績 : 躬, 身也. 工, 官也. 言先正身以臨百官, 次乃覺察其人, 考其勳績也. ○ 光曰 "工巧則績善, 工拙則績惡. 言當先正其身, 然後正人."

躬은 〈임금〉 자신이고, 工은 百官이다. 먼저 자기 몸을 바르게 하여 百官에게 임하고, 그다음으로 그 사람을 살펴서 그 공적을 조사함을 말한 것이다.

○ 司馬光이 말하였다. "솜씨가 좋으면 공적이 훌륭하고 솜씨가 나쁘면 공적이 나쁘다. 먼저 자기 몸을 바르게 한 뒤에야 남을 바르게 할 수 있음을 말한 것이다."

혹자가 물었다.

"나라를 다스리려면 무엇을 먼저 해야 합니까?"

揚子가 대답하였다.

"〈나라를 다스리려면〉 먼저 자신을 바르게 해야 하니, 그런 뒤에야 남을 바르게 할 수 있다."

13. 或曰 爲政인댄 先殺後敎①하노이다 曰 嗚呼②라 天先秋而後春乎아 將先春而後秋乎③아

① 爲政 先殺後敎：光曰 "言當先使民畏威，然後可敎."
　司馬光이 말하였다. "먼저 백성들로 하여금 위엄을 두려워하게 한 뒤에야 교화시킬 수 있음을 말한 것이다."
② 嗚呼：嗚呼，駭歎之聲.
　'嗚呼'는 놀라서 탄식하는 소리이다.
③ 天先秋而後春乎 將先春而後秋乎：天道先春後秋以成歲，爲政先令後誅以成治.
　天道는 봄이 먼저 오고 가을이 뒤에 와서 한 해가 이루어지고, 정치를 하는 것은 명령을 먼저 하고 형벌을 뒤에 하여 다스림을 이룬다.

혹자가 말하였다.
"정치를 하려면 형벌로 먼저 죽인 뒤에 가르쳐야 합니다."
양자가 말하였다.
"아, 천도는 가을이 먼저 오고 봄이 나중에 오는가? 아니면 봄이 먼저 오고 가을이 뒤에 오는가?"

14. 吾見玄駒之步①[14]와 雉之晨雊也②하니 化를 其可以已矣哉③리오

① 吾見玄駒之步：玄駒，蚍蜉子也.
　'玄駒'는 왕개미이다.
② 雉之晨雊也：雊，鳴.
　雊는 우는 것이다.

---

14) 見玄駒之步：'玄駒'는 개미로, 깜깜한 땅속을 달린다고 하여 붙여진 이름이다. 晉나라 崔豹의 ≪古今注≫에 "옛날에 하내 사람이 일찍이 수천만의 人馬를 보았는데, 모두 기장알만큼 자잘한 것들이 아침부터 저녁까지 이리저리 분주하게 왕래하므로, 집안 사람이 거기에 불을 질러 태우고 보니, 사람으로 보였던 것은 모두 모기였고 말로 보였던 것은 모두 왕개미였으므로, 모기를 서민이라 호칭하고 개미를 현구라고 호칭했다.〔昔河內人見有人馬數千萬 有皆如黍米 遊動往來 從旦至暮 家人以火燒之 人皆蚊蚋 馬皆大蟻 故呼蚊爲黍民 蟻爲玄駒〕"라고 하였다. 봄에 돌아다니는 개미를 본다는 것은 庶民을 惻隱之心으로 보살펴야 함을 비유한 말이다.

③ 化其可以已矣哉：感陽應節, 自然之化. 化之所感, 有自來矣. ○ 祕曰 "聖人之教化, 亦非强爲之, 蓋順春秋自然之道, 先教不從而後刑焉. 聖王奉若天道牧之而已, 譬如螘之能行, 雉之晨雊. 蟲之微者, 非教化之所及, 所以然者, 天道自然先化之耳. 斯爲政, 所以先教也. 步, 行也. 崔豹古今註[15]云 '螘曰玄駒.'" ○ 光曰 "宋吳本, 已作成, 今從李本. 螘出蟄而行, 雉之朝雊, 皆春候也. 天以陽氣薰蒸萬物而成春, 聖人以道德陶染百姓而成化, 故見春物而知教化, 安可以已哉."

陽의 절기(따뜻한 봄철)에 감응하는 것은 자연의 변화이다. 변화에 감응하는 것은 유래가 있다.

○ 吳祕가 말하였다. "聖人의 교화 역시 억지로 행하는 것이 아니라 춘하추동의 자연스러운 도를 따르니, 먼저 백성을 가르치고, 가르치는데도 따르지 않은 뒤에야 형벌한다. 聖王은 天道를 받들어 순응하여 백성을 기를 뿐이니, 비유하면 〈천도가 변화하여 양기가 생기면〉 개미가 굴에서 나와 기어다니고 〈정월이 되면〉 꿩이 이른 아침에 우는 것처럼 자연스러운 것이다. 작은 벌레는 교화가 미치는 바가 아니지만, 소이연은 天道가 자연히 먼저 교화시키기 때문이다. 이에 정사를 할 때에는 먼저 가르쳐야 한다. 步는 기어가는 것이다. 崔豹의 ≪古今註≫에 이르기를 '개미를 玄駒라고 한다.'라고 하였다."

○ 司馬光이 말하였다. "宋咸本・吳祕本에는 '已'가 '成'으로 되어 있는데, 지금 李軌本을 따랐다. 개미가 개미굴에서 나와 기어가고 꿩이 이른 아침에 우는 것은 모두 봄기운이다. 하늘은 陽氣로 萬物을 薰蒸하여 봄을 이루고, 聖人은 道德으로 百姓을 감화시켜 교화를 이룬다. 그러므로 봄의 경물을 보면 교화하는 것을 알 수 있으니, 어찌 그만둘 수 있겠는가."

〈陽氣가 생기면〉 개미가 굴에서 나와 기어다니고 〈正月이 되면〉 꿩이 이른 아침에 우는 것을 내가 안다. 〈하늘은 陽氣로 萬物을 薰蒸하여 봄을 이루고, 聖人은 道德으로 百姓을 감화시켜 교화를 이루니,〉 교화하는 것을 어찌 그만둘 수 있겠는가.

15. 民可使觀德①이요 不可使覿刑②이니 觀德則純하고 覿刑則亂③이라

① 民可使觀德：是以堯舜之民比屋可封.

---

15) 古今註 : 晉나라 崔豹가 3권으로 편찬한 考證書이다. 五代의 馬縞가 지은 ≪中華古今注≫ 3권이 부록으로 붙어 있다.

〈백성들로 하여금 덕을 행하는 것을 보게 하였으니〉 이 때문에 堯·舜의 시대에는 백성들이 〈모두 요·순의 덕화를 입어〉 집집마다 모두 봉지를 받을 정도로 덕행이 뛰어난 인물이 많았다.

② 不可使覿刑：是以桀紂之民比屋可誅. ○ 祕曰 "王者, 可以德示民, 而不可以刑示民, 亦先德後刑之義也. 在易, 坎險爲刑, 而彖曰 '王公設險, 以守其國.' 隱刑, 言險是不可顯示於人, 此聖人深旨也. 爾雅曰 '坎律, 銓也.' 郭云 '易坎卦, 主法, 法律, 皆所以銓量輕重."

〈백성들로 하여금 형벌을 행하는 것을 보게 하였으니〉 이 때문에 桀·紂의 시대에는 백성들이 〈걸·주의 영향을 받아〉 집집마다 모두 죽여도 될 만큼 악한 사람이 많았다.

○ 吳祕가 말하였다. "王者는 백성들에게 덕을 행하는 것을 보여주어야 하고 백성들에게 형벌을 행하는 것을 보여주어서는 안 되니, 또한 덕을 앞세우고 형벌을 뒤로 하는 의리이다. ≪周易≫에서 坎險은 형벌이 되니, 坎卦의 〈彖傳〉에 '왕공이 험준한 곳에 방어시설을 설치해서 나라를 지킨다.'라고 하였다. 형벌을 드러내지 않는 것은 험함을 사람들에게 드러내놓고 보여서는 안됨을 말하니, 이것은 聖人의 깊은 뜻이다. ≪爾雅≫에 이르기를 '坎과 律은 銓(저울질)이다.' 하였는데, 郭璞이 이르기를 '≪주역≫의 坎卦는 法을 주관하니, 法律은 모두 죄의 경중을 저울질하는 것이다.'라고 하였다."

③ 祕曰 "覿德則民歸厚, 故純. 覿刑則民生僞, 故亂."

吳祕가 말하였다. "德을 보면 백성들이 후한 데로 돌아가기 때문에 순수해지고, 형벌을 보면 백성들이 거짓을 지어내기 때문에 난을 일으킨다."

백성들로 하여금 덕을 행하는 것을 보게 해야지 형벌을 행하는 것을 보게 해서는 안 된다. 덕을 행하는 것을 보면 순수해지고 형벌을 행하는 것을 보면 난을 일으킨다.

16. 象龍之致雨也는 難矣哉①인저 曰 龍乎龍乎②아

① 象龍之致雨也 難矣哉：象, 似也. 言畫繒刻木以爲龍而求致雨, 則不可得也.

象은 비슷한 것이다. 용의 모양을 본떠 비단에 그리거나 나무에 조각하여 용을 만들어서 비를 내리기를 구하면 그렇게 될 수가 없다.

② 龍乎龍乎：難非眞龍. 眞龍而後, 能致雲雨, 明君而後道化行也. ○ 祕曰 "言龍非其然乎. 眞龍然後, 雲行雨施. 若大旱, 非有傅說賢明之實者, 豈能爲霖雨哉.[16)]" ○ 光曰

"言非龍也. 爲政者, 當務實, 不可以文飾致治."

진짜 용이 아님을 힐난한 것이다. 진짜 용인 뒤에야 비와 구름을 일으킬 수 있고, 현명한 군주인 뒤에야 도덕과 교화를 행할 수 있다.

○ 吳祕가 말하였다. "진짜 용이라야 그렇게 할 수 있지 않겠느냐는 말이다. 진짜 용인 뒤에야 구름을 일으키고 비를 내리게 할 수 있다. 만약 큰 가뭄이 들었을 때에 현명한 실제가 있는 傅說이 아니라면 어찌 단비로 삼을 수 있겠는가."

○ 司馬光이 말하였다. "〈용이겠는가라는 것은〉 용이 아님을 말한 것이다. 정사를 하는 자는 실제를 힘써야 하고 문식으로 다스림을 이루려고 해서는 안 된다."

象龍(용의 모양을 본떠 만든 가짜 용)이 비를 내리기는 어려울 것이다.

양자가 말하였다.

"이것이 용이겠는가, 용이겠는가."

17. **或問政核**①한대 **曰 眞僞**니라 **眞僞**②하면 **則政核**③이어니와 **如眞不眞僞不僞**하면 **則政事不核**④이니라

① 或問政核 : 咸曰 "核, 實也, 問爲政之實." ○ 光曰 "核, 下革切, 謂精確得其實."

宋咸이 말하였다. "核은 실제이니, 정사의 실제에 대해 물은 것이다."

○ 司馬光이 말하였다. "核은 下와 革의 반절이니, 정확하게 그 실제를 얻음을 이른다."

② 眞僞眞僞 : 用眞人, 遠佞僞.

진실한 사람을 등용하고 간사한 사람을 멀리하는 것이다.

③ 眞僞眞僞則政核 : 善善明則眞人顯, 惡惡(오악)著則佞僞息, 眞僞審則政事核也. ○ 祕曰 "眞眞而僞僞, 則政得其實." ○ 光曰 "眞僞眞僞, 當作眞眞僞僞, 古書多然."

선을 褒賞하는 것이 명백하면 진실한 사람이 드러나고, 악을 미워하는 것이 분명하면 간사한 자가 사라지니, 진실과 거짓을 자세히 살피면 정사가 진실하다.

○ 吳祕가 말하였다. "진실을 진실이라 하고 거짓을 거짓이라 하면 정사가 실제에 맞는다."

○ 司馬光이 말하였다. "'眞僞眞僞'는 마땅히 '眞眞僞僞'가 되어야 하니, 옛책에 이

16) 若大旱……豈能爲霖雨哉 : '霖雨'는 세상을 구제하고 백성을 안정시킬 인재를 말한다. ≪書經≫ 〈商書 說命 上〉에 殷 高宗이 傅說을 재상으로 임명하면서 "큰 가뭄이 들면 내가 그대를 단비로 삼으리라.〔若歲大旱 用汝作霖雨〕"라고 하였다.

와 같은 경우가 많다."

④ 如眞不眞僞不僞 則政事不核：北面之禍, 南面之賊也. ○ 祕曰 "眞僞而僞眞, 則政事不實."

〈거짓을 진실이라 하고 진실을 거짓이라 하는 것은〉 신하의 禍이고 군주의 賊이다. ○ 吳祕가 말하였다. "거짓을 진실이라 하고 진실을 거짓이라 하면 정사가 진실하지 않을 것이다."

혹인이 정사의 실제에 대해 물으니, 揚子가 대답하였다.

"진실을 진실이라 하고 거짓을 거짓이라고 하는 것이다. 진실을 진실이라 하고 거짓을 거짓이라고 하면 정사가 진실하거니와, 만약 진실을 진실이라고 하지 않고 거짓을 거짓이라고 하지 않으면 정사가 진실하지 않게 된다."

18. **鼓舞萬物者**는 **其雷風乎**요 **鼓舞萬民者**는 **其號令乎**①인저 **雷不一**②이요 **風不再**③17)니라

① 鼓舞萬物者其雷風乎 鼓舞萬民者其號令乎：天以雷風鼓舞萬物, 君以號令制御萬民.

하늘은 우레와 바람으로써 우주의 만물을 고무시키고, 군주는 호령으로써 국가의 백성을 제어한다.

② 雷不一：三令五申.

세 번 명령하고 다섯 번 신칙한다는 뜻으로, 〈거듭 명령함을 이른다.〉

③ 風不再：制無二也. ○ 祕曰 "雷發則群蟄皆起, 雷收則群蟄坯戶, 不主於一者也. 春風至則萬物皆生, 秋風至則萬物皆落, 不俟乎再者也, 猶王者號令一出, 天下大同, 大同則何一之有. 一出則何再之有." ○ 光曰 "一再言其少. 洊雷隨風, 乃能動物, 三令五申, 乃能齊衆."

제재하여 두 마음을 품지 않게 하는 것이다.

○ 吳祕가 말하였다. "우레가 울리면 겨울잠 자던 동물들이 모두 일어나고, 우레가 그치면 겨울잠 자던 동물들이 〈겨울잠을 자기 전에 땅 속으로 들어가서〉 출입구를 막으니, 우레는 한 번에 그치지 않는 것이다. 봄바람이 불면 만물이 모두 생장하고, 가을 바람이 불면 만물이 모두 시들어 떨어지니, 바람이 다시 불기를 기다리지 않는 것이다. 이는 王者가 號令을 한 번 내면 천하가 大同한 것과 같으니, 천하가

---

17) 雷不一 風不再：≪法言義疏≫에 "'不一'은 한 번에 그치지 않음을 이르고, '不再'는 두 번에 이르지 않음을 이른다.〔不一謂不可止於一 不再謂不可至於再也〕"라고 보인다.

大同하면 어찌 호령을 낼 필요가 있겠는가. 호령을 한 번만 내면 되니 어찌 두 번 낼 필요가 있겠는가."

○ 司馬光이 말하였다. "一과 再는 그 적음을 말한 것이다. 우레가 거듭되고 따라서 바람이 불어야 만물을 동하게 할 수 있고, 세 번 명령하고 다섯 번 신칙하여 재삼 명령을 내려야 뭇사람을 가지런하게 할 수 있다."

〈하늘이〉 만물을 고무시키는 것은 우레와 바람일 것이고, 〈임금이〉 백성을 고무시키는 것은 호령일 것이다. 우레가 거듭 울리고 바람이 거듭 불어야 만물을 동하게 할 수 있고, 호령을 거듭 내려야 백성을 고무시킬 수 있다.

19. **聖人**은 **樂(天)**①18) **陶成天下之化**하여 **使人**으로 **有士君子之器者也**②라 **故**로 **不遁于世**하고 **不離于群**③하니 **遁離者**가 **是聖人乎**④아

① 聖人樂天：咸曰 "聖人知天命, 遇與否皆樂焉."

宋咸이 말하였다. "聖人은 天命을 알므로 때를 만나든 못 만나든 모두 즐거워하는 것이다."

② 使人有士君子之器者也：咸曰 "言明道立教, 使天下, 皆成其器, 猶陶甄者, 隨小大而制之." ○ 祕曰 "陶者無模範, 則泥不成器. 聖人無禮制, 則人不成君子." ○ 光曰 "宋吳本, 樂下有天字, 今從李本."

宋咸이 말하였다. "도를 밝히고 가르침을 세워 천하 사람들로 하여금 모두 훌륭한 인재가 되게 하니, 이는 질그릇을 만드는 자가 크고 작은 模型에 따라 그릇을 만드는 것과 같다."

○ 吳祕가 말하였다. "질그릇을 만드는 자는 模型(모양이 같은 물건을 만들기 위한 틀)이 없으면 진흙으로 그릇을 만들지 못하고, 聖人은 禮制(禮法)가 없으면 사람을 군자로 만들지 못한다."

---

18) (天)：저본에는 '天'이 있으나, 李軌本에 의거하여 衍文으로 처리하였다. ≪法言義疏≫에 다음과 같은 내용이 보인다. "'聖人樂陶成天下之化'는 世德堂本에는 宋咸本 · 吳祕本에 의거하여 '樂' 아래에 '天'자가 있다. 兪樾이 이르기를 '의심컨대 天은 夫의 誤字인 듯하다. 聖人은 천하 사람을 교화하여 성취시켜 사람들을 士와 君子 같은 훌륭한 인재로 만드는 것을 즐거워하는 사람이라는 것이니, 그 뜻이 또한 李軌의 本과 다르지 않다. 「夫」자로 인해 잘못하여 「天」자가 된 것인데, 宋咸과 吳祕는 마침내 잘못된 本에 의거하여 說을 지어 천착한 것이다.〔疑天乃夫字之誤 聖人樂夫陶成天下之化 使人有士君子之器者也 其旨亦與李本不殊 因夫字 誤作天 宋吳遂依誤本爲說 鑿矣〕'라고 하였다."

○ 司馬光이 말하였다. "宋咸本・吳祕本에는 '樂'자 아래에 '天'자가 있는데, 지금 李軌本을 따랐다."

③ 不遁于世 不離于群 : 咸曰 "故仲尼惶惶于宋鄭之郊,[19] 孟子區區於齊梁之間[20]者, 蓋此也." ○ 祕曰 "所謂樂天." ○ 光曰 "離, 力智切."

宋咸이 말하였다. "그러므로 仲尼가 宋나라와 鄭나라의 교외에서 불안해한 것과 孟子가 齊나라와 梁나라 사이에서 뜻을 펴려고 애쓴 것은 대개 이 때문이었다."

○ 吳祕가 말하였다. "이른바 천명을 즐거워하여 따르는 것이다."

○ 司馬光이 말하였다. "離는 力과 智의 반절이다."

④ 遁離者是聖人乎 : 祕曰 "(傃)〔索〕隱行怪,[21] 非聖人歟." ○ 光曰 "長沮桀溺之徒,[22] 君子所不與."

吳祕가 말하였다. "숨어 있는 궁벽한 이치를 찾아내고 괴이한 일을 행하는 것은 聖人이 아닐 것이다."

○ 司馬光이 말하였다. "長沮와 桀溺의 무리는 君子가 인정하지 않는 바이다."

聖人은 천하 사람을 교화하여 성취시켜 사람들을 士와 君子 같은 훌륭한 인재로 만드는 것을 즐거워하는 사람이다. 그러므로 세상을 피하여 은둔하지 않고 무리를 떠나지 않으니, 세상을 피하여 은둔하고 무리를 떠나는 것이 성인이겠는가.

---

19) 仲尼惶惶于宋鄭之郊 : 공자가 衛나라에서 宋나라로 가는 길에 제자들과 큰나무 아래에서 禮를 익히고 있었는데 宋나라 司馬 桓魋가 공자를 죽이려고 그 나무를 뽑아버린 일이 있었고, 또 공자가 鄭나라로 가다가 제자들과 서로 헤어져 동쪽 성곽문 밖에서 혼자 서 있었는데, 어떤 사람이 자공에게 말하기를 "동쪽 성문 밖에 한 사람이 있는데, 풀이 죽은 모습이 마치 상갓집 개〔喪家之狗〕와 같았다."라고 한 일이 있었다.(≪史記≫ 〈孔子世家〉)

20) 孟子區區於齊梁之間 : 孟子는 제나라와 양나라를 부지런히 다니며, 왕도를 시행하는 것으로 자신의 임무를 삼았다.

21) (傃)〔索〕隱行怪 : ≪中庸章句≫의 朱子註에 "素는 ≪漢書≫ 〈藝文志〉를 살펴보면 마땅히 索이 되어야 하니, 글자가 잘못된 것이다."라고 하였다. '索隱行怪'는 깊이 隱僻한 이치를 찾고 지나치게 怪異한 행실을 하는 것을 말한다.

22) 長沮桀溺之徒 : ≪論語≫ 〈微子〉에 "長沮와 桀溺이 함께 밭을 갈고 있는데, 孔子가 지나가다가 子路를 시켜서 나루터를 묻게 하였다.〔長沮桀溺耦而耕 孔子過之 使子路 問津焉〕"라고 하였다. 당시의 은자인 장저와 걸닉은 그대의 스승이 알고 있을 것이라고 비아냥거리며 끝내 나루를 일러 주지 않았다. 장저와 걸닉은 공자와 같은 시대 사람으로, 훌륭한 덕을 지니고서도 세상을 피해 숨어 살았던 隱者들이다.

20. 雌之不才면 其卵毈矣①요 君之不才면 其民野矣②라

① 其卵毈矣 : 毈, 敗. ○ 光曰 "毈音段."
　毈은 알이 곯아버리는 것이다.
　○ 司馬光이 말하였다. "毈은 음이 段이다."

② 其民野矣 : 民之陶化, 猶泥之在鈞. ○ 祕曰 "毈, 謂壞而不化. 野, 謂朴而無禮."
　백성을 도야하여 교화시키는 것은 진흙을 轆轤(물레) 위에 놓고 그릇을 빚는 것과 같다.
　○ 吳祕가 말하였다. "毈은 알이 곯아서 부화되지 못함을 이르고, 野는 질박하여 예가 없음을 이른다.

암컷이 재주가 없으면 그 알이 곯아서 부화되지 못하고, 임금이 재주가 없으면 그 백성이 예를 알지 못한다.

21. 或曰 載使子草律①고 曰 吾不如弘恭②이라 草奏한대 曰 吾不如陳湯③이라 曰 何爲오 曰 必也律不犯하고 奏不剡④[23]이라

① 載使子草律 : 載, 設也. 草, 創也. ○ 祕曰 "載, 則也."
　載는 가설하는 말이다. 草는 起草하는 것이다.
　○ 吳祕가 말하였다. "載는 則이다."

② 吾不如弘恭 : 咸曰 "弘恭[24]與石顯[25], 皆少坐法, 腐刑爲中尙書. 漢宣元朝, 專律令, 時詭辨以中傷人." ○ 光曰 "恭習律令."

---

23) 奏不剡 : 剡奏는 임금에게 올리는 進言이나 上書를 가리킨다. 剡은 깎는다〔削〕는 뜻으로, 대신이 上奏할 때 깎은 木簡에 그 내용을 미리 써 둔 데에서 유래한 말이다.

24) 弘恭 : 漢나라 沛 땅 사람이다. 젊었을 때 법을 범하여 궁형을 받고 궁중에서 일하는 中黃門이 되어서 法令故事를 익혔다. 宣帝 때 황권을 강화하기 위하여 환관을 임용하면서 中書令에 임명되었는데 법조문에 밝아 오랫동안 정사를 전횡하였다. 元帝 때 蕭望之 등을 참소하여 죽였다.

25) 石顯 : 漢 元帝 때의 佞臣이다. 젊었을 때 범법하여 궁형을 받고 환관이 되었다. 宣帝 때 中書僕射가 되었으며 元帝 때 中書令에 임명되자 私黨을 짓고 권력을 전횡하였다. 교활하고 음험하여 늘 궤변으로 사람들을 해쳤다. 蕭望之·京房·賈捐之·張猛 등의 대신들을 무고로 죽이고, 周堪·劉更生 등을 파면시켰다. 成帝가 즉위한 뒤 파직되어 고향으로 돌아가게 되자 울분으로 음식을 먹지 않다가 도중에 病死하였다.

宋咸이 말하였다. "弘恭과 石顯은 모두 젊어서 죄를 얻어 腐刑(宮刑)을 당하여 中尙書가 되었다. 漢나라 宣帝와 元帝 때 律令을 마음대로 적용하여 이 당시 詭辯으로 사람들을 해쳤다.

○ 司馬光이 말하였다. "弘恭은 律令에 숙달하였다."

③ 吾不如陳湯 : 咸曰 "陳湯, 字子山. 漢成帝朝, 王鳳奏以爲從事中郎, 幕府事一皆決於湯. 湯明法令, 常受人金錢, 作章奏, 卒以此敗." ○ 光曰 "湯善草奏."

宋咸이 말하였다. "陳湯은 字가 子山이다. 漢나라 成帝 때에 王鳳이 아뢰어 陳湯을 從事中郎으로 삼으니 幕府의 일이 모두 장탕에게서 결정되었다. 진탕이 법령에 밝아서 항상 사람들에게 돈을 받고 章奏를 써 주었는데, 마침내 이 때문에 실패하였다."

○ 司馬光이 말하였다. "진탕은 奏文의 초안을 잘 작성하였다."

④ 必也律不犯 奏不剡 : 論語云 "聽訟吾猶人也, 必也使無訟乎." 此亦言當以純德化之, 使不犯律, 不剡奏也. ○ 光曰 "剡, 以冉切."

≪論語≫에 "소송에서 판결하는 것이야 나도 남과 똑같이 하겠지만, 그보다 나는 반드시 송사가 없도록 할 것이다."라고 하였으니, 이는 또한 〈군주가〉 순수한 덕으로 백성을 교화하여 〈백성들로 하여금〉 율령을 범하지 않게 하고 상서를 올리지 않게 해야 함을 말한 것이다.

○ 司馬光이 말하였다. "剡은 以와 冉의 반절이다."

혹인이 물었다.

"가령 선생으로 하여금 율령을 기초하게 하면 어떻게 하시겠습니까?"

揚子가 대답하였다.

"〈율령을 기초하는 것은〉 내가 弘恭만 못하다."

혹인이 만약 〈군주에게 올리는〉 上書를 기초하게 하면 어떻게 할지 물으니, 양자가 대답하였다.

"〈상주문을 기초하는 것은〉 내가 陳湯만 못하다."

혹인이 물었다.

"그렇다면 선생은 무엇을 할 수 있습니까?"

양자가 대답하였다.

"반드시 〈백성들로 하여금 법을 지켜〉 율령을 범하지 않게 하고, 〈군주에게 과실이 없어〉 상서를 올리지 않게 할 것이다."

22. 甄陶天下者는 其在和乎①인저 剛則甈하고 柔則坯②라

① 其在和乎：咸曰"和, 謂剛柔得所."

宋咸이 말하였다. "和는 단단함과 부드러움이 알맞음을 이른다."

② 剛則甈 柔則坯：甈, 燥也. 坯, 慢也. 言失和也. 夫陶者, 失剛柔之和則不成器. 爲政, 失寬猛之中, 則不成治. ○ 咸曰"甈, 破瓦, 又破甖也. 坯, 怌恐也. 言陶法太剛則破裂, 太柔則恐弱而不能成." ○ 光曰"宋吳本, 坯作怌, 今從李本. 甄, 居延切. 甈, 五計切. 坯, 鋪回切. 坯, 土疎慢不黏也. 言甄者和土剛柔之齊, 太剛則破裂, 太柔則疎慢. 治天下, 亦猶是也."

甈는 건조하여 터지는 것이고, 坯는 무른 것이니, 中和를 잃음을 말한다. 질그릇을 빚는 자가 단단함과 부드러움의 조화를 잃으면 그릇을 이루지 못하고, 정사를 하는 자가 관대함과 엄격함의 알맞음을 잃으면 다스림을 이루지 못한다.

○ 宋咸이 말하였다. "甈는 부서진 기와나 또 깨진 항아리이고, 坯는 두려워하는 것이다. 陶法에 흙반죽이 너무 단단하면 그릇이 깨지거나 터지고, 흙반죽이 너무 부드러우면 약하여 형태를 이룰 수 없음을 말한다."

○ 司馬光이 말하였다. "宋咸本・吳祕本에는 '坯'가 '怌'로 되어 있는데, 지금 李軌本을 따랐다. 甄은 居와 延의 반절이고, 甈는 五와 計의 반절이다. 坯는 鋪와 回의 반절이니, 坯는 흙이 무르고 차지지 않은 것이다. 질그릇을 만드는 자는 흙반죽의 단단하고 부드러움을 알맞게 해야 하니, 너무 단단하면 깨지거나 터지고 너무 부드러우면 약하거나 무르다. 천하를 다스리는 것도 이와 같은 법이다."

천하의 백성을 다스리는 것은 〈진흙으로 그릇을 빚는 것과 같아서 그릇을 빚을 때 진흙이 되지도 않고 질지도 않아야 하듯이 백성을 다스리는 관건은 관대함과 엄격함이〉 알맞음에 있을 것이다. 진흙이 너무 단단하면 그릇에 금이 가고, 진흙이 너무 부드러우면 그릇이 형태를 이루지 못한다.

23. 龍之潛亢은 不獲其中矣①라 是以로 過中則惕②하고 不及中則躍③하니 其近於中乎④인저

① 龍之潛亢 不獲其中矣：初九, 潛龍勿用. 上九, 亢龍有悔. ○ 祕曰"天地以中爲用."

乾卦 初九爻의 '潛龍勿用(잠겨 있는 용이니 쓰지 말아야 한다.)'과 上九爻의 '亢龍有悔(너무 높이 올라간 용은 후회가 있다.)'이다.

○ 吳祕가 말하였다. "天地는 中으로 用을 삼는다."

② 是以過中則惕：九三居下卦之上，過其中則夕惕也.

九三爻는 下卦의 上에 거하여 中을 넘었으니 아침부터 저녁까지 종일토록 삼가고 두려워한다.

③ 不及中則躍：九四居上卦之下，不及中故躍淵.

九四爻는 上卦의 下에 거하여 中에 미치지 못하였기 때문에 연못에서 뛰어오른다.

④ 其近於中乎：二五得中，故有利見之吉. ○ 光曰“以其惕躍故近中，愈於潛亢.”

二爻와 五爻는 中을 얻었기 때문에 대인을 만나보는 것이 이로운 길함이 있다.

○ 司馬光이 말하였다. “두려워하고〔惕〕 뛰어오르기〔躍〕 때문에 中에 가까우니, 물속에 잠겨 있거나〔潛〕 높이 올라간〔亢〕 것보다 낫다.”

용이 물속에 잠겨 있거나 높이 올라간 것은 모두 중도를 얻지 못한 것이다. 이 때문에 중도를 넘으면 두려워하고 중도에 미치지 못하면 뛰어오르니, 이렇게 하면 중도에 가까울 것이다.

24. 聖人之道는 譬猶日之中矣①니 不及則未②요 過則昃③이라

① 聖人之道 譬猶日之中矣：光被四表. ○ 祕曰“聖人之道中道也，故於乾於日，無不在中.”

〈해가 중천에 있으면〉 광채가 사방에 두루 미친다.

○ 吳祕가 말하였다. “聖人의 道는 中道이다. 그러므로 乾에 있어서나 해에 있어서나 中에 있지 않음이 없다.”

② 不及則未：不及則未盛明.

해가 중천에 이르지 못하면 크게 밝지 못하다.

③ 過則昃：日昃明盡，言昏昧也.

해가 기울어 밝음이 다하니, 어두워짐을 말한 것이다.

聖人의 도는 비유하자면 해가 중천에 있는 것과 같으니, 해가 중천에 이르지 못하면 밝지 못하고 해가 중천을 지나면 기운다.

25. 什一은 天下之正也①니 多則桀이요 寡則貉②이라

① 什一天下之正也：什一稅民，天下之中賦正法也.

10분의 1을 백성들에게 세금으로 거두는 것은 천하의 중정한 稅法이다.

② 多則桀 寡則貉：公羊傳曰“多乎什一，大桀小桀；寡乎什一，大貉小貉.” ○ 光曰“貉，

莫白反."

≪春秋公羊傳≫에 이르기를 "10분의 1보다 많이 거두는 것은 〈비유하면〉 큰 걸왕(진짜 걸왕)에 비해 작은 걸왕이고, 10분의 1보다 적게 거두는 것은 〈비유하면〉 큰 맥(진짜 북쪽 오랑캐인 맥)에 비해 작은 맥이다."

○ 司馬光이 말하였다. "貉은 莫과 白의 반절이다."

10분의 1을 세금으로 거두는 것은 천하의 바른 법이니, 이보다 많이 거두면 〈폭정을 일삼은〉 夏나라 桀과 같고, 이보다 적게 거두면 〈祭祀도 없고 外交도 없어서 재물을 쓸 곳이 없어 20분의 1을 거두는〉 北方의 야만족인 貊國과 같다.

26. 井田之田은 田也①요 肉刑之刑은 刑也②니 田也者는 與衆田之③요 刑也者는 與衆棄之④라

① 井田之田 田也：謂古八家, 是治(宜)〔田〕[26]也.

〈정전법은〉 옛날에 8가호가 함께 公田을 경작하는 것을 이른다.

② 肉刑之刑 刑也：三千之屬,[27] 是正法也.

〈五刑에 속한〉 3천 가지 죄목은 공정한 刑法이다.

③ 田也者 與衆田之：咸曰 "示均而無幷兼."

宋咸이 말하였다. "토지를 균등하게 분배하여 토지를 겸병함이 없음을 보인 것이다."

④ 刑也者 與衆棄之：咸曰 "示公而無枉濫."

宋咸이 말하였다. "형벌을 공정하게 시행하여 법을 잘못 적용하거나 남용함이 없음을 보인 것이다."

井田法은 공정한 田制이고, 肉刑(體刑)은 공정한 형법이니, 공정한 전제라는 것은 백성들과 함께 전지를 경작하기 때문이고, 공정한 형법이라는 것은 백성들과 함께 죄인을 처단하기 때문이다.

---

26) (宜)〔田〕: 저본에는 '宜'로 되어 있으나, 四部叢刊本에 의거하여 '田'으로 바로잡았다.

27) 三千之屬 : ≪書經≫ 〈周書 呂刑〉에 "墨罰의 종류가 천이며, 劓罰의 종류가 천이며, 剕罰의 종류가 5백이며, 宮罰의 종류가 3백이고, 大辟의 종류가 2백이니, 오형의 종류가 3천 가지이다.〔墨罰之屬千 劓罰之屬千 剕罰之屬五百 宮罰之屬三百 大辟之罰二百 五刑之屬三千〕"라고 하였다.

27. 法無限이면 則庶人田侯田하고 處侯宅하고 食侯食하고 服侯服①하여 人亦多不足矣②리라

① 法無限……服侯服：法制無限，則興奢侈長僭亂. ○ 光曰“衆田，庶人田，皆音甸.”
法制에 제한이 없으면 사치한 풍조를 일으키고 僭亂(분수에 넘치고 절도가 없음)함을 조장한다.
○ 司馬光이 말하였다. “‘衆田’의 田과 ‘庶人田’의 田은 모두 음이 甸이다.”
② 人亦多不足矣：僭亂既興，民多匱竭.
僭亂한 풍조가 이미 일어나면 백성들이 대부분 궁핍해질 것이다.

法度에 한계가 없으면 평민이 〈분수를 뛰어넘어〉 諸侯의 전지를 경작하고 제후의 집에 살고 제후가 먹는 음식을 먹고 제후가 입는 의복을 입어 백성들이 또한 대부분 궁핍해질 것이다.

28. 爲國에 不迪其法①하고 而望其效②는 譬諸算乎③인저

① 爲國不迪其法：迪，蹈.
迪은 따르는 것이다.
② 而望其效：效，功.
效는 功이다.
③ 爲國不迪其法……譬諸算乎：夫算者不運籌策，不能定其數. 治國者不蹈法度，不能致康哉. ○ 光曰“算，西管切. 欲治而不用先王之治，譬如無財而運算，終無益於富也.”
계산하는 자가 대로 만든 산가지를 사용하지 않으면 그 수를 정할 수 없고, 나라를 다스리는 자가 법도를 따르지 않으면 편안함을 이룰 수 없다.
○ 司馬光이 말하였다. “算은 西와 管의 반절이다. 다스리고자 하면서 선왕의 다스림을 쓰지 않는 것은 비유하면 재물이 없으면서 算術에 따라 계산하는 것과 같아서 끝내 부유해지는 데에 아무런 유익함도 없을 것이다..”

나라를 다스림에 바른 법을 따르지 않고 효과를 바라는 것은 비유하면 계산을 하지 않고 답을 구하는 것과 같을 것이다.

重黎* 第十

* 咸曰 夫幾神之道, 一貫乎君臣이면 則至化具矣라 故로 次之先知하니라

宋咸이 말하였다. "精微하고 신묘한 도가 군신간을 하나로 관통하면 지극한 교화가 갖추어진다. 그러므로 〈重黎〉를 〈先知〉 다음에 놓은 것이다.

仲尼以來로 國君將相과 卿士名臣이 參差(참치)不齊①어늘 一概諸聖②하여 譔重黎③하노라

① 參差(참치)不齊 : 言志業不同也. 又云 "患世論之不實, 褒貶之失中也." ○ 祕曰 "檢身事主, 賢愚逆順, 曾不齊一."

이들의 포부와 하는 일이 같지 않음을 말한 것이다.

또 말하였다. "세상의 의론이 진실하지 않아 인물에 대한 포폄이 중도를 잃을까 근심한 것이다."

○ 吳祕가 말하였다. "자신을 검속하며 군주를 섬김에 賢愚와 逆順(거역과 순종)이 이에 똑같지 않다."

② 一概諸聖 : 一以聖人之道, 概平之. ○ 咸曰 "或邪或正, 皆不齊等, 故救論其要, 一以聖人之道, 概量之." ○ 光曰 "經仲尼所論者, 揚子不敢復措辭."

한결같이 聖人의 道로 概平(하나의 표준을 적용하여 통일하거나 균등하게 함)하는 것이다.

○ 宋咸이 말하였다. "혹은 간사하기도 하고 혹은 바르기도 하여 모두 똑같지는 않다. 그러므로 그 요점을 구하여 논평하되 한결같이 聖人의 道를 가늠하는 기준으로 삼은 것이다."

○ 司馬光이 말하였다. "孔子의 논평을 거친 자는 揚子가 감히 다시 말을 더 보태지 않았다."

③ 譔重黎 : 咸曰 "君聖臣賢, 邦乃其昌. 下陵上替, 天命不常, 得其道者, 不俟終日, 以保萬世也." ○ 光曰 "論古今君臣行事得失."

宋咸이 말하였다. "임금은 성스럽고 신하는 어질면 나라가 이에 번창한다. 그러나 아랫사람은 윗사람을 업신여기고 윗사람은 아랫사람을 함부로 대하면 天命은 불변하는 것이 아니므로 그 도를 얻은 자가 하루가 다 가기를 기다리지 않고 萬世를 보전하게 될 것이다."

○ 司馬光이 말하였다. "옛날과 지금의 군주와 신하가 행한 일의 잘잘못을 논한 것이다."

孔子 이후로 임금, 장수와 재상, 卿士와 名臣들이 나왔는데, 〈이들의 자질과 행한 일이〉 들쭉날쭉하여 똑같지 않다. 그러므로 聖人의 도를 가늠하는 기준으로 삼아 〈重黎〉를 지었다.

01. **或問 南正重司天**하고 **北正黎司地**라하니 **今何僚也**①오 **曰 近羲近和**②하니라 **孰重孰黎**니잇고 **曰 羲近重**하고 **和近黎**③하니라

① 南正重司天……今何僚也 : 司, 主也. 僚, 官也. 少皞氏衰, 九黎[1]亂德, 帝顓頊, 命重黎, 主天地也. ○ 祕曰 "昔之重黎, 當今之世, 何官也. 曆書曰 '顓頊受之, 乃命南正重, 司天以屬(촉)神, 火正黎, 司地以屬(촉)民.' 北正黎, 卽火正黎也." ○ 光曰 "重, 直龍切. 下同."

司는 주관함이다. 僚는 관직이다. 少皞氏가 쇠미해지자 九黎가 덕을 어지럽히거늘 帝 顓頊이 〈제위를 받아〉 重에게 하늘에 관한 일을 주관하게 하고 黎에게 땅에 관한 일을 주관하게 하였다.

○ 吳祕가 말하였다. "옛날의 重과 黎는 지금 세상의 어떤 관직에 해당하는가? ≪史記≫ 〈曆書〉에 '顓頊이 나라를 받아 이에 南正인 重에게 하늘을 주관하도록 명하여 神에게 올리는 제사를 맡기고, 火正인 黎에게 땅을 주관하도록 명하여 백성을 다스리는 일을 맡겼다.'라고 하였으니, 北正 黎가 바로 火正 黎이다."

○ 司馬光이 말하였다. "重은 直과 龍의 반절이다. 이하도 같다."

② 近羲近和 : 堯有羲和之官, 王莽時, 亦復立焉. 聖王之立重黎羲和者, 〔考〕[2]其所以, 重黎羲和耳, 非莽所立也. ○ 咸曰 "莽更(경)名大司農曰羲和, 義與古殊矣.[3] 揚故擧其本而譏其殊."

堯임금 때에 羲氏·和氏 등 역법을 맡은 관원이 있었는데, 王莽 때에 또 다시 관

---

1) 九黎 : 上古시대 少昊 때의 諸侯, 또는 소호가 다스리던 부락 이름이다. 뒤에 三苗氏라 하였다.

2) 〔考〕 : 저본에는 '考'가 없으나, 四部叢刊本에 의거하여 보충하였다.

3) 莽更(경)名大司農曰羲和 義與古殊矣 : 秦나라의 治粟內史를 漢 景帝 때 大農令으로 바꾸었다가, 武帝 때 大司農으로 개칭하였다. 대사농은 九卿의 하나로 租稅·錢穀·鹽鐵과 국가의 財政을 관장하였으니, 王莽의 新나라 때에 옛 관직명을 모방하여 대사농을 羲和로 바꾸었다.

직을 설치한 것이다. 聖王이 重과 黎, 羲와 和를 설치한 것은 그 이유를 살펴보건대 重과 黎, 羲와 和일 뿐이니, 왕망이 설치한 것이 아니다.

○ 宋咸이 말하였다. "왕망이 大司農의 羲和라고 改名하였으니, 뜻이 옛날과 다르다. 그러므로 揚子가 일부러 본래의 명칭을 들어 〈명칭을〉 다르게 한 것을 비난하였다."

③ 羲近重 和近黎 : 羲主陽, 和主陰, 故云耳. ○ 光曰 "王莽置羲和及羲仲, 和仲官其所掌未聞."

羲는 陽을 주관하고 和는 陰을 주관하기 때문에 이렇게 말한 것이다.

○ 사마광이 말하였다. "왕망이 羲和 및 羲仲을 설치하였으나 和仲의 관직이 맡은 일에 대해서는 듣지 못하였다."

혹인이 물었다.

"史書에 기록하기를 '南正인 重은 하늘을 맡았고 北正인 黎는 땅을 맡았다.'라고 하였는데, 重과 黎는 지금의 어떤 관직에 해당합니까?"

揚子가 답하였다.

"羲라는 관직에 가깝고, 和라는 관직에 가깝다."

혹인이 물었다.

"〈羲와 和는〉 어떤 것이 重에 해당하고, 어떤 것이 黎에 해당합니까?"

양자가 답하였다.

"羲가 重에 가깝고 和가 黎에 가깝다."

02. **或問黃帝終始**①한대 **曰 託也**②니라 **昔者**에 **姒氏治水土**에 **而巫步多禹**③[4]하고 **扁鵲**은 **盧人也**니 **而醫多盧**④라 **夫欲讐僞者**는 **必假眞**⑤하니 **禹乎盧乎終始乎**⑥아

① 黃帝終始 : 世有黃帝之書, 論終始之運.[5] 當孝文之時, 三千五百歲, 天地一周也.[6]

---

4) 巫步多禹 : 禹임금이 홍수를 다스리기 위해 돌아다니느라 생긴 병 때문에 제대로 걷지 못한 것을 '禹步'라 하는데, 도교에서 제사의식의 한 가지로 활용하였다.

5) 世有黃帝之書 論終始之運 : ≪黃帝終始≫는 陰陽家가 黃帝의 이름을 가탁하여 지은 것이다. 五德終始는 王朝의 興廢와 更迭은 五行의 덕에 의하여 일정한 순서가 있으며, 한 왕조가 발흥하면 그 덕에 상응하는 祥瑞가 나타난다고 한다. 秦을 水德으로 정하고 五行 相勝의 순서에 의하여, 그 이전의 네 왕조를 黃帝는 土德, 夏는 木德, 殷은 金德, 周는 火德으

○ 咸曰 "註殊不明揚之旨, 大非矣. 學者宜自思之." ○ 祕曰 "或言黃帝三百歲, 或言升龍登仙, 帝王世紀·史記, 皆有是言, 故問其終始."

세상에 黃帝의 책이 있으니, 五行終始의 運을 논한 것이다. 孝文帝 때를 당하여 3,500년을 주기로 天地가 一周한다고 하였다.

○ 宋咸이 말하였다. "李軌의 注는 揚子의 뜻을 전혀 밝히지 못하였으니, 크게 잘못되었다. 배우는 자들은 마땅히 스스로 생각해야 한다."

○ 吳祕가 말하였다. "혹은 黃帝가 300살을 살았다고 말하고, 혹은 황제가 용을 타고 올라가 신선이 되었다고 말한다. ≪帝王世紀≫와 ≪史記≫에 모두 이러한 말이 있으므로 ≪黃帝終始≫에 대해 물은 것이다."

② 託也 : 假黃帝也.

황제에게 이름을 가탁한 것이다.

③ 昔者姒氏治水土 而巫步多禹 : 姒氏, 禹也. 治水土, 涉山川, 病足故, 行跛也. 禹自聖人, 是以, 鬼神·猛獸·蜂蠆·蛇虺莫之螫耳, 而俗巫多效禹步.

姒氏는 禹이다. 홍수와 토지를 다스리기 위해 산을 넘고 물을 건너 온 천하를 돌아다녀 발병이 났기 때문에 다리를 절었다. 禹는 본래 聖人이니, 이 때문에 鬼神과 猛獸, 독충, 뱀 등이 禹를 해치지 않았을 뿐이다. 그런데 〈이것을 알지 못하고〉 세속의 무당들 중에 禹의 이러한 걸음걸이를 흉내내는 자가 많았다.

④ 扁鵲盧人也 而醫多盧 : 太山盧人. ○ 咸曰 "扁鵲, 姓秦, 名越人."

扁鵲은 太山 盧 땅 사람이다.

○ 송함이 말하였다. "扁鵲은 姓은 秦이고 이름은 越人이다."

⑤ 夫欲讐僞者必假眞 : 讐, 類. ○ 祕曰 "讐, 匹也. 欲匹僞, 必以眞, 使人信之." ○ 光曰 "讐與售同, 詩晝切."

讐는 비슷한 것이다.

○ 吳祕가 말하였다. "讐는 匹(대등하다, 비슷하다)이다. 가짜를 진짜와 비슷하게 하려고 하면 반드시 진짜를 가지고 사람들로 하여금 믿게 만든다."

○ 司馬光이 말하였다. "讐는 售(팔다)와 같으니, 詩와 晝의 반절이다."

⑥ 禹乎盧乎終始乎 : 言皆非也. 於是, 撫書而歎曰 "深矣, 揚子之談也. 王莽置羲和之官, 故此章寄微言以發重黎之問, 而此句明言眞僞之分也."

로 정하였다.

6) 三千五百歲 天地一周也 : ≪越絶書≫ 〈外傳 枕中〉에 "천도는 3,500년을 주기로 한 번은 다스려지고 한 번은 어지러워지는데, 끝나면 다시 시작하여 마치 고리처럼 끝없이 순환한다. 이것이 하늘의 변치않는 도이다.〔天道三千五百歲 一治一亂 終而復始 如環之無端 此天之常道也〕" 라고 보인다.

禹의 걸음걸이와 盧 땅 출신 의원과 ≪黃帝終始≫는 모두 진짜가 아님을 말하였다. 이에 책을 어루만지면서 탄식하기를 "揚子의 말은 심오하다. 王莽이 羲和의 관직을 설치하였기 때문에 이 章에서 은미한 말에 가탁하여 重과 黎에 대한 질문을 제기하였고, 이 句에서 진짜와 가짜의 구분을 분명히 말하였다."라고 하였다.

혹인이 ≪黃帝終始≫에 대해 물으니, 揚子가 말하였다.

"黃帝에게 가탁한 것이다. 옛날에 姒氏(禹)가 홍수를 다스리기 위해 〈천하를 돌아다니느라 발병이 나서 절뚝거리며 걸었는데,〉 巫祝들 중에 禹의 이 걸음걸이를 흉내 내는 자가 많았고, 〈名醫인〉 扁鵲은 盧 땅 사람이었는데 의원들 중에 盧 땅 출신이라고 말하는 자가 많았다. 가짜를 진짜로 둔갑시키려 하는 자는 반드시 진짜에 가탁하니, 巫祝이 禹의 걸음을 흉내 내는 것과 의원이 자칭 盧 땅 출신이라고 하는 것과 ≪황제종시≫가 황제의 이름을 가탁한 것이 이러한 것들이다."

黃帝軒轅氏

03. **或問渾天**①[7]한대 **曰 洛下閎營之**하고 **鮮于妄人度**(탁)**之**②하고 **耿中丞象之**하니 **幾乎幾乎**여 **莫之能違也**③라 **請問蓋天**④[8]한대 **曰 蓋哉蓋哉**여 **應難**[9]**未幾也**⑤니라

① 渾天：光曰 "渾, 胡本切."

---

7) 渾天 : 중국 古代의 천체에 관한 학설의 하나이다. 天動說의 하나로서 달걀의 흰자와 껍질이 노른자를 둘러싸고 있듯이 하늘이 땅을 둘러싼 모습으로 되어 있다는 것이다. 이에 따르면 하늘의 반은 땅 위를 덮고, 반은 땅 밑에 있으며, 지구의 남북 兩極은 하늘의 두 끝에 고정되어 있어서 날마다 일·월·성·신이 남북 양극을 축으로 하여 돈다고 여겼다.

8) 蓋天 : 중국 古代의 천체에 관한 학설의 하나이다. 하늘은 우산(버섯) 모양의 둥근 뚜껑으로 되어 있고 땅은 평평하다는 주장이다.

9) 應難 : 難은 揚雄이 저술한 〈難蓋天八事(개천설의 여덟 가지 잘못을 따진다)〉를 가리킨다고 보기도 한다. 개천설과 혼천설의 논쟁은 漢代의 양웅이 〈難蓋天八事〉를 통해 개천설을 비판한 이후 後漢의 王充과 梁나라의 武帝만이 개천설을 지지하였을 뿐, 사실상 唐代 이후의 曆家는 전적으로 혼천설을 지지하였다.

司馬光이 말하였다. “渾은 胡와 本의 반절이다.”

② 度(탁)之 : 光曰 “度, 徒各切.”

司馬光이 말하였다. “度은 徒와 各의 반절이다.”

③ 耿中丞象之……莫之能違也 : 幾, 近也. 洛下閎, 爲武帝經營之. 鮮于妄人, 又爲武帝算度(탁)之. 耿中丞, 名壽昌, 爲宣帝考象之. 言(乎近)〔近乎〕[10]其理矣. 談天者, 無能違也. ○ 咸曰 “漢洛下閎·鮮于妄人·耿壽昌, 算造圓儀, 以考曆度. 蔡邕云 ‘(名)〔言〕[11]天體者, 有三家, 一曰周髀, 二曰宣夜, 三曰渾天. 宣夜之學, 絶無師法. 周髀術數具存, 考驗天象, 多所違失, (政令)〔故史〕[12]官不用. 惟渾天者, 近得其情, 今史官所用, 候臺銅儀, 則其法也.’ 揚子作太玄, 亦取象於渾天, 言渾淪而行, 故此明渾天之法, 莫之能違也.” ○ 光曰 “宋吳本, 作幾, 幾乎, 今從李本. 光謂 象之謂作渾天儀.”

幾는 가까움이다. 洛下閎이 武帝를 위하여 이것을 경영하여 만들었고, 鮮于妄人이 또 무제를 위하여 추산하였으며, 耿中丞은 이름이 壽昌으로 宣帝를 위하여 〈구리로 주조하여〉 象을 만들었으니, 말이 이치에 가까우므로 天文에 대해 논하는 자는 이것을 어길 수 없다.

○ 宋咸이 말하였다. “漢나라의 낙하굉, 선우망인, 경수창이 圓儀를 계산하여 만들어서 曆法의 기초가 되는 천체의 度數를 고증하였다. 蔡邕이 이르기를 ‘천체에 대해 말한 것은 三家가 있으니, 첫째는 周髀, 둘째는 宣夜, 셋째는 渾天이다. 宣夜說은 師說이 전혀 없으므로 어떻게 생긴 것인지 알 수 없고, 주비설은 術數가 모두 갖추어져 있으나 天象을 상고하고 징험함에 있어 어긋나고 맞지 않는 부분이 많기 때문에 史官이 이 설을 사용하지 않는다. 오직 혼천설만이 실정에 맞으니, 지금 史官이 사용하고 있는 候臺(천문과 기후를 관측하는 대)와 銅儀(구리로 만든 候風地動儀, 地震計)가 그 法이다.’라고 하였다. 揚子가 ≪太玄經≫을 지을 때에도 혼천설에서 象을 취하였다. 통틀어서 행해지기 때문에 여기서 혼천설을 어길 수 없음을 밝힌 것이다.”

○ 司馬光이 말하였다. “宋咸本·吳祕本에는 〈‘幾乎幾乎’가〉 ‘幾幾乎’로 되어 있는데, 지금 李軌本을 따랐다. 내가 생각건대 ‘象之’는 渾天儀를 만든 것을 이른다.”

---

10) (乎近)〔近乎〕: 저본에는 ‘乎近’으로 되어 있으나, 汪榮寶의 ≪法言義疏≫에 “내가 살펴보건대 ‘言近, 近其理矣’가 世德堂本에 ‘言乎近其理矣’로 되어 있는데, 두 가지가 모두 잘못된 듯하다. 마땅히 ‘言近乎其理矣’가 되어야 한다.”라고 한 것에 의거하여 ‘近乎’로 바로잡았다.

11) (名)〔言〕: 저본에는 ‘名’으로 되어 있으나, ≪東漢會要≫에 의거하여 ‘言’으로 바로잡았다.

12) (政令)〔故史〕: 저본에는 ‘政令’으로 되어 있으나, ≪尙書正義≫ 〈舜典〉에 의거하여 ‘故史’로 바로잡았다.

④ 請問蓋天：欲知蓋天圖也. ○ 咸曰“蓋天, 卽周髀也. 其本, 庖義氏立周天曆度, 其所傳, 則周公受之於商, 而周人志之, 故曰周髀.[13] 言天似蓋笠, 地法覆槃, 天地各中高外下. 北極之下爲天地之中.”

蓋天圖에 대해 알고자 한 것이다.

○ 宋咸이 말하였다. “蓋天說은 바로 周髀說이다. 그 근본은 庖犧氏가 만든 周天曆度(蓋天圖)이고, 전해진 것은 周公이 商(殷高)에게서 받아서 주나라 사람이 기록하였기 때문에 주비라고 하였다. 개천설은 하늘은 삿갓과 비슷하고 땅은 엎어놓은 쟁반을 닮아서 하늘과 땅이 각각 가운데가 높고 사방 바깥쪽은 낮으니, 北極의 아래가 천지의 중심이 된다고 말하다.”

⑤ 蓋哉蓋哉 應難未幾也：再言蓋哉者, 應難(以)〔八〕[14]事, 未有近其理也. ○ 光曰“難, 乃旦反.”

‘蓋哉’라고 두 번 말한 것은 〈개천설을 주장하는 자들이 揚子가〉 개천설의 여덟 가지 잘못을 지적한 일에 대해 응답하였으나, 개천설은 이치에 가깝지 않다.

○ 司馬光이 말하였다. “難은 乃와 旦의 반절이다.”

혹인이 渾天說에 대해 물으니, 揚子가 말하였다.

“洛下閎이 처음 만들었고, 鮮于妄人이 〈관측하여〉 추산했으며, 耿中丞(耿壽昌)이 〈구리로 주조하여〉 渾天儀를 만들었으니, 혼천설은 이치에 가까우므로 〈天文을 논하는 자는〉 이것을 어길 수가 없다.”

혹인이 蓋天說에 대해 물으니, 양자가 말하였다.

“개천설 말인가? 〈개천설을 주장하는 자들은 억지를 부리며 이치에 맞지 않는 말을 하여〉 사람들의 힐난에 응답하기는 하나 이치에 가깝지는 않다.”

04. 或問 趙世多神은 何也①오 曰 神怪茫茫하여 若存若亡(무)하니 聖人曼云②이라

① 趙世多神何也：如簡子之事非一故, 問之. ○ 祕曰“世多神異也. 成公十年傳曰‘晉侯夢, 大厲被髮及地, 搏膺而踊曰「殺余孫, 不義.」’ 杜云‘趙氏之先祖也. 八年, 晉侯殺趙同趙括故怒.’ 史記‘趙簡子〔疾〕[15], 五日不知人, 寤曰「我之帝所〔甚樂〕[16], 與百神

13) 其所傳……故曰周髀：≪晉書≫ 〈天文志 上〉에 “蔡邕所謂周髀者 卽蓋天之說也 其本庖犧氏立周天曆度 其所傳則周公受於殷高 周人志之 故曰周髀”라고 보인다.

14) (以)〔八〕：저본에는 ‘以’로 되어 있으나, 汪榮寶의 ≪法言義疏≫에 의거하여 ‘八’로 바로잡았다.

遊于鈞天, 廣樂九奏萬舞, 不類三代之樂, 其聲動人心.」'"

趙簡子의 일과 같은 것이 한둘이 아니기 때문에 물은 것이다.

○ 吳祕가 말하였다. "세상에는 신비하고 기이한 일이 많다. ≪春秋左氏傳≫ 成公 10년 傳文에 이르기를 '晉侯의 꿈에 커다란 厲鬼가 머리는 풀어헤쳐 땅에 끌리고, 가슴을 치고 뛰면서 「네가 나의 손자를 죽였으니, 義理를 모르는 놈이다.」라고 했다.' 하였는데, 杜預의 註에 '厲는 趙氏의 先祖이다. 成公 8년에 晉侯가 趙同과 趙括을 죽였기 때문에 노한 것이다.'라고 하였다. ≪史記≫ 〈趙世家〉에 '趙簡子가 병이 나서 5일 동안 인사불성이 되었다가 깨어나 말하기를 「내가 상제가 계신 곳에 가 보니 매우 즐거웠다. 온갖 신들과 함께 鈞天에서 놀았는데, 鈞天廣樂 아홉 곡을 연주하고 만인이 춤을 추니, 삼대의 음악과는 같지 않으나 그 소리가 사람의 마음을 동하게 하였다.」라고 했다.' 하였다."

② 神怪茫茫……聖人曼云 : 子不語怪之謂.[17] ○ 祕曰 "神怪無實, 聖人無云. 小爾雅曰 '曼, 末. 沒, 無也.'" ○ 光曰 "曼, 無也. 無言之者."

孔子는 괴이한 일을 말하지 않았다고 한 것을 이른다.

○ 吳祕가 말하였다. "신기하고 괴이하여 실체가 없는 것은 聖人이 말하지 않은 것이다. ≪小爾雅≫ 〈廣詁〉에 '曼은 末(없다)이고, 沒은 無이다.'라고 하였다."

○ 司馬光이 말하였다. "曼은 無이니, 이에 대해 말을 하지 않는 것이다."

혹인이 물었다.

"趙나라 때에 신기한 일들이 많은 것은 어째서입니까?"

揚子가 말하였다.

"신기하고 괴이한 일은 분명치 못하여 있는 듯 없는 듯하니, 聖人은 이러한 것을 말씀하지 않으셨다."

05. 或問 子胥, 種, 蠡는 孰賢①고 曰 胥也는 俾吳作亂②하고 破楚入郢③하여 鞭尸藉館④하니 皆不由德⑤이요 謀越諫齊不式⑥이로되 不能去⑦라가 卒眼之⑧라 種, 蠡는 不彊諫而山棲⑨하여 俾其君으로 詘社稷之靈而童僕⑩하고 又終弊吳⑪하니 賢은 皆

15) 〔疾〕 : 저본에는 '疾'이 없으나, ≪史記≫ 〈趙世家〉에 의거하여 보충하였다.

16) 〔甚樂〕 : 저본에는 '甚樂'이 없으나, ≪史記≫ 〈趙世家〉에 의거하여 보충하였다.

17) 子不語怪之謂 : ≪論語≫ 〈述而〉에는 "子不語怪力亂神(공자께서는 괴이한 일, 勇力을 쓰는 일, 도에 어그러진 일, 그리고 鬼神에 관해서는 말씀을 하지 않으셨다.)"라고 하였다.

不足邵也[12]요 **至蠡策種而遁**하니 **肥矣哉**[13]라

① 子胥種蠡孰賢：咸曰“伍子胥, 吳臣, 文種・范蠡, 越臣. 問此三人誰賢.” ○ 光曰“種, 章勇切. 下同.”

宋咸이 말하였다. “伍子胥는 吳나라 신하이고, 文種과 范蠡는 越나라 신하이니, 이 세 사람 중에 누가 어진지 물은 것이다.”

○ 司馬光이 말하였다. “種은 章과 勇의 반절이다. 아래에 나오는 것도 같다.”

② 胥也俾吳作亂：光曰“謂進專諸於闔閭, 使弑僚.”

司馬光이 말하였다. “〈吳나라 闔閭로 하여금 난을 일으키게 하였다는 것은 자객인〉 專諸를 합려에게 보내 王僚를 시해하게 한 것을 이른다.”

③ 破楚入郢：郢, 楚都也. ○ 祕曰“子胥父奢, 爲楚平王太子建太傅. 少傅費無忌, 讒太子建, 平王殺奢, 幷殺兄尙, 子胥亡. 後奔吳, 知吳公子光有內志, 欲殺王而自立, 未可說(세)以外事, 乃進專諸. 旣而公子光, 乃令專諸, 襲刺吳王僚而自立, 是爲吳王闔廬. 闔廬旣立得志, 乃召伍員, 以爲行人, 而與謀國事. 六年, 楚昭王使公子囊瓦, 將兵伐吳. 吳使伍員迎擊, 大破楚軍於豫章, 取楚之居巢. 九年, 吳王闔廬聽子胥孫武之言, 以悉興師, 與唐蔡伐楚. 己卯, 楚昭王出奔, 庚辰, 吳王入郢.”

郢은 楚나라 도읍이다.

○ 吳祕가 말하였다. “오자서의 아버지 伍奢는 楚 平王의 太子인 建의 太傅가 되었는데, 少傅인 費無忌가 태자 건을 참소하자, 평왕이 오사를 죽이고 오자서의 형인 伍尙까지 아울러 죽이니, 오자서가 도망하였다. 뒤에 오나라로 달아났는데, 오나라 公子 光이 은밀히 품은 뜻(임금이 되려는 야망)이 있어 吳王을 죽이고 자신이 왕위에 서고자 하였으나, 대외적인 일(국경 밖의 일)로 〈공자 광을〉 설득할 수 없다는 것을 알아차리고 오자서가 마침내 〈자객인〉 專諸를 공자 광에게 천거하였다. 이윽고 공자 광이 마침내 專諸로 하여금 吳王 僚를 습격하여 찔러 죽이게 하고 스스로 왕위에 섰으니, 이가 바로 吳王 闔廬이다. 합려가 이미 왕위에 올라 뜻을 이루고 나자 마침내 伍員(伍子胥)을 불러 行人으로 삼아 그와 함께 국사를 도모하였다. 합려 6년에 楚 昭王이 公子 囊瓦에게 군대를 거느리고 오나라를 정벌하게 하자, 오나라는 伍員(오자서)에게 나아가 반격하게 하여 초나라 군대를 豫章에서 크게 격파하고 초나라의 居巢를 점령하였다. 합려 9년에 오왕 합려가 오자서와 孫武의 말을 따라서 군대를 다 동원하여 唐나라・蔡나라와 함께 초나라를 공격하였다. 〈11월〉 기묘일에 초 소왕이 出奔하니, 다음날인 경진일에 오왕이 郢으로 들어갔다.”

④ 鞭尸藉館：君舍君之室, 大夫舍大夫之室. ○ 祕曰“吳兵入郢, 子胥求昭王, 旣不得, 乃掘楚平王墓, 出其尸, 鞭之五百然後已. 藉館, 舍室也, 各舍楚君大夫之室.” ○ 光曰“藉, 妶夜切.”

〈'藉館'은 오나라 군대가 초나라의 수도에 들어가서〉 吳王은 楚王의 궁궐에 머물고, 오나라 대부들은 초나라 대부들의 집에 머문 것이다.

○ 吳祕가 말하였다. "오나라 군대가 〈초나라 수도인〉 郢에 들어가서 오자서가 昭王을 찾았으나 이미 찾을 수 없자, 마침내 楚 平王의 무덤을 파헤쳐 시신을 꺼내어 채찍질을 500번을 한 뒤에야 그만두었다. '藉館'은 집에 머무는 것이니, 〈오나라 왕과 대부가 郢에 들어가서〉 각각 초나라 왕의 궁궐과 대부의 집에 머문 것이다."

○ 司馬光이 말하였다. "藉는 茲와 夜의 반절이다."

⑤ 皆不由德：報父兄之恥, 於斯則無禮. ○ 祕曰 自俾吳作亂, 至藉館, 皆志在自報其讐, 非由德者也.

〈오자서가〉 아버지와 형의 원수를 갚고 부끄러움을 씻되 이렇게까지 하였으니 무례하다.

○ 吳祕가 말하였다. "'俾吳作亂'부터 '藉館'까지는 모두 오자서가 스스로 원수를 갚는 데에 뜻이 있었고, 덕을 따른 것이 아니다."

⑥ 不式：式, 用.

式은 用(쓰다)이다.

⑦ 不能去：三諫不從, 於禮可去.

세 번 간해도 따라주지 않으면 禮로 볼 때 떠날 만하다.

⑧ 卒眼之：夫差伐越, 越棲會稽, 請委國爲臣. 子胥諫曰 "吳不取越, 越必取吳." 又曰 "有吳無越, 有越無吳, 不改是矣." 吳將伐齊, 又諫曰 "兵疲於外, 越必襲吳." 不聽, 遂伐齊. 反役, 夫差殺之, 將死曰 "吳其亡矣. 以吾眼置吳東門, 以觀越之滅吳."

吳王 夫差가 越나라를 정벌하였는데, 越王 句踐이 〈대패하여〉 會稽山으로 퇴각하여 나라를 바쳐 신하가 되기를 청하였다. 오자서가 부차에게 간하기를 "오나라가 월나라를 취하지 않으면 월나라가 반드시 오나라를 취할 것입니다."라고 하고, 또 간하기를 "오나라가 있으면 월나라가 없어야 하고, 월나라가 있으면 오나라가 없어야 하니, 이런 형세를 바꿀 수가 없습니다."라고 하였다. 오나라가 장차 齊나라를 정벌하려고 하자, 오자서가 또 간하기를 "우리 군대가 밖에서 지치면 월나라가 반드시 오나라를 습격할 것입니다."라고 하였으나 부차가 이 말을 따르지 않고 마침내 제나라를 정벌하였다. 정벌에서 돌아오자 부차가 오자서를 죽였다. 오자서가 장차 죽음에 임하여 이르기를 "오나라는 아마도 망할 것이다. 나의 눈알을 뽑아서 오나라 동문에 걸어 두어, 월나라가 오나라를 멸망시키는 것을 보게 하라." 하였다.

⑨ 種蠡不彊諫而山棲：光曰 "責其不彊諫於未敗, 至使勾踐棲於會稽."

司馬光이 말하였다. "〈文種과 范蠡는 越王 句踐이 오나라에〉 대패하기 전에 있는 힘을 다해 간쟁하지 않아서 구천으로 하여금 패배하여 회계산으로 퇴각하게 한 것을 책망한 것이다.”

⑩ 俾其君詘社稷之靈而童僕：祕曰“越三年，勾踐聞吳王夫差，日夜勤兵，將報越．欲先吳未至往伐之．范蠡諫以爲未可，而勾踐不聽，遂興師．吳王聞之，發精兵擊越，敗之夫椒，越王乃以餘兵五千人，保棲會稽之山．吳王追而圍之，勾踐乃令大夫種，行成於吳，膝行頓首，請與妻爲臣妾，吳王聽太宰嚭之言，遂許之，卒赦越．罷兵而歸．言蠡初諫不從，二臣盍强諫而免此敗．’”

吳祕가 말하였다. “3년이 지나 구천은 오왕 부차가 밤낮으로 군대를 동원하여 장차 월나라에게 원수를 갚으려 한다는 말을 듣고 오나라가 이르기 전에 먼저 가서 정벌하고자 하였다. 범려가 옳지 않다고 간하였으나 구천이 그 말을 듣지 않고 마침내 군대를 일으켰다. 오왕은 월왕이 군대를 일으켰다는 말을 듣고 정예병을 동원하여 월나라를 공격해서 夫椒에서 격파하니, 월왕이 패잔병 5천을 거느리고 회계에 머물러서 지켰다. 오왕이 추격하여 포위하자, 구천이 마침내 대부 문종으로 하여금 오나라와 강화를 체결하게 할 적에 무릎걸음으로 기어가서 머리가 땅에 닿도록 절을 하고 처와 함께 臣妾이 되기를 청하니, 오왕이 太宰 伯嚭의 말을 듣고 마침내 허락하여 끝내 월왕을 용서하고서 전쟁을 중지하고 돌아왔다. 범려가 처음에 월왕에게 간하였으나 따르지 않았으니, 두 신하(문종과 범려)가 어찌 있는 힘을 다해 간하여 이 패배를 면하게 하지 않은 것이겠느냐는 말이다.”

⑪ 又終斃吳：祕曰“勾踐後用范蠡計，果大敗吳，遂復棲吳王於姑蘇之山．吳王使公孫雄肉袒膝行，請成於越勾踐，欲許之，范蠡諫以爲不可．吳王夫差，遂自殺．”

吳祕가 말하였다. “구천이 나중에 범려의 계책을 써서 과연 오나라를 대패시켜 마침내 다시 오왕 부차를 姑蘇山으로 퇴각하게 하였다. 오왕이 公孫雄을 시켜 윗옷을 벗어 상체를 드러내고 무릎걸음으로 기어가서 월왕 구천에게 강화를 청하게 하자, 구천이 허락하고자 하니, 범려가 불가하다고 간하였다. 오왕 부차가 마침내 자살하였다.

⑫ 賢皆不足卲也：卲，美．○ 祕曰“三子之從師無名焉，若以賢者議之，俱不足高也．”

卲는 아름다움이다.

○ 吳祕가 말하였다. “세 사람이 스승을 따라 학문을 익힌 것은 이름이 날 만하지 않으니, 만약 현자의 기준으로 논한다면 모두 높이 여길 만하지 못하다.

⑬ 至蠡策種而遁 肥矣哉：美蠡功成身退．於此一擧，最爲善．○ 祕曰“范蠡旣去越，乘舟浮海以行，終不反．自齊，遺大夫種書，種見書，稱病不朝，人或讒之．越王乃賜種劍，種遂自殺．言蠡遺種書‘知越王可與共患難，不可與共樂’[18] 而遯．於賢則不足，可以合

---

18) 越王可與共患難 不可與共樂：오나라가 멸망한 뒤 上將軍이 된 범려는 大名 아래에는 오래 머물 수 없다고 생각하고 떠날 것을 결심한 뒤 친구인 대부 文種에게 편지를 보내 “나

肥遯之義耳. 在易遯之上九曰 '肥遯, 无不利.'" ○ 光曰 "策謂警之使去. 賢此一節."

범려가 공을 세운 뒤에 그 자리에서 물러난 것을 찬미한 것이다. 이 한 가지 일에 있어서는 범려가 가장 훌륭하다.

○ 吳祕가 말하였다. "범려가 월나라를 떠난 뒤에 배를 타고 바다에 나가서 끝내 돌아오지 않았다. 〈범려가 월나라를 떠나 齊나라로 들어가〉 제나라에서 대부 문종에게 편지를 보내니, 문종이 편지를 보고서 병을 핑계 대고 조회하지 않았는데, 어떤 사람이 〈그가 반란을 일으키려 한다고〉 참소하였다. 월왕이 이에 문종에게 검을 내리니 문종이 마침내 자살하였다. 범려가 문종에게 보낸 편지에 '월왕은 환난을 함께 할 수는 있지만 즐거움을 함께할 수는 없다는 것을 알았다.' 하고 은둔하였으니, 어질다고 하기에는 부족하지만 肥遯의 뜻에는 합할 수 있다. ≪周易≫ 遯卦의 上九爻辭에 '上九는 肥遯이니, 이롭지 않음이 없다.'라고 하였다."

○ 司馬光이 말하였다. "편지를 보낸 것은 경계하여 떠나가게 한 것을 이르니, 이 한 가지 일을 어질게 여긴 것이다."

혹인이 물었다.

"伍子胥, 文種, 范蠡는 누가 어집니까?"

揚子가 말하였다.

"오자서는 吳王 闔閭로 하여금 난을 일으켜 〈王僚를 시해하게 하였으며,〉 楚나라를 격파한 다음 郢 땅에 들어가서 〈平王의 묘를 파서 시신을 꺼내〉 시신에 채찍질을 하고 오왕은 초왕의 궁궐에 머물게 하고 오나라 대부들은 초나라 대부들의 집에 머물게 하였으니, 이는 모두 덕을 따르지 않은 것이요, 〈吳王 夫差에게〉 越나라를 도모하고 齊나라를 공격하지 말 것을 간하였으나 모두 받아들이지 않았는데도 떠나가지 않다가 끝내 눈알을 뽑히고 말았다. 문종과 범려는 〈오나라를

伍員(伍子胥)

는 새가 모두 잡히면 좋은 활은 거두어 보관하게 되고 교활한 토끼가 모두 죽으면 사냥개는 삶아지는 법이다. 越王은 목이 길고 새의 부리와 같은 입을 가졌으니 환난은 함께 할 수 있지만 즐거움은 함께할 수 없는 사람이다. 그대는 어찌 떠나지 않는가."라고 하였다. 문종은 얼마 뒤에 참소를 받고 구천이 보낸 검으로 자결하였다.

칠 수 없음을 분명히 알면서도〉 죽음을 무릅쓰고 간쟁하지 않아서 越王 句踐으로 하여금 會稽에서 오나라 군대에게 포위당하여 월나라 社稷의 신령을 욕되게 하고 오왕의 노복이 되게 하였으며, 또 끝내는 오나라를 멸망시켰으니, 이들의 덕은 모두 훌륭하다고 할 수 없다. 그렇기는 하나 범려는 〈오나라를 멸망시킨 뒤에〉 문종에게 서신을 보내 〈떠나기를 권하고〉 은둔하였으니, 肥遯(세상의 名利를 버리고 마음 편히 은둔함)에는 부합한다."

06. 或問陳勝吳廣한대 曰 亂①이니라 曰 不若是면 則秦不亡이니이다 曰 亡秦乎아 恐秦未亡而先亡矣②로라

① 亂：此, 暴亂之人也. ○ 光曰 "言非有高材遠慮, 但首亂之人耳."

이들(陳勝과 吳廣)은 포악하여 세상을 어지럽힌 사람들이다.

○ 司馬光이 말하였다. "이들은 남들보다 뛰어난 재주와 원대한 생각이 있는 자가 아니고 다만 앞장서서 제일 먼저 난을 일으킨 자들일 뿐이다."

② 亡秦乎 恐秦未亡而先亡矣：夫有干越[19]之劍者, 匣而藏之, 不敢用, 是寶之至也. 況乃輕用其身, 而要乎非命之運, 不足爲福先, 適足以爲禍始. ○ 祕曰 "言爲權首者先亡也. 范曄曰 '夫爲權首, 鮮或不及. 陳・項且猶未興, 況庸庸者乎.'"

무릇 吳나라와 越나라에서 만들어진 명검을 가지고 있는 자가 그것을 상자에 넣어 간직해 두고 감히 함부로 쓰지 않는 것은 그것이 지극한 보배이기 때문이다. 더구나 자기 몸을 함부로 써서 命이 아닌 運을 구함에 있어서랴. 福의 선도가 되지 못하고 다만 禍의 시초가 될 뿐이다.

○ 吳祕가 말하였다. "主謀者가 먼저 망함을 말한 것이다. 范曄이 말하기를 '주모한 자는 화에 미치지 않는 경우가 드물다. 陳勝과 項羽도 오히려 성취하지 못했는데 하물며 우매한 자야 더 말할 나위가 있겠는가.'라고 하였다."

혹인이 陳勝과 吳廣에 대해 물으니, 揚子가 말하였다.

"亂을 일으킨 자들이다."

혹인이 말하였다.

"이들이 이와 같이 난을 일으키지 않았다면 秦나라는 망하지 않았을 것입니다."

19) 干越：吳越과 같다. 干은 吳의 干溪(地名)이다. 吳越 지방은 고래로 名劍의 산지로서 유명하였다.

양자가 말하였다.

“이들이 진나라를 멸망시켰는가. 아마도 진나라가 멸망하기 전에 이들이 먼저 망했을 것이다.”

07. **或問 六國竝**이 **其已久矣**라 **一病一瘳**어늘 **迄始皇**하여 **三載而咸**①하니 **時(激)〔徼〕**[20]**, 地保, 人事乎**②아 **曰 具**③하니라 **請問事**④하노이다 **曰 孝公以下**로 **彊兵力農**하여 **以蠶食六國**은 **事也**⑤라 **保**⑥한대 **曰 東溝大河**하고 **南阻高山**하고 **西采雍梁**하고 **北鹵涇垠**하여 **便則申**하고 **否則蟠**은 **保也**⑦니라 **(激)〔徼〕**⑧한대 **曰 始皇方斧**요 **將相方刀**이며 **六國方木**이요 **將相方肉**은 **(激)〔徼〕也**⑨니라

① 一病一瘳 迄始皇三載而咸：皆屬秦也 ○ 祕曰 “韓魏燕趙齊楚之六國竝立, 其久矣. 一盛一衰, 至秦始皇, 三載而咸. 按始皇卽位, 以歲在乙卯爲元年, 至二十六年始幷天下, 乃稱皇帝. 今言始皇三載而咸者, 蓋言稱皇帝後三年, 東行郡縣, 上鄒嶧山, 刻石頌秦功德, 封泰山, 禪梁父, 而天下咸一也.” ○ 光曰 “按始皇十七年始滅韓, 至二十六年滅齊, 天下爲一. 今云三載, 闕.”

〈六國이〉 모두 秦나라에 속한 것이다.

○ 吳祕가 말하였다. “韓·魏·燕·趙·齊·楚 여섯 나라가 병립한 지 오래되었다. 육국이 한 번은 흥성하고 한 번은 쇠퇴하였는데, 秦 始皇 때에 이르러 3년 만에 육국을 모두 겸병하였다. 살펴보건대 始皇이 즉위하여 乙卯年(B.C. 246)을 원년으로 삼았고, 시황 26년(B.C. 221)에 이르러서 처음으로 천하를 겸병하고서 마침내 〈칭호를 고쳐〉 皇帝를 칭하였다. 지금 ‘始皇 三載而咸’이라고 말한 것은 대개 〈칭호를 고쳐〉 皇帝를 칭하고 3년 뒤에 동쪽으로 郡縣을 순행할 적에 鄒嶧山에 올라가 비석을 세워 秦나라의 功德을 칭송하고, 泰山에 封祭를 올리고 梁父에서 禪祭를 올려 천하를 모두 통일한 것이다.”

○ 司馬光이 말하였다. “살펴보건대 시황 17년에 처음으로 韓나라를 멸망시키고, 26년에 이르러서 齊나라를 멸망시켜 천하가 통일되었는데, 지금 시황 3년이라고 말한 것은 〈뜻을 알 수 없어〉 注釋하지 않았다.”

② 時(激)〔徼〕地保人事乎：祕曰 “時可取以(激)〔徼〕之乎. 保地勢以全之乎. 修人事以得之乎.” ○ 光曰 “激當作徼. 古堯切, 徼其可取之時.”

---

20) (激)〔徼〕: 저본에는 ‘激’으로 되어 있으나, 아래 司馬光의 註에 의거하여 ‘徼’로 바로잡았다. 아래도 같다.

吳祕가 말하였다. “〈진 시황이 육국을 겸병한 것은〉 천시가 요행히 맞은 것인가. 지형이 험하여 지키기 쉬워서 얻은 것인가. 인사를 닦아서 얻은 것인가.”

○ 司馬光이 말하였다. “激은 徼(요행)가 되어야 하니, 古와 堯의 반절이다. 취할 만한 때에 요행히 맞은 것이다.”

③ 具：咸曰 “具, 備也. 言三事備有.”

宋咸이 말하였다. “具는 갖춤이니, 세 가지를 다 갖추었음을 말한다.”

④ 請問事：咸曰 “問三事之目.” ○ 祕曰 “問人事.”

宋咸이 말하였다. “세 가지 일의 조목을 물은 것이다.”

○ 吳祕가 말하였다. “人事에 대해 물은 것이다.”

⑤ 孝公以下……以蠶食六國事也：祕曰 “戰國之時, 不修農政, 秦自孝公, 用商鞅變法, 修刑, 務耕稼, 勸戰死之賞罰. 於是, 遂强而蠶食六國, 修人事之效也.”

吳祕가 말하였다. “戰國시대에 육국은 農政을 닦지 않았는데, 秦나라는 孝公 때부터 商鞅의 變法을 써서 刑政을 닦으며 농사에 힘쓰고 전사한 자들에 대한 賞罰을 분명히 하도록 권하였다. 이에 마침내 강국이 되어 육국을 蠶食하였으니, 人事를 닦은 효과이다.”

⑥ 保：祕曰 “問地保.”

吳祕가 말하였다. “지형이 험하여 지키기 쉬운 것에 대해 물은 것이다.”

⑦ 東溝大河……保也：釆, 食稅也. 涇, 涇水也. ○ 咸曰 “賈誼云 ‘秦孝公據殽函之固, 擁雍州之地, 君臣固守以闚周室, 有席卷天下, 幷呑八荒之心.’ 故憑此險固, 事便則可申之以取天下, 未便則蟠屈以堅守, 是亦有地保之道也.” ○ 祕曰 “東以大河爲溝塹, 南以商山爲險阻, 西以雍梁二州爲供事, 北以涇水之垠爲鹵地. 勢便則申, 勢否則屈, 此地保也. 釆, 事也. 書曰 ‘百里釆.’ 孔云 ‘供王事而已.’” ○ 光曰 “宋吳本, 高山作商山, 今從李本. 梁州, 蜀地也. 鹵, 掠也. 涇垠, 謂義渠, 掠其畜食以自資.”

釆는 食稅(백성들의 부세로 생활함)이다. 涇은 涇水이다.

○ 宋咸이 말하였다. “賈誼의 〈過秦論〉에 이르기를 ‘秦 孝公이 殽山과 函谷關의 험고한 요새를 점거하고 雍州의 땅을 차지하여, 君臣이 굳게 지키면서 周나라 왕실을 엿보아 天下를 席捲하고 八荒(八方)을 幷呑하려는 마음을 가지고 있었다.’라고 하였다. 그러므로 이런 험고한 지형에 의지하여 사세가 편할 때에는 펴서 천하를 취하고, 사세가 편치 않을 때에는 굽힘으로써 굳게 지키니, 이는 또한 지형이 험하여 지키기 쉬운 도가 있는 것이다.”

○ 吳祕가 말하였다. “동쪽으로는 大河로써 참호와 도랑을 삼고, 남쪽으로는 商山으로 험고 삼고, 서쪽으로는 雍州와 梁州 두 주에서 생산되는 것으로 나라에 공급하고, 북쪽으로는 涇水 가를 鹵地(염전)로 만들어 형세가 유리하면 세력을 펴고 형

세가 불리하면 굽히니, 이것은 지형이 험하여 지키기 쉬운 것이다. 采는 일이니, ≪書經≫ 〈夏書 禹貢〉에 '侯服 안의 백 리는 采邑이다.'라고 하였는데, 孔安國이 이르기를 '이 백 리의 안은 王事에 이바지할 뿐이다.'라고 하였다."

○ 司馬光이 말하였다. "宋咸本・吳祕本에는 '高山'이 '商山'으로 되어 있으니, 지금 李軌本을 따랐다. 梁州는 蜀 땅이다. 鹵는 노략질하는 것이다. 涇水 가는 義渠(西戎의 한 종족)을 이르니, 가축과 양식을 노략질하여 자급자족하였다."

⑧ (激)〔徼〕: 祕曰 "問時激."

吳祕가 말하였다. "天時가 요행히 맞은 것에 대해 물은 것이다."

⑨ 始皇方斧……(激)〔徼〕也 : 方, 比. ○ 咸曰 "賈誼云 '始皇執敲朴以鞭笞天下.' 言易也. 此云 六國方木, 將相方肉者, 言六國與將相之勢, 方如木肉, 而始皇與將相之威, 方如斧刀, 故以斧刀而伐木肉, 亦易之矣. 此亦時激之道也." ○ 光曰 "始皇欲斲喪諸侯, 方如斧, 而諸侯愚昧, 方如木. 秦之將相銳於功利, 方如刀, 而諸侯將相懦弱, 方如肉. 故始皇所以能兼天下者, 適丁是時也."

方은 비유함이다.

○ 宋咸이 말하였다. "賈誼의 〈過秦論〉에 이르기를 '始皇이 채찍을 잡고서 천하를 매질하였다.'라고 하였으니, 쉬움을 말한 것이다. 여기에서 육국을 나무에 비유하고 육국의 將相을 고깃덩이에 비유하였으니, 육국과 將相의 형세는 비유하면 나무와 고깃덩이 같고, 시황과 將相의 위세는 비유하면 도끼와 칼과 같아서, 도끼로 나무를 베고 칼로 고깃덩이를 자르는 것처럼 또한 쉬운 것이다. 이것 또한 천시가 요행히 맞는 도이다."

○ 司馬光이 말하였다. "시황이 제후를 찍어서 망하게 하고자 하는 것은 도끼와 같은데 제후들은 우매하여 나무와 같고, 秦나라의 將相이 功利에 민첩한 것은 칼과 같은데 제후의 將相이 나약하여 고깃덩이와 같다. 그러므로 시황이 천하를 겸병한 것은 마침 이러한 때를 만난 것이다."

혹인이 물었다.

"六國이 병립한 지 이미 오래되어, 각국이 한 번 흥하면 한 번 망하기를 반복하다가 始皇 때에 이르러서 〈천하를 겸병하고 황제를 칭한 지〉 3년 만에 육국을 모두 겸병하였으니, 天時가 요행히 맞은 것입니까? 地勢가 지키기 쉬워서 얻은 것입니까? 人事를 닦아서 얻은 것입니까?"

揚子가 말하였다.

"이 세 가지를 모두 갖추었다."

혹인이 말하였다.

"人事에 대해서 묻습니다."

양자가 말하였다.

"秦나라가 孝公 이후로 병력을 강하게 하고 농사에 힘써서 六國을 잠식한 것은 人事를 닦아서 얻은 것이다."

혹인이 말하였다.

"地勢가 지키기 쉬운 것에 대해 묻습니다."

양자가 말하였다.

"동쪽으로는 黃河를 경계로 삼고, 남쪽으로는 높은 산이 막아주며, 서쪽으로는 雍州와 梁州의 풍부한 物産으로 국가의 수요에 공급하며, 북쪽으로는 涇水 가를 염전으로 만들어 유리할 때에는 세력을 펴고 불리할 때에는 엎드려 있었으니, 이것은 지세가 지키기 쉬운 것이다."

혹인이 말하였다.

"天時가 요행히 맞은 것에 대해 묻습니다."

양자가 말하였다.

"始皇은 도끼와 같고 그의 將相은 칼과 같았으며, 六國의 군주는 나무와 같고 그의 將相은 魚肉과 같았으니, 이것이 천시가 요행히 맞았다는 것이다."

08. **或問 秦伯列爲侯衛**①[21]라가 **卒吞天下**어늘 **而赧曾無以制乎**②아 **曰 天子制公侯伯子男也**에 **庸節**③하나니 **節莫差於僭**④이요 **僭莫僭於祭**⑤요 **祭莫重於地**요 **地莫重於天**⑥하니 **則襄文宣靈**이 **其兆也**⑦라 **昔者**에 **襄公始僭西畤**하여 **以祭白帝**⑧하고 **文宣靈**이 **宗興鄜密上下**하여 **用事四帝**⑨로되 **而天王不匡**하고 **反致文武胙**⑩라 **是以**로 **四疆之內**가 **各以其力來侵**하여 **攘肌及骨**⑪하니 **而赧獨何以制秦乎**⑫아

① 秦伯列爲侯衛 : 在外候望, 羅衛天子. ○ 咸曰 "秦伯, 謂秦襄公也. 周平王東遷, 秦襄公 始列爲諸侯."

〈秦伯이 周나라의 제후국으로서〉 밖에서 망을 보면서 나열하여 천자를 호위한

21) 侯衛 : 要服과 荒服의 합칭으로 王畿에서 매우 먼 곳을 가리킨다.

것이다.

○ 宋咸이 말하였다. "秦伯은 秦 襄公을 이른다. 周 平王이 동쪽(洛陽)으로 천도한 뒤에 진 양공이 비로소 제후의 반열에 들어 〈秦伯으로 칭해졌다.〉"

② 卒呑天下 而赧曾無以制乎：咸曰 "赧, 周赧王也. 言秦自襄公始爲諸侯, 由孝公以來, 益彊, 至始皇, 六世, 卒呑二周而幷天下, 蓋非一朝一夕之故, 何赧王曾無畫(획)以制之乎." ○ 光曰 "赧, 奴板切. 侯衛, 略擧九服[22]遠近."

宋咸이 말하였다. "赧은 周 赧王이다. 秦나라는 襄公으로부터 처음으로 제후가 되었고 孝公 이후로 더욱 강해져 始皇에 이르러 6世 만에 마침내 二周를 병탄하여 천하를 겸병하였으니, 이는 一朝一夕에 생긴 연고가 아니다. 그런데 어찌하여 난왕은 일찍이 계책을 세워 제재하지 않았는가."

○ 司馬光이 말하였다. "赧은 奴와 板의 반절이다. 侯衛는 九服 중에 먼 것(衛服)과 가까운 것(侯服)을 간략히 든 것이다."

③ 天子制公侯伯子男也 庸節：庸, 以也. 節, 度也. ○ 咸曰 "庸, 用也. 言天子用禮節, 以制馭五等諸侯, 各有其序."

庸은 以(쓰다)이다. 節은 度(절도)이다.

○ 宋咸이 말하였다. "庸은 用이다. 天子가 禮節로써 다섯 등급의 제후를 制馭하여 각각 차서가 있음을 말한 것이다."

④ 節莫差於僭：咸曰 "言五等之禮, 各有序, 不可僭, 禮之差失者, 莫大於僭."

宋咸이 말하였다. "제후의 다섯 등급의 禮는 각각 차서가 있어서 참람하게 해서는 안 되니, 禮의 잘못은 참람함보다 더 큰 것이 없음을 말한 것이다."

⑤ 僭莫僭於祭：咸曰 "僭之大者, 莫大於僭祭祀."

宋咸이 말하였다. "참람함 중에 중대한 것은 제사를 참람하게 지내는 것보다 더 큰 것이 없다."

⑥ 祭莫重於地 地莫重於天：旣盜土地, 又盜祭天. ○ 祕曰 "天子, 得祭天地."

〈제사는 제사 지내는 곳보다 더 중요한 것이 없고, 제사 지내는 곳은 하늘에 제사 지내는 곳보다 더 중요한 것이 없는데〉 이미 토지를 훔쳤고, 또 하늘에 제사 지내는 곳을 훔쳤다.

○ 吳祕가 말하였다. "天子라야 天地에 제사 지낼 수 있다."

⑦ 則襄文宣靈 其兆也：始於四公以來者, 言周之衰. 非一朝一夕. ○ 祕曰 "僭兆已見(현)."

〈秦나라의〉 네 公(襄公, 文公, 宣公, 靈公) 이후로 〈참람한 조짐이〉 시작되었다는

22) 九服：≪周禮≫ 〈夏官 職方氏〉에는 천하를 王畿와 九服으로 나누었다. 중앙의 왕기 바깥으로 구복, 즉 侯服·甸服·男服·采服·衛服·蠻服·夷服·鎭服·藩服이 차례로 이어진다.

것은 周나라가 쇠한 것이 일조일석의 일이 아님을 말한 것이다.

○ 吳祕가 말하였다. "참람한 조짐이 이미 나타난 것이다."

⑧ 昔者襄公 始僭西畤以祭白帝：光曰 "畤音止."

司馬光이 말하였다. "畤는 음이 止이다."

⑨ 文宣靈……用事四帝：光曰 "鄜, 芳無切."

司馬光이 말하였다. "鄜는 芳과 無의 반절이다."

⑩ 而天王不匡 反致文武胙：宗, 尊也. 文公起鄜畤, 宣公起密畤, 靈公起上下畤. ○ 咸曰 "秦襄公居西垂, 自以爲主少昊之神, 作西畤, 祠白帝. 文公東獵汧渭之間, 卜居之而吉. 夢黃蛇自天下屬地, 其口(上)〔止〕[23]於鄜衍. 史敦曰 '此上帝之祥, 君其祠之.' 遂作鄜畤也. 至宣公, 作密畤於渭南, 祭青帝也. 其後, 靈公作吳陽上畤, 祭黃帝, 作下畤, 祭炎帝也. 此言秦自襄公以來, 因周之衰, 已僭天子之禮, 用事於白帝青帝黃帝炎帝四帝矣, 而周之微弱, 不能正之, 反致文王武王膰胙於秦也. 故太史公曰 '秦雜戎狄之俗, 位在藩臣, 而擄於郊祀, 君子懼焉.' 如是則制公侯伯子男之禮, 何節之有哉." ○ 光曰 宋吳本, 天王作天下, 今從李本.

宗은 높임이다. 秦 文公은 鄜畤를 세워 〈白帝에게 제사 지내고〉, 宣公은 密畤를 세워 〈青帝에게 제사 지내고〉, 靈公은 上畤와 下畤를 세워 〈赤帝와 黃帝에게 제사 지냈다.〉

○ 宋咸이 말하였다. "秦 襄公은 서쪽 변방에 거하였으니, 스스로 少昊神의 제사를 주관해야 한다고 여겨 西畤를 세워 白帝에게 제사 지냈다. 文公이 동쪽으로 汧水와 渭水 사이에 가서 사냥하여 도읍할 곳을 점쳤는데 길하였다. 문공이 꿈에서 누런 뱀을 보았는데 〈그 몸은〉 하늘로부터 내려와 땅까지 이어졌으며 그 입은 鄜와 衍까지 뻗어 있었다. 〈문공이 이 일을 太史 敦에게 묻자〉 태사 돈이 아뢰기를 '이는 上帝의 祥瑞이니 임금께서는 제사하소서.'라고 하니, 마침내 鄜畤를 세웠다. 宣公에 이르러 渭南에 密畤를 세워 青帝에게 제사 지냈다. 그 후에 靈公은 吳陽에 上畤를 세워 黃帝에게 제사 지내고 下畤를 세워 炎帝에게 제사 지냈다. 이것은 秦나라가 襄公 이래로부터 周나라의 쇠함을 틈타서 이미 天子의 禮를 참람하게 써서 白帝·青帝·黃帝·炎帝 등 四帝에게 제사 지냈는데, 周나라가 微弱하여 이를 바로잡지 못하고 도리어 文王·武王에게 제사 지낸 고기를 秦나라에 보내주었다. 그러므로 太史公이 말하기를 '秦나라는 오랑캐의 풍속이 섞여있고 藩臣의 지위에 있으면서 郊祀의 예를 행하니, 君子들이 걱정하고 두려워하였다.'라고 하였다. 이와 같았으니 公侯伯子男의 禮를 제정함에 무슨 절도가 있었겠는가."

---

23) (上)〔止〕: 저본에는 '上'으로 되어 있으나, ≪史記≫ 〈封禪書〉에 의거하여 '止'로 바로잡았다.

○ 司馬光이 말하였다. "宋咸本·吳祕本에는 '天王'이 '天下'로 되어 있다. 지금 李軌本을 따랐다."

⑪ 是以 四疆之內：咸曰 "肌喻遠, 骨喻近, 言當是之時, 周已衰極, 諸侯强大, 四境之內, 各以兵力來侵, 遠削而至於近矣."

宋咸이 말하였다. "肌는 먼 곳을 비유한 것이고, 骨은 가까운 곳을 비유한 것이다. 이때를 당하여 周나라는 이미 쇠퇴함이 극에 달하였고 諸侯는 강대하여, 사방의 경내를 각각 병력을 거느리고 와서 침범하여 먼 곳에서부터 침삭하여 가까운 곳에까지 이른 것이다."

⑫ 而赧獨何以制秦乎：人之迷也, 其日固已久矣, 數世之壞, 非一人之所支也. ○ 咸曰 "周自平王, 下衰加之, 嬴秦累世强暴, 至始皇, 卒滅之, 所謂大樹將顚, 非一繩所維, 豈赧王可制乎." ○ 祕曰 "周平王東遷, 秦僭天子之禮, 至顯王四十四年, 秦惠王稱王, 其後, 諸侯皆爲王. 四十八年, 顯王崩, 子愼靚王立, 六年崩, 子赧王立. 至秦昭襄王五十一年, 使將軍摎, 攻西周, 赧王頓首自歸, 盡其邑三十六城, 口三萬, 秦王受獻而歸其君於周. 明年, 九鼎入秦, 周遂亡, 豈赧之出, 獨能制之乎." ○ 光曰 "攘, 取也."

사람들이 길을 헤맨 것은 시일이 이미 오래되어 여러 대에 걸쳐 파괴되었으니 한 사람이 지탱할 수 있는 것이 아니다.

○ 宋咸이 말하였다. "周나라는 平王으로부터 아래로 내려오면서 더욱 쇠미해졌고, 嬴秦은 여러 대에 걸쳐 强暴한 짓을 하였는데 始皇에 이르러 마침내 주나라를 멸망시켰으니, 이른바 '거목이 쓰러지려 할 때에는 밧줄 하나로 묶어서 붙들 수가 없다.'라는 것이니, 어찌 赧王이 제재할 수 있겠는가."

○ 吳祕가 말하였다. "周 平王이 동쪽으로 천도하자 秦나라가 天子의 禮를 참람하게 썼고, 周 顯王 44년에 이르러 秦 惠王이 王을 칭하니 그 후에 제후들이 모두 王이 되었다. 48년에 顯王이 崩하고 아들 愼靚王이 즉위하였으나 즉위한 지 6년 만에 붕하고 아들 赧王이 즉위하였다. 秦 昭襄王 51년에 이르러 진나라가 장군 摎를 시켜 西周를 공격하게 하자, 赧王이 머리를 조아리며 스스로 죄를 자백하고 36개 城邑과 인구 3만 명을 모두 바쳤다. 秦王은 난왕이 바친 것을 받고 난왕을 주나라로 돌려보냈다. 이듬해에 주나라의 九鼎이 진나라로 들어감으로써 주나라가 마침내 망하였으니, 어찌 난왕이 나와서 혼자 진나라를 제어할 수 있었겠는가."

○ 司馬光이 말하였다. "攘은 취함이다."

혹인이 물었다.

"秦伯(秦 襄公)은 周나라의 제후국이었다가 결국에는 〈그 후손인 진 시황이〉 천하를 병탄했는데, 周 赧王이 마침내 제재할 수 없었습니까?"

揚子가 말하였다.

“天子가 公・侯・伯・子・男을 제재할 때에는 예절을 사용하니, 예절은 참람함보다 어긋나는 것이 없고, 참람함은 제사를 참람하게 지내는 것보다 더 참람한 것이 없고, 제사는 제사 지내는 곳보다 더 중요한 것이 없고, 제사 지내는 곳은 하늘에 제사 지내는 곳보다 더 중요한 것이 없다. 그런데 秦나라의 襄公・文公・宣公・靈公은 참람한 조짐이 있었다. 옛날에 〈천자라야 天帝에게 제사할 수 있는데〉 秦 襄公이 처음으로 〈제후의 신분으로〉 참람하게 西畤를 세워 白帝에게 제사 지냈고, 文公・宣公・靈公이 서로 이어서 각각 鄜畤・密畤・上畤・下畤를 세워 사방의 天帝(白帝・青帝・黃帝・炎帝)에게 제사 지냈다. 그런데 주나라 천자는 이를 바로잡기는 커녕 도리어 周 文王과 武王에게 제사에 올린 고기를 秦나라에 보내주었다. 이 때문에 사방 경내의 제후들이 각각 병력을 거느리고 주나라 영토를 침입하여 살을 뚫고 들어가 뼛속까지 미쳤으니, 난왕 혼자서 어찌 진나라를 제재할 수 있었겠는가.”

09. **或問 嬴政二十六載**에 **天下擅**[24)]**秦**①하고 **秦十五載而楚**②하고 **楚五載而漢**③하여 **五十載之際**에 **而天下三擅**하니 **天邪**아 **人邪**④아 **曰 具**⑤라 **周建子弟**하여 **列**[25)]**名城**하고 **班五爵**하여 **流之十二**하니 **當時雖欲漢**이나 **得乎**⑥아 **六國蚩蚩**하여 **爲嬴弱姬**라가 **卒之屛營**하여 **嬴擅其政**이라 **故天下擅秦**⑦하니라 **秦失其猷**하여 **罷侯置守**러니 **守失其(微)〔徽〕**[26)]하여 **天下孤睽**⑧하고 **項氏暴彊**하여 **改宰侯王**이라 **故**로 **天下擅楚**⑨하니라 **擅楚之月**에 **有漢**이 **㓢業山南**하고 **發跡三秦**하여 **追項山東**이라 **故**로 **天下擅漢**은 **天也**⑩라 **人**⑪한대 **曰 兼才尙權**하고 **右計左數**하여 **動謹於時**는 **人也**⑫니 **天不人**이면 **不因**하고 **人不天**이면 **不成**⑬이니라

① 嬴政二十六載 天下擅秦：嬴, 秦姓. 政, 始王名. ○ 咸曰 “始皇, 莊襄王子也. 莊襄王

---

24) 擅：嬗(바뀌다, 넘겨주다)과 통한다.

25) 列：裂(나누다)과 통한다.

26) (微)〔徽〕：저본에는 ‘微’로 되어 있으나, 汪榮寶의 ≪法言義疏≫에 의거하여 ‘徽’로 바로잡았다.

卒, 政立爲秦王. 當是之時, 秦地已幷巴蜀漢中, 越宛有郢. 北收上郡以東, 河東太原上黨郡, 東至滎陽, 滅二周, 置三川郡矣. 至二十六年, 使將軍王賁, 從燕南攻齊, 得齊王建, 始幷天下, 故云二十六載擅秦也."

嬴은 秦나라의 姓이고, 政은 始王의 이름이다.

○ 宋咸이 말하였다. "始皇은 莊襄王의 아들이다. 장양왕이 죽자 政이 즉위하여 秦王이 되었으니, 이때를 당하여 秦나라 땅은 이미 巴蜀과 漢中을 겸병하고 宛을 넘어 郢을 점유하였고, 북쪽으로는 上郡 이동을 거두어들여 河東・太原・上黨郡을 점유하였고, 동쪽으로는 滎陽에 이르러 二周를 멸망시키고 三川郡을 설치하였다. 시황 26년에 이르러 장군 王賁으로 하여금 燕나라 남쪽으로부터 齊나라를 공격하게 하여 齊王 田建을 잡고 비로소 천하를 겸병하였다. 그러므로 '26년에 천하가 秦나라로 넘어갔다.'라고 이른 것이다."

② 秦十五載而楚 : 楚, 項羽. ○ 咸曰 "始皇自幷天下後, 十二年卒. 胡亥立三年, 爲趙高閻樂所殺. 子嬰立四十六日, 而項羽號西楚霸王, 故云十五載而楚."

楚는 項羽이다.

○ 宋咸이 말하였다. "始皇은 천하를 겸병한 뒤로 12년 만에 졸하였고, 胡亥는 즉위한 지 3년 만에 趙高의 사위인 閻樂에게 시해당하였고, 子嬰은 즉위한 지 46일 만에 項羽가 西楚霸王이라 자칭하였다. 그러므로 '15년 만에 楚나라로 넘어갔다.' 라고 이른 것이다."

③ 楚五載而漢 : 咸曰 "項羽爲西楚霸王, 主命分天下, 後五年而定歸於漢, 故云五載而漢."

宋咸이 말하였다. "項羽가 西楚霸王이 되어 政令을 주관하고 천하를 나누어 〈제후왕을 봉하니, 秦나라가 망하였다.〉 5년 뒤에 천하가 漢나라로 돌아갔다. 그러므로 '5년 만에 漢나라로 넘어갔다.'라고 이른 것이다."

④ 五十載之際而天下三擅 天邪人邪 : 咸曰 "言自始皇幷天下, 至漢高祖元年, 纔四十六年, 而天下三專於人, 其天命邪, 人事邪. 擅, 專[27]也."

宋咸이 말하였다. "始皇이 천하를 겸병한 때로부터 漢 高祖 원년까지 겨우 46년인데 천하를 세 번이나 다른 사람에게 전하였으니, 天命인가, 人事인가. 擅은 전하는 것이다."

⑤ 具 : 備有之也. ○ 祕曰 "天數人事, 相符默定."

具는 두 가지를 모두 갖춘 것이다.

○ 吳祕가 말하였다. "天命과 人事가 서로 부합하여 묵묵히 정해진 것이다."

⑥ 周建子弟……當時雖欲漢得乎 : 咸曰 "言周以公侯伯子男五等爵, 封建子弟者, 十有二國. 故夾輔王室而無患, 雖欲擅漢, 不可得也." ○ 祕曰 "周封兄弟之國十五人, 姬姓

---

27) 專 : 傳(전하다)과 통한다.

之國四十人, 班五等諸侯之爵, 暨乎周末, 諸侯流爲十二國. 當是之時, 高皇無尺土之階, 雖欲擅漢, 其可得乎."

宋咸이 말하였다. "周나라는 公·侯·伯·子·男 5등급의 작위로 子弟들을 封建한 것이 12개국이었다. 그러므로 이들이 좌우에서 王室을 보좌하여 근심이 없었으니, 비록 천하가 漢나라로 넘어가려고 해도 그럴 수가 없었다."

○ 吳祕가 말하였다. "周나라가 兄弟 15명을 나라에 봉하고, 姬姓 40명을 나라에 봉하여 5등급으로 諸侯의 작위를 나누었는데, 周나라 말에 이르러 제후가 바뀌어 12개국이 되었다. 이때를 당하여 高皇帝는 한 치와 한 자의 땅도 없었으니, 비록 천하가 漢나라로 넘어가려고 해도 그럴 수 있었겠는가."

⑦ 六國蚩蚩爲嬴弱姬……故天下擅秦 : 卒, 終也. 之, 至也. ○ 咸曰 "蚩蚩, 無知也. 言六國無知, 皆危弱於周, 徒爲秦, 終專其政, 以幷天下也." ○ 祕曰 "解嘲曰 '離爲十二, 合爲六七.' 秦稱富强, 故六國之衆, 皆爲秦而弱周, 終然危懼, 故秦專其政, 以擅有天下. 屛營, 猶經營也. 李周翰曰 '屛營, 廻惶也.'" ○ 光曰 "音義曰 '屛音幷, 謂屛營, 猶旁皇失據之貌.' 言六國相與陵弱周室, 適足爲秦開兼幷之資. 終自失據, 爲秦所滅, 使秦得專據天下."

卒은 끝이다. 之는 이름이다.

○ 宋咸이 말하였다. "蚩蚩는 無知함이다. 六國이 무지하여 모두 周나라를 위태롭고 약하게 만들고 다만 秦나라를 위하니, 秦나라가 마침내 그 정사를 전횡하여 천하를 겸병하였다."

○ 吳祕가 말하였다. "〈解嘲〉에 이르기를 '나누면 12개국이 되고 합하면 6, 7개국이 된다.'라고 하였다. 秦나라가 부강하다고 일컬어졌기 때문에 六國의 백성들이 모두 진나라를 위하고 周나라를 약하게 만들었는데, 끝에 가서는 진나라를 위태롭고 두려워하였다. 그러므로 진나라가 정사를 전횡하여 제멋대로 천하를 자기의 소유로 만들었다. 屛營은 經營과 같다. 李周翰이 말하기를 '屛營은 廻惶(당혹스러워하고 두려워함)이다.'라고 하였다."

○ 司馬光이 말하였다. "≪音義≫에 이르기를 '屛은 음이 幷이니, 屛營(두려워 어찌할 줄 모름)을 이른다. 旁皇하여 의거할 곳을 잃은 모양과 같다.'라고 하였다. 六國이 서로 함께 주나라 왕실을 능멸하고 약하게 만들어 다만 秦나라를 위하여 천하를 兼幷할 밑천을 마련해 주기에 족할 뿐이어서 끝내 스스로 근거지를 잃고 진나라에게 멸망당하여 진나라로 하여금 천하를 제멋대로 차지하게 만들었다."

⑧ 秦失其猷……天下孤睽 : 睽, 猶乖離. ○ 咸曰 "猷, 道也. 言秦之失道, 罷諸侯之制, 分爲三十六郡, 以置守尉, 而守尉無防微之援, 天下遂至孤獨睽乖也." ○ 祕曰 "秦患周之敗, 以爲起於諸侯力爭, 以弱見奪. 於是, 削去五等罷諸侯之制, 分爲三十六郡, 而置郡守. 守失其道, 專任刑法, 無維城之固, 則天下孤睽矣. 書曰 '道心惟微.' 班固

曰 '秦據勢勝之地, 騁狙詐之兵, 蠶食山東, 一切取勝, 因矜其所習, 自任其私智, 姍笑三代, 蕩滅古法, 竊自號爲皇帝, 而子弟爲匹夫, 內亡(무)骨肉本根之輔, 外亡(무)尺土藩翼之衛." ○ 光曰 "守, 手又切. 秦雖置守, 又使御史監郡, 務弱其權, 守權旣微, 孤立於上, 不能制民, 民苦其賦役故, 相乖離, 殺守而爲盜, 由守素微弱故也."

暌는 乖離와 같다.

○ 宋咸이 말하였다. "猷는 道이다. 秦나라가 천하를 다스리는 도를 잃어 封建制를 없애고 〈郡縣制를 시행하여〉 천하를 나누어 36郡으로 만들고 郡에 守와 尉를 두었는데, 守와 尉는 미미하게 싹틀 때에 방지하는 도움이 없어서 秦나라 천하가 마침내 고립되고 어긋나는 데에 이르렀다."

○ 吳祕가 말하였다. "秦나라는 周나라가 패망한 것을 보고 근심하여, 周나라가 패망한 것은 제후들이 힘으로 다투는 바람에 점점 약해져서 천하를 빼앗긴 데에서 기인한 것이라고 생각하였다. 이에 〈公·侯·伯·子·男〉 5등급의 작위를 제거하여 제후를 봉건하는 제도를 없애고, 천하를 나누어 36郡으로 만들어 郡守를 두었다. 군수가 다스리는 道를 잃어 오로지 刑法에 맡기고 〈城처럼 국가를 안정시키는〉 宗子의 견고함이 없었으니, 천하 사람들이 괴리되어 흩어진 것이다. ≪書經≫에 이르기를 '道心은 은미하다.'라고 하였고, 班固가 이르기를 '秦나라는 요해처에 의지하고 속임수 일색인 병법을 구사하여 山東을 잠식해 들어가 일체 승리를 취하였는데, 이로 인해 익숙한 것을 과시하고 사사로운 지혜를 자임하여 三代를 비웃고 옛 법을 남김 없이 죄다 없애고는 스스로 皇帝라고 호칭하였으나 子弟는 匹夫가 되어 안으로는 骨肉인 宗室의 도움이 없고 밖으로는 尺土를 봉해준 藩國의 호위가 없었다.'라고 하였다."

○ 司馬光이 말하였다. "守는 手와 又의 반절이다. 秦나라가 비록 郡守를 두었으나 또 御史로 하여금 郡을 감독하게 하여 군수의 권한을 약하게 만들기를 힘썼다. 군수는 권한이 이미 미약해진 뒤에 위에서 고립되어 백성을 제어하지 못하고, 백성들은 부역에 시달렸기 때문에 서로 괴리되었다. 백성들이 군수를 죽이고 도적이 된 것은 군수가 본래 微弱하였기 때문이다."

⑨ 項氏暴彊……故天下擅楚 : 咸曰 "言秦旣亡, 是時, 項羽兵最盛, 故專命改制諸侯王也." ○ 光曰 "宰, 割也."

宋咸이 말하였다. "秦나라가 이미 망하고 난 뒤 이때 項羽의 군대가 가장 강성하였다. 그러므로 임금의 명령을 받지 않고 자기 마음대로 군현제를 봉건제로 바꾸고 제후왕을 봉하였다.

○ 司馬光이 말하였다. "宰는 쪼개어 나누는 것이다."

⑩ 擅楚之月……天也 : 山南, 漢中也. 三秦, 雍·翟·塞(새)也. ○ 咸曰 "項羽旣自立爲西楚霸王, 王梁楚地九郡, 都彭城. 旣立沛公爲漢王, 王巴蜀漢中四十一縣, 都南鄭.

三分關中, 立秦三將. 章邯爲雍王, 都廢丘, 司馬欣爲塞王, 都櫟陽, 董翳爲翟王, 都高奴. 於是, 各就國. 漢王至南鄭, 士卒皆思東歸. 故韓信因陳楚可圖, 三秦易幷之計, 遂東嚮, 定三秦, 追羽於山東, 因專天下. 由是數事兼之, 亦天也." ○ 光曰 "㓨, 與創同, 言周秦楚漢, 一廢一興, 皆天命使然, 非專人事."

山南은 漢中이고, 三秦은 雍, 翟, 塞 지역이다.

○ 宋咸이 말하였다. "項羽가 이미 스스로 즉위하여 西楚霸王이 된 뒤에 梁과 楚 땅의 9개 郡에 왕 노릇 하고 彭城에 도읍하였으며, 이미 沛公(劉邦)을 세워 漢王으로 삼으니 〈유방은〉 巴·蜀·漢中의 41개 縣에 통치하고 南鄭에 도읍하였으며, 關中을 셋으로 나누어 〈항복한〉 秦나라의 세 장수를 왕으로 세워 章邯을 雍王으로 삼으니 〈장감은〉 廢丘에 도읍하였고, 司馬欣을 塞王으로 삼으니 〈사마흔은〉 櫟陽에 도읍하였고, 董翳를 翟王으로 삼으니 〈동예는〉 高奴에 도읍하여 이에 각각 본국으로 나아갔다. 漢王이 南鄭에 이르니 士卒들이 모두 동쪽(고향)으로 돌아갈 것을 생각하였다. 그러므로 韓信이 인하여 楚나라(項羽)를 도모할 수 있고 三秦을 쉽게 겸병할 수 있는 계책을 아뢰니, 漢王이 마침내 동쪽으로 향하여 三秦을 평정하고, 山東으로 항우를 추격하여 이로 인하여 天下를 독점하였다. 이 몇 가지 일로 말미암아 천하를 겸병하였으니, 또한 천명이다."

○ 司馬光이 말하였다. "㓨은 創과 같다. 周나라, 秦나라, 楚나라, 漢나라가 한 번 망하고 한 번 흥한 것은 모두 천명이 그렇게 만든 것이고 단지 人事 때문만은 아니다."

⑪ 人 : 問人事者, 何也. ○ 祕曰 "獨問人事."

人事라는 것은 무엇인지 물은 것이다.

○ 吳祕가 말하였다. "오직 人事에 대해 물은 것이다."

⑫ 兼尙才權……人也 : 咸曰 "兼, 用也. 尙, 尊也. 右, 上也. 左, 下也. 言秦楚漢之成敗, 或用其才良, 或尊其權變, 或上其計策, 或下其奇數, 雖皆謹於時, 然所取之異, 故 一亡一興, 此乃人事也." ○ 祕曰 "雖人事, 亦須謹愼於時然後, 動也." ○ 光曰 "兼才, 謂總攬天下之英才, 右計左數, 言不離計數之中."

宋咸이 말하였다. "兼은 등용하는 것이고, 尙은 높임이다. 右는 높이는 것이고, 左는 낮추는 것이다. 秦나라, 楚나라, 漢나라가 성공하고 실패함에 혹은 재능 있고 어진 자를 등용하고, 혹은 임기응변으로 처리하는 것을 중시하고, 혹은 計策을 높이고, 혹은 奇數를 낮추어, 비록 時宜를 삼가지만 그러나 취하는 바가 다르기 때문에 한 번 망하고 한 번 흥하였으니 이것이 바로 人事이다."

○ 吳祕가 말하였다. "비록 人事라고 하지만 또한 모름지기 時宜를 삼가고 조심한 뒤에 행동하는 것이다."

○ 司馬光이 말하였다. "'兼才'는 天下의 英才를 모두 가려 뽑아서 취함을 이르고, '右計左數'는 생각하고 헤아리는 데에서 떠나지 않음을 말한다."

⑬ 天不人不因 人不天不成：天人合應, 功業乃隆. ○ 祕曰 "天命, 因其人而興之, 其人, 非受天命, 亦無所成. 天命天數, 皆天也. 書曰 '天之曆數在汝躬.' 詩曰 '周雖舊邦, 其命惟新.'" ○ 光曰 "天之禍福, 必因人事之得失. 人之成敗, 必待天命之與奪."

하늘과 사람이 함께 호응하여야 功業이 융숭해진다.

○ 吳祕가 말하였다. "天命은 그 사람으로 인하여 흥하니, 그 사람이 천명은 받은 자가 아니면 또한 이루는 바가 없다. 天命과 天數는 모두 天이다. ≪書經≫에 이르기를 '하늘의 曆數가 너의 몸에 있다.'라고 하였고, ≪詩經≫에 이르기를 '주나라가 비록 오래된 나라이지만 천명을 받은 것은 새롭다.'라고 하였다."

○ 司馬光이 말하였다. "하늘의 禍福은 반드시 人事의 잘잘못에 기인하고, 사람의 成敗는 반드시 天命의 與奪을 기다린다."

혹인이 물었다.

"秦王 嬴政 26년에 〈천하를 통일하여〉 천하가 秦나라로 넘어가고, 진나라는 15년 만에 楚나라로 넘어가고, 초나라는 5년 만에 漢나라로 넘어가, 50년 동안 천하가 세 번이나 바뀌었으니, 이것은 하늘의 뜻을 따른 것입니까? 人事를 따른 것입니까?"

揚子가 말하였다.

"두 가지를 모두 갖춘 것이다. 周나라 천자가 子弟들을 제후로 세워 이름난 城郭의 토지를 나누어 주고, 公·侯·伯·子·男 5등급의 작위로 子弟들을 封建한 것이 12개국이었다. 〈그러므로 이들이 좌우에서 王室을 보좌하여 근심이 없었으니,〉 당시에 비록 천하가 한나라로 넘어가려고 해도 그럴 수 있었겠는가? 六國이 어리석고 무지하여 嬴姓의 秦나라를 위하고 姬姓의 周나라를 약하게 만들다가 결국에는 두려워 어찌할 줄 몰라 嬴秦으로 하여금 정권을 장악하게 하였다. 그러므로 천하가 진나라로 넘어가게 되었다. 진나라는 천하를 다스리는 도를 잃어 諸侯를 세우는 封建制를 폐지하고 郡守를 두는 郡縣制를 시행하였다. 그런데 郡守가 백성들을 제대로 控制하지 못하여 천하 사람들이 배반하고 떠나게 되었다. 項氏(項羽)의 세력이 갑자기 강대해진 뒤에 〈군현제를〉 봉건제로 바꾸고 천하를 쪼개어 제후왕을 봉하려 하였기 때문에 천하가 초나라로 넘어가게 되었다. 천하가 초나라로 넘어간 달에 한나라가 終南山 남쪽에서 創業하고 三秦(雍, 翟, 塞 지역)에서 자취를 드러내어 항우를 山東까지 추격하였다. 그러므로 천하가 한나라로 넘어갔으니, 이것은 하늘의 뜻이다.”

혹인이 人事에 대해 물으니, 양자가 말하였다.

“재능을 겸비한 자를 등용하고 임기응변을 중시하며, 이리저리 생각하고 헤아려서 행동할 때에 때를 신중히 하는 것은 人事이다. 천명은 사람을 통하지 않으면 나타나지 않고, 人事는 천명을 얻지 못하면 이루어지지 않는다.”

10. 或問 楚敗垓下하여 **方死**에 **曰 天也**①라하니 **諒乎**②아 **曰 漢屈群策**하고 **群策屈群力**③하며 **楚懒群策**하여 **而自屈其力**④이라 **屈人者**는 **克**⑤하고 **自屈者**는 **負**⑥하나니 **天曷故焉**⑦고

① 楚敗垓下 方死曰天也：項羽爲高祖所敗於垓下, 臨死, 歎曰 “天亡我, 非戰之罪.”

項羽가 垓下에서 高祖에게 패전하여 죽음에 임박했을 때 탄식하기를 “하늘이 나를 망하게 한 것이지, 싸움을 잘못한 탓이 아니다.”라고 하였다.

② 諒乎：信如羽之言否.

진실로 항우의 말과 같으냐고 물은 것이다

③ 漢屈群策 群策屈群力：屈, 盡也. ○ 咸曰 “言漢能屈己以用群臣之策, 群臣能屈己以悅群士之力, 故勝也.” ○ 光曰 “群策無能出漢之右者, 故曰‘漢屈群策.’ 群力爲群策所制, 故曰‘群策屈群力.’”

屈은 다함이다.

○ 宋咸이 말하였다. “漢 高祖는 자신을 굽혀 신하들의 계책을 썼고, 신하들은 자신을 굽혀 將士들의 힘을 복종시켰다. 그러므로 승리한 것이다.”

○ 司馬光이 말하였다. “사람들의 계책을 쓰는 것은 漢나라보다 더 뛰어난 경우가 없다. 그러므로 ‘漢 高祖는 신하들의 계책을 다 발휘하게 하였다.’라고 하였고, 將士들의 힘은 신하들의 계책에 의해 제어된다. 그러므로 ‘신하들의 계책이 장사들의 힘을 다 발휘하게 하였다.’라고 하였다.”

④ 楚懒群策 而自屈其力：懒, 惡(오)也. ○ 咸曰 “楚有一范增, 不能用, 是惡(오)群策, 而徒屈己以自用其力, 故敗也.” ○ 光曰 “懒, 徒對切. 旣廢群策而不用, 是自屈其力也.”

懒는 싫어함이다.

○ 宋咸이 말하였다. “楚나라는 范增 한 사람이 있었으나 그의 말을 쓰지 않았으니, 이는 사람들의 계책을 쓰기를 싫어하고 다만 자기 힘을 다하여 스스로 자기 힘만 쓴 것이다. 그러므로 패배한 것이다.”

○ 司馬光이 말하였다. "憞는 徒와 對의 반절이다. 이미 사람들의 계책을 폐하고 쓰지 않았으니, 이는 스스로 자기 힘을 굽힌 것이다."

⑤ 屈人者克 : 克, 勝.
克은 승리함이다.

⑥ 自屈者負 : 負, 敗.
負는 패배함이다.

⑦ 天曷故焉 : 言無私親, 惟應善人. ○ 咸曰 "言楚之亡, 自取爾." ○ 光曰 "言何預天事."
하늘은 사사로이 친함이 없고 오직 선한 사람에게 응함을 말한 것이다.
○ 宋咸이 말하였다. "楚나라의 멸망은 스스로 취하였음을 말한 것이다."
○ 司馬光이 말하였다. "하늘의 일과 무슨 상관이겠느냐는 말이다."

혹인이 물었다.

"楚나라 항우가 垓下에서 패하여 죽음에 임박했을 때에 말하기를 '하늘이 나를 망하게 한 것이다.'라고 했다 하니, 참으로 하늘이 초나라를 망하게 하였습니까?"

揚子가 말하였다.

項羽

"漢나라 高祖는 신하들의 계책을 다 발휘하게 하였고, 신하들의 계책은 將士들의 힘을 다 발휘하게 하였다. 그러나 초나라 항우는 신하들의 계책을 쓰기를 싫어하여 스스로 자기 힘만을 다하였다. 남의 힘과 계책을 다 발휘하게 하는 자는 이기고, 자기 힘과 계책만 다하는 자는 지니, 하늘이 무슨 관계가 있겠는가."

11. **或問 秦楚旣爲天典命矣**①어늘 **秦縊灞上**하고 **楚分江西**하니 **興廢何速也**②오 **曰 天胙光德而隕明忒**③이라 **昔在**에 **有熊, 高陽, 高辛, 唐虞**와 **三代 咸有顯懿**④라 **故**로 **天胙之**하여 **爲神明主**하고 **且著在天庭**⑤하니 **是生民之願也**라 **厥饗國久長**⑥이러니 **若秦楚强閱震撲**하고 (胎)〔跆〕[28] **藉三正**하여 **播其虐於黎苗**⑦하니 **子弟且欲喪之**⑧어든

28) (胎)〔跆〕: 저본에는 '胎'로 되어 있으나, 아래 宋咸과 司馬光의 註에 의거하여 '跆'로 바로잡았다.

況於民乎며 **況於鬼神乎**아 **廢未速也**⑨니라

① 秦楚旣爲天典命矣 : 光曰 "爲天主號令."

司馬光이 말하였다. "하늘을 위하여 號令을 주관하는 것이다."

② 秦縊灞上……興廢何速也 : 典, 主. ○ 咸曰 "言秦雖兼天下, 楚雖暴立, 但爲天掌其命, 以擇賢主爾. 故其興之忽, 廢之速也. 秦縊灞上者, 謂沛公十月, 至灞上, 子嬰係頸以組而降也, 故謂之縊. 楚分江西者, 分散也. 羽與江東子弟興兵, 卒敗于垓下, 以江東言之故, 謂之西也." ○ 光曰 "分, 謂身首五分."

典은 주관함이다.

○ 宋咸이 말하였다. "秦나라가 비록 천하를 겸병하고 楚나라가 비록 갑자기 나라를 세웠으나 다만 하늘을 위하여 천명을 주관함에 현명한 군주를 택하였다. 그러므로 홀연히 흥하고 신속히 패망하였다. 秦나라 子嬰이 灞上에서 목을 맸다는 것은 沛公이 10월에 파상에 이르자 자영이 목에 인끈을 매고 항복한 것을 이른다. 그러므로 이를 일러 縊이라고 한 것이다. 楚나라 項羽가 江西에서 사지가 토막이 났다는 것은 사지가 나누어진 것이다. 항우가 江東의 子弟들과 군사를 일으켰다가 마침내 垓下에서 패하였으니, 江東을 기준으로 말하였기 때문에 해하를 일러 강서라고 한 것이다."

○ 司馬光이 말하였다. "分은 몸과 머리가 다섯 토막이 남을 이른다."

③ 天胙光德而隕明忒 : 天之所福光顯有德, 而令隕之者, 明乎秦楚忒惡之所致. ○ 祕曰 "昭德者, 天福胙之, 令長, 彰惡者, 天隕越之, 令短." ○ 光曰 "胙, 與祚同. 忒, 當作慝, 惡也. 光德, 謂德之昭融者. 明慝, 謂惡之顯著者."

하늘이 드러난 덕이 있는 자에게는 복을 주니, 〈秦나라와 楚나라를〉 멸망시킨 것은 진나라와 초나라가 드러내놓고 나쁜 짓을 한 결과임을 밝힌 것이다.

○ 吳祕가 말하였다. "德이 아름다운 자는 하늘이 복을 주어 장수하게 하고, 惡이 현저한 자는 하늘이 쓰러뜨려서 단명하게 한다."

○ 司馬光이 말하였다. "胙는 祚와 같다. 忒은 마땅히 慝이 되어야 하니, 악함이다. '光德'은 德이 밝게 드러남을 이른 것이고, '明慝'은 惡이 현저함을 이른 것이다."

④ 昔在有熊高陽高辛唐虞三代 咸有顯懿 : 咸曰 "有熊, 少典之子, 黃帝也. 高辛, 黃帝之曾孫, 帝嚳也."

宋咸이 말하였다. "有熊은 少典의 아들이니 黃帝이다. 高辛은 黃帝의 曾孫이니 帝嚳이다."

⑤ 天胙之爲神明主 且著在天庭 : 咸曰 "天庭, 謂天帝之庭, 猶皇階帝籙之義."

宋咸이 말하였다. "天庭은 天帝의 뜰을 이르니, 皇階(황제의 지위), 帝籙(天帝의 예언서)의 뜻과 같다."

⑥ 是生民之願也 厥饗國久長：神明，主郊祀．○ 祕曰 “天福胙之，爲天地神明之主，其顯德且昭著，在天帝之庭，是生民之願，合乎民心故，享國長久．胙，古字作祚.” ○ 光曰 “宋吳本，顯懿作顯德，今從李本．著在天庭，猶云簡在上帝之心．五帝三王，以明美之德故，爲天所祚，人所愛而久長.”

神明한 군주가 郊祀를 주관한다.

○ 吳祕가 말하였다. “하늘이 福을 주어 天地神明의 주인이 되게 하고, 드러난 德이 또 현저하여 天帝의 뜰에 있게 하였으니, 이는 백성들이 원하는 바이고 민심에 부합하였기 때문에 장구하게 나라를 누린다. 胙는 祚의 古字이다.”

○ 司馬光이 말하였다. “宋咸本・吳祕本에는 ‘顯懿’가 ‘顯德’으로 되어 있으니, 지금 李軌本을 따랐다. 천자의 지위에 오르게 하는 것은 ‘簡在上帝之心(고르는 것이 상제의 마음에 달려 있다.)’이라고 말하는 것과 같다. 五帝와 三王이 밝고 아름다운 德 때문에 하늘에게 복을 받고 사람에게 사랑을 받아 장구하게 나라를 누린 것이다.”

⑦ 若秦楚强閱震撲……播其虐於黎苗：咸曰 “胎，當爲跆，字之誤也．閱，狠也．胎藉，猶暴侮也.” ○ 祕曰 “閱，鬪也．撲，猶言擊也．胎，始也．藉，狼藉也，謂亂也．三正，天地人也．胎藉，猶言俶擾也．黎苗，九黎三苗也．布其虐，甚於九黎之亂德，三苗之不恭.” ○ 光曰 “閱，許激切．胎，當作跆．徒來切，蹋也．藉，子夜切．黎苗，民也.”

宋咸이 말하였다. “胎는 마땅히 跆가 되어야 하니, 글자가 잘못된 것이다. 閱은 다투는 것이다. ‘胎藉’는 暴侮(포악하여 업신여김)와 같다.”

○ 吳祕가 말하였다. “閱은 다투는 것이다. 撲은 擊이라고 말하는 것과 같다. 胎는 始이다. 藉는 狼藉함이니 어지러움을 이른다. 三正은 天・地・人(三統)이다. ‘胎藉’는 俶擾(어지럽힘)라고 말하는 것과 같다. ‘黎苗’는 九黎와 三苗이다. 〈진나라와 초나라가〉 포학한 정사를 행함이 〈少昊 때에〉 九黎가 德政을 어지럽히고 〈虞舜 때〉 三苗가 不恭한 것보다 심하였다.”

○ 司馬光이 말하였다. “閱은 許와 激의 반절이다. 胎는 마땅히 跆가 되어야 한다. 跆는 徒와 來의 반절이니, 밟음이다. 藉는 子와 夜의 반절이다. ‘黎苗’는 백성이다.”

⑧ 子弟且欲喪之：咸曰 “子弟至親，亦欲其喪亡.”

宋咸이 말하였다. “子弟는 至親인데, 자제들도 진나라와 초나라가 망하기를 바란 것이다.”

⑨ 況於民乎……廢未速也：不道，早亡．○ 祕曰 “謂其不仁不親，不祚宜速.”

도리에 어긋나면 일찍 망한다.

○ 吳祕가 말하였다. “〈진나라와 초나라는〉 不仁하고 不親하였으니 하늘이 망하게 함이 빠름을 말한 것이다.”

혹인이 물었다.

漢 高祖

"秦나라와 楚나라도 이미 하늘에게 천명을 받아 천하를 주재하였으나 진나라 子嬰은 목에 끈을 매고 灞上에서 漢 高祖에게 투항하였고, 초나라 項羽는 江西(垓下)에서 〈스스로 목을 찔러 자결한 뒤에〉 그 시신이 漢나라 군사들에 의해 찢겨졌으니, 이들의 흥망이 어찌 그리도 빨랐습니까?"

揚子가 말하였다.

"하늘은 광대한 덕이 있는 자에게는 복을 주고, 분명한 과실이 있는 자는 멸망시킨다. 옛날에 有熊(黃帝), 高陽(顓頊), 高辛(帝嚳), 唐(堯), 虞(舜), 夏禹, 商湯, 周 文王과 武王은 모두 뚜렷하고 아름다운 덕이 있었기 때문에 하늘이 이들에게 복을 주어 神明한 군주로 삼고 또 천자의 지위에 오르게 하였으니, 이는 백성들이 원하는 바였으므로 하늘이 이들로 하여금 각각 장구하게 천하를 누리게 하였다. 그러나 秦나라와 楚나라로 말하면 격렬하게 싸우고 노하여 공격하며, 〈夏는 寅月, 殷은 丑月, 周는 子月을 정월로 삼는〉 三正을 짓밟고 백성에게 포학한 정사를 행하니, 진나라와 초나라의 子弟들도 진나라와 초나라가 망하기를 바랐는데, 하물며 백성들은 어떠했겠으며, 귀신들은 어떠했겠는가. 그들이 멸망한 것은 빠른 것이 아니다."

12. **或問 仲尼大聖**이면 **則天曷不胙**①니잇고 **曰 無土**②[29]일새니라 **然則舜禹有土乎**③아 **曰 舜以堯作土**하고 **禹以舜作土**④하니라

① 仲尼大聖 則天曷不胙：胙, 主. ○ 祕曰 "不胙之爲神明主."
胙는 군주로 삼는 것이다.
○ 吳祕가 말하였다. "하늘이 복을 주어 神明한 군주로 삼지 않은 것이다."

② 無土：祕曰 "言無土地可因."
吳祕가 말하였다. "의지할 만한 땅이 없음을 말한다."

29) 無土：土는 天子가 諸侯를 봉할 때 나누어주는 封地를 말한다.

③ 然則舜禹有土乎：祕曰 "舜禹, 本亦無土."

吳祕가 말하였다. "舜과 禹도 본래 땅이 없었다."

④ 舜以堯作土 禹以舜作土：道貴順理, 動無常因也. 因土以行化, 湯文也. 因聖以登禪, 舜禹也. 上無舜禹之時, 下無湯文之土, 故不胙耳, 若秦楚之胙, 非所以爲胙也.

道는 이치를 따름을 귀하게 여기지만 항상 이치를 따르지는 않는다. 〈湯王은 사방 70리의 땅을 가지고 일어났고, 文王은 100리의 땅을 가지고 일어나서〉 땅으로 인하여 교화를 행한 것은 湯王과 文王이고, 聖스러움으로 인하여 禪讓을 받아 제왕의 자리에 오른 것은 舜과 禹이다. 孔子는 위로는 舜과 禹의 선양함이 없고 아래로 湯王과 文王의 땅이 없었기 때문에 군주의 자리를 주지 않은 것이다. 秦나라와 楚나라가 군주 노릇 한 것으로 말하면 군주가 될 만한 것이 아니었다.

혹인이 물었다.

"孔子가 위대한 聖人이라면 하늘이 어째서 孔子를 군주로 삼지 않았습니까?"

揚子가 말하였다.

"孔子는 땅이 없었기 때문이다."

혹인이 물었다.

"그렇다면 舜과 禹는 땅이 있었습니까?"

양자가 말하였다.

"舜은 堯의 천하를 땅으로 삼고, 禹는 舜의 천하를 땅으로 삼았다."

13. **或問聖人表裏**①한대 **曰 威儀文辭**는 **表也**요 **德行忠信**은 **裏也**②니라

① 聖人表裏：表裏, 內外.

表裏는 내면과 외면이다.

② 威儀文辭表也 德行忠信裏也：明乎得一而已.

내면과 외면이 한결같을 뿐임을 밝힌 것이다.

혹인이 聖人의 외면과 내면에 대해서 묻자, 揚子가 대답하였다.

"威儀와 文辭(言辭)는 성인의 외면이고, 德行과 忠信은 성인의 내면이다."

14. **或問 義帝初矯**①에 **劉龕南陽**②하고 **項救河北**③하여 **二方分崩**에 **一離一合**하니

設秦得人이면 **如何**④오 **曰 人無爲秦也**하니 **喪其靈**이 **久矣**⑤니라

① 義帝初矯：矯, 立. ○ 咸曰"義帝, 楚懷王之孫心也, 胡亥三年, 沛公與項梁, 共立爲楚懷王, 至漢元年, 項羽陽尊之爲義帝, 實不用其命, 故云初矯." ○ 光曰"矯, 擧也. 初擧兵."

矯는 즉위함이다.

○ 宋咸이 말하였다. "義帝는 楚 懷王의 손자 心이다. 胡亥 3년에 沛公이 項梁과 함께 그(心)를 세워 초 회왕으로 삼았다. 漢나라 원년에 이르러 項羽가 거짓으로 그를 높여 義帝라고 하였으나 실제로는 의제의 명을 따르지 않았다. 그러므로 처음 즉위하였다고 이른 것이다."

○ 司馬光이 말하였다. "矯는 擧이니, 처음 군사를 일으키는 것이다."

② 劉龕南陽：劉, 高祖. 龕, 取也. ○ 光曰"龕與戡同音堪."

劉는 高祖이고, 龕은 취함이다.

○ 사마광이 말하였다. "龕은 戡(이기다)과 같으니, 음이 堪이다."

③ 項救河北：項, 羽.

項은 項羽이다.

④ 二方分崩……設秦得人如何：設, 假. ○ 咸曰"言義帝初立時, 關中旣分爲三秦[30], 而楚項又各歸一方, 當此之際, 設令秦尙有人, 復起, 如何也." ○ 祕曰"龕, 宜讀如戡, 戡, 克也. 假若義帝如初矯立, 而使劉漢戡定南陽, 項羽得救河北, 二方爭戰, 一離一合, 設使秦尙得人, 以關中待之, 如何. 義帝, 楚懷王孫心也. 沛公項梁, 共立之, 以從民望, 是矯也. 漢王始都南鄭, 屬山南西道, 而連南陽, 在山南東道. 項羽都彭城, 屬河南道, 而連河北道. 或人, 以其地勢言之."

設은 가설함이다.

○ 宋咸이 말하였다. "義帝가 처음 즉위하였을 때 〈항우가〉 이미 關中을 〈雍・塞・翟〉 세 방면에 나누어 三秦으로 만들었고, 楚나라 항우가 또 〈章邯, 司馬欣, 董翳를 봉하여〉 각각 한 방면씩 돌아가게 하였으니, 이때를 당하여 가령 秦나라에 오히려 인재가 있어서 다시 기용했다면 어떠했겠느냐는 말이다."

○ 吳祕가 말하였다. "龕은 마땅히 '戡'자와 같이 읽어야 하니, 戡은 이김이다. 가령 義帝가 처음 즉위했을 때에 劉漢(劉邦)으로 하여금 南陽을 공격하여 평정하게 하고, 項羽로 하여금 河北을 구원하게 하여, 유방과 항우 둘이 전쟁하여 한 번은 이반하고 한 번은 합쳤으니, 가령 秦나라가 오히려 인재를 얻어 關中을 가지고 이들을 상대하였다면 어떠하였겠는가? 의제는 楚 懷王의 손자 心이다. 沛公과 項梁이

---

30) 三秦：項羽가 秦나라를 멸망시킨 후 關中 지역을 雍, 塞, 翟 셋으로 나누고 항복한 秦나라 장수 章邯, 司馬欣, 董翳를 봉하여 漢中에 봉해진 劉邦을 견제하게 하였다.

함께 그를 세워 백성들의 바람을 따랐으나 이는 거짓이었다. 漢王이 처음에 南鄭에 도읍하였는데, 남정은 山南 西道에 속하면서 南陽과 이어져 山南 東道에 이어져 있고, 항우는 彭城에 도읍하였는데, 彭城은 河南道에 속하면서도 河北道와 이어졌으니, 혹인이 그 地勢로써 말한 것이다."

⑤ 人無爲秦也 喪其靈久矣 : 非一朝一夕也. ○ 祕曰 "天下叛秦, 秦喪其社稷之靈, 已久矣." ○ 光曰 "天下怨怒, 莫爲之用."

하루 이틀 사이의 일이 아니다.

○ 吳祕가 말하였다. "천하가 秦나라를 배반하여 진나라가 社稷의 神靈의 보우를 잃은 지 이미 오래되었다."

○ 司馬光이 말하였다. "天下가 원망하고 노여워하여 진나라를 위해 쓰이지 않는 것이다."

혹인이 물었다.

"義帝가 처음 즉위하였을 때에 劉邦으로 하여금 南陽을 공격하여 평정하게 하고, 項羽로 하여금 河北을 구원하게 하여, 유방과 항우 둘이 전쟁하여 한 번은 이반하고 한 번은 합쳤으니, 〈유방과 항우의 관계가 이와 같은 상황에서〉 가령 秦나라가 유능한 인재를 얻었다면 어떠했겠습니까?"

揚子가 말하였다.

"〈진나라를 원망하여〉 진나라를 위해 힘을 쏟을 사람이 없으니, 社稷의 신령이 秦나라를 보우하지 않은 지 오래되었다."

15. **韓信黥布**가 **皆劍立**하여 **南面稱孤**나 **卒窮時戮**하니 **無乃勿乎**①아 **或曰 勿則無名**이 **如何**②오 **曰 名者**는 **謂令名也**③어늘 **忠不終而躬逆**하니 **爲攸令**④이리오

① 韓信黥布……無乃勿乎 : 窮, 極. ○ 咸曰 "卒, 盡也. 言當是之時, 韓信方爲漢, 黥布方爲楚, 其鋒鋩, 如劍之立, (而秦欲再起)[31] 南面稱孤, 以盡窮時戮, 無乃不可乎. 勿, 猶不也, 言不可也." ○ 祕曰 "時, 是也. 韓信封楚王. 黥布, 姓英氏, 封淮南王. 二王, 皆無其德, 徒以戰鬪立功. (使左右劍立)[32] 南面稱孤, 終窮於是而見戮, 無乃勿

31) (而秦欲再起) : 저본에는 '而秦欲再起'가 있으나, 문맥이 이어지지 않으므로 衍文으로 처리하였다.

32) (使左右劍立) : 저본에는 '使左右劍立'이 있으나, 문맥이 이어지지 않으므로 衍文으로 처리하였다.

爲王, 其愈乎." 劉昭曰 "自天子, 至於庶人, 咸皆帶劍, 故蕭何劍履上殿, 是也." ○ 光曰 "信布, 以匹夫, 杖劍自立, 雖暫貴, 而禍辱隨之, 不若始者勿爲."

窮은 窮極이다.

○ 宋咸이 말하였다. "卒은 끝이다. 이때를 당하여 韓信은 바야흐로 漢나라를 위하고 黥布는 바야흐로 楚나라를 위하여 그 날카로운 기세가 마치 검을 세워놓은 것 같았다. 그리하여 이들이 모두 南面하여 왕이 되었으나 끝에는 결국 혹형을 받고 죽었으니 불가하지 않겠는가. 勿은 不과 같으니, 不可함을 말한다."

○ 吳祕가 말하였다. "時는 是이다. 韓信은 楚王에 봉해졌다. 黥布는 姓이 英氏이니 淮南王에 봉해졌다. 두 왕이 모두 德은 없고 다만 전투로 공을 세웠을 뿐이다. 南面하여 왕이 되었으나 결국에는 이에 형을 당하여 죽었으니, 왕이 되지 않는 것이 낫지 않았겠는가."

劉昭가 말하였다. "天子로부터 庶人에 이르기까지 모두 칼을 찼다. 그러므로 蕭何가 칼을 차고 신을 신은 채로 궁전에 올라갔다는 것이 그것이다."

○ 司馬光이 말하였다. "한신과 경포는 匹夫로서 칼 한 자루를 차고 스스로 서서 비록 잠시 귀해졌으나 화와 욕이 따랐으니, 애당초 왕이 되지 않는 것만 못하다."

② 勿則無名如何 : 咸曰 "言不然, 則爲秦臣者無功名, 如何?"

宋咸이 말하였다. "그렇지 않으면 秦나라의 신하된 자 중에 공명을 세운 자가 없을 것이니 어찌하냐는 말이다."

③ 名者謂令名也 : 祕曰 "夫貴名者, 善名也."

吳祕가 말하였다. "귀한 명성이라는 것은 좋은 명성이다."

④ 忠不終而躬逆 焉攸令 : 咸曰 "令, 善也. 焉, 安也. 言所謂名者, 宜立善名也. 當此之時, 欲效其忠以爲秦, 且忠未盡而身已見害, 爲之逆矣, 安可謂善哉." ○ 祕曰 "二王皆忠不終, 而躬爲反逆, 焉有令名."

宋咸이 말하였다. "令은 善이다. 焉은 安(어찌)이다. 이른바 명성이라는 것은 마땅히 좋은 명성을 세워야 함을 말한다. 이때를 당하여 충성을 바쳐 진나라를 위하고자 해야 하는데 또 충성을 다하지 않았고, 자신이 이미 해를 입었다고 하여 반역을 하였으니, 어찌 훌륭하다고 이를 수 있겠는가."

○ 吳祕가 말하였다. "한신과 경포 두 왕이 모두 끝까지 충성하지 않았고 자신이 반역을 하였으니, 훌륭한 명성이 어디에 있는가."

韓信과 黥布는 모두 武功을 세워서 南面하여 왕이 되었으나 끝에는 결국 당시의 酷刑을 받고 죽었으니, 왕이 되지 않는 것이 낫지 않았겠는가.

혹인이 말하였다.

"왕이 되지 않았으면 功名을 세우지 못하였을 것이니, 어찌합니까?"

揚子가 말하였다.

"功名이라는 것은 훌륭한 명성을 말한다. 끝까지 충성하지 않고 도리어 자신이 반역을 하였으니, 훌륭한 명성이 어디에 있는가."

16. **或問淳于越**한대 **曰 伎曲**①이니라 **請問**②한대 **曰 始皇**이 **方虎挒而梟磔**하여 **噬士猶腊肉也**어늘 **越與亢眉**하여 **終無橈辭**하니 **可謂伎矣**③로다 **仕無妄之國**④하여 **食無妄之粟**하고 **分無妄之橈**하여 **自令之間而不違**하니 **可謂曲矣**⑤니라

① 伎曲：咸曰"淳于越, 齊人, 爲秦博士, 謂始皇曰 '殷周之王千餘歲, 封子弟功臣, 自爲枝輔, 今陛下有海內, 而子弟爲匹夫, 卒有田常六卿[33)]之臣, 無輔拂, 何以救哉. 事不師古而能長久者, 非所聞也.' 此問越之道如何, 而揚以爲伎曲, 言有伎有曲也."

宋咸이 말하였다. "淳于越은 齊人이다. 秦나라의 博士가 되어 始皇에게 이르기를 '殷나라와 周나라가 1천여 년 동안 왕 노릇을 하면서 자제와 공신들을 봉하여 스스로 나라를 지탱하고 보필하게 하였습니다. 그런데 지금 폐하께서는 온 천하를 차지하고서도 자제들을 일개 필부로 만들어버렸으니, 갑작스럽게 田常이나 六卿과 같은 신하가 있을 경우, 보필하는 자가 없으면 무슨 수로 구원할 수 있겠습니까. 일을 할 때에 옛 도를 본받지 않고서 장구하게 하였다는 말은 신이 들어보지 못하였습니다.'라고 하였다. 이 내용은 순우월의 道가 어떠한지 물은 것인데, 揚子가 '伎曲'이라고 하였으니, 재주가 있었으나 無道한 임금에게 굽혔음을 말한 것이다."

② 請問：咸曰"問伎曲之目."

宋咸이 말하였다. "伎曲의 자세한 조목에 대해 물은 것이다."

③ 始皇方虎挒而梟磔……可謂伎矣：有才伎也. ○ 咸曰"虎挒梟磔, 言暴也. 噬士猶腊肉, 言酷也. 興, 起也. 當是時, 始皇暴酷如此, 而越敢起而亢擧其眉, 以言封建之事, 其辭不橈, 可謂有才伎也." ○ 光曰"宋吳本, 越與作越興, 今從李本. 挒音列. 磔, 陟格切. 橈,女敎切. 闕.

재주와 기량이 있는 것이다.

○ 宋咸이 말하였다. "호랑이가 뼈를 깨물어 부수고 올빼미가 먹이를 찢어발기며 쪼아먹듯이 하였다는 것은 포악함을 말하고, 선비를 해치기를 포를 씹어 먹듯이 하

33) 六卿：춘추시대 晉나라의 范·中行·知·趙·韓·魏의 6성을 말한다. 이들은 정권을 차지하기 위해 서로 다투었다.

였다는 것은 잔혹함을 말한다. 興은 일어남이다. 이때를 당하여 始皇의 포악하고 잔혹함이 이와 같았는데, 순우월이 과감하게 일어나 눈썹을 치켜 올리고 封建하는 일에 대해 말하여 그 말을 굽히지 않았으니, 재주가 있다고 이를 만하다."

○ 司馬光이 말하였다. "宋咸本・吳祕本에는 '越與'가 '越興'으로 되어 있으니, 지금 李軌本을 따랐다. 挒은 음이 列이고, 磔은 陟과 格의 반절이고, 橈는 女와 敎의 반절이다. 뜻은 注釋하지 않았다."

④ 仕無妄之國：祕曰 "按易, 無妄其乾道四德, 而秦世稱之者, 蓋無妄, 匪正也.[34] 言秦不以正道, 而決行於世, 詎免乎災眚. 若天下雷行, 而不以正道, 天命不祐, 行矣哉."

吳祕가 말하였다. "≪周易≫을 살펴보건대 无妄卦는 乾道의 네 가지 德이 있으나 秦나라 때에 이에 대해 칭하는 자는, 대개 无妄을 바르지 않음으로 해석하였다. 이는 다음과 같은 말이다. 秦나라가 正道로써 하지 않으면서 세상에 決行하였으니, 어찌 재앙을 면할 수 있겠는가. 만약 하늘 아래에 우레가 행하되 正道로써 하지 않으면 天命이 돕지 않으니, 행할 수 있겠는가."

⑤ 食無妄之粟……可謂曲矣：橈, 時榮也. 自令, 與始皇併心爲無道. ○ 咸曰 "橈, 亂也. 自令, 謂自使令也. 違, 去也. 言秦亡道如是, 而越自使令之間, 不能違去於秦, 以高飛遠引, 徒欲分解其亂, 雖能强言封建之事, 亦曲矣." ○ 祕曰 "越事秦暴虐, 必行之國, 祿其粟, 受其亂, 自始皇下令之間, 又不能違而去之, 是曲己. 李斯謬其說, 請有文學詩書百家語, 有蠲除去之令, 到滿三十日, 弗去, 黥爲城旦. 橈, 亂也, 或本作飽." ○ 光曰 "竝闕."

橈는 당시에 영화를 누리는 것이다. '自令'은 始皇과 마음을 합쳐 無道한 짓을 하는 것이다.

○ 宋咸이 말하였다. "橈는 어지러움이다. '自令'은 스스로 使令함을 이른다. 違는 떠남이다. 秦나라의 무도함이 이와 같았는데도 순우월이 使令하는 곳인 秦나라에서 떠나 고상하게 처신하고 멀리 떠나지 않고서, 다만 그 어지러움을 해결하고자 하여 비록 封建의 일에 대하여 있는 힘을 다해 간쟁하였으나 이 역시 임금에게 굽힌 것이다."

○ 吳祕가 말하였다. "순우월은 포학한 진나라를 섬겨 군이 봉해진 나라에 가서 그 곡식을 녹으로 받아 그 화를 당하였다. 始皇이 명령을 내릴 때 또 버리고 떠나지 못했으니 이는 임금에게 자기를 굽힌 것이다. 李斯가 말도 되지 않는 말을 지어내어, 文學, ≪詩經≫・≪書經≫, 제자백가의 서적들을 간직한 자가 있을 경우 제거

---

34) 按易……匪正也：≪周易≫ 无妄卦에 "无妄은 크게 형통하고 貞함이 이로우니, 바르지 않으면 재앙이 있어서 가는 바를 둠이 이롭지 않다.〔无妄 元亨利貞 其匪正 有眚 不利有攸往〕"라고 하였다. '無妄其乾道四德'은 无妄卦의 '其匪正'을 가리키는 것이다.

하라는 영을 내리고, 영을 내린 지 30일이 지났는데도 서책을 불태우지 않는 자는 墨刑을 가하고 城旦刑(매일 일찍 일어나서 城을 쌓게 하던 형벌로 형기는 4년)에 처하게 하기를 청하였다. 橈는 어지러움이다. 어떤 本에는 鮑로 되어 있다."

○ 司馬光이 말하였다. "모두 注釋하지 않았다."

혹인이 淳于越에 대해 물으니, 揚子가 말하였다.

"재주가 있었으나 無道한 임금에게 굽혔다."

혹인이 자세한 조목에 대해 물으니, 양자가 말하였다.

"秦 始皇은 호랑이가 물어뜯고 올빼미가 사지를 찢어버리는 것처럼 잔혹하게 선비를 대하여, 선비를 해치기를 육포를 씹어 먹듯이 하였다. 그런데 순우월은 진 시황의 면전에서 눈썹을 치켜뜨고 간하여 끝내 그 말을 굽히지 않았으니, 재주가 있다고 이를 만하다. 그러나 禍福을 예측할 수 없는 나라에서 벼슬하여 화복을 예측할 수 없는 녹봉을 받고, 화복을 예측할 수 없는 영화를 누리며 使令하는 곳(秦나라 조정)에서 떠나지 않았으니, 굽혔다고 이를 만하다."

17. **或問 茅焦歷井幹之死**[35)]하여 **使始皇奉虛左之乘**①이어늘 **蔡生**[36)]**欲安項咸陽**이라가 **不能移**하고 **又亨**(팽)**之**하니 **或者未辯歟**②아 **曰 生**이 **捨其木侯**하고 **而謂人木侯**[37)]하니 **亨**(팽)**不亦宜乎**③아 **焦逆訐而順守之**하니 **雖辯**이나 **劘虎牙矣**④라

① 茅焦歷井幹之死 使始皇奉虛左之乘：始皇以嫪毒(노애)事, 幽母(咸)〔萯〕[38)]陽宮, 諫者

35) 茅焦歷井幹之死：秦 始皇의 모친은 嫪毐를 총애하여 두 아들을 낳았는데, 일이 밝혀지자 진 시황은 嫪毐를 車裂刑에 처하고 두 동생을 때려죽이고 太后를 萯陽宮으로 옮기고는 감히 태후의 일로 간하는 자가 있으면 죽이겠다고 하였다. 그리하여 간하다 죽은 27명의 사지를 잘라 궐문 아래에 쌓아두었는데, 齊나라에서 온 유세객 茅焦가 간하기를 청하였다.

36) 蔡生：≪漢書≫에는 韓生이라 하였고, ≪史記≫에는 "어떤 사람이 혹 설득하였다〔人或說〕"라고 하였다.

37) 生捨其木侯 而謂人木侯：項羽가 咸陽을 불태우고 동쪽으로 돌아가려 하니, 韓生이 關中은 사방이 막힌 지역으로 토지가 비옥하여 도읍할 만한 곳이라고 하였으나, 항우는 "부귀해지고 나서 고향으로 돌아가지 않는 것은 비단옷 입고 밤길을 가는 것과 같다.〔富貴不歸故鄕 如衣繡夜行耳〕"라고 하며 듣지 않았다. 한생이 물러나 "초나라 사람은 원숭이가 갓을 쓴 격이라 하더니 과연 그렇구나.〔楚人沐猴而冠耳 果然〕"라고 하자, 항우가 그 말을 듣고 한생을 팽형에 처하였다.(≪史記≫ 〈項羽本紀〉)

輒取於井幹闕下, 茅焦歷井幹之上而諫, 始皇卽駕與執轡, 虛左, 親迎其母.

始皇이 嫪毐의 일로 그 모후를 萯陽宮에 유폐하고, 이 일을 간하는 자는 곧 잡아다가 사지를 잘라 궐문 아래에 井幹의 모양으로 쌓아두었는데, 〈齊나라의 유세객〉 茅焦가 정간 모양으로 쌓아놓은 시체 곁을 지나 〈죽음을 무릅쓰고〉 간하자, 始皇이 〈감동하여〉 즉시 수레를 몰아 왼편의 자리를 비우고 가서, 태후를 직접 맞이하여 돌아와 모자의 관계를 이전처럼 회복하였다.

② 蔡生欲安項咸陽……或者未辯歟 : 項羽欲東還下邳, 蔡生說(세)使都咸陽, 旣不能移, 又爲所亨. 案漢書云韓生, 揚子云蔡生, 未知孰是. ○ 咸曰 "亨當作烹, 字之誤也. 言韓生說(세)羽, 旣不能移, 又爲羽所烹殺也. 未辯者, 言韓生未能善辯, 使其都咸陽以免其殺." ○ 光曰 "幹音韓. 乘, 繩證切. 亨, 與烹同. 音義曰 '史記作蔡生.' 光謂 井幹, 謂始皇殺諫者二十七人, 積屍闕下, 如井幹之狀. 言茅焦能移始皇暴怒之意者, 以其辯也. 蔡生不能移項羽, 或者未辯歟."

項羽가 동쪽으로 下邳로 돌아가고자 하자, 蔡生이 설득하여 咸陽에 도읍하게 하려고 하였으나 이미 뜻을 바꾸게 하지 못하였고 또 팽형을 당하였다. 살펴보건대 ≪漢書≫에는 韓生이라고 하였고, 揚子는 蔡生이라고 하였으니, 어느 것이 옳은지 알 수 없다.

○ 宋咸이 말하였다. "亨은 마땅히 烹이 되어야 하니, 글자가 잘못된 것이다. 韓生이 항우를 설득하였으나 이미 뜻을 바꾸게 하지 못하였고, 또 항우에게 烹殺 당하였다. 변론을 잘하지 못하였다는 것은 韓生이 변론을 잘하여 〈항우로 하여금〉 함양에 도읍하게 하고 죽임을 당함을 면치 못하였음을 말한다."

○ 司馬光이 말하였다. "幹은 음이 韓이다. 乘은 繩과 證의 반절이다. 亨은 烹과 같다. ≪音義≫에 이르기를 '≪史記≫에 蔡生으로 되어 있다.' 하였다. 내가 생각건대 井幹은 始皇이 간하는 자 27인을 죽여 궐문 아래에 시체를 쌓아놓은 것이 井幹의 모양과 같음을 이른다. 茅焦가 始皇의 격노한 뜻을 바꾸게 한 것은 변론을 잘했기 때문이요, 蔡生은 項羽의 뜻을 바꾸게 하지 못하였으니 아마도 변론을 잘하지 못했기 때문일 것이라고 말한 것이다."

③ 生捨其木侯而謂人木侯 亨(팽)不亦宜乎 : 咸曰 "生謂韓生也. 木侯, 當作沐猴. 亨, 亦當作烹也. 項羽旣殺子嬰, 燒其宮室, 收寶貨婦女而東, 韓生說羽曰 '關中, 阻帶山河, 四塞之地, 肥饒可都之.' 項羽見秦皆已燒殘, 又懷東歸曰 '富貴不歸故鄕, 如衣錦夜行.' 韓生曰 '人謂楚人沐猴而冠, 果然.' 羽聞之, 乃斬韓生, 此言項羽之暴久矣. 韓生說(세)之, 都咸陽, 旣不能移, 卽當自引, 反謂人爲沐猴, 雖見烹, 亦宜矣." ○ 祕曰 "生

38) (咸)〔萯〕: 저본에는 '咸'으로 되어 있으나, ≪史記≫ 〈秦始皇本紀〉에 의거하여 '萯'로 바로잡았다.

旣知羽如沐猴, 捨而去之可也, 乃謂人明言其沐猴而見烹, 不亦宜乎. 蓋不能危行言遜也." ○ 光曰 "言蔡生知項羽暴伉, 素不爲羽所知信, 獻策不用, 又從而訕之, 是自有沐猴之狂也. 易曰 '君子 安其身而後動, 易其心而後語.'"

宋咸이 말하였다. "生은 韓生을 이른다. '木侯'는 마땅히 沐猴가 되어야 한다. 亨은 또한 마땅히 烹이 되어야 한다. 項羽가 이미 子嬰을 죽인 뒤에 그 궁실을 불태우고 寶貨와 婦女를 거두어 동쪽으로 가려 하자, 韓生이 항우를 설득하여 말하기를 '關中은 산이 막혀 있고 黃河가 띠처럼 둘러 있어 사방이 막혀 있는 요새의 땅이고 토지가 비옥하니, 도읍하여 〈霸者가 될 수〉 있습니다.'라고 하였으나, 항우는 秦나라 宮室이 모두 이미 불타 殘破한 것을 보았고, 또 마음속으로 동쪽으로 돌아갈 것을 생각하여 말하기를 '부귀하여 고향에 돌아가지 않으면 비단옷을 입고 밤길을 가는 것과 같으니, 〈누가 알아주겠는가.〉'라고 하였다. 한생이 말하기를 '사람들이 「楚나라 사람은 원숭이가 冠을 쓴 격일 뿐이다.」라고 말하더니, 과연 그렇다.' 하였다. 항우가 이 말을 듣고 한생을 베어 죽였으니, 이는 항우가 포악한 지 오래되었음을 말한 것이다. 한생이 설득하여 咸陽에 도읍하게 하였으나 이미 뜻을 바꾸게 하지 못하였으니, 즉시 스스로 몸을 빼내 물러갔어야 한다. 그런데 도리어 사람더러 원숭이라고 하였으니, 비록 팽형을 당하였으나 또한 당연하다."

○ 吳祕가 말하였다. "한생이 이미 항우가 원숭이와 같다는 것을 알았다면 버리고 떠나는 것이 옳다. 그런데 사람더러 원숭이라고 드러내놓고 말을 하였으니, 팽형을 당한 것이 또한 당연하지 않겠는가. 이는 행동은 높고 곧게 하되 말은 낮춰서 겸손하게 하지 못한 것이다."

○ 司馬光이 말하였다. "蔡生은 항우가 포악하고 오만하다는 것을 알았고 평소에 항우에게 인정과 신임을 받지 못했으면서 계책을 올렸으나 쓰지 않자 또 이어서 헐뜯었으니, 이는 蔡生 자신이 원숭이처럼 망령되이 잘난 체함이 있었던 것이다. ≪周易≫ 〈繫辭傳〉에 이르기를 '군자는 몸을 편안하게 한 뒤에 행동하고, 마음을 화평하게 한 뒤에 말한다.'라고 하였다."

④ 焦逆訐而順守之 雖辯劘虎牙矣 : 逆意而諫, 順義而守, 可謂辯說矣. 然劘近虎牙, 言其殆也. ○ 祕曰 "劘, 義如摩. 焦所諫, 皆逆其意而訐其事, 所守, 皆陳母后之大義至順之理, 雖辯則辯矣, 譬猶摩虎牙也. 言無位而廷諫, 履危之道也." ○ 光曰 "訐, 居謁切. 劘音磨. 直數其惡, 是逆訐, 勸之以孝, 入之以忠, 是順守."

윗사람의 뜻을 거스르면서 간하고 의리를 따라 지켰으니, 변론을 잘했다고 이를 만하다. 그러나 범의 이빨을 건드렸다는 것은 그 위태로움을 말한 것이다.

○ 吳祕가 말하였다. "劘의 뜻은 摩와 같다. 茅焦가 간한 것은 모두 그 뜻을 거스르면서 그 일을 들추어낸 것이고, 지킨 것은 모두 母后를 섬기는 大義와 지극히 순한 도리를 아뢴 것이니, 비록 말을 잘하기는 잘했으나 비유하면 범의 이빨을 건드

린 것과 같다. 지위가 없으면서 조정에서 간쟁하는 것은 위태로운 지경에 이르는 도임을 말한 것이다."

○ 司馬光이 말하였다. "訐은 居와 謁의 반절이다. 劘는 음이 磨이다. 그 惡을 곧바로 꾸짖은 것은 뜻을 거스르면서 간한 것이요, 孝로써 권면하고 忠으로 고한 것은 순한 도리를 지킨 것이다."

혹인이 물었다.

"〈秦 始皇이 母后의 일에 대해 간하는 자가 있으면 죽여서 사지를 잘라 궐문 아래에〉 '井'자 모양으로 쌓아놓았는데, 茅焦는 그 시체 곁을 지나가 죽음을 무릅쓰고 간하여, 진 시황으로 하여금 즉시 왼쪽 자리를 비운 수레를 몰고 가서 태후를 맞이하여 돌아와 母子 관계를 회복하게 하였습니다. 그런데 蔡生은 咸陽을 불태우고 고향으로 돌아가려던 項羽의 뜻을 바꾸게 하지 못하고 또 팽형을 당하였으니, 아마도 말을 잘하지 못했습니까?"

揚子가 말하였다.

"채생은 자신이 원숭이처럼 어리석은 것은 깨닫지 못하고 남더러 원숭이와 같다고 하였으니, 팽형을 당한 것이 또한 당연하지 않은가. 모초는 진 시황의 뜻을 거스르면서 간하였고 〈孝로써 권면하고 忠으로 고하여〉 순한 도리를 지켰으니, 비록 변론을 잘하였으나 범의 이빨을 더듬는 것처럼 위험한 일이다."

18. 或問 甘羅之悟呂不韋와 張辟彊之覺平勃은 皆以十二齡하니 茂良乎①인저 曰 才也니 茂良이 不必父祖②니라

① 甘羅之悟呂不韋……茂良乎 : 祕曰 "甘羅, 甘茂孫也, 以請張唐相燕[39], 及先報趙事, 悟呂不韋. 辟彊, 張良之子也, 以孝惠崩, 呂太后哭不哀事, 覺陳平周勃.[40] 皆十二歲, 豈

39) 請張唐相燕 : 呂不韋가 張唐을 燕나라 상국으로 삼고, 연나라와 함께 趙나라를 공격하여 河間을 넓히려고 하였는데, 장당이 "연나라는 반드시 조나라 땅을 거쳐야 하는데, 조나라 사람 중에 저를 잡는 자는 1백 리의 땅을 받게 되어 있습니다."라고 하며 가려 하지 않았다. 이에 甘羅가 장당을 설득하여 연나라로 가게 하였다. 장당이 일찍이 昭王 때 趙나라를 쳤기 때문에 현상금이 붙어 있었다.(≪戰國策≫ 〈秦策〉)

40) 以孝惠崩……覺陳平周勃 : 惠帝가 崩하니, 呂太后가 哭을 하였으나, 눈물을 흘리지 않았다. 張辟彊이 陳平에게 이르기를 "황제는 장성한 아들이 없고 太后는 당신들을 두려워하

甘茂張良爲之祖父，使之然乎?" ○ 光曰 "以甘茂之孫，張良之子故，能如此，其慧乎."

吳祕가 말하였다. "甘羅는 甘茂의 손자이니, 張唐에게 燕나라 상국으로 가기를 청하면서 〈장당이 燕나라에 상국으로 간다는 사실을〉 趙나라에 먼저 알려 呂不韋를 깨닫게 하였다. 張辟彊은 張良의 아들이니, 孝惠帝가 붕어하였을 때 呂太后가 곡을 하였으나 눈물을 흘리지 않은 일로써 陳平과 周勃을 깨닫게 하였다. 이때 감라와 장벽강의 나이가 모두 12살이었으니 아마도 甘茂와 張良이 그들의 조부와 부친이므로 그들로 하여금 그렇게 하게 한 것이 아니겠는가."

○ 司馬光이 말하였다. "감무의 손자이고 장량의 아들이기 때문에 이와 같을 수 있었으니, 지혜롭구나."

② 才也 茂良不必父祖：天才自然，發其神心，無假祖父. ○ 祕曰 "人之生，天與之才，譬如茂良，非假父祖使之然也." ○ 光曰 "言祖孫父子，材性不必相類."

타고난 자질이 본래부터 그러하여 神心에서 우러나온 것이니, 조부와 부친의 힘을 빌릴 필요가 없다.

○ 吳祕가 말하였다. "사람이 태어날 적에 하늘이 재주를 부여하였으니, 비유하면 감무와 장량이 부친과 조부의 힘을 빌려 그러한 것이 아닌 것과 같다."

○ 司馬光이 말하였다. "祖孫과 父子의 材性(타고난 본성)이 꼭 서로 비슷하지는 않음을 말한 것이다."

혹인이 물었다.

"甘羅(甘茂의 손자)가 呂不韋를 깨닫게 하고 張辟彊(張良의 아들)이 陳平과 周勃을 깨닫게 하였을 때 감라와 장벽강의 나이가 모두 12살이었으니 아마도 〈감라의 조부인〉 甘茂와 〈장벽강의 부친인〉 張良이 그렇게 하게 한 것이 아니겠습니까."

揚子가 말하였다.

"그들의 타고난 자질이 훌륭한 것이니, 감무와 장량이 반드시 그들의 부친과 조부이기 때문만은 아니다."

張良

니, 이제 呂台와 呂産을 장수로 삼아서 南軍과 北軍에 있게 하고 여러 呂氏가 모두 중앙에서 권세를 부릴 수 있도록 청하십시오. 이렇게 하면 태후는 마음이 편안하게 되고 당신들은 화를 벗어나게 될 것입니다." 하였다. 진평이 그의 말을 따르니, 여러 여씨의 권력이 이로부터 일어나게 되었다.

19. **或問 酈食(이)其說(세)陳留**하여 **下敖倉**하고 **說(세)齊**하여 **罷歷下軍**하니 **何辯也**[①]며 **韓信襲齊**하여 **以身脂鼎**하니 **何訥也**오 **曰 夫辯也者**는 **自辯也**니 **如辯人幾矣**[②]라

① 酈食(이)其說(세)陳留……何辯也：光曰 "酈音歷. 食其音異基. 說音稅."

司馬光이 말하였다. "酈은 음이 歷이고, 食其는 음이 異基이다. 說는 음이 稅이다."

② 韓信襲齊以身脂鼎……如辯人幾矣：幾, 危也. 小有才, 猶未聞君子之大道也, 斯足以殺其身而已. ○ 咸曰 "食其說(세)沛公, 以陳留天下之衝, 又願收取滎陽, 據敖倉之粟, 又說齊王田廣, 七十餘城, 已下矣, 而韓信爲蒯通所說(세), 忌其憑軾之功, 遂乃夜渡兵平原襲齊, 是使齊王, 疑食其賣己, 乃烹之. 當是之時, 非食其之不能辯, 勢之然也, 何哉. 夫前與之和, 後暴之兵, 安使廣之不疑哉. 今揚之意, 言君子之所謂辯者, 當以正諫之道, 自辯其身, 如仲尼之於衰周, 孟軻之於戰國爾. 若夫以辯說(세)人, 則猶商君應侯之徒矣, 不亦危哉. 蓋恥之也." ○ 祕曰 "幾, 近也. 夫辯者, 辯其禮樂之所歸, 行之而爲君子也, 如事談說以辯於人, 不亦幾乎脂鼎哉." ○ 光曰 "幾音機, 辯者, 以辯自明其志, 則可矣. 若恃其辯, 欲以欺誘它人, 此危事也."

幾는 위태로움이다. 조금 재주가 있더라도 오히려 君子의 大道를 듣지 못하면 자기 몸을 죽이기에 족할 뿐이다.

○ 宋咸이 말하였다. "역이기가 沛公을 설득하여 '陳留라는 곳은 천하의 요충지'라고 하였고, 또 '원컨대 沛公은 급히 進軍하여 滎陽을 차지해서 敖倉의 곡식을 점거하라.'라고 하였으며, 또 역이기가 齊王 田廣을 설득하여 70여 개 城을 이미 항복받았다. 韓信이 蒯通에게 설득당하여, 한신은 역이기가 수레를 타고 가서 〈세 치 혀를 놀려 유세하여 제나라의 70여 城을 항복받는〉 功을 세운 것을 꺼려서, 마침내 밤에 군대를 이끌고 渡河하여 平原에 이르러 齊나라를 습격하였다. 이는 齊王으로 하여금 역이기가 자기를 팔아넘겼다고 의심하게 만들려는 것이었는데, 齊王이 마침내 역이기를 烹刑에 처하였다. 이때를 당하여 역이기가 말을 잘하지 못한 것이 아니라 형세가 그렇게 만든 것이니 어찌하겠는가. 앞에는 그와 화친하다가 뒤에는 군대로 해쳤으니, 어찌 田廣으로 하여금 의심하지 않게 할 수 있었겠는가. 지금 揚雄의 생각에는 '君子의 이른바 변론이라는 것은 마땅히 바르게 간하는 도리로써 스스로 자신을 위해 변론해야 하니, 仲尼가 쇠한 周나라에 있어서와 孟軻가 戰國시대에 있어서와 같은 경우이다. 변설로 남을 설득하는 것으로 말하면 오히려 商君(商鞅)과 應侯(范雎)의 무리이니 또한 위태롭지 않겠는가. 이는 부끄럽게 여겨야 한다.'고 여긴 것이다."

○ 吳祕가 말하였다. "幾는 가까움이다. 변론이라는 것은 禮樂이 귀결되는 바를 분별하는 것이니, 이것을 행하면 군자가 된다. 만약 변설하기를 일삼아 남에게 변

론한다면 또한 〈역이기처럼〉 烹刑을 당하는 데에 가깝지 않겠는가."

○ 司馬光이 말하였다. "幾는 음이 機이다. 변론을 잘하는 자가 변론으로 스스로 자신의 뜻을 밝히는 것은 가하거니와, 만약 변론을 잘하는 것을 믿고서 다른 사람을 속이고 유혹하고자 한다면 이는 위태로운 일이다."

혹인이 물었다.

"酈食其가 漢 高祖 劉邦을 설득하여 陳留를 항복시키고 敖倉을 지키게 하며, 齊王 田廣을 설득하여 歷下에 주둔한 군대를 철수하게 하였으니 어쩌면 그리도 교묘하게 말을 잘하였습니까. 그러나 韓信이 齊나라를 습격하자 〈齊王 田廣은 역이기가 자신을 속였다고 생각하여 역이기를 팽형에 처하여〉 그 몸이 솥에 삶겨 죽었으니 어쩌면 그리도 말을 못하였습니까."

揚子가 말하였다.

"辯說은 자신을 변론할 때에 써야 하니, 만일 남을 위하여 변설하면 위태로울 것이다."

20. **或問 蒯通抵韓信**에 **不能下**하고 **又狂之**①하니라 **曰 方遭信閉**하니 **如其抵**②리오 **曰 巇**인댄 **可抵乎**③아 **曰 賢者**는 **司禮**하고 **小人**은 **司巇**하니 **況拊鍵**[41]**乎**④아

① 蒯通抵韓信不能下 又狂之 : 祕曰 "蒯通說(세)韓信, 使三分天下, 鼎足而立, 信不忍背漢, 遂謝通. 通說不聽, 惶恐, 乃陽狂爲巫. 抵, 擠也, 謂其談說, 若擠排使之." ○ 光曰 "信旣不用其策, 又陽狂爲巫, 言亦未辯."

吳祕가 말하였다. "蒯通이 韓信을 설득할 적에 〈한나라와 초나라와 韓信이〉 천하를 셋으로 나누어 세 세력이 솥발처럼 대치하는 것이 좋다고 하였으나 한신은 차마 漢 高祖를 배반할 수 없다고 하여 마침내 괴통의 제안을 거절하였다. 한신이 괴통의 말을 따르지 않자, 괴통은 두려워하여 이에 거짓으로 미친 체하여 무당이 되었다. 抵는 떠미는 것이니, 말로 설득하는 것이 마치 떠밀어서 그 일을 하게 하는 것과 같음을 말한다.

○ 司馬光이 말하였다. "한신이 이미 그의 계책을 쓰지 않자, 괴통은 또 거짓으로 미친 척하여 무당이 되었으니, 그 역시 변론을 잘하지 못하였음을 말한다.

---

41) 拊鍵 : 도둑이 강제로 문을 열기 위해 빗장을 두드리며 따려는 것으로, 곧 도둑질하는 것을 이른다.

② 方遭信閉 如其抵：信盡忠高祖，若門戶之閉，無巇隙也.

한신은 高祖에게 충성을 다하였으니, 마치 문단속을 하여 엿볼 만한 틈이 없는 것과 같았다.

③ 巇可抵乎：祕曰 "巇，嶮巇也. 言若設巇嶮之詐謀，以動之，其可抵乎?" ○ 光曰 "巇，許羈切."

吳祕가 말하였다. "巇는 험악한 것이니, 만약 험악한 속임수를 꾸며 동요하게 한다면 틈을 엿볼 수 있느냐는 말이다."

○ 司馬光이 말하였다. "巇는 許와 羈의 반절이다."

④ 賢者司禮 小人司巇 況拊鍵乎：咸曰 "司，伺也. 拊，拍也. 言賢者，伺見禮制則動，小人 伺見巇隙則作，況拍去關鍵乎." ○ 祕曰 "司，主也. 賢者所主人事，使人惟禮是視，不爲小人巇嶮之謀，況信拍鍵而閉之乎. 言不可爲也. 拊，拍也. 鍵，鍵籥." ○ 光曰 "拊音撫. 鍵，其輦切. 鍵鑰，匙也. 賢者，見有禮則從之，小人，見釁隙則抵之，抵巇[42]猶不可，況閉戶無隙而欲拍鍵强入乎."

宋咸이 말하였다. "司는 엿보는 것이다. 拊는 두드리는 것이다. 賢者는 禮法을 살펴 예법에 맞으면 행동하고 小人은 틈을 엿보아 틈이 있으면 행하는데, 하물며 빗장을 부수고 들어가 도둑질함에 있어서랴."

○ 吳祕가 말하였다. "司는 주장함이다. 賢者는 人事를 주장함에 사람으로 하여금 오직 禮를 살피게 하고, 小人의 험악한 속임수를 행하지 않는데, 하물며 한신이 빗장을 부수고 들어가 도둑질하겠는가. 하지 않을 것임을 말한 것이다. 拊는 두드리는 것이다. 鍵은 자물쇠이다."

○ 司馬光이 말하였다. "拊는 음이 撫이다. 鍵은 其와 輦의 반절이다. 鍵은 열쇠이다. 賢者는 禮가 있는 것을 보면 따르고, 小人은 틈이 있는 것을 보면 이용하니, 틈을 엿보는 것도 오히려 불가한데, 더구나 문을 꼭 닫아 틈이 없거늘 빗장을 부수고 억지로 들어가고자 함에 있어서랴."

혹인이 물었다.

"蒯通이 韓信에게 〈漢나라를 배반하고 스스로 왕위에 오르라고〉 부추겼으나 설득시키지 못하자 괴통이 또 미친 체하고 떠났습니다. 〈괴통의 이 일을 어떻게 생각하십니까?〉"

揚子가 말하였다.

"한신과 高祖는 군신간에 엿볼 만한 틈이 없었으니, 괴통이 어찌 군신간에 배

42) 抵巇：헛점을 노리거나 또는 권력에 빌붙어 이익을 꾀하는 일을 이른다.

척하게 할 수 있었겠는가."

혹인이 또 물었다.

"만약 군신간에 틈이 있으면 군신간에 배척하게 할 수 있습니까?"

양자가 말하였다.

"賢者는 禮에 맞는 기회를 살피고 小人은 군신간에 틈이 있는가를 엿보는데, 더구나 〈한신이〉 빗장을 두들겨 부수고 들어가서 도둑질을 하겠는가."

韓信

21. 或問 李斯盡忠이어늘 **胡亥極刑**①하니 **忠乎**②아 **曰 斯以留客**③으로 **至作相**④이어늘 **用狂人之言**하여 **從浮大海**하고 **立趙高之邪說**하여 **廢沙丘之正**하고 **阿意督責**[43)]하니 **焉用忠**⑤이리오 **霍**⑥한대 **曰 始元之初**⑦에 **擁少帝之微**⑧하여 **摧燕上官之鋒**⑨하고 **處興廢之分**⑩하니 **堂堂乎忠**이여 **難矣哉**⑪라 **至顯**하야는 **不終矣**⑫라

① 李斯盡忠 胡亥極刑 : 光曰 "太史公語."
  司馬光이 말하였다. "이것은 太史公의 말이다."

② 忠乎 : 光曰 "斯可謂盡忠乎?"
  司馬光이 말하였다. "李斯가 충성을 다했다고 이를 수 있겠는가?"

③ 斯以留客 : 秦嘗欲逐諸侯之客, 斯上書以爲不可, 秦聽之, 是一事忠.
  秦나라가 일찍이 제후국에서 온 객경을 추방하려고 하였는데, 李斯가 上書하여 불가함을 아뢰자 秦 始皇이 이를 따랐으니, 이 한 가지 일은 충이다.

④ 至作相 : 祕曰 "李斯, 楚上蔡人也. 斯歎曰 '吾以忠死, 宜矣.' 而二世夷其三族, 此果

43) 阿意督責 : 陳勝의 난 등 도처에 반군의 세력이 치성하자, 二世 황제는 李斯가 三公의 지위에 있으면서 이를 막지 못하였다고 여러 차례 책망하였다. 이사는 이를 두려워하여 마침내 이세의 뜻에 영합하여 "어진 군주는 반드시 독책하는 방법을 잘 행하여 홀로 위에서 결단합니다. 이렇게 하면 신하들과 백성들이 자신의 죄과를 구원하기에도 여유가 없을 것이니, 어찌 변란을 감히 도모할 수 있겠습니까."라고 하여 독책을 행할 것을 간언하였는데, 이세가 이를 기뻐하여 세금을 많이 거두고 사람을 죽이기를 많이 한 자를 훌륭한 관리라고 여기니 형벌받은 자가 길 가는 사람 중에 반이나 되었고 시신이 날마다 저자에 쌓여갔다. 이로 인해 秦의 백성들이 더욱 놀라고 두려워하여 반란할 마음을 품게 되었다고 한다.(≪史記≫ 〈李斯列傳〉)

忠乎. 始以逐客上書, 遂留之, 以至丞相, 言其信重." ○ 光曰 "因上書留客, 爲秦王所知, 始用事, 以至爲丞相."

吳祕가 말하였다. "李斯는 楚나라 上蔡人이다. 이사가 탄식하기를 '〈二世皇帝의 무도함은 걸주와 부차보다 더하였는데〉 내가 충성하였으니 죽는 것이 당연하다.'라고 하였는데, 이세황제가 그의 三族을 멸하였으니, 이는 과연 충성인가? 처음에 이사가 객경을 추방하는 것이 부당하다는 내용으로 글을 올리자 마침내 이사를 진나라에 머물게 하였고 지위가 승상에 이르렀으니, 이사를 신임하고 중시하였음을 말한 것이다."

○ 司馬光이 말하였다. "축객서를 올려 객경을 머물게 함으로 인해 秦王에게 인정을 받았고, 비로소 권력을 휘둘러 승상이 되기까지 하였다."

⑤ 用狂人之言……焉用忠 : 始皇信妖言, 東浮滄海,[44] 斯爲宰相也, 不能諫止而從行. 及始皇崩於沙丘, 斯納趙高之計, 矯廢扶蘇而立胡亥. 胡亥旣立, 縱暴, 斯諫之而見怒, 恐誅, 乃作督責之書, 以阿二世之意, 此諸事, 皆非忠直. ○ 光曰 "於此數事, 皆不忠, 欲於何所, 用其忠乎."

始皇이 妖言을 믿고 동쪽으로 滄海에 배를 띄웠는데, 李斯가 재상이 되었으나 간하여 말리지 못하고 따라서 행하였다. 시황이 沙丘에서 죽자 이사는 趙高의 계책을 받아들여 詔書를 사칭하여 扶蘇를 폐하고 胡亥를 세웠는데, 호해가 즉위한 뒤에 멋대로 횡포한 짓을 하였다. 이에 이사가 간하였으나, 노여움을 사서 주벌을 당할까 두려우므로 督責하는 글을 지어 二世(胡亥)의 뜻에 아부하였으니, 이 여러 가지 일은 모두 忠直한 것이 아니다.

○ 司馬光이 말하였다. "이 몇 가지 일에 대해서 모두 불충하였으니, 도대체 어디에 忠을 쓰고자 한 것인가."

⑥ 霍 : 祕曰 "或人以斯非忠, 請問霍光忠乎."

吳祕가 말하였다. "혹인이 李斯는 忠이 아니라고 여겨 霍光의 忠에 대하여 물은 것이다."

⑦ 始元之初 : 祕曰 "武帝以光行周公之事, 輔少主. 昭帝旣立, 始元六年, 詔郡國, 擧賢良文學之士, 遂罷郡國搉酤關內鐵, 於是, 利復流下, 庶人休息."

吳祕가 말하였다. "武帝가 霍光에게 周公의 일을 행하여 어린 군주(昭帝)를 보필하게 하였다. 昭帝가 즉위한 뒤 始元 6년에 郡國에 詔書를 내려 賢良文學의 선비들을 천거하게 하고, 마침내 郡國에서 關內의 철을 독점 판매하는 것을 혁파하게 하니, 이에 이익이 다시 아래로 내려와 서민들이 휴식하였다."

---

44) 始皇信妖言 東浮滄海 : 동해에 蓬萊·方丈·瀛洲의 三神山이 있어 仙人이 그 속에서 산다는 말을 듣고는, 秦 始皇이 徐市을 시켜 찾게 한 일을 가리킨다.(≪史記≫ 〈秦始皇本紀〉)

⑧ 擁少帝之微：祕曰 "昭帝立, 年八歲, 政事一決光. 班固曰 '擁昭立宣.'"

吳祕가 말하였다. "昭帝가 즉위할 때의 나이가 8세였으니 政事가 일체 곽광에게서 결정되었다. 班固가 이르기를 '곽광이 昭帝를 옹립하고 宣帝를 세웠다.'라고 하였다."

⑨ 摧燕上官之鋒：祕曰 "始元之明年, 燕剌王旦, 上官桀等, 謀反, 皆誅滅之. 班固曰 '摧燕王, 仆上官.'"

吳祕가 말하였다. "始元의 이듬해에 燕剌王 劉旦과 上官桀 등이 반역을 도모하니 모두 죽여 없앴다. 班固가 이르기를 '燕王을 꺾고 上官桀을 죽였다.'라고 하였다."

⑩ 處興廢之分：祕曰 "昭帝立十三年而崩, 無嗣, 光乃議, 迎昌邑賀, 賀立二十七日, 行淫亂一千一百二十七事, 光白太后, 廢昌邑王, 而立宣帝. 班固曰 '處廢置之際, 臨大節而不可奪.'"

吳祕가 말하였다. "昭帝는 즉위한 지 13년 만에 죽었는데 후사가 없었다. 곽광이 여러 신하들과 의논하여 昌邑王 劉賀를 맞이하여 세웠는데, 창읍왕 劉賀가 즉위한 지 27일 만에 1,127가지의 음란한 일을 행하자, 곽광이 太后에게 아뢰어 창읍왕을 폐하고 宣帝를 세웠다. 班固가 이르기를 '황제를 폐하고 세울 때에 처해서는 생사의 기로에 놓여도 그 뜻을 빼앗을 수 없었다.'라고 하였다."

⑪ 堂堂乎忠難矣哉：祕曰 "光玆數事之忠, 堂堂乎. 它人之所難行哉." ○ 光曰 "李本, 作始六世之詔, 宋吳本, 作始六之詔. 音義曰 '天復本, 作始元之初, 今從之. 始元, 昭帝年號也. 興廢, 謂廢昌邑王立宣帝. 堂堂, 勇貌, 言此皆霍光忠於社稷之事, 人所難(說)〔能〕.[45]"

吳祕가 말하였다. "곽광이 이 몇 가지 일에 있어서 충성스러움은 당당하였으니, 다른 사람은 행하기 어려운 것이다."

○ 司馬光이 말하였다. "李軌本에는 '始元之初'가 '始六世之詔'로 되어 있고, 宋咸本・吳祕本에는 '始六之詔'로 되어 있고, ≪音義≫에 '天復本에는 「始元之初」로 되어 있다.'라고 하였으니, 지금 이것을 따랐다. '始元'은 昭帝의 年號이다. '興廢'는 昌邑王을 폐하고 宣帝를 세운 것을 이른다. '堂堂'은 용맹한 모양이다. 이는 모두 곽광이 社稷에 충성한 일로써 사람들이 하기 어려운 것임을 말하였다."

⑫ 至顯不終矣：顯, 光之夫人名也. 毒殺許皇后, 後光心知之, 而不討賊. ○ 祕曰 "光夫人東閭顯, 使淳于衍, 毒殺許皇后, 因勸光, 納小女成君,爲后. 及光死後, 語泄, 上始聞之, 後奪霍禹等印綬, 終至棄市." ○ 光曰 "光知妻顯爲邪謀, 而隱蔽不言, 忠不終矣."

顯은 곽광의 夫人의 이름이다. 현이 〈宣帝의 황후인〉 許皇后를 독살하였는데 뒤에 곽광이 내심 이것을 알았으나 독살한 역적을 토벌하지 않았다.

---

45) (說)〔能〕: 저본에는 '說'로 되어 있으나, 문맥에 의거하여 '能'으로 바로잡았다.

○ 吳祕가 말하였다. "곽광의 夫人 東閭顯이 女醫인 淳于衍을 시켜 허황후를 독살하게 하고, 인하여 곽광에게 권하여 막내딸인 成君을 들여보내 황후로 삼게 하였다. 곽광의 사후에 말이 누설되니 上(宣帝)이 비로소 이를 듣고는, 뒤에 霍禹 등의 印綬를 빼앗고 끝내 이들을 棄市하였다."

○ 司馬光이 말하였다. "곽광은 妻인 顯이 간사한 계책을 세운 것을 알았으면서도 은폐하고 말하지 않았으니, 忠을 끝까지 잘 마치지 못하였다."

혹인이 물었다.

"李斯는 秦나라에 충성을 다하였는데 〈이세황제〉 胡亥에게 極刑을 당하였으니, 이사는 충신입니까?"

揚子가 답하였다.

"이사는 진나라에 머물고 있는 客卿의 신분으로 지위가 승상에 이르렀는데, 〈秦 始皇의 공덕이 三皇五帝보다 크다는〉 狂妄한 말로 신임을 얻어 진 시황을 따라 바다(全國)를 巡遊하였고, 진 시황이 죽자 차자인 胡亥를 황제로 세우자는 趙高의 간사한 말을 지지하고, 진 시황이 長子 扶蘇를 황제로 세우라고 沙丘에서 내린 遺詔를 폐하여 호해의 뜻에 영합하여 督責하는 방법을 행하였으니, 도대체 충성스러운 점이 어디에 있는가?"

혹인이 霍光이 충신인지 물으니, 양자가 답하였다.

"始元 초에 어린 昭帝를 옹립하고 燕王 旦이 上官桀과 모반하려는 음모를 꺾었으며, 또 昌邑王을 폐하고 宣帝를 세우는 일을 정확하게 처리하였으니, 정정당당한 그의 충심은 실로 보통 사람은 능히 하기 어려운 것이다. 그러나 그의 처인 霍顯이 〈許皇后를 독살하고 자기 딸을 황후로 세운 죄를 비호한 것으로 말하면〉 그 충심을 끝까지 잘 마치지 못하였다."

霍光

22. **或問 馮唐面文帝**하여 **得廉頗李牧**이라도 **不能用也**[46]라하니 **諒乎**①아 **曰 彼將有**

46) 馮唐面文帝……不能用也 : 풍당은 漢나라 安陵人으로 문제 때 中郎署長에 발탁되었다. 때마침 흉노가 국경의 근심거리로 등장하게 되자, 문제가 풍당에게 묻기를 "어떻게 하면

激也라 **親屈帝尊**하여 **以信亞夫之軍**하니 **至頗牧**하여는 **曷不用哉**②리오 **德**③한대 **曰 罪不孥**④하고 **宮不女**⑤하고 **館不新**⑥하고 **陵不墳**⑦하니라

① 馮唐面文帝……諒乎：祕曰 "馮唐爲郞, 面對文帝曰 '主臣. 陛下雖有廉頗李牧, 不能用也.' 信文帝不能用乎." ○ 光曰 "頗, 滂禾反."

吳祕가 말하였다. "馮唐이 郞官이 되어 文帝의 면전에서 아뢰기를 '황공합니다만 폐하께서는 비록 廉頗와 李牧이 있더라도 등용하지 못할 것입니다.'라고 하였는데, 진실로 文帝가 등용하지 못하였습니까?"

○ 司馬光이 말하였다. "頗는 滂과 禾의 반절이다."

② 彼將有激也……至頗牧曷不用哉：祕曰 "唐知雲中守魏尙擊匈奴有坐,[47] 欲以激文帝耳. 至于不入細柳, 信亞夫之軍, 豈不能用頗牧哉." ○ 光曰 "信, 與申同. 面, 謂面折."

吳祕가 말하였다. "풍당은 雲中太守 魏尙이 匈奴를 공격하여 물리치고도 죄에 걸린 것을 알고 文帝를 격동시키려고 한 것일 뿐이다. 문제가 細柳營에 들어가지 않아 周亞夫의 軍威를 펴게 하였으니, 어찌 염파와 이목을 등용하지 못하였겠는가."

○ 司馬光이 말하였다. "信은 申과 같다. 面은 면전에서 기탄없이 直諫함을 이른다."

③ 德：用士則聞之矣, 於德又何如. ○ 光曰 "問文帝之德."

인재를 등용한 것에 대해서는 들었지만 德에 있어서는 또 어떠하였는가?

○ 司馬光이 말하였다. "文帝의 德에 대해 물은 것이다."

④ 罪不孥：止罪其身, 不收入妻孥.

죄를 지은 당사자만 처벌하고 처자식에게는 연좌시키지 않는 것이다.

⑤ 宮不女：出宮人嫁之, 令無怨曠.

宮人을 시집보내어 독신의 신세를 슬퍼하고 원망함이 없게 한 것이다.

⑥ 館不新：仍舊制也.

〈궁궐을 새로 짓지 않고〉 옛 제도를 그대로 따른 것이다.

廉頗와 李牧 같은 장수를 얻을 수 있을까?" 하니, 풍당이 "한나라의 법은 상은 가볍고 죄는 무거우니 비록 염파나 이목을 얻는다 해도 쓸 수 없습니다." 하면서 위상이 흉노를 물리치고도 오히려 죄에 걸린 것을 이야기하였다. 이에 문제가 위상을 복직시켰다.(≪史記≫ 〈馮唐列傳〉)

47) 雲中守魏尙擊匈奴有坐：魏尙은 前漢 때 槐里 출신으로 일찍이 雲中太守가 되어 뛰어난 지략으로 匈奴를 물리쳤으나, 흉노의 首級을 보고하면서 실제보다 6명을 초과 보고함으로써 견책을 받고 尙方이라는 관서에 갇혀 있었는데, 뒤에 馮唐의 進言으로 文帝의 용서를 받고 다시 운중태수에 임명되어 많은 업적을 남겼다.(≪尙友錄≫)

⑦ 陵不墳：葬於霸陵，因山不起墳.

霸陵에 墳葬할 적에 山을 이용하여 무덤을 만들고 봉분을 만들지 않은 것이다.

혹인이 물었다.

"馮唐이 文帝의 면전에서 文帝는 廉頗나 李牧 같은 훌륭한 장수를 얻더라도 쓰지 못할 것이라고 했다고 하니, 이 말이 사실입니까?"

揚子가 답하였다.

"이것은 풍당이 문제를 격동시키려 한 것이다. 문제가 황제의 존엄함을 굽혀 周亞夫의 軍威를 펴게 하였으니, 염파와 이목 같은 장수는 어찌 쓰지 못하겠는가."

혹인이 문제의 德政에 대하여 물으니, 양자가 답하였다.

"죄를 처자식에게 연좌시키지 않고 황제가 죽은 뒤 조서를 내려 궁녀를 궐 밖으로 내보냈으며, 궁궐을 새로 꾸미거나 짓지 않았고 능은 봉분을 높게 만들지 않게 하였다."

23. 或問交한대 曰 仁[①]이니라 問餘耳[②]한대 曰 光初[③]니라 竇灌한대 曰 凶終[④]이니라

① 仁：祕曰 "仁者不棄其交." ○ 光曰 "惟仁人之交，不以利勢而以德義."

吳祕가 말하였다. "仁한 자는 그 벗을 버리지 않는다."

○ 司馬光이 말하였다. "오직 仁한 사람은 이익과 권세로써 사귀지 않고 德과 義로써 사귄다."

② 問餘耳：陳餘張耳.

'餘耳'는 陳餘와 張耳이다.

③ 光初：有始無終. ○ 祕曰 "餘耳相與爲刎頸之交，後有隙，卒相滅亡. 故曰光初. 班固曰 '勢利之交，古人羞之.' 蓋謂是矣."

시작만 있고 끝을 맺지 못하였다.

○ 吳祕가 말하였다. "진여와 장이는 서로 더불어 刎頸之交를 맺었으나 나중에는 틈이 생겨 마침내 서로 멸망시켰다. 그러므로 '처음은 아름다웠다.'라고 한 것이다. 班固가 이르기를 '권세와 이익으로 사귀는 것은 옛날 사람이 부끄럽게 여기는 바이다.'라고 하였으니, 이런 경우를 이르는 것이다."

④ 竇灌 曰 凶終：竇嬰灌夫，甚相親友，不勝相助，犯觸田蚡，竝皆罹禍. ○ 光曰 "竇嬰灌夫之交，雖不變其初，然終以朋黨，陷於大戮，亦不足貴也. 君子義之與比."

竇嬰과 灌夫는 매우 서로 친밀하여 서로 돕기를 마지않았는데 田蚡의 비위를 거슬러 둘다 모두 화를 당하였다.

○ 司馬光이 말하였다. "두영과 관부의 사귐은 비록 처음에 사귈 때의 마음을 변치 않았으나 끝내 朋黨에 연루되어 棄市 당하였으니 또한 귀하게 여길 것이 못 된다. 君子는 義를 따를 뿐이다."

혹인이 붕우간에 교유하는 도에 대하여 물으니, 揚子가 답하였다.

"仁으로 해야 한다."

혹인이 陳餘와 張耳의 교유에 대하여 물으니, 양자가 답하였다.

"처음은 아름다웠으나 〈끝을 맺지 못하였다.〉"

혹인이 竇嬰과 灌夫의 교유에 대하여 물으니, 양자가 답하였다.

"끝이 흉하였다."

24. 或問信한대 **曰 不食其言**[①]이니라 **請人**한대 **曰 晉荀息**[②]과 **趙程嬰**과 **公孫杵臼**[③]요 **秦大夫**는 **鑿穆公之側**[④]이니라 **問義**[⑤]한대 **曰 事得其宜之謂義**[⑥]니라

① 不食其言：食，僞．○ 祕曰 "孔安國曰 '食盡其言，僞不實.'"

食은 거짓이다.

○ 吳祕가 말하였다. "孔安國이 말하기를 '내뱉은 말을 먹으면(실천하지 않으면) 실없는 말이 된다.'라고 하였다."

② 晉荀息：祕曰 "僖公九年傳曰 '初，獻公，使荀息傳奚齊，公疾，召之曰 「以是藐諸孤，辱在大夫，其若之何.」 稽首而對曰 「臣竭其股肱之力，加之以忠貞，其濟，君之靈也，不濟，則以死繼之.」 及里克殺奚齊卓子，荀息死之.'"

吳祕가 말하였다. "≪春秋左氏傳≫ 僖公 9년 傳文에 이르기를 '당초에 獻公이 荀息을 奚齊의 師傅로 삼았다. 獻公이 병이 중해지자 순식을 불러 말하기를 「이 어린 孤兒를 삼가 大夫에게 맡기니, 대부는 장차 어떻게 보필하겠는가?」라고 하니, 순식이 머리를 조아리며 대답하기를 「신은 온몸의 힘을 다하고 거기에 忠貞을 더하겠습니다만, 일이 성공하는 것은 하늘에 계시는 英靈의 도움이고, 성공하지 못한다면 뒤따라 죽겠습니다.」라고 하였다. 里克이 奚齊와 公子卓을 죽이자 순식이 그를 위해 죽었다.'라고 하였다."

③ 趙程嬰 公孫杵臼：祕曰 "晉景公三年，大夫屠岸賈，殺趙朔趙同趙括，趙嬰杵臼不死，卒保趙孤於山中．景公卒，與韓厥，謀立之，卽趙武也．子雲，稱履信之人，據司馬遷

而言也. 案成公八年傳 '晉趙莊姬, 爲趙嬰之亡也, 曰「原屛, 將爲亂.」欒郤爲徵. 六月, 晉討趙同趙括. 武從姬氏, 畜(휵)于公宮, 以其田與祁奚. 韓厥言於晉侯曰「成季之勳, 宣孟之忠, 而無後, 爲善者懼矣.」乃立武而反其田.' 由是觀之, 趙武之立, 曾不逾歲, 謂之遺腹, 遷之妄也."

吳祕가 말하였다. "晉 景公 3년에 大夫 屠岸賈가 趙朔·趙同·趙括을 죽였는데, 趙嬰과 杵臼는 죽지 않고 마침내 趙氏의 孤兒를 山中에서 보호하였다. 景公이 卒하자 韓厥과 함께 도모하여 그를 세웠으니, 바로 趙武이다. 子雲이 신의를 지킨 사람이라고 칭한 것은 司馬遷의 ≪史記≫에 근거하여 말한 것이다. 살펴보건대 ≪춘추좌씨전≫ 成公 8년 傳文에 '晉나라 趙莊姬가 趙嬰이 亡命한 일로 「原同과 屛括이 반란을 일으키려 합니다.」라고 하니, 欒氏와 郤氏가 이를 입증하였다. 6월에 晉나라가 조동과 조괄을 주살하였다. 조무는 姬氏(莊姬)를 따라가서 晉侯의 宮中에서 養育되었기 때문에 晉侯가 趙氏의 土地를 祁奚에게 주자, 韓厥이 晉侯에게 말하기를 「成季(趙衰)의 功勳과 宣孟(趙盾)의 충성으로도 後嗣가 없다면 善을 행하는 사람들이 두려워할 것입니다.」라고 하고, 조무를 趙氏의 後嗣로 세우고서 趙氏의 土地를 그에게 돌려주었다.'라고 하였다. 이를 통해 볼 때 조무가 선 것은 이에 1년이 넘지 않는데 〈≪史記≫ 〈趙世家〉에〉 그를 일러 遺腹이라고 하였으니, 사마천이 잘못 안 것이다."

④ 秦大夫 鑿穆公之側 : 此章, 全論不食言之德. ○ 祕曰 "秦大夫子車氏奄息·仲行·鍼虎, 皆秦之良也, 穆公卒, 以爲殉, 言此三良, 皆穆公未卽命時, 語以從死, 至葬則鑿其塚壙之側, 以死之. 詩曰 '臨其穴.'[48] 是也. 左傳譏之者, 譏穆公也, 至三良, 則不食其言者也.

이 장은 食言하지 않는 德에 대해 전부 논하였다.

○ 吳祕가 말하였다. "秦나라 大夫 子車氏의 세 아들인 奄息, 仲行, 鍼虎는 모두 秦나라의 어진 신하였는데, 穆公이 졸하자 이들을 순장하였다. 여기의 三良은 모두 穆公이 세상을 버리기〔卽命〕 전에 이들을 殉葬시키라고 말하였는데, 장사 지낼 때에 이르자 塚壙(墓穴) 옆을 파서 이들을 죽였으니, ≪詩經≫에 '그 구덩이를 내려다

---

48) 臨其穴 : 진 목공이 죽으면서 정신이 혼미한 중에 子車氏의 세 아들 奄息·仲行·鍼虎를 殉葬하라고 명하여 康公이 유언을 따르니, 진나라 사람들이 세 어진이〔三良〕의 죽음을 불쌍히 여겨 시를 읊었는데, 바로 ≪시경≫ 〈秦風 黃鳥〉이다. "이리저리 나는 황조여, 가시나무에 앉았도다. 누가 목공을 따르는가, 子車와 奄息이로다. 이 엄식은, 백부 중에 빼어난 자인데, 그 구덩이를 내려다보며, 부르르 두려워하도다. 저 푸른 하늘이여. 우리 좋은 사람을 죽이도다. 만일 代贖할 수 있다면, 모든 사람이 제 몸을 백 번이라도 바치리라. 〔交交黃鳥 止于棘 誰從穆公 子車奄息 維此奄息 百夫之特 臨其穴 惴惴其慄 彼蒼者天 殲我良人 如可贖兮 人百其身〕"라고 하였다.

보며〔臨其穴〕'라고 한 것이 그것이다. ≪춘추좌씨전≫에서 이를 비난한 것은 목공을 비난한 것이니, 三良으로 말하면 食言하지 않았다."

⑤ 問義 : 旣聞諸賢之信, 又問於義誰得.

諸賢들의 信에 대해 들은 뒤에 또 누가 義를 얻었는지 물은 것이다.

⑥ 事得其宜之謂義 : 義者, 得死生之宜也, 不得死生之宜者, 非義也. 若程嬰杵臼, 兼乎信義也, 秦晉大夫, 止可謂重言之信, 蹈義則未也. ○ 咸曰 "行而宜之之謂義, 言仁智禮信之事, 行之, 俱得其宜, 乃合於義. 檀弓曰 '陳乾(간)昔寢疾, 屬(촉)其兄弟, 而命其子尊己, 曰 如我死, 必大爲我棺, 使吾二婢子, 夾我. 陳乾昔死, 其子曰「以徇葬, 非禮也, 況又同棺乎.」弗果殺.' 玆得其宜也." ○ 光曰 "程嬰自殺以報公孫杵臼,[49] 劉向以爲過, 恐亦未盡其宜."

義는 死生의 마땅함을 얻는 것이니, 死生의 마땅함을 얻지 못한 것은 義가 아니다. 程嬰과 公孫杵臼의 경우에는 信과 義를 겸하여 행하였거니와, 秦伯과 晉나라 大夫의 경우에는 다만 자기가 승낙한 말을 신중히 지키는 신의라고 이를 수 있을 뿐, 義를 실천했다고 말할 수는 없다.

○ 宋咸이 말하였다. "인을 행하여 마땅하게 하는 것을 의라 하고, 仁智와 禮信의 일을 행하여 모두 마땅함을 얻어야 비로소 義에 합한다. ≪禮記≫ 〈檀弓〉에 이르기를 '陳乾昔이 병으로 눕게 되자, 그의 형제들을 모아놓고 그의 아들 尊己에게 명하기를 「만일 내가 죽거든 반드시 내 棺을 크게 만들어서 나의 두 첩을 나의 좌우에 있게 하라.」라고 하였다. 진간석이 죽자, 그의 아들이 말하기를 「사람을 殉葬하는 것도 예가 아닌데, 더구나 또 한 棺에 함께 묻는 것이야 말할 나위가 있겠는가.」라고 하고는, 끝내 첩을 죽이지 않았다.'라고 하였으니, 이에 마땅함을 얻은 것이다."

○ 司馬光이 말하였다. "程嬰이 자살하여 公孫杵臼에 대한 의리를 지켰는데 劉向이 지나치다고 하였으니, 아마도 지극히 마땅하지는 못한 듯하다."

혹인이 信에 대하여 물으니, 揚子가 답하였다.

"자기가 승낙한 말을 지키는 것이다."

혹인이 이를 실천한 사람에 대하여 물으니, 양자가 답하였다.

"晉나라의 荀息과 趙나라의 程嬰·公孫杵臼요, 秦나라 大夫(奄息, 仲行, 鍼虎)는 穆公이 죽자 따라 죽어 목공의 곁에 묻혔다."

---

49) 程嬰自殺以報公孫杵臼 : 춘추시대 晉 景公 3년에 屠岸賈가 趙朔의 집안을 멸족시킬 적에 조삭의 벗인 程嬰과 門客인 公孫杵臼가 조삭의 유복자(趙武)를 살릴 모의를 하였다. 그리하여 공손저구는 다른 아이를 조삭의 아이로 속여 함께 먼저 죽고, 정영은 목적을 달성한 뒤에 자결하여 공손저구에 대한 의리를 지켰다.(≪史記≫ 〈趙世家〉)

혹인이 義에 대하여 물으니, 양자가 답하였다.
"일이 그 마땅함을 얻은 것을 義라고 이른다."

25. **或問 季布忍**이어니 **焉可爲**①리오 **曰 能者**는 **爲之**어니와 **明哲不爲也**②니라 **或曰 當布之急**하여는 **雖明哲**이나 **如之何**리오 **曰 明哲**이면 **不終項仕**요 **如終**이면 **焉攸避**③리오

① 季布忍 焉可爲 : 祕曰 "季布, 楚人也. 項籍使將兵, 數窘漢王, 項羽滅, 高祖購求千金, 困迫, 乃爲奴, 賣與魯朱家." ○ 光曰 "季布, 勇者, 乃至髡鉗爲奴, 安能忍恥如此."

吳祕가 말하였다. "季布는 楚나라 사람이다. 項籍(項羽)이 병력을 거느리게 하였는데, 계포가 漢王을 여러 차례 곤궁하게 하였다. 항우가 멸망하자 한 고조가 계포를 찾되 千金을 현상금으로 걸어 곤궁하게 하니, 계포가 종이 되어서 스스로 魯나라 지역의 朱家에 팔려갔다."

○ 司馬光이 말하였다. "계포는 용맹한 자인데 마침내 머리를 깎고 목에 項鎖를 차고 종이 되었으니, 어떻게 이러한 치욕을 참았는가."

② 能者爲之 明哲不爲也 : 言能忍辱, 貪生者, 乃爲之. ○ 祕曰 "進退必以禮義." ○ 光曰 "有才能, 自惜其死, 欲有所施, 如管仲季布者, 則爲之, 君子既明且哲, 以保其身, 則不然."

치욕을 참는 것은 삶을 탐하는 자라야 비로소 이렇게 할 수 있음을 말한다.

○ 吳祕가 말하였다. "벼슬에 나가거나 물러날 때에 반드시 예와 의리에 맞게 해야 한다."

○ 司馬光이 말하였다. "재주가 있는 자가 자기 목숨을 귀하게 여기고 재능을 베풀고자 한다면 管仲과 季布 같은 자는 이렇게 하거니와, 君子는 이미 명철하여 그 몸을 보전하니 이렇게 하지 않는다."

③ 當布之急……焉攸避 : 苟患失之, 無所不至. ○ 咸曰 "言明哲者, 見於未萌, 識于未兆, 觀項羽之庸, 烏肯終仕之哉. 如終仕之, 乃非明哲矣, 如是, 則當其急也, 安可避耶." ○ 祕曰 "不終項仕, 猶言終不仕項, 言項羽不師古, 而奮私知, 謂之明哲, 豈終仕之哉. 如果有明主而終仕之, 安避其難." ○ 光曰 "明哲, 必知項羽之終不可輔, 而早去之. 若終仕羽, 羽敗, 當死之, 復安所避乎."

만일 벼슬을 잃을까 걱정한다면 못하는 짓이 없다.

○ 宋咸이 말하였다. "명철한 자는 싹트기 전에 보고 조짐이 드러나지 않았을 때에 아니, 項羽의 용렬함을 보고 어찌 끝까지 벼슬하고자 하겠는가. 만약 끝까지 벼슬하고자 하였다면 명철한 것이 아니다. 이와 같다면 위급할 때를 당하여 어찌 피

할 수 있겠는가."

○ 吳祕가 말하였다. "'不終項仕'는 항우 아래에서 끝까지 벼슬하지 않았다고 말하는 것과 같다. 항우는 옛 도를 본받지 않고 私智를 뽐냈는데 明哲하다고 하여 어찌 끝까지 벼슬하겠는가. 만약 과연 명철한 군주가 있어 끝까지 벼슬하였다면 어찌 그 危難을 피하겠는가."

○ 司馬光이 말하였다. "계포가 明哲하였다면 반드시 항우는 끝내 보좌할 수 없는 인물이라는 것을 알고 일찍 떠났을 것이다. 만약 항우 아래에서 끝까지 벼슬하였다면 항우가 패하였을 때 의당 죽었어야 하니, 다시 어찌 피하겠는가."

혹인이 물었다.

"季布는 굴욕을 참았으니 어떻게 이럴 수 있습니까?"

揚子가 답하였다.

"재주가 있는 자는 이렇게 하지만 明哲한 사람은 이렇게 하지 않는다."

혹인이 물었다.

"계포처럼 매우 위급한 상황을 당했을 때에는 아무리 명철하더라도 어찌 하겠습니까?"

양자가 답하였다.

"명철하였다면 項羽 밑에서 끝까지 벼슬하지 않았을 것이고, 만약 항우 밑에서 끝까지 벼슬하였다면 어찌 危難을 피하겠는가."

26. 或問賢한대 **曰 爲人所不能**이니라 **請人**한대 **曰 顏淵, 黔婁, 四皓, 韋玄成**①이니라 **問長者**한대 **曰 藺相如**는 **伸秦而屈廉頗**하며 **欒布之不塗**와 **朱家之不德**과 **直不疑之不校**와 **韓安國之通使**②니라

① 顏淵 黔婁 四皓 韋玄成 : 顏淵, 簞瓢, 不改其操. 黔婁, 守正不邪, 死而益彰. 四皓, 白首, 高尙其事. 韋玄, 漢丞相賢之少子也. 賢薨, 玄當襲封, 被髮佯狂, 欲以讓兄. ○ 咸曰 "擬人, 必於其倫. 顏子至賢, 其殆庶幾, 黔婁四皓, 既非其儔, 況以韋玄, 不亦甚哉." ○ 祕曰 "顏淵之賢, 備體之賢. 韋玄之賢, 未至之賢. 王莽簒天下, 而韋玄讓一家, 於是乎賢耳, 亦猶論德行, 稱顏淵閔子騫冉伯牛仲弓. 凡此數子, 豈必皆與顏淵, 俱盡至賢之道哉." ○ 光曰 "李宋吳本, 無成字, 音義曰 '天復本, 作韋玄成.' 今從之. 顏淵黔婁安貧, 四皓輕祿位而重禮, 韋玄成讓爵, 皆人所不能."

顔淵은 한 대그릇의 밥을 먹고 한 표주박의 물을 마시며 가난하게 살면서도 그 지조를 바꾸지 않았고, 黔婁는 정도를 지키고 간사하지 않아 죽고 나서 더욱 드러났으며, 四皓는 백발의 나이에 자신의 지조를 지키는 일을 고상하게 하였고, 韋玄成은 漢나라 丞相 韋賢의 작은아들로 위현이 죽자 위현성이 封爵을 세습해야 하는데, 머리를 풀어헤치고 미친 체하여 형에게 양보하고자 하였다.

○ 宋咸이 말하였다. "사람을 견줄 때에는 반드시 비슷한 수준의 사람으로 해야 한다. 顔子는 지극히 어질었으니 거의 도의 경지에 도달하였거니와, 黔婁와 四皓는 이미 그에 필적할 수 있는 자가 아닌데, 하물며 위현성을 견준 것은 또한 심하지 않은가."

○ 吳祕가 말하였다. "顔淵의 어짊은 완전하게 갖춘 어짊이고, 韋玄成의 어짊은 아직 이르지 못한 어짊이다. 王莽은 天下를 찬탈하였고 위현성은 한 집안을 양보하였으니, 이 점에 있어서 어질 뿐이다. 또한 오히려 德行을 논할 때에 顔淵, 閔子騫, 冉伯牛, 仲弓을 칭하였으니, 무릇 이 몇 사람이 어찌 반드시 모두 顔淵과 더불어 모두 지극히 어진 도를 다하였겠는가."

○ 司馬光이 말하였다. "李軌本・宋咸本・吳祕本에는 '成'자가 없고, ≪音義≫에 이르기를 '天復本에는 韋玄成으로 되어 있다.'라고 하였으니, 지금 이것을 따랐다. 顔淵과 黔婁는 가난을 편안히 여겼고, 四皓는 祿과 지위를 가볍게 여기고 禮를 중시하였으며, 위현성은 작록을 사양하였으니, 모두 보통 사람들이 할 수 없는 것이다."

② 藺相如……韓安國之通使：相如, 伸理於秦王, 屈意於廉頗. 欒布, 爲梁大夫, 奉使行, 高祖誅梁王彭城, 布使還, 報命首下, 哭而祠, 斂之也. 朱家以季布有阨, 見滕公, 得解其急也, 而不使布知, 又終身不復見布. 直不疑, 嘗爲郞, 三人同室. 一人有金, 一人急歸, 誤持金去. 主意不疑, 不疑買金償之. 其後, 誤持金者還之, 主乃明之. 又人謗其淫嫂, 而云無兄, 亦不自明也. 韓安國, 梁孝王之內史, 時, 景帝疑梁王, 梁王大懼. 安國, 稱病去官, 陰往長安, 因長公主, 以解王事. ○ 光曰 "音義曰 '不塗, 作不倍.' 光謂塗當作渝, 變也."

藺相如는 秦王에게 사리를 따지고 廉頗에게 뜻을 굽혔으며, 欒布는 梁나라 大夫가 되어 사명을 받들고 갔는데 高祖가 梁王 彭城을 죽이니, 사신 갔다가 돌아와서 효시된 彭越의 머리 아래에 사신 갔던 일을 보고한 다음 곡하고 제사 지내고서 시신을 거두었다. 朱家는 季布가 곤액 중에 있었는데 滕公을 뵙고 그의 위급함을 풀어주게 하였으나 계포로 하여금 알지 못하게 하고, 또 종신토록 다시는 계포를 만나지 않았다. 直不疑가 郞官이 되었을 적에 세 사람이 같은 방을 썼다. 어떤 낭관이 금을 가지고 있었는데 다른 낭관이 휴가를 받아 집에 돌아가면서 잘못하여 같은 방을 쓰는 낭관의 金을 가지고 갔다. 주인이 직불의를 의심하자, 직불의가 金을 사서 보상하였는데, 그 후에 금을 잘못 가져간 자가 돌아오니 주인이 그제서야 이를 밝혔다. 사람들이 혹 '직불의가 형수와 간통했다.'고 비방하였는데, 직불의가 말하기를 "나는 형이 없다." 하고, 끝내 스스로 변명하지 않았다. 韓安國은 梁孝王의 內史이다. 이때에 景帝가 梁王을 의심하니 梁王이 크게 두려워하였는데, 한안국이 병을 핑계 대고 관직을 버리고 남몰래 長安으로 가서 長公主를 통하여 양왕의 일을 해결하였다.

○ 司馬光이 말하였다. "≪音義≫에 이르기를 '不塗가 不倍로 되어야 한다.'라고 하였는데, 내 생각에 塗는 渝가 되어야 하니, 변한다는 뜻이다."

혹인이 賢人에 대하여 물으니, 揚子가 말하였다.

"보통 사람이 할 수 없는 일을 하는 사람이 현인이다."

혹인이 누가 이러한 현인인지 물으니, 양자가 답하였다.

"顔淵, 黔婁, 商山四皓(東園公·夏黃公·甪里先生·綺里季), 韋玄成 같은 사람이 현인이다."

혹인이 또 長者에 대하여 물으니, 양자가 말하였다.

"藺相如는 〈和氏璧을 받들고 秦나라에 사신 갔는데 秦王이 약속을 이행하지 않고 화씨벽만 차지하려 하자〉 진왕에게 사리를 따져 趙나라의 위세를 폈고 〈자기보다 높은 지위에 있다고 하여 모욕을 가한〉 廉頗에게는 굽혔으며, 欒布는 彭越의 은덕을 배신하지 않았으며, 朱家는 사람을 구해주고 자신의 은덕을 드러내지 않았으며, 直不疑는 남에게 의심을 받았으나 따지지 않았으며, 〈漢나라 景帝가 同母弟인 梁孝王을 미워하였는데〉 韓安國은 使命을 받들어 경제의 노여움을 풀게 하여 우애를 돈독하게 하였으니, 이러한 사람들이 長者이다."

27. 或問臣自得①한대 曰② 石太僕之對와 金將軍之謹과 張衛將軍之善愼과 邴大夫之不伐善③이니라 請問臣自失④한대 曰 李貳師之執二와 田祁連之濫帥와 韓馮翊之愬蕭와 趙京兆之犯魏⑤니라

① 或問臣自得：咸曰 "忠而正, 乃臣之自得也." ○ 祕曰 "何以全臣之節?"

宋咸이 말하였다. "충성스럽고 정직한 것이 바로 신하의 自得이다."

○ 吳祕가 말하였다. "어떻게 하면 신하의 절의를 온전히 할 수 있는지 물은 것이다."

② 曰：祕曰 "揚恐不諭, 擧其人以明之."

吳祕가 말하였다. "揚子는 혹인이 깨닫지 못할까 두려워하여 그런 사람을 열거하여 밝힌 것이다."

③ 石太僕之對……丙大夫之不伐善 : 丞相石慶, 嘗爲太僕時, 上問 "輿中馬幾匹." 太僕以策數之, 畢, 對曰 "六匹." 金將軍日磾, 爲人謹愼, 目不逆視數十年, 張衛將軍, 名安世, 爲人周密重愼. 丞相邴吉, 宣帝少時, 以巫蠱事, 嘗在獄中, 吉嘗救護,[50] 又養視有恩, 絶口終不言. 官至御史大夫, 乳母述之然後, 乃知, 封博陽侯.

승상 石慶이 일찍이 太僕으로 있었는데 상이 "수레를 끄는 말이 몇 마리인가?" 하고 물으니, 태복인 석경이 채찍으로 말을 다 세어 본 다음에 "여섯 마리입니다." 하고 대답하였다. 將軍 金日磾는 사람됨이 삼가고 조심하여 수십 년 동안 사람을 정면으로 마주 보지 않았다. 張衛將軍은 이름이 安世이니 사람됨이 周密하고 신중하였다. 丞相 邴吉은 宣帝가 어릴 때에 巫蠱 사건으로 일찍이 감옥에 갇혀 있었는데 병길이 일찍이 선제를 구호하였고 또 선제를 보살핌에 은혜가 있었으나, 병길은 입을 다물고 과거의 恩功을 끝내 말하지 않았다. 벼슬이 御史大夫에 이르렀을 때에 乳母가 이를 말한 뒤에야 비로소 알고는 병길을 博陽侯에 봉했다.

④ 請問臣自失 : 咸曰 "邪而私, 乃臣之自失也."

宋咸이 말하였다. "간사하고 사사로운 것은 바로 신하가 지조를 잃는 것이다."

⑤ 李貳師之執二……趙京兆之犯魏 : 貳師將軍李廣利, 說(세)劉屈氂, 立昌邑王爲太子, 二心不端, 武帝疑之, 遂降匈奴. 祁連將軍田廣(名)〔明〕,[51] 爲宣帝, 擊匈奴, 不利. (質淫婦人也.)[52] 韓馮翊, 名延壽, 愬御史大夫蕭望之, 與廩犧[53]爲姦, 而焚其廩也. 趙京兆, 名廣漢, 疑魏丞相夫人殺侍婢, 圍捕之而無實, 反獲其罪也.

貳師將軍 李廣利가 劉屈氂를 설득하여 昌邑王을 세워 太子로 삼았는데 두 마음을 품어 바르지 않으므로, 武帝가 의심하니 마침내 匈奴에게 항복하였다. 祁連將軍 田

50) 宣帝少時……吉嘗救護 : 武帝의 증손인 宣帝의 어릴 때 이름은 病已인데 그가 태어난 지 몇 달이 채 안 되어 巫蠱事件이 일어나 그의 조부 戾太子 이하 전 가족이 화를 당하고, 병이는 강보에 쌓여 郡邸獄에 수감되었다. 運氣를 점치는 術士가 長安의 옥중에 天子氣가 있다고 말하니, 무제가 使者를 보내 무고 사건에 연루된 장안의 모든 죄수를 조사하여 가차없이 다 죽였다. 이때 병이는 廷尉監 邴吉의 보호를 받아 살아났고 뒤에 霍光의 주선으로 昭帝의 뒤를 이어 황제가 되었다.(≪漢書≫ 〈宣帝紀〉)

51) (名)〔明〕 : 저본에는 '名'으로 되어 있으나, ≪揚子法言增註≫에 의거하여 '明'으로 바로잡았다.

52) (質淫婦人也) : 저본에는 '質淫婦人也'이 있으나, 문맥이 이어지지 않으므로 衍文으로 처리하였다.

53) 廩犧 : 內史의 屬官이니, 廩犧의 令·丞·尉가 있었다. 廩은 곡식을 보관함을 주관하고 犧는 희생을 기름을 주관하니, 제사에 바치는 것이다.

廣明은 宣帝를 위하여 匈奴를 공격할 적에 불리하자 〈오랑캐가 앞에 있음을 알고 머뭇거리고 전진하지 않았다.〉 韓馮翊은 이름이 延壽이니, 御史大夫 蕭望之가 廩犧와 간사한 짓을 하고 창고를 불태웠다고 일러바쳤다. 趙京兆는 이름이 廣漢이니, 魏丞相의 夫人이 侍婢를 죽였다고 의심하여 포박하였으나 실체가 없어 도리어 죄를 얻었다.

혹인이 신하의 절개를 온전히 한 사람에 대해 물으니, 揚子가 답하였다.

"石太僕(石慶)이 漢 武帝의 물음에 대답한 것, 〈흉노인 休屠王의 太子〉 金將軍(金日磾)이 謹愼하여 한 무제를 받든 것, 張衛將軍(張安世)이 신중하고 치밀하게 직책을 수행한 것, 邴大夫(丙吉)가 자신의 선을 자랑하지 않은 것이다."

혹인이 신하의 절개를 잃은 사람에 대해서 물으니, 양자가 답하였다.

"李貳師(李廣利)가 두 마음을 품은 것, 田祁連(田廣明)이 군대를 거느리고 흉노를 정벌하러 가서 흉노가 앞에 있는 것을 분명히 알면서도 고의로 흉노를 보지 못했다고 거짓으로 보고하고 군대를 이끌고 돌아온 것, 韓馮翊(韓延壽)이 蕭望之를 무고했다가 도리어 무고죄로 죽은 것, 趙京兆(趙廣漢)가 魏相을 범했다가 腰斬刑을 당한 것이다."

28. 或問持滿한대 曰 挖敧①니라

① 挖敧：敧器, 在魯桓公廟者, 欲人推心, 當如此器, 戒之. ○ 咸曰"挖, 抑也, 猶抑損之也. 言持滿者, 當自抑損, 以正其敧, 不然則覆矣." ○ 祕曰"挖, 亦持也. 魯桓公之廟, 有敧器, 曰宥坐之器, 虛則敧, 中則正, 滿則覆, 持滿盈, 如持敧器也." ○ 光曰"李本, 無敧字, 今從宋吳本. 挖, 於革切."

敧器는 魯 桓公의 사당에 있는 것이니, 사람으로 하여금 마음을 미루어 헤아릴 때 이 기구와 같게 하고자 해야 함을 경계한 것이다.

○ 宋咸이 말하였다. "挖은 抑이니, 억제하는 것과 같다. 가득 찬 것을 손에 든 자는 마땅히 스스로 억제하여 그 기운 것을 바르게 해야 하니, 그렇지 않으면 엎어질 것이다."

○ 吳祕가 말하였다. "挖도 잡는 것이다. 魯 桓公의 사당에 敧器(周代에 임금을 경계하기 위하여 만든 그릇)가 있으니, 宥坐器(임금의 자리 우측에 놓고 경계를 삼는 그릇)라고 하였다. 의기는 속이 비어 있으면 한쪽으로 기울어지고, 적당히 채워져 있으면 반듯하게 서 있고, 가득 차면 엎어지니, 가득 찬 것을 잡아지키는 것은 敧器를

잡는 것 같이 해야 한다."

○ 司馬光이 말하였다. "李軌本에는 '攲'자가 없으니, 지금 宋咸本・吳祕本을 따랐다. 扼은 於와 革의 반절이다."

혹인이 어떻게 가득 차고서도 엎어지지 않을 수 있는지 물으니, 揚子가 답하였다. "비면 기울고 반쯤 차면 똑바로 서고 가득 차면 뒤집히는 攲器를 잡는 것처럼 해야 한다."

29. 楊王孫이 倮葬以矯世①라 曰 矯世以禮②어늘 倮乎아 如矯世면 則葛溝尙矣③니라

① 楊王孫 倮葬以矯世：悼厚葬也. ○ 祕曰 "楊王孫, 孝武時人, 學黃老之術, 報祈侯曰 '蓋聞古之聖王, 緣人情不忍其親故, 爲制禮, 今則越之. 吾是以倮葬, 將以矯世也'." ○ 光曰 "倮, 郎果切."

厚葬하는 것을 안타까워한 것이다.

○ 吳祕가 말하였다. "楊王孫은 孝武帝 때 사람이다. 黃老術을 배워 祈侯에게 보고하기를 '듣자하니 옛 聖王이 그 부모를 차마 그대로 묻지 못하는 사람의 常情을 따라서 喪禮를 제정하였다고 하는데, 지금 사람들은 그 예법을 뛰어넘으니, 내가 이 때문에 倮葬하여 세상의 풍속을 바로잡으려는 것입니다.'라고 하였다."

○ 司馬光이 말하였다. "倮는 郎과 果의 반절이다."

② 矯世以禮：祕曰 "若用過乎儉, 喪過乎哀."[54)]

吳祕가 말하였다. "용도에 있어서는 검소함을 지나치게 하고, 상사에 있어서는 슬퍼함을 지나치게 한다는 것과 같은 것이다."

③ 倮乎 如矯世則葛溝尙矣：古者, 未知喪送之禮, 死則裹尸以葛, 投諸溝壑, 若王孫之矯世, 此事, 復尙爲之矣. 言不可行也. 孝子仁人, 必有道以掩其親, 賢人君子, 必率禮以正其俗. ○ 光曰 "尙, 上也, 言君子矯世, 當以禮乎. 當以倮乎. 若欲爲已甚以矯世, 則莫若效古葛溝者爲上矣, 何以葬爲."

옛날에 초상에 葬送한 禮를 알 수 없으나 죽으면 시신을 칡베로 싸서 골짜기에 던졌는데, 楊王孫처럼 세상을 바로잡으려 한다면 이 일을 다시 행하는 것이 나을 것이라고 하였으니, 행할 수 없음을 말한 것이다. 孝子와 仁人은 그 어버이를 매장

---

54) 用過乎儉 喪過乎哀：≪周易≫ 小過卦 大象에 "산 위에 우레가 있음이 소과이니, 군자가 보고서 행실에 있어서 공손함을 지나치게 하며, 상사에 있어서는 슬퍼함을 지나치게 하며, 용도에 있어서는 검소함을 지나치게 한다.〔山上有雷 小過 君子以 行過乎恭 喪過乎哀 用過乎儉〕"라고 하였다.

함에 반드시 도리가 있으니, 賢人과 君子는 반드시 禮를 따라서 그 풍속을 바로잡을 것이다.

○ 司馬光이 말하였다. "尙은 上이니, 君子가 세상을 바로잡으려 한다면 禮로써 장사 지내야 하는가. 倮葬으로써 해야 하는가. 만약 너무 심한 일을 하여 세상을 바로잡고자 한다면 시체를 넝마에 싸서 골짜기에 던져 버리던 태고적의 장례 방법을 본받는 것만한 것이 없을 것이니, 어찌 장례를 하겠는가."

楊王孫이 〈衣衾이나 棺椁을 쓰지 않고 장사 지내는〉 倮葬(薄葬)으로 세속의 厚葬하는 풍속을 바로잡으려고 하였다. 揚子가 이에 대해 말하였다.

"세속의 후장하는 풍속을 바로잡으려 한다면 禮에 맞아야 하는데 어찌 倮葬을 행한단 말인가. 만약 倮葬으로 세속의 후장하는 풍속을 바로잡으려 한다면 죽은 사람을 넝마에 싸서 골짜기에 던져 버리던 태고적의 장례 방법이 최상일 것이다."

30. 或問周官한대 曰 立事①니라 左氏한대 曰 品藻②니라 太史遷한대 曰 實錄③이니라

① 立事 : 咸曰 "制三百六十官,[55] 可謂立事矣." ○ 光曰 "設官分職, 以治萬事."

宋咸이 말하였다. "360개의 관직을 만들었으니, 국가의 통치제도를 확립한 책이라고 이를 만하다."

○ 司馬光이 말하였다. "官府를 설치하고 직무를 분담시켜 만사를 다스렸다."

② 左氏 曰 品藻 : 咸曰 "左氏隨事, 稱君子曰, 以論其善否, 皆得其當, 可謂品藻矣." ○ 祕曰 "左氏品藻是非, 而聖人之褒貶彰矣." ○ 光曰 "品第善惡, 藻飾其事."

宋咸이 말하였다. "左氏는 일마다 '君子曰'이라고 칭하여 그 잘하고 못한 것을 평한 것이 모두 그 마땅함을 얻었으니, 品藻(품평)라고 이를 만하다."

○ 吳祕가 말하였다. "左氏가 是非를 품평함에 聖人의 褒貶이 드러났다."

○ 司馬光이 말하였다. "善惡을 品評하여 등급을 정해서 그 일을 수식하였다."

③ 太史遷 曰 實錄 : 不虛美, 不隱惡. ○ 咸曰 "遷採春秋尙書國語戰國策, 而作史記, 其

---

55) 制三百六十官 : 周나라 초기에 왕족과 공신들에게 작위와 토지를 나눠주고 그들에게 각자 해당 구역에서 나라를 세워 다스리게 하였다. 작위는 公·侯·伯·子·男 등 다섯 등급으로 구분하고 토지는 公·侯는 사방 100리, 伯은 70리, 子·男는 50리로 차등을 두었다. 그리고 天官 塚宰, 地官 司徒, 春官 宗伯, 夏官 司馬, 秋官 司寇, 冬官 司空 등 六卿을 두었는데, 각 卿 밑에 60개의 관직을 설치하여 국정을 다스리게 하였다.(≪禮記≫ 〈王制〉, ≪書經≫ 〈周書 周官〉)

議事甚多疎略, 未盡品藻之善, 故揚雄稱實錄而已, 蓋言但能實錄傳記之事也." ○ 祕曰 "本傳曰 '自劉向揚雄博極群書, 皆稱遷有良史之材, 服其善序事理, 辯而不華, 質而不俚, 其文直, 其事核, 不虛美, 不隱惡, 故謂實錄.' 蓋言其序事而已." ○ 光曰 "記事而已."

헛되이 칭찬하지도 않고, 악을 숨기지도 않았다.

○ 宋咸이 말하였다. "司馬遷이 ≪春秋≫, ≪尙書≫, ≪國語≫, ≪戰國策≫을 채집하여 ≪史記≫를 지었으나 일에 대해 논한 것이 疎略한 것이 매우 많아 品藻가 지극히 훌륭하지는 않기 때문에 揚雄이 사실을 있는 그대로 기록한 책일 뿐이라고 칭했으니, 이는 傳記의 일을 있는 그대로 기록한 것일 뿐임을 말한 것이다."

○ 吳祕가 말하였다. "本傳(≪漢書≫ 〈司馬遷傳〉)의 贊에 이르기를 '劉向과 揚雄은 群書를 다 열람하였는데 모두 司馬遷이 훌륭한 史官의 재주가 있다고 칭찬하여 그가 사리를 잘 서술하여 분별하면서도 화려하지 않고 질박하면서도 속되지 않으며 그 글이 정직하고 그 일이 사실적이어서 헛되이 칭찬하지 않고 악을 숨기지 않은 것에 탄복하였다. 그러므로 ≪史記≫를 일러 實錄이라고 한다.'라고 하였으니, 사실을 있는 그대로 기록한 것을 뿐임을 말한 것이다."

○ 司馬光이 말하였다. "일을 기술한 것일 뿐이다."

혹인이 ≪周官≫에 대해 물으니, 揚子가 답하였다.

"국가의 통치제도를 확립한 책이다."

혹인이 ≪春秋左氏傳≫에 대해 물으니, 양자가 답하였다.

"春秋時代의 역사 사건과 인물에 대해 품평한 책이다."

혹인이 司馬遷의 ≪史記≫에 대해 물으니, 양자가 답하였다.

"위로 五帝로부터 아래로 漢 武帝에 이르기까지 역사 사실을 기록한 책이다."

淵騫* 第十一

* 咸曰 "以君臣者, 率迪淵騫之行, 則可勝道哉. 故次之重黎."

宋咸이 말하였다. "君臣間에 顔淵과 閔子騫의 행실을 따른다면 이루 다 말할 수 있겠는가. 그러므로 〈重黎〉 다음에 〈淵騫〉을 차례한 것이다.

仲尼之後로 迄于漢道①히 德行顔閔과 股肱蕭曹와 爰及名將의 尊卑之條를 稱述品藻②하여 譔淵騫③하노라

① 迄于漢道 : 光曰 "宋吳本, 迄作訖, 今從李本. 迄, 至也."

司馬光이 말하였다. "宋咸本・吳祕本에는 '迄'이 '訖'로 되어 있는데 지금 李軌本을 따랐다. 迄은 至(이르다)이다."

② 德行顔閔……稱述品藻 : 定其差品及文質也. ○ 咸曰 "品歷世之臣, 貴爲不少矣. 然以淵騫爲不可及, 而冠章首, 有意哉. 子雲, 也有以知長爵之達, 弗逮乎廣道之尊乎. 或云 '是篇, 與重黎共序.' 然漢書有之, 疑非揚辭, 而班固實之, 未知其據焉." ○ 祕曰 "論漢道, 以仲尼之後, 蕭曹名將, 以德行顔閔 所以爲品藻也." ○ 光曰 "尊卑, 謂才德高下."

差品(차등)과 文質을 정하였다.

○ 宋咸이 말하였다. "역대의 신하들을 품평하면 훌륭한 이가 적지 않다. 그러나 안연과 민자건에게는 미칠 수 없으니, 章의 첫머리에 놓은 것은 의도가 있을 것이다. 子雲은 또한 높은 작위의 현달함이 바른 道의 높음에 미치지 못하다는 것을 알았다. 혹자는 이르기를 '이 편은 〈重黎〉와 서문이 같다고 했다.'라고 하였다. 그러나 ≪漢書≫ 〈揚雄傳〉에 있으니 양웅의 말이 아닌 듯한데, 班固가 이를 사실이라고 하였으니 그 근거를 알 수 없다."

○ 吳祕가 말하였다. "漢나라 道를 논할 적에 孔子 이후로 蕭何와 曹參이 이름난 장수이고, 德行이 훌륭한 것으로는 顔淵과 閔子騫이니, 이 때문에 顔淵과 閔子騫을 품평한 것이다."

○ 司馬光이 말하였다. "尊卑는 才德의 高下를 이른다."

③ 祕曰 "聖人之道, 豈不大哉. 賢哲所得, 各有差品. 一本, 無此序."

吳祕가 말하였다. "聖人의 道가 어찌 크지 않겠는가. 賢哲이 얻은 것은 각각 차등이 있다. 一本에는 이 서문이 없다."

孔子 이후로 漢나라의 도통에 이르기까지 德行이 가장 훌륭한 자는 顔淵과 閔子騫이고, 군주를 가장 잘 보필한 자는 蕭何와 曹參이다. 그 밖에 이름난 장수의 優劣을 조목별로 진술하였으며 아울러 칭술하고 품평하였다. 그러므로 〈淵騫〉을 지었다.

01. **或問 淵騫之徒**는 **惡**(오)**乎在**①오 **曰 寢**②이니라 **或曰 淵騫曷不寢**③고 **曰 攀龍鱗**하여 **附鳳翼**하여 **巽以揚之**하니 **勃勃乎其不可及乎**인저 **如其寢如其寢**④이리오

① 淵騫之徒 惡乎在 : 祕曰 "據顔淵閔子騫之徒已沒." ○ 光曰 "惡音烏, 問今世何無其人."

吳祕가 말하였다. "顔淵과 閔子騫의 제자들이 이미 매몰되어 사라진 것에 근거하여 물은 것이다."

○ 司馬光이 말하였다. "惡는 음이 烏이니, 지금 세상에는 어째서 그런 사람이 없느냐고 물은 것이다."

② 寢 : 咸曰 "孔子云 '由也升堂矣, 未入於室也.' 寢亦室也. 言游夏諸子在室, 明入聖人之奧者也." ○ 祕曰 "在, 當爲不, 字之誤也. 名愈彰而道愈隆, 故曰不寢." ○ 光曰 "宋吳本作在寢, 今從李本. 言淵騫之才, 今亦有耳, 但寢伏不爲人所知也."

宋咸이 말하였다. "孔子가 〈子路를 평하여〉 이르기를 '仲由(子路)의 학문은 이미 대청(높은 경지)에는 올랐지만, 아직 방(심오한 경지)에 들어가지는 못했다.'라고 하였으니, 寢 또한 室이다. 子游, 子夏와 여러 제자들은 방에 있어 聖人의 심오한 경지에 들어갔음을 밝힌 것이다."

○ 吳祕가 말하였다. "〈宋咸本·吳祕本에는 '寢'이 '在寢'으로 되어 있으니, '在寢'[1]의〉 在는 마땅히 '不'자가 되어야 하니, 글자가 잘못된 것이다. 명성이 더욱 드러나고 道가 더욱 융성하기 때문에 '不寢(매몰되지 않다)'라고 한 것이다."

○ 司馬光이 말하였다. "宋咸本·吳祕本에는 〈'寢'이〉 '在寢'으로 되어 있으니, 지금 李軌本을 따랐다. 안연과 민자건의 재주를 가진 사람이 지금 세상에도 있을 텐데, 다만 숨어 있어서 사람들에게 알려지지 않았을 뿐이라는 말이다."

③ 淵騫曷不寢 : 咸曰 "言游夏之徒, 尙在室, 而淵騫二子, 奚不然." ○ 祕曰 "淵騫非有文章著世, 何爲不寢."

宋咸이 말하였다. "子游와 子夏 같은 이들은 오히려 방(심오한 경지)에 올랐는데, 안연과 민자건 두 사람은 어째서 그렇지 않으냐고 말한 것이다."

○ 吳祕가 말하였다. "안연과 민자건은 문장으로 세상에 이름을 날린 일이 있지 않은데, 어찌하여 매몰되어 사라지지 않았는가."

---

1) 在寢 : 아래 司馬光의 註 참조.

④ 攀龍鱗附鳳翼……如其寢：咸曰“夫入室見奧，尙可至焉，如顔閔則與聖人高飛，冥冥而絶者也，其可慕乎．故孟子云‘子游子夏子張，皆有聖人之一體，閔子顔淵，則具體而微．揚子之論，在於是邪．巽，風也．勃勃，輕迅貌.” ○ 祕曰“淵騫，得聖人而師之，譬如攀龍鱗，附鳳翼，巽風以揚之，勃勃然而興，後之人，不可及也，如何其寢？如何其寢，言其道愈不寢也.” ○ 光曰“宋吳本作巽以揚之，今從李本.[2] 揚，發揚也．如其寢，言其不可寢伏也.”

宋咸이 말하였다. “방에 들어갔다는 것은 깊은 경지에 오름을 나타낸 것이니 이러한 경지에는 오히려 도달할 수 있거니와, 안연과 민자건으로 말하면 聖人과 함께 높이 날아서 훨씬 뛰어난 자이니, 어찌 모방할 수 있겠는가. 그러므로 孟子가 이르기를 ‘子游, 子夏, 子張은 모두 聖人의 일부분을 갖추었고, 민자건과 안연은 성인의 전체를 갖추었으나 다소 미약하다.’라고 하였으니, 揚子의 의론은 이 점에 있을 것이다. 巽은 風이다. 勃勃은 가볍고 빠른 모양이다.”

顔淵

○ 吳祕가 말하였다. “안연과 민자건이 聖人(孔子)을 만나 스승으로 섬긴 것은 비유하면 용의 비늘을 잡고 봉의 날개에 붙는 것과 같아서, 바람이 불어 그들을 날아 오르게 하면 세차게 일어나는 것을 후인들이 미칠 수가 없다. ‘어찌 매몰되어 사라지겠는가. 어찌 매몰되어 사라지겠는가.’라고 한 것은 그 도가 더욱더 사라지지 않을 것임을 말한 것이다.

○ 司馬光이 말하였다. “宋咸本・吳祕本에는 ‘巽以揚之’로 되어 있으니, 지금 李軌本을 따랐다. 揚은 發揚함이다. ‘如其寢’은 사라지지 않을 것임을 말한다.”

閔子騫

혹인이 물었다.

“顔淵과 閔子騫의 제자들은 어디에 있습니까?”

揚子가 말하였다.

“매몰되어 사라져서 알려진 것이 없다.”

혹인이 말하였다.

---

2) 宋吳本作巽以揚之 今從李本：저본에는 ‘巽以揚之’로 되어 있으나, 司馬光이 보았다는 李軌本에는 ‘巽’자가 ‘翼’자로 되어 있으므로 이렇게 주를 단 것이다.(≪法言義疏≫)

"안연과 민자건은 어찌하여 미몰되어 사라지지 않았습니까?"

양자가 말하였다.

"안연・민자건과 孔子의 관계는 龍의 비늘을 잡고 봉황의 날개에 붙어 바람을 타고 하늘에 올라간 것과 같으니, 그 성대함은 보통 사람이 미칠 수가 없다. 그러니 어찌 매몰되겠는가. 어찌 매몰되겠는가."

02. 七十子之於仲尼也에 日聞所不聞하고 見所不見하니 文章亦不足爲矣[①]라

① 七十子之於仲尼也……文章亦不足爲矣 : 咸曰 "揚以門人爲三品論之也. 言淵騫, 爲其絶. 游夏之黨, 得其奧. 七十子, 亦被其淳道, 矧文章末業爾, 何難爲哉." ○ 祕曰 "非止淵騫也. 至于七十二子, 皆日有聞見, 所以學爲賢哲君子也. 至於文章, 何足可爲哉. 文章, 謂若卜商序詩, 曾參孝經之類. 史記曰 '孔子, 以曾參能通孝道. 故授之業, 作孝經." ○ 光曰 "宋吳本, 作七十二子, 今從李本. 言遊孔門者, 務學道德, 不事文章."

宋咸이 말하였다. "揚雄은 孔子의 門人들을 三品으로 나누어 논하였다. 顔淵과 閔子騫은 가장 뛰어나고, 子游와 子夏의 무리는 심오한 경지를 얻었으며, 70제자에 이르기까지 孔子의 순후한 道의 영향을 입었는데, 하물며 文章은 말단적인 일이니 어찌 하기가 어렵겠는가."

○ 吳祕가 말하였다. "안연과 민자건뿐만 아니라 72명의 제자에 이르기까지 모두 날마다 보고 들은 것이 있었으니, 학문을 하는 것은 賢哲한 君子가 되기 위해서이다. 文章에 이르러서는 어찌 할 만한 것이겠는가. 文章은 卜商이 ≪詩經≫에 서문을 쓴 것과 曾參이 ≪孝經≫을 지은 것과 같은 따위를 이른다. ≪史記≫ 〈仲尼弟子列傳〉에 이르기를 '孔子는 증삼이 孝道에 통달했다고 여겼기 때문에 그에게 학업을 전수하여 ≪효경≫을 짓게 하였다.'라고 하였다."

○ 司馬光이 말하였다. "宋咸本・吳祕本에는 〈'七十子'가〉 '七十二子'로 되어 있는데, 지금 李軌本을 따랐다. 공자의 문하에서 배우는 자들은 道德을 배우는 데 힘쓰고 文章을 일삼지 않았다는 말이다."

70명의 제자들은 仲尼에게서 날마다 듣지 못했던 것을 듣고, 보지 못했던 것을 보니, 문장을 짓는 것은 또한 할 만한 것이 못 된다.

03. 君子絶德이요 小人絶力이니라 或問絶德한대 曰 舜以孝하고 禹以功하고 皐陶以

諆하니 **非絶德邪**[①]아 **力**[②]한대 **秦悼武, 烏獲, 任鄙**가 **扛鼎抃牛**하니 **非絶力邪**[③]아

① 君子絶德……非絶德邪 : 是皆德之殊絶. ○ 祕曰 "冠乎上世."

〈舜은 부모에게 효도하고, 禹는 홍수를 다스리는 데에 功을 세우고, 皐陶는 나라를 다스리는 데 큰 계책을 세웠으니〉 이는 모두 德이 매우 뛰어난 것이다.

○ 吳祕가 말하였다. "〈舜과 禹와 皐陶는〉 상고시대에 으뜸이었다."

② 力 : 絶力者何. ○ 祕曰 "問絶力."

힘이 뛰어난 것은 누구인가.

○ 吳祕가 말하였다. "힘이 뛰어난 것에 대해 물었다."

③ 秦悼武烏獲任鄙……非絶力邪 : 皆以多力擧重, 崩中而死, 所謂不得其死然. ○ 祕曰 "秦悼武, 秦惠王之子也. 武王有力, 好戲力士, 任鄙・烏獲・孟說(열), 皆至大官. 王與孟說擧鼎, 絶臏而死. 抃牛, 亦多力也. 呂氏春秋曰 '遂擒推移大犧.' 高誘云 '桀多力, 能推移大犧, 因以爲號.'" ○ 光曰 "抃牛, 謂以兩牛相擊, 如抃手狀."

〈秦나라의 悼武王과 그 신하인 烏獲과 任鄙는〉 모두 힘이 세어 무거운 것을 들다가 밑이 빠져서 죽었으니, 이른바 제명에 죽지 못하였다는 것이다.

○ 吳祕가 말하였다. "秦 悼武王은 秦 惠王의 아들이다. 武王은 힘이 세어 力士와 어울리기를 좋아하니, 역사인 任鄙, 烏獲, 孟說이 모두 높은 벼슬에 이르렀다. 武王은 孟說과 무거운 솥을 들다가 무릎의 종지뼈가 부러져 죽었다. 싸우는 소를 맨손으로 갈라놓는 것도 힘이 센 것이다. ≪呂氏春秋≫ 〈仲秋記〉에 이르기를 '마침내 推移大犧(桀)를 사로잡았다.'라고 하였는데, 高誘가 이르기를 '桀이 힘이 세어 능히 大犧를 떠밀어 옮겼으므로 인하여 이것을 호칭으로 삼았다.'라고 하였다."

○ 司馬光이 말하였다. "'抃牛'는 두 마리 소가 서로 싸우는 것을 맨손으로 갈라놓는 것이 손뼉을 치는 모양과 같음을 이른다."

君子는 德이 絶倫하고 小人은 힘이 절륜하다.

혹인이 덕이 절륜한 것에 대해 물으니, 揚子가 말하였다.

"舜은 부모에게 효도하였고, 禹는 홍수를 다스리는 데에 功을 세웠고, 皐陶는 나라를 다스리는 큰 계책을 세웠으니, 덕이 절륜한 것이 아니겠는가."

혹인이 힘이 절륜한 것에 대해 물으니, 양자가 말하였다.

"秦 悼武王과 그 신하인 烏獲과 任鄙는 솥을 들어 올리고, 싸우는 소를 맨손으로 갈라놓았으니, 힘이 절륜한 것이 아니겠는가."

04. **或問勇**한대 **曰 軻也**니라 **曰 何軻也**니잇고 **曰 軻也者**는 **謂孟軻也**니 **若荊軻**는 **君子盜諸**①인저 (請)〔或〕[3]**問孟軻之勇**한대 **曰 勇於義而果於德**하여 **不以貧富貴賤死生**으로 **動其心**하시니 **於勇也**에 **其庶乎**②인저

① 軻也者謂孟軻也 若荊軻君子盜諸 : 祕曰"荊軻, 衛人也, 爲燕太子, 刺秦王, 以君子之道類之, 則大盜耳." ○ 光曰"比諸盜賊."

吳祕가 말하였다. "荊軻는 衛나라 사람이다. 燕 太子 丹을 위하여 秦 始皇을 찔러 죽이려고 하였으니, 君子의 道로 分類한다면 大盜일 뿐이다.

○ 司馬光이 말하였다. "〈荊軻를〉 盜賊에 견준 것이다."

② (請)〔或〕問孟軻之勇……於勇也其庶乎 : 或人之問勇, 若衛靈公之問陳也. 仲尼, 答以俎豆, 子雲, 應以德義. ○ 祕曰"養浩然之氣, 勇之大者." ○ 光曰"孔子曰'見義不爲, 無勇也.'"

或人이 용기에 대해 물은 것은 衛 靈公이 孔子에게 陣法에 대해 물은 것과 같다. 仲尼는 俎豆(祭器)에 대한 일로써 대답하였고, 子雲은 義에 용감하고 德에 과감한 것으로써 응대하였다.

○ 吳祕가 말하였다. "〈孟子가〉 浩然之氣를 기른 것은 용기 중에 큰 것이다."

○ 司馬光이 말하였다. "孔子가 말하기를 '義를 보고도 행하지 않으면 그것은 용기가 없는 것이다.'라고 하였다."

혹인이 용기 있는 사람에 대해 물으니, 揚子가 말하였다.

"軻가 용기 있는 사람이다."

혹인이 말하였다.

"어떤 軻를 말합니까?"

양자가 말하였다.

"軻는 孟軻를 말한다. 荊軻 같은 자는 君子의 도로 본다면 도적일 것이다. 〈어찌 용기 있는 사람이라고 칭찬하겠는가.〉"

혹인이 맹가의 용기에 대해 물으니, 양자가 말하였다.

孟軻(孟子)

3) (請)〔或〕: 저본에는 '請'으로 되어 있으나, 劉師培의 ≪揚子法言校補≫에 의거하여 '或'으로 바로잡았다.

"맹가는 義를 행하는 데에 용감하고 德을 행하는 데에 과감하며, 貧富와 貴賤과 死生으로 인해 그 마음을 동요하지 않았으니, 맹가는 용기에 있어서는 거의 도에 가까울 것이다."

05. 魯仲連은 傷而不制①하고 藺相如는 制而不傷②하니라

① 魯仲連傷而不制 : 高談以救時難, 功成而不受爵賞. ○ 咸曰 "魯仲連, 齊人, 不肯仕宦, 好持高〔節〕,[4] 游於趙, 會秦軍圍邯鄲, 魏使新垣衍, 說(세)趙王, 令尊秦昭王爲帝, 而仲連挫之, 垣衍不敢復言帝秦. 秦將聞之, 爲却軍五十里, 遂引而去. 於是, 平原君欲封魯連, 魯連遂辭而去, 終身不復見(현). 傷, 猶倨慢也. 制, 猶整肅也. 言仲連, 倨慢於爵利, 而不能整肅於官事也." ○ 光曰 "宋吳本, 傷作傷, 制作剬(제), 介甫曰 '傷, 古蕩字. 剬, 古制字.' 今從李本."

〈魯仲連은〉 고상한 말로 당시의 어려움을 구제하였고, 功을 이루고도 爵賞을 받지 않았다.

○ 宋咸이 말하였다. "魯仲連은 전국시대 齊나라 사람으로, 벼슬을 하려고 하지 않고 고상한 절조를 잡아 지키기를 좋아하였다. 그가 趙나라에 갔을 때 마침 秦나라 군대가 趙나라의 도읍인 邯鄲을 포위하였는데, 魏나라에서 新垣衍으로 하여금 趙王을 설득하여 秦 昭王을 높여 皇帝로 추대함으로써 〈포위를 풀기를 요구하였다.〉 그런데 노중련이 〈秦나라가 황제를 칭한다면 나는 東海에 빠져 죽겠다고 말하여〉 이를 꺾으니, 신원연이 감히 더 이상 秦王을 제왕으로 삼는 문제를 말하지 못하였다. 秦나라 장수가 이 말을 듣고 군대를 50리 후퇴시켰다가 마침내 군대를 이끌고 떠났다. 이에 平原君이 노중련에게 封地를 주려 하였는데 노중련이 마침내 평원군에게 하직하고 떠나서 종신토록 다시는 나타나지 않았다. 傷은 倨慢함과 같고, 制는 整肅함과 같다. 노중련은 官爵과 利祿을 하찮게 여겼으나 관청의 일은 정돈하고 엄하게 다스리지 못하였다."

魯仲連

4) 〔節〕: 저본에는 '節'이 없으나, ≪史記≫ 〈魯仲連列傳〉에 의거하여 보충하였다.

○ 司馬光이 말하였다. "宋咸本·吳祕本에는 傷이 愓으로 되어 있고, 制가 㓡로 되어 있는데, 介甫(王安石)가 말하기를 '愓은 蕩의 古字이고, 㓡는 制의 古字이다.'라고 하였다. 지금 李軌本을 따랐다."

② 藺相如制而不傷：好義崇禮, 屈身伸節, 輔佐本國繫時之務也. ○ 咸曰 "藺相如, 趙人, 相趙惠王, 與秦昭王, 會澠池. 既罷歸, 以相如功大, 拜爲上卿, 位在廉頗之右. 頗羞, 不忍爲之下, 宣言曰 '我見相如, 必辱之.' 相如聞之, 常引車避匿. 嘗曰 '顧吾念, 彊秦所以不敢加兵於趙者, 徒以吾二人在也, 今兩虎共鬪, 其勢不俱生, 吾所以爲此者, 以先國家之急而後私讐也.' 廉頗聞之, 肉袒負荊, 至相如門, 謝罪. 此, 言藺相如自屈如是, 欲整肅於官事, 而不倨慢於爵利也." ○ 光曰 "音義曰 '傷, 與蕩同.' 光謂蕩, 謂逸其身心. 制, 謂拘於祿位. 仲連, 不以富貴動其心, 而未能忘死生, 相如不以死生動其心, 而未能忘富貴, 故云然."

〈藺相如는〉 義를 좋아하고 禮를 높이며 몸을 굽히고 절개를 펴서 本國의 시급한 일을 보좌하였다.

○ 宋咸이 말하였다. "인상여는 趙나라 사람으로 趙 惠王의 재상이 되어 秦 昭王과 澠池에서 만났다. 趙王이 이미 파하고 돌아온 뒤에 인상여의 功이 크다 하여 그를 上卿에 임명하니, 지위가 廉頗의 위에 있었다. 그러자 염파가 자신은 부끄러워 차마 그의 밑에 있을 수 없다고 하며 公言하기를 '내 인상여를 만나기만 하면 반드시 모욕을 주겠다.'라고 하였다. 인상여는 이 말을 듣고 항상 〈외출하였다가 멀리 염파가 보이면 그때마다〉 수레를 끌고 피하여 숨곤 하였다. 인상여가 일찍이 말하기를 '내가 생각건대 강한 秦나라가 감히 우리 趙나라에 침략을 가하지 못하는 까닭은 다만 우리 두 사람이 있기 때문이다. 이제 두 마리 범이 함께 싸우면 형세상 둘 다 살지 못할 것이니, 내가 이렇게 하는 까닭은 국가의 위급함을 먼저 생각하고 사사로운 원한은 뒤로 돌리려고 하기 때문이다.'라고 하였다. 염파는 이 말을 듣고 윗옷을 벗어 상체를 드러내고 가시나무를 등에 지고 인상여의 집 문 앞에 이르러 사죄하였다. 이것은 인상여가 자신을 이와 같이 굽혀서 官事에 단정하고 엄숙하고자 하였고 관작과 이록에 거만하지 않았음을 말한 것이다."

○ 司馬光이 말하였다. "≪音義≫에 이르기를 '傷은 蕩과 같다. 내가 생각건대 蕩은 몸과 마음을 방탕하게 함을 이르고, 制는 녹봉과 작위에 구속당함을 이른다. 노중련은 富貴로 그 마음을 동요시킬 수 없었으나 死生을 잊지 못하였으며, 인상여는 死生으로 그 마음을 동요시킬 수 없었으나 富貴를 잊지 못하였다. 그러므로 이와 같은 것이다."

魯仲連은 마음대로 행동하고 구속을 받지 않았으며, 藺相如는 자신을 단속하고 마음대로 행동하지 않았다.

06. 或問鄒陽①한대 曰 未信而分疑하고 忼辭免罿이나 幾矣哉②인저

① 或問鄒陽 : 祕曰 "鄒陽, 去吳之梁,[5] 然否."

吳祕가 말하였다. "鄒陽이 吳王을 떠나 梁孝王에게로 갔다고 하니, 그러한 일이 있는지 물은 것이다."

② 未信而分疑……幾矣哉 : 鳥罟, 謂之罿(충), 猶人之縲紲. 幾, 危也, 獄中出慷慨之辭, 由得以自免, 亦已危矣. ○ 咸曰 "鄒陽, 事漢景帝弟梁孝王, 爲羊勝公孫詭所疾而讒之, 孝王怒, 下陽吏, 將殺之, 陽從獄中, 上書孝王, 立出之, 卒爲上客. 未信而分疑者, 言未爲梁王所信, 方爲其所疑, 雖能分解以免, 固亦危矣." ○ 光曰 "忼, 苦兩切. 罿, 昌鐘切. 幾音機. 孔子稱, 信而後諫, 未信則以爲謗己也.[6] 陽初仕梁, 未爲孝王所信, 而深言以觸機事, 分取孝王之疑, 故曰未信而分疑."

새그물을 일러 罿이라고 하니, 사람을 포박하는 포승줄과 같다. 幾는 위태로움이다. 獄中에서 慷慨하게 항변하는 말을 하여 스스로 禍를 면할 수 있었으나 또한 너무 위태롭다.

○ 宋咸이 말하였다. "鄒陽은 漢 景帝의 아우인 梁孝王을 섬겼는데, 羊勝과 公孫詭에게 미움을 받아 양승 등이 추양을 참소하니, 孝王이 노하여 추양을 법관에게 회부하여 장차 죽이려고 하였다. 추양이 獄中에서 효왕에게 上書하니, 〈효왕이 그것을 보고〉 곧 그를 나오게 하여 마침내 上客으로 삼았다. '未信而分疑'는 양효왕의 신임을 받지 못하여 바야흐로 의심을 받고 있는 상황에서 비록 해명하여 화를 면하였으나 진실로 또한 위태로웠다는 말이다."

○ 司馬光이 말하였다. "忼은 苦와 兩의 반절이고, 罿은 昌과 鐘의 반절이다. 幾는 음이 機이다. 孔子가 칭하기를 '군자는 신임을 받은 뒤에 간하니, 아직 신임을 받지 못한 상황에서 간하면 자기를 비방한다고 여길 것이다.'라고 하였다. 추양이 처음에 梁에서 벼슬할 적에 孝王에게 신임을 받지 못하면서 핵심을 찌르는 말을 하여 機密의 일을 저촉하여 孝王의 의심을 받고 있는 상황이기 때문에 '왕의 신임을 받지 못하여 의심을 사고 있는 상황에서'라고 한 것이다."

혹인이 鄒陽에 대하여 물으니, 揚子가 말하였다.

"〈추양은 梁孝王의 노여움을 사 옥에 갇혔을 때〉 양효왕의 신임을 받지 못하여

---

5) 鄒陽 去吳之梁 : 추양은 前漢의 문학가이다. 처음에 吳王 劉濞를 섬겼는데 〈上吳王書〉를 올려 漢나라에 반기를 들지 말 것을 권하였으나, 오왕이 듣지 않자 그를 떠나 梁孝王의 빈객이 되었다.

6) 孔子稱……未信則以爲謗己也 : 저본에는 孔子의 말씀이라고 하였으나, ≪論語≫ 〈子張〉에 子夏의 말로 나온다.

의심을 사고 있는 상황에서 강직하게 항변하는 말을 하고도 화를 면하였으나 거의 위태로웠다."

07. 或問 信陵平原孟嘗春申이 益乎[①]아 曰 上失其政하고 姦臣竊國命하니 何其益乎[②]아

① 信陵平原孟嘗春申益乎：祕曰 "信陵君，魏無忌，魏安釐王異母弟也．平原君，趙勝，趙之諸公子，趙惠文王弟也．孟嘗君，田文，齊威王孫也．春申君，黃歇，楚人也．問有益於國乎．"

吳祕가 말하였다. "信陵君은 魏無忌로 魏 安釐王의 異母弟요, 平原君은 趙勝으로 趙나라의 諸公子이고 趙 惠文王의 아우요, 孟嘗君은 田文으로 齊 威王의 손자요, 春申君은 黃歇로 楚나라 사람이다. 이들이 나라에 유익하였는지 물은 것이다."

② 上失其政……何其益乎：當此四君之時，實皆有益於其國，而揚子譏之者，蓋論上失其政，故辯明之．○ 祕曰 "進賢育善，權在國君，而四君專之，故曰竊國命．" ○ 光曰 "洪範曰 '臣無有作福作威．' 四豪聚私黨以專國政，故曰 '姦臣竊國命．'"

이 네 君의 시대에 실로 네 君이 모두 나라에 유익하였는데, 揚子가 이들을 비판한 것은 임금이 정권을 잃은 것에 대해 논하였기 때문에 따져서 밝힌 것이다.

○ 吳祕가 말하였다. "어진 자를 등용하고 선한 자를 기르는 것은 그 권한이 國君에게 있는데 네 君이 독차지하였기 때문에 국가의 권력을 훔쳤다고 말한 것이다."

○ 司馬光이 말하였다. "≪書經≫ 〈周書 洪範〉에 이르기를 '신하는 복을 짓거나 위엄을 짓는 일이 있어서는 안 된다.'라고 하였는데, 四豪(네 君)는 私黨을 모아 나라의 정사를 전횡하였다. 그러므로 '姦臣이 국가의 권력을 훔쳤다.'라고 한 것이다."

혹인이 물었다.

"信陵君, 平原君, 孟嘗君, 春申君은 나라에 유익하였습니까?"

揚子가 답하였다.

"임금이 정권을 잃자 간신이 국가의 권력을 훔친 것이니, 이들이 국가에 무엇이 유익하였겠는가."

08. 樗里子之智也니 使知國을 如知葬이면 則吾以疾爲蓍龜[①]하노라

① 樗里子之智也……則吾以疾爲蓍龜：祕曰 "樗里子，名疾．秦惠王之弟，有滑稽多智，秦

人號曰智囊. 卒, 葬于渭南章臺之東, 曰 '後百歲, 當有天子之宮, 夾我墓.' 至漢興, 長樂宮在其東, 未央宮在其西, 言使其知國家未來之安危, 亦如別葬, 則其神智如蓍龜."

吳祕가 말하였다. "樗里子는 이름이 疾이다. 秦 惠王의 아우이니, 언변이 좋고 꾀가 많아 秦나라 사람들이 智囊(꾀주머니)이라고 이름하였다. 저리자가 죽자 渭水의 남쪽에 있는 章臺의 동쪽에 장사 지냈다. 저리자가 〈생전에〉 이르기를 "100년 뒤에 이곳에 천자의 궁이 내 묘를 끼고서 들어설 것이다."라고 하였는데, 〈과연 진나라가 망하고〉 漢나라가 흥하여 長樂宮은 그의 무덤 동쪽에, 未央宮은 그의 무덤 서쪽에 세워졌으니, 저리자가 가령 국가의 미래의 安危를 알기를 자기를 장례한 뒤의 일을 알듯이 하였다면 신묘하고 지혜로움이 蓍龜와 같을 것이다."

樗里子는 지혜로웠으니, 가령 그가 국가의 앞날을 미리 알기를 자기의 묘지 앞에 궁궐이 들어설 것을 알듯이 하였다면 나는 樗里疾(樗里子)을 길흉화복을 점치는 蓍龜로 삼겠노라.

09. **周之順赧**은 **以成周而西傾**① 하고 **秦之惠文昭襄**은 **以西山而東并**② 하니 **孰愈**③ 오 **曰 周也羊**이요 **秦也狼**④ 이니라 **然則狼愈歟**⑤ 잇가 **曰 羊狼一也**⑥ 니라

① 周之順赧 以成周而西傾：咸曰 "昔周武王, 都於鎬京, 謂之宗周, 卽西周也. 至幽王, 以犬戎亂, 平王東遷於洛, 卽周公所營之王城, 是謂成周, 亦曰東周也. 秦都咸陽, 在西, 而赧王爲秦所滅, 故曰西傾." ○ 光曰 "宋吳本, 作周之傾赧, 今從李本. 音義曰 '諸本, 皆作順赧, 順靚王及赧王也. 俗本作傾, 誤也.' 史記, 作愼靚王, 索隱, 作順靚王, 或是愼轉爲順."

宋咸이 말하였다. "옛날 周 武王이 鎬京에 도읍하고 이를 일러 宗周라고 하였으니 곧 西周이다. 幽王 때에 이르러 犬戎의 亂으로 인해 平王이 동쪽의 洛邑으로 遷都하였으니, 곧 周公이 경영한 王城이니 이를 일러 成周라 하고 또 東周라고도 한다. 秦나라는 咸陽에 도읍하였으니 함양이 서쪽에 있는데, 赧王이 秦나라에게 멸망당하였기 때문에 '西傾'이라고 하였다."

○ 司馬光이 말하였다. "宋咸本·吳祕本에는 〈'周之順赧'이〉 '周之傾赧'으로 되어 있는데 지금 李軌本을 따랐다. ≪音義≫에 이르기를 '諸本에는 모두 順赧으로 되어 있으니, 〈順赧은〉 順靚王과 赧王이다. 俗本에 〈「周之順赧」의 順이〉 傾으로 되어 있으니, 誤字이다.'라고 하였다. ≪史記≫에 愼靚王으로 되어 있고, ≪史記索隱≫에 順靚王으로 되어 있으니, 아마도 愼이 바뀌어 順이 된 듯하다."

② 秦之惠文昭襄 以西山而東并：祕曰 "周顯王四十四年, 秦惠文, 始稱王, 至昭襄王五

十一年, 乃滅周. 時秦都雍州, 西山在焉, 而東滅周, 故曰東并. 本紀曰 '文公卒, 葬西山.'" ○ 光曰 "并音倂."

吳祕가 말하였다. "周 顯王 44년에 秦 惠文王이 처음으로 王을 칭하였다. 昭襄王 51년에 이르러서 周나라를 멸망시켰다. 이 당시 秦나라는 雍州에 도읍하여 山西에 있었는데, 동쪽으로 주나라를 멸망시켰기 때문에 동쪽으로 합병하였다고 하였다. ≪史記≫ 〈秦本紀〉에 이르기를 '文公이 卒하니 西山에 장사 지냈다.'라고 하였다."

○ 司馬光이 말하였다. "并은 음이 倂이다."

③ 孰愈 : 咸曰 "問西傾東并, 誰優." ○ 祕曰 或者 以子雲不與秦 故問西傾東并 誰爲優

宋咸이 말하였다. "周나라가 서쪽의 秦나라에게 멸망당한 것과 秦나라가 동쪽의 周나라를 합병한 것은 누가 나은지 물은 것이다."

○ 吳祕가 말하였다. "혹자가, 揚子雲이 秦나라를 인정하지 않기 때문에 周나라가 서쪽의 진나라에게 망한 것과 진나라가 동쪽의 주나라를 합병한 것은 누가 나은지 물은 것이다."

④ 周也羊 秦也狼 : 咸曰 "周衰弱如羊, 秦强暴如狼."

宋咸이 말하였다. "周나라는 羊처럼 衰弱하였고, 秦나라는 이리처럼 强暴하였다."

⑤ 然則狼愈歟 : 光曰 "問强猶勝於弱乎."

司馬光이 말하였다. "강한 것이 약한 것보다 나은지 물은 것이다."

⑥ 羊狼一也 : 過猶不及, 兩不與也. ○ 咸曰 "言周以不道而弱, 秦以不道而强, 强與弱, 雖異, 而不道, 一也." ○ 祕曰 "夫湯武革命, 順乎天而應乎人者, 以道德易暴亂者也, 今秦 以暴虐易微弱, 而民不安堵, 何愈之有."

지나침은 미치지 못함과 같으니 둘 다 인정하지 않은 것이다.

○ 宋咸이 말하였다. "周나라는 不道하면서 弱하고 秦나라는 不道하면서 强하였으니, 强함과 弱함은 비록 다르지만 不道하기는 마찬가지이다."

○ 吳祕가 말하였다. "湯王과 武王이 革命하여 하늘의 뜻에 따르고 사람들의 마음에 응한 것은 道德으로 暴亂함을 바꾼 것이다. 그러나 지금 秦나라는 暴虐함으로 微弱함과 바꾸어 백성들이 安堵하지 못하였으니, 무엇이 나을 것이 있겠는가."

혹인이 물었다.

"周나라의 順靚王(愼靚王)과 赧王은 成周를 가지고 서쪽의 秦나라에게 멸망당하였고, 秦나라의 惠文王과 昭襄王은 山西 지역을 가지고 동쪽으로 주나라를 병합하였으니, 누가 낫습니까?"

揚子가 말하였다.

"周나라는 羊처럼 약하고 秦나라는 이리처럼 강포하였다."

혹인이 물었다.

"그렇다면 이리가 낫습니까?"

양자가 말하였다.

"〈어찌 낫겠는가.〉 양이나 이리나 마찬가지이다."

10. **或問 蒙恬**이 **忠而被誅**하니 **忠奚可爲也**리오 **曰 塹山堙谷**하여 **起臨洮**하고 **(擊)〔繫〕**[7)]**遼水**에 **力不足而屍有餘**하니 **忠不足(相)〔稱〕**[8)]**也**[①]니라

① 塹山堙谷……忠不足(相)〔稱〕也：相, 助也. 雖盡一身之節, 而殘百姓之命, 非所以務民之義[9)]. ○ 咸曰 "秦已幷天下, 乃使蒙恬, 將三十萬衆, 北逐戎狄, 收河南, 築長城, 起臨洮, 至遼東, 延袤萬里. 又始皇, 欲遊天下, 乃使蒙恬通道, 自九原, 抵甘泉, 塹山堙谷, 後始皇卒, 胡亥立, 與其弟蒙毅, 俱爲趙高所害, 呑藥而死. 司馬遷謂 '蒙恬所爲秦, 築長城亭障, 塹山堙谷, 通直道, 固輕百姓力矣. 夫秦之初滅諸侯, 天下之心, 未定, 痍傷者未瘳, 而恬爲名將, 不以此時强諫, 振百姓之急, 養老存孤, 務修衆庶之和, 而阿意興功, 此其兄弟遇誅, 不亦宜乎.' 今揚旨與遷同, 故備載之, 以見(현)始末." ○ 光曰 "李本, 屍作死, 今從宋吳本. 塹, 七豔切. 洮, 士刀切. 相, 息亮切."

相은 도움이다. 〈몽염은〉 비록 자기 한 몸의 절개를 다하였으나 百姓의 목숨을 해쳤으니, 사람이 지켜야 할 도리를 힘쓴 것이 아니다.

○ 宋咸이 말하였다. "秦나라가 이미 天下를 겸병한 뒤에 蒙恬으로 하여금 30만 명의 군사를 거느리고 가서 북쪽으로 戎狄을 쫓아내고 河南을 거두어 長城을 쌓게 하였는데, 臨洮에서 시작하여 遼東에 이르기까지 길게 이어진 것이 1만여 리나 되었다. 또 始皇이 天下를 유람하고자 하여 蒙恬으로 하여금 길을 개통하게 하니, 九原에서 시작하여 甘泉에 이르기까지 산을 깎고 골짜기를 메워 통하게 하였다. 그러나 뒤에 시황이 죽고 胡亥가 즉위하자, 몽염이 그 아우 蒙毅와 함께 모두 趙高에게 해를 당하여 독약을 마시고 자결하였다. 司馬遷이 이르기를 '蒙恬이 秦나라를 위하여 長城과 亭障(국경 요새지에 있는 방어 초소)을 쌓을 적에 산을 깎고 골짜기를 메워 直道와 통하게 하였으니, 이것은 진실로 백성들에게 부과하는 노역을 가볍게 여긴

---

7) (擊)〔繫〕: 저본에는 '擊'으로 되어 있으나, 汪榮寶의 ≪法言義疏≫에 의거하여 '繫'로 바로잡았다.

8) (相)〔稱〕: 저본에는 '相'으로 되어 있으나, 汪榮寶의 ≪法言義疏≫에 의거하여 '稱'으로 바로잡았다.

9) 務民之義 : ≪論語≫ 〈雍也〉에 보인다.

것이다. 秦나라가 처음에 諸侯를 멸망시켰을 때에 天下의 민심이 아직 안정되지 않고 부상당한 자들도 낫지 않았는데, 몽염은 名將이면서 이러한 때에 있는 힘을 다해 간하여 百姓의 위급함을 구제하며 늙은 부모를 봉양하고 어린 자식을 보존하여 백성들의 화평함을 닦는 데 힘쓰지 않고, 오히려 시황제의 뜻에 아첨하여 공사를 일으켰으니, 이는 그들 형제가 죽임을 당한 것이 또한 당연하지 않겠는가.'라고 하였다. 지금 揚雄의 뜻은 사마천과 같다. 그러므로 갖추어서 기재하여 始末을 드러냈다."

○ 司馬光이 말하였다. "李軌本에는 屍가 死로 되어 있는데, 지금 宋咸本·吳祕本을 따랐다. 塹은 七과 豔의 반절이고, 洮는 土와 刀의 반절이고, 相은 息과 亮의 반절이다."

혹인이 물었다.

"蒙恬이 〈秦나라에〉 충성하였는데 죽임을 당했으니, 충성이 어찌 할 만한 것이겠습니까?"

揚子가 말하였다.

"몽염은 〈秦나라를 위하여 長城을 쌓아〉 산을 파서 골짜기를 메워 서쪽으로 臨洮에서부터 시작하여 동쪽으로 遼水까지 연결하였다. 그리하여 〈백성을 아무리 동원해도〉 인력은 부족하고 시체는 남아돌았으니, 몽염의 충성은 칭찬할 것이 못 된다."

11. 或問 呂不韋其智矣乎아 以人易貨①하니이다 曰 誰謂不韋智者歟아 以國易宗②이니라 呂不韋之盜는 穿窬之雄乎③인저 穿窬也者는 吾見擔石矣요 未見雒陽也④로라

① 呂不韋其智矣乎 以人易貨：呂不韋, 陽翟賈人也, 出千金以助子楚, 子楚旣立, 不韋相之. ○ 祕曰 "呂不韋, 陽翟大賈人也. 秦子楚質於趙, 不韋曰 '此奇貨, 可居.' 故曰 '人易貨.'" ○ 光曰 "捐千金而得子楚."

呂不韋는 陽翟의 상인이니, 千金을 내어 子楚를 도왔는데, 자초가 즉위한 뒤에 여불위를 재상으로 삼았다.

○ 吳祕가 말하였다. "呂不韋는 陽翟의 商人이다. 秦나라 子楚가 趙나라에 인질이 되었는데, 여불위가 이르기를 '이 사람은 진기한 물건이니 사둘 만하다.'라고 하였다. 그러므로 '사람을 재화와 바꾸었다.'고 한 것이다.

○ 司馬光이 말하였다. "千金을 내어 子楚를 얻었다."

② 誰謂不韋智者歟 以國易宗：雖開列封，先笑後愁，身旣鴆死，宗族竄流．○ 祕曰 "不韋，仕不由道，用貨財而佞於華陽夫人，以取顯位，終乃家屬徙蜀，飮鴆而死，是徼取國權，以易宗族." ○ 光曰 "貪國權而喪其宗."

여불위가 비록 列侯(文信侯)에 봉해졌으나 먼저는 웃고 나중에는 시름하여 자신은 이미 鴆毒을 먹고 자결하였고 宗族들은 유배되었다.

○ 吳祕가 말하였다. "여불위는 벼슬하되 正道를 따르지 않고 재화를 써서 華陽夫人에게 아첨하여 현달한 지위를 취하였으나, 결국에 家屬은 蜀으로 유배 가고 여불위는 짐독을 먹고 죽었으니, 이는 國權을 요행으로 취하여 宗族과 바꾼 것이다."

○ 司馬光이 말하였다. "國權을 탐하여 그 종족을 잃은 것이다."

③ 呂不韋之盜 穿窬之雄乎：不以其道，非盜而何.

정상적인 방법으로 얻지 않았으니, 도둑이 아니고 무엇이겠는가.

④ 穿窬也者……未見雒陽也：雒陽，不韋所封國也．揭雒陽而行天下，豈徒擔石乎．○ 祕曰 "穿窬者，伺慢藏而得之，不過一擔一石，而不韋，伺人顏色而取之，雒陽之封，是其雄也．子楚立，是爲莊襄王．以不韋，爲丞相，封爲文信侯，食河南雒陽十萬戶." ○ 光曰 "窬音踰．擔，都濫切."

雒陽은 여불위가 봉해진 나라이다. 낙양을 가지고 天下에 행하였으니, 어찌 한갓 곡식 한두 섬을 훔친 좀도둑일 뿐이겠는가.

○ 吳祕가 말하였다. "좀도둑질하는 자가 사람들이 재물을 허술하게 보관하는 것을 엿보고 훔친 것은 한 섬이나 두 섬에 불과한데, 여불위가 사람의 안색을 엿보고 취한 것은 낙양의 封邑이었으니, 이것이 그가 좀도둑의 우두머리라는 것이다. 子楚가 즉위하여 莊襄王이 되자, 여불위를 승상으로 삼아 文信侯에 봉하고 河南의 낙양 10만 호를 식읍으로 내렸다."

○ 司馬光이 말하였다. "窬는 음이 踰이다. 擔은 都와 濫의 반절이다."

혹인이 물었다.

"呂不韋는 지혜로운 사람일 것입니다. 〈趙나라에 볼모로 와 있던 秦나라 庶子 子楚를 보고 한눈에 奇貨라는 것을 알아보고 사 두어〉 사람을 재화와 바꾸었습니다."

揚子가 말하였다.

"누가 여불위를 지혜로운 자라고 이르는가? 나라를 〈탐하여〉 宗族과 바꾸었다. 여불위가 권력을 도둑질한 것은 벽을 뚫고 담을 넘는 좀도둑의 우두머리일 것이다. 벽을 뚫고 담을 넘는 좀도둑이 곡식 한두 섬을 훔치는 것은 내가 보았고, 낙양을 훔치는 것은 내가 보지 못하였다."

12. 秦將白起不仁하니 奚用爲也리오 長平之戰에 四十萬人死하니 蚩尤之亂이 不過於此矣라 原野에 厭人之肉하고 川谷에 流人之血하니 將不仁이어니 奚用爲①리오 翦② 曰 始皇方獵六國而翦牙하니 欸③라

① 秦將白起不仁……奚用爲：奚，何. ○ 咸曰 "白起事秦，爲武安君，前後伐韓魏，斬殺甚多，昭王四十七年，與王齕伐趙，圍其將趙括於長平，旣殺趙括，括軍敗卒四十萬人，降起，起乃挾詐而盡坑殺之，故揚以爲不仁." ○ 光曰 "用將，所以救亂誅暴."

奚는 何(어찌)이다.

○ 宋咸이 말하였다. "白起는 秦나라를 섬겨 武安君이 되어 전후로 韓나라와 魏나라를 정벌하여 목을 베어 죽인 것이 매우 많았고, 昭王 47년에는 王齕와 함께 趙나라를 정벌하여 장수 趙括을 長平에서 포위하였는데 이미 조괄을 죽인 뒤에 조나라 군대의 패배한 병졸 40만 명이 백기에게 항복하자, 백기가 마침내 속임수를 써서 모두 구덩이에 묻어 죽였다. 그러므로 양웅이 백기를 불인하다고 한 것이다."

○ 司馬光이 말하였다. "장수를 등용하는 것은 어지러운 나라를 구원하고 포악한 군주를 주벌하기 위해서이다."

② 翦：問王翦. ○ 祕曰 "王翦，(穎)〔頻〕[10]陽東鄕人也，問其將略."

王翦에 대해 물은 것이다.

○ 吳祕가 말하였다. "왕전은 頻陽 東鄕 사람이니, 그의 將略(군사를 쓰거나 부리는 책략)에 대해 물은 것이다."

③ 始皇方獵六國而翦牙 欸：咀噬用牙，言其酷也. 欸者，絶語，歎聲. ○ 祕曰 "言翦之助惡也. 牙欸，謂切齒而怒也，欸怒聲. 太史公曰 '王翦爲秦將，夷六國.'" ○ 光曰 "欸，烏開切，翦爲之牙，以噬物."

씹을 때는 이빨을 사용하니, 그 잔혹함을 말한 것이요, 欸는 말을 끊는 것이니, 탄식하는 소리이다.

○ 吳祕가 말하였다. "왕전이 시황제의 악행을 도왔음을 말한 것이다. '牙欸'는 이를 갈며 노여워함을 이르니, 欸는 노여워하는 소리이다. 太史公이 말하기를 '왕전은 秦나라 장수가 되어 六國을 멸하였다.'라고 하였다."

○ 司馬光이 말하였다. "欸는 烏와 開의 반절이다. 왕전은 진 시황의 爪牙가 되어 고깃점을 씹었다."

秦나라 장수 白起는 不仁하였으니 어찌하여 그를 등용하였는가? 長平의 전투

---

10) (穎)〔頻〕: 저본에는 '穎'으로 되어 있으나, ≪史記≫ 〈王翦列傳〉에 의거하여 '頻'으로 바로잡았다.

에서 趙나라의 항복한 군사 40만 명을 땅 구덩이에 묻어 죽였다. 蚩尤의 亂에 〈죽은 사람의 숫자도〉 이를 넘지는 않을 것이다. 들판에는 사람의 시체가 가득하고, 골짜기에는 사람의 피가 흘렀다. 장수가 되어서 이렇게 不仁하였는데 어찌하여 그를 등용하였는가.

혹인이 王翦에 대해 물으니, 揚子가 말하였다.

"秦 始皇이 六國을 사냥할 때에 왕전이 그의 爪牙(날카로운 발톱과 어금니를 가진 맹수처럼 사나운 장수)가 되었다. 아."

13. **或問 要離**[11]**非義者歟**아 **不以家辭國**①이니이다 **曰 離也火妻灰子**하여 **以反於慶忌**하니 **實蛛蝥之靡也**니 **焉可謂之義也**②리오 〔**或問**〕 **政也**③〔**何如**한대〕[12] **爲嚴氏犯韓**하여 **刺相俠累**하고 **曼面爲姊**하니 **實壯士之靡也**러라 **焉可謂之義也**④리오 〔**或問**〕 **軻也**⑤〔**何如**한대〕 **爲丹**하여 **奉於**(오)**期之首燕督亢之圖**하여 **入不測之秦**하니 **實刺客之靡也**⑥니 **焉可謂之義也**⑦리오

① 要離非義者歟 不以家辭國：祕曰"要離吳人，棄家而爲國，疑其有義." ○ 光曰"要，一遙切."

吳祕가 말하였다. "要離는 吳나라 사람으로 집안을 버리고 나라를 위하였으니, 의리가 있다고 의심한 듯하다."

○ 司馬光이 말하였다. "要는 一과 遙의 반절이다."

② 離也火妻灰子……焉可謂之義也：義者，臣子死節乎君親之難也. 離自平人而焚燒妻子，詐爲吳仇讐，求信於慶忌，反而刺之，若蜘蛛之小巧耳. ○ 祕曰"吳王闔閭，欲殺王子慶忌，要離詐以罪亡，令吳王，燔其妻子，而揚其灰，走見慶忌，以劍刺之，譬如蜘蛛

11) 要離：춘추시대 吳나라의 刺客이다. 吳王 闔廬가 일찍이 자객 專諸에게 오왕 僚를 죽이게 하고, 또 요리에게 衛나라에 망명한 오왕 요의 아들 慶忌를 죽이게 하자, 요리가 오왕에게 청하여 자기 오른팔을 자르고, 처자를 다 죽인 다음, 죄인을 사칭하고 위나라에 들어가 경기를 만나서 오왕 합려를 공격하자는 뜻으로 거짓 모의를 하고는 함께 배를 타고 오나라로 돌아가던 중, 경기를 죽여서 강물에 던져 버리고 요행히 자기 목숨은 부지했으나, 요리가 스스로 仁, 義, 勇을 저버린 악인이 무슨 면목으로 살아남을 수 있겠느냐면서 마침내 검으로 찔러 자살하였다.(≪史記≫ 〈刺客列傳〉)

12) 〔或問〕 政也 〔何如〕：저본에는 '或問'과 '何如'가 없으나, 문맥에 의거하여 보충하였다. 아래도 같다.

之螫毒於人而靡死也, 焉可爲義哉. 靡, 披靡而死也." ○ 光曰 "宋吳本, 蝥作螫, 今從李本. 蛛音誅. 蝥音矛. 靡, 與糜同. 音義曰 '賈誼新書曰「蛛蝥作網.」' 光謂 靡爛也."

義는 신하와 자식이 군주와 어버이의 환난을 구원하기 위해 목숨을 바치는 것이다. 요리는 평민으로서 〈慶忌를 죽이라는 吳王 闔廬의 명을 받고 경기에게 접근하기 위해〉 자신의 처자식을 불태워 죽이고 거짓으로 吳나라의 원수가 되어 경기에게 신임을 얻은 다음 도리어 경기를 죽였으니 거미가 실을 뽑아 그물을 짜는 것 같은 잔재주일 뿐이다.

○ 吳祕가 말하였다. "吳王 闔閭가 吳王 僚의 아들인 慶忌를 죽이고자 하거늘 요리가 거짓으로 죄를 짓고 도망하여 오왕으로 하여금 자신의 처자식을 불태워 죽이게 하였고 그 뼛가루를 뿌리고 도망하다가 경기를 만나자 검으로 찔러 죽였다. 비유하면 거미가 사람에게 독침을 쏘아 쓰러뜨려 죽이는 것과 같으니, 어찌 義라 할 수 있겠는가. 靡는 쓰러져서 죽는 것이다."

○ 司馬光이 말하였다. "宋咸本·吳祕本에는 蝥가 螫으로 되어 있는데 지금 李軌本을 따랐다. 蛛는 음이 誅이고 蝥는 음이 矛이다. 靡는 糜(썩어 문드러지다)와 같다. ≪音義≫에 이르기를 '賈誼의 ≪新書≫ 〈諭誠〉에 「거미가 실을 뽑아 그물을 치는 것이다.」라고 했다.' 하였다. 내가 생각건대 靡는 문드러지는 것이다."

③ 政也 : 祕曰 "聶政, 軹深井里人也, 問其義乎."

吳祕가 말하였다. "聶政은 軹邑의 深井里 사람이니, 그가 의로운지 물은 것이다."

④ 爲嚴氏犯韓……焉可謂之義也 : 俠累, 韓相名也. ○ 祕曰 "嚴仲子, 事韓哀侯, 與韓相俠累, 有郤. 仲子恐誅, 亡去游齊, 交聶政, 政後仗劍至韓, 刺殺俠累, 因自皮面決眼, 自屠出腸, 遂以死. 其姊(嫈)〔榮〕[13], 如韓之市, 伏尸哭於邑, 悲哀而死政之旁, 曼無也. 言政知姊之忠烈, 乃皮其面, 使他人無所識認, 且欲全其姊者也. 小爾雅曰 '曼, 無也.'" ○ 光曰 "音義曰 '曼, 謨官切, 塗面.'"

俠累는 韓나라 재상의 이름이다.

○ 吳祕가 말하였다. "嚴仲子가 韓나라 哀侯를 섬겼는데 한나라 재상 俠累와 틈이 있어 사이가 좋지 않았다. 엄중자는 협루에게 죽임을 당할까 두려운 나머지 도망하여 齊나라로 가서 聶政과 교제하였다. 섭정은 뒤에 검을 잡고 한나라에 이르러 협루를 찔러 죽이고는 이어서 스스로 자신의 얼굴 가죽을 벗기고 눈알을 도려내며, 배를 갈라 창자가 나와 마침내 죽고 말았다. 그의 누나 聶榮이 〈이 소식을 듣고〉 한나라 시장에 가서 시신에 엎드려 읍에서 곡을 하며 슬퍼하다가 섭정의 곁에서 죽었다. 曼은 無(없애다)이다. 섭정이 누나의 忠烈을 알고 마침내 자신의 얼굴 가죽을

13) (嫈)〔榮〕 : 저본에는 '嫈'으로 되어 있으나, ≪史記≫ 〈刺客列傳〉에 의거하여 '榮'으로 바로잡았다.

벗겨 남들이 알아보지 못하게 하였으니, 장차 그 누이를 온전히 보전하고자 해서였다. ≪小爾雅≫에 이르기를 '曼은 無이다.'라고 하였다."

○ 司馬光이 말하였다. "≪音義≫에 이르기를 '曼은 謨와 官의 반절이다. 〈얼굴을 알아보지 못하게 하기 위해〉 얼굴에 칠한 것이다."

⑤ 軻也 : 問荊軻. ○ 祕曰 "荊軻也, 義乎."

荊軻가 의로운지 물은 것이다.

○ 吳祕가 말하였다. "형가는 의로운가?"

⑥ 爲丹奉於(오)期之首燕督亢之圖……實刺客之靡也 : 咸曰 "燕太子丹, 以荊軻爲上卿, 欲以報秦. 先是, 秦將樊於(오)期, 得罪, 亡入燕, 太子丹, 受而舍之. 秦購樊於期首, 金千斤, 邑萬家, 荊軻謂太子丹曰 '誠得樊將軍首, 與燕督亢之地圖, 以獻秦王, 王必悅見臣, 臣乃得以報矣. 於是, 說(세)樊於期, 於期遂自刎. 軻乃與秦舞陽, 盛於期首函, 封之, 及求天下利匕首, 與(秦)〔燕〕[14]督亢之地圖, 至秦, 秦王聞之, 喜, 乃見於咸陽宮. 軻奉於期首, 而秦舞陽奉地圖. 秦王發圖, 〔圖〕[15]窮而軻以左手, 持把秦王之袖, 右手, 持匕首, 揕之, 秦王驚, 自引而起. 軻知事不就, 倚柱而笑, 箕倨以罵秦王, 左右遂前殺軻矣." ○ 光曰 "亢音剛."

宋咸이 말하였다. "燕太子 丹이 荊軻를 上卿으로 삼아 秦나라에 보복하고자 하였다. 이보다 앞서 秦나라 장수 樊於期가 죄를 짓고 도망하여 燕나라로 들어가니 태자 단이 그를 맞이하여 머물게 하였다. 진나라가 번오기의 머리에 천 근의 금과 만 가호의 읍을 현상으로 내걸었는데, 형가가 태자 단에게 이르기를 '진실로 樊將軍의 머리와 燕나라 督亢의 지도를 얻어서 秦王에게 받들어 올리면 秦王이 반드시 기뻐하여 臣을 만나 볼 것이니, 신이 그제서야 보복할 수 있을 것입니다.'라고 하였다. 이에 번오기를 설득하니, 번오기가 마침내 스스로 목을 찔러 죽었다. 형가가 마침내 秦舞陽과 함께 번오기를 머리를 함에 담아서 봉하고, 급기야 천하에 제일 잘 드는 匕首와 연나라 督亢의 地圖를 구하여 진나라에 이르니, 秦王이 듣고 기뻐하여 咸陽宮에서 만나보았다. 형가는 번오기의 머리를 담은 함을 받들고, 진무양은 지도를 담은 상자를 받들었다. 진왕이 지도를 펼쳤는데, 지도가 다 펼쳐지자 형가가 왼손으로 진왕의 옷소매를 잡고 오른손으로 비수를 잡고 찌르니, 진왕이 놀라 옷소매를 끌어당기며 일어났다. 형가는 일이 실패할 것을 알고 기둥에 기대어 웃으면서 두 다리를 뻗고 앉아 秦王을 꾸짖으니, 진왕의 좌우가 마침내 앞으로 나가 형가를 죽였다."

○ 司馬光이 말하였다. "亢은 음이 剛이다."

---

14) (秦)〔燕〕 : 저본에는 '秦'으로 되어 있으나, 앞 문장의 '與燕督亢之地圖'에 의거하여 '燕'으로 바로잡았다.

15) 〔圖〕 : 저본에는 '圖'가 없으나, ≪史記≫ 〈刺客列傳〉에 의거하여 보충하였다.

⑦ 焉可謂之義也：三士所死，皆非君親之難也，非義之義，君子不爲也.
세 사람(要離, 聶政, 荊軻)이 죽은 것은 모두 군주와 어버이의 患難을 구원하기 위한 것이 아니었으니, 義 아닌 義를 君子는 하지 않는다.

혹인이 물었다.

"〈吳나라의 刺客인〉 要離는 義로운 자가 아니겠습니까. 자신의 家屬으로 인해 國君을 위해 일하는 것을 사양하지 않았습니다."

揚子가 말하였다.

"요리는 〈慶忌를 죽이라는 吳王 闔廬의 명을 받고 경기에게 접근하기 위해〉 자신의 처자식을 죽이고 그 시신을 불태우고서 경기에게 돌아갔으니, 이는 실로 거미가 실을 뽑아 그물을 짜는 것처럼 작은 기교가 있는 자 중에 특출한 자이다. 그러나 어찌 그를 의로운 사람이라고 이를 수 있겠는가."

혹인이 聶政에 대해 물으니, 양자가 말하였다.

"嚴氏를 위해 韓나라 相府에 침입하여 재상인 俠累를 찔러 죽인 뒤 〈자기 누이가 난처해질 것을 두려워하여〉 자기 누이를 위하여 얼굴을 알아보지 못하도록 없애고 죽었으니, 이는 실로 壯士 중에 강한 자이다. 그러나 어찌 그를 의로운 사람이라고 이를 수 있겠는가."

혹인이 荊軻에 대해 물으니, 양자가 말하였다.

"연나라 태자인 丹을 위하여 樊於期의 머리와 연나라 督亢의 지도를 받들고 예측하기 어려운 秦나라에 들어갔으니, 이는 실로 刺客 중에 강한 자이다. 그러나 어찌 그를 의로운 사람이라고 이를 수 있겠는가."

14. **或問 儀秦學乎鬼谷術而習乎縱橫言**하여 **安中國者 各十餘年**이니 **是夫**①아 **曰 詐人也**니 **聖人惡**(오)**諸**②시니라 **曰 孔子讀而儀秦行**이 **何如也**③오 **曰 甚矣**라 **鳳鳴而鷙翰也**④니라 **曰 然則子貢不爲歟**⑤아 **曰 亂而不解**를 **子貢恥諸**하고 **說**(세)**而不富貴**를 **儀秦恥諸**⑥하니라

① 儀秦學乎鬼谷術……是夫：祕曰 "張儀，魏人也. 蘇秦，雒陽人也. 俱事鬼谷先生學術. 裴駰曰 '按風俗通義曰「鬼谷先生，六國時縱橫家.」' 於是，張儀相秦，蘇秦相六國，乃投縱約書於秦，秦兵不敢闚谷關十五年. 問是道夫."

吳祕가 말하였다. "張儀는 魏나라 사람이고, 蘇秦은 雒陽 사람이니, 모두 鬼谷先生을 섬겨 縱橫術을 배웠다. 裴駰이 말하기를 '살펴보건대 ≪風俗通義≫에 이르기를 「鬼谷先生은 六國 당시의 縱橫家이다.」라고 했다.' 하였다. 이에 장의는 秦나라의 정승이 되고 소진은 六國의 정승이 되어 縱約書를 秦나라에 보내니, 秦나라 군대가 감히 函谷關을 엿보지 못한 지가 15년이 되었다. 이것이 道인지 물은 것이다."

② 詐人也 聖人惡(오)諸 : 祕曰 "皆飾詐辯, 尙權變, 聖人不取也."

吳祕가 말하였다. "〈장의와 소진은〉 모두 거짓 변론을 꾸며 남을 속이고 임기응변을 높였으니, 聖人은 취하지 않는다."

③ 孔子讀而儀秦行 何如也 : 欲讀仲尼之書, 而行蘇張之辯.

'孔子讀而儀秦行'은 孔子의 책을 읽고서 소진과 장의의 변설을 행하고자 하는 것이다.

④ 甚矣 鳳鳴而鷙翰也 : 咸曰 "鳳鳴, 謂孔子讀也. 鷙翰, 謂秦儀行也." ○ 祕曰 "鷙, 擊也. 鄒陽曰 '鷙鳥累百.'"[16] ○ 光曰 "翰, 胡安・侯肝二切. 鷙, 鷹隼也. 翰, 羽翼也."

宋咸이 말하였다. "鳳의 울음소리는 孔子의 책을 읽는 것을 이르고, 매의 날갯짓은 소진과 장의의 행동을 이른다."

○ 吳祕가 말하였다. "鷙는 공격하는 것이다. 鄒陽이 이르기를 '사나운 새 수백 마리가 〈독수리 한 마리만 못하다.〉'라고 하였다."

○ 司馬光이 말하였다. "翰은 胡와 安의 반절과 侯와 肝의 반절이다. 鷙는 매와 수리이고, 翰은 새의 날개이다."

⑤ 然則子貢不爲歟 : 言子貢亦游說(세), 抑齊破吳, 以救魯. ○ 祕曰 "齊欲伐魯, 子貢行而說齊, 存魯破吳, 彊晉霸越. 言儀秦非道, 則子貢學孔子矣, 不爲之乎." ○ 光曰 "子貢存魯亂齊, 破吳强晉霸越, 考其年與事, 皆不合. 蓋六國游說之士, 託爲之辭, 太史公, 不加考校, 因而記之, 揚子亦據太史公書, 發此語."

子貢도 游說하여 齊나라를 저지하고 吳나라를 격파하여 魯나라를 구제하였다.

○ 吳祕가 말하였다. "제나라가 노나라를 정벌하려고 하였는데 子貢이 가서 齊나라를 설득하여 노나라를 보존하고 吳나라를 격파하며, 晉나라를 강대하게 만들고 越나라를 패자로 만들었다. 장의와 소진의 행위가 도리에 맞지 않는데 子貢은 孔子에게 배웠으면서 이런 일을 하지 않았느냐는 말이다."

○ 司馬光이 말하였다. "자공이 노나라를 보존하고 제나라를 교란시키며, 오나라를 격파하고 진나라를 강대하게 만들고 월나라를 패자로 만들었다는 것은 그의 나

---

16) 鷙鳥累百 : ≪漢書≫ 〈鄒陽傳〉에 "사나운 새 수백 마리가 있다 하더라도 독수리 한 마리만은 못하다.〔鷙鳥累百 不如一鶚〕"라고 하였는데, 보통 사람 백 명이 똑똑한 사람 한 명만 못함을 이른다.

이와 일을 살펴보면 모두 합치되지 않는다. 아마도 六國의 游說하는 선비들이 가탁하여 한 말인데, 太史公(司馬遷)이 고찰하지 않고 그대로 기록한 것이고, 揚子도 태사공의 글에 근거하여 이러한 말을 한 것이다."

⑥ 亂而不解……儀秦恥諸：恥國亂而不解，其義高，恥游說而不富貴，其情下．○ 祕曰"子貢之志，在解於禍亂，儀秦之志，在求於富貴，苟求富貴，則無所不至矣."

나라가 어지러운데 해결하지 못하는 것을 부끄러워한 것은 그 義가 높고, 游說하면서 부귀하지 못한 것을 부끄러워한 것은 그 情이 낮다.

○ 吳祕가 말하였다. "자공의 뜻은 禍亂을 해결하는 데에 있고, 장의와 소진의 뜻은 부귀를 구하는 데에 있으니, 구차하게 富貴를 구한다면 못하는 짓이 없을 것이다."

혹인이 물었다.

"張儀와 蘇秦은 鬼谷子에게서 辯論術을 배우고 縱橫術을 익혀 中國을 안정시킨 것이 각각 십여 년이니, 옳습니까?"

揚子가 말하였다.

"그들은 모두 남을 속이는 자이니, 聖人은 이런 사람을 미워한다."

혹인이 물었다.

"孔子의 책을 읽고서 장의와 소진의 일을 행하는 것은 어떻습니까?"

양자가 말하였다.

"심하다. 이것은 〈입으로는 聖人의 가르침을 외우면서 실제로는 사기꾼의 일을 행하는 것이니,〉 입으로는 봉황의 소리를 내면서 매의 날갯짓을 하는 것과 같다."

혹인이 물었다.

"그런데 子貢은 〈당시에 노나라를 구하기 위해〉 이러한 일을 하지 않았습니까?"

양자가 말하였다.

"천하가 어지러운데 이를 해결하지 못하는 것을 자공은 자신의 수치로 여겼고, 유세하되 부귀를 얻지 못하는 것을 장의와 소진은 자신의 수치로 여겼다."

15. 或曰 儀秦은 **其才矣乎**인저 **跡不蹈已**①니이다 **曰 昔在任人**을 **帝曰 難之**라하시니 **亦才矣**②라 **才乎才**나 **非吾徒之才也**③니라

① 儀秦其才矣乎 跡不蹈矣：蘇秦，佩六國相印，以抑彊秦，張儀入秦而復其衡後，破山東．○ 咸曰"迹不蹈已者，蹈，踐也，言儀秦之才術超卓，自然不踐循舊人之迹."○ 祕

曰 "儀秦, 雖同術, 豈非才乎. 秦則務縱横, 儀則務解之, 二人之迹, 各不相蹈."

蘇秦은 六國 정승의 印을 차고서 강한 秦나라를 저지하였고, 張儀는 秦나라로 들어갔다가 衛나라로 돌아가 뒤에 山東의 六國을 격파하였다.

○ 宋咸이 말하였다. "'迹不蹈已'의 蹈는 따라서 행하는 것이니, 장의와 소진은 재주와 술법이 뛰어나 자연 옛사람의 자취를 따르지 않은 것이다."

○ 吳祕가 말하였다. "장의와 소진은 유세하는 술법은 비록 같았으나 어찌 재주있는 자가 아니겠는가. 소진은 縱橫에 힘썼고 장의는 이를 와해시키는 데에 힘썼으니, 두 사람의 자취는 각각 〈일가를 이루고〉 서로 답습하지 않았다."

② 昔在任人……亦才矣 : 祕曰 "任, 佞也, 巧言, 近佞, 不以才也." ○ 光曰 "宋吳本, 作昔在任人帝而難之不以才矣, 今從李本. 任音壬. 難, 讀如字. 佞者, 口才也. 舜謂 '知人安民, 惟帝其難之, 能哲而惠, 何畏乎巧言令色孔壬.'[17] 揚子言 '驩兜之徒, 能以巧言惑聖人, 其才亦不在人下矣."

吳祕가 말하였다. "任은 아첨하는 것이니, 巧言은 아첨에 가까워 재주라고 하지 않는다."

○ 司馬光이 말하였다. "宋咸本·吳祕本에는 '昔在任人 帝而難之 不以才矣'로 되어 있는데 지금 李軌本을 따랐다. 任은 음이 壬이고, 難은 본자대로 읽는다. 佞은 말재주이다. 舜임금이 이르기를 '사람을 알아보는 것과 백성을 편안히 하는 것은 堯임금도 어렵게 여기셨으니, 군주가 명철하고 은혜롭다면 어찌 말을 좋게 하고 얼굴빛을 잘하되 크게 간악한 마음을 품은 자를 두려워하겠는가.'라고 하였다. 揚子가 말하기를 '驩兜의 무리는 능히 교묘한 말로 聖人을 미혹시켰으니, 그 재주가 또한 다른 사람의 아래에 있지 않았다.'라고 하였다."

③ 才乎才 非吾徒之才也 : 祕曰 "儀秦之才, 非元凱之才也." ○ 光曰 "口才, 君子所不貴."

吳祕가 말하였다. "장의와 소진의 재주는 賢人과 才士의 재주가 아니다."

○ 司馬光이 말하였다. "말재주는 君子가 귀하게 여기지 않는 것이다."

혹인이 말하였다.

"張儀와 蘇秦은 재주가 있는 사람일 것입니다. 그들의 발자취를 따를 수가 없

---

17) 舜謂……何畏乎巧言令色孔壬 : 이는 ≪書經≫ 〈虞書 皐陶謨〉에, 고요가 사람을 알고 백성을 편안히 하는 것〔知人安民〕이 중요하다고 하자, 禹가 "아, 너의 말이 옳으나, 다 이처럼 하는 것은 帝堯도 어렵게 여기셨다. 사람을 알면 명철하여 훌륭한 사람을 벼슬시키며 백성을 편안히 하면 은혜로워 모든 백성들이 그리워할 것이다. 군주가 명철하고 은혜로우면 어찌 驩兜를 걱정하며 어찌 有苗를 귀양 보내며 어찌 말을 좋게 하고 얼굴빛을 잘하되 크게 간악한 마음을 품은 자를 두려워하겠는가.〔吁 咸若時 惟帝其難之 知人則哲 能官人 安民則惠 黎民懷之 能哲而惠 何憂乎驩兜 何遷乎有苗 何畏乎巧言令色孔壬〕"라고 보인다.

습니다."

揚子가 말하였다.

"옛날에 사람을 임용하는 것을 舜임금도 '어렵다.'고 말씀하였다. 장의와 소진은 또한 재주가 있는 자일 것이다. 재주는 재주이지만 우리들이 배워야 할 재주는 아니다."

16. 美行은 **園公, 綺里季, 夏黃公, 甪**(녹)**里先生**①이요 **言辭**는 **婁敬, 陸賈**②요 **執正**은 **王陵, 申屠嘉**③요 (折)〔抗〕[18]**節**은 **周昌汲黯**④이요 **守儒**는 **轅固, 申公**⑤이요 **災異**는 **董相夏侯勝京房**⑥이니라

① 美行 園公綺里季夏黃公甪里先生：避秦之亂，隱居商山，不朝高祖而從太子，帝客禮之. ○ 祕曰 "行人所不能，四皓也." ○ 光曰 "甪，盧谷切. 或作角音同."

〈東園公·綺里季·夏黃公·甪里先生이〉 秦나라의 난리를 피하여 商山에 은거하여 高祖에게 조회하지 않고 太子를 따랐는데 高祖가 客으로 예우하였다.

○ 吳祕가 말하였다 "사람이 행할 수 없는 것을 행한 것은 四皓이다."

○ 司馬光이 말하였다. "甪은 盧와 谷의 반절이다. 혹은 角으로 되어 있으니 音은 같다."

② 言辭 婁敬陸賈：婁敬，說(세)高祖，都關中，陸賈說尉佗，爲漢臣，又作新語，高祖善之.

婁敬은 高祖를 설득하여 關中에 도읍하게 하였고, 陸賈는 〈高祖의 명을 받고 南越에 사신으로 가 그 임금〉 尉佗를 설복시켜 漢나라의 신하가 되게 하였으며 또 ≪新語≫를 지으니, 高祖가 훌륭하게 여겼다.

③ 執正 王陵申屠嘉：呂后欲王諸呂，陵執意不從，[19] 免陵，乃得封之. 文帝佞幸鄧通，至使慢禮，嘉折之，又晁錯犯憲，嘉奏誅錯. ○ 光曰 "宋吳本，正作政，今從李本."

呂后가 呂氏들을 왕으로 삼으려고 하자 王陵이 〈劉氏 이외에는 왕이 될 수 없다는〉 뜻을 고집하고 따르지 않으니, 왕릉을 파면한 뒤에야 비로소 여씨들을 봉할 수 있었다. 文帝의 寵臣인 鄧通이 사신 가서 禮를 태만히 하니 申屠嘉가 그의 기를 꺾

---

18) (折)〔抗〕: 저본에는 '折'로 되어 있으나, ≪諸子平議≫에 의거하여 '抗'으로 바로잡았다.

19) 陵執意不從 : 王陵은 漢 高祖의 功臣으로, 惠帝 6년에 相國 曹參이 죽자 陳平과 더불어 승상에 임명된 인물이다. 혜제 사후 呂太后가 자신의 일족들을 왕으로 세우려 했을 때, 진평은 권도로써 찬성하였지만 왕릉은 劉氏 이외에는 왕이 될 수 없다는 고조와의 盟誓를 들면서 여태후에게 불가함을 말했다가 노여움을 샀다.(≪漢書≫ 〈張陳王周傳〉)

었고, 또 晁錯가 법을 범하니 신도가가 아뢰어 조조를 주벌하였다.

○ 司馬光이 말하였다. "宋咸本·吳祕本에는 正이 政으로 되어 있는데 지금 李軌本을 따랐다."

④ (折)〔抗〕節 周昌汲黯：高祖欲易太子, 周昌面爭, 以爲不可. 武帝時, 公孫弘爲丞相, 汲黯面折弘於上前, 以爲弘諛不忠. ○ 祕曰 "折節, 言其能降也. 夫彊直之人, 降則爲亂, 若二公者, 天姿彊直, 而能乃降, 其折節可尙矣."

高祖가 太子를 바꾸려고 하였는데 周昌이 면전에서 간쟁하여 불가하다고 하였다. 武帝 때 公孫弘을 丞相으로 삼았는데 汲黯이 무제의 앞에서 공손홍에 대해 기탄없이 직간하기를 "공손홍은 아첨하고 불충합니다."라고 하였다.

○ 吳祕가 말하였다. "'折節'은 절조를 꺾고 몸을 낮춤을 말한다. 强直한 사람은 절조를 꺾고 몸을 낮추게 하면 난을 일으키는데, 두 공의 경우는 타고난 자질이 강직하였으나 능히 몸을 낮추었으니, 절조를 꺾고 몸을 낮춘 것이 可尙하다."

⑤ 守儒 轅固申公：轅固守正, 以得辠於竇太后, 后使入圈擊彘. 申公守正, 以事楚王, 卒爲楚王所烹, 此二公, 終不屈其道. ○ 祕曰 "轅固生, 以治詩, 孝景帝時, 爲博士. 竇太后好老子書, 召轅固生, 問老子書, 固曰 '此是家人言耳.' 頃之, 爲淸河王太傅, 久之, 病免. 申公, 以詩經爲訓, 及趙綰·王臧, (謂)〔請〕[20]天子 欲立明堂, 以朝諸侯, 不能就其事, 乃言師申公. 於是, 天子使使, 束帛加璧, 安車駟馬, 迎申公, 以爲太中大夫, 舍魯邸, 議明堂事. 竇太后不說儒術, 得綰臧之過, 申公以疾免."

轅固는 정도를 지키다가 竇太后에게 죄를 얻었는데 두태후가 그로 하여금 우리에 들어가 돼지를 도살하게 하였고, 申公은 정도를 지켜 楚王을 섬기다가 마침내 楚王에게 烹刑을 당하였으니, 이 두 公은 끝내 그 도를 굽히지 않았다.

○ 吳祕가 말하였다. "轅固生은 ≪詩≫를 전공하여 孝景帝 때 博士가 되었다. 竇太后는 ≪老子≫를 좋아하여 원고생을 불러 ≪노자≫에 대해 물었는데 원고생이 말하기를 '이는 무식한 家人(僮僕)의 말일 뿐입니다.'라고 하였다. 얼마 뒤 淸河王太傅가 되었다가 오래 지난 뒤에 병으로 그만두었다. 申公은 〈浮丘伯에게 ≪詩≫를 전수받고서〉 ≪詩經≫에 訓詁를 내었다. 趙綰과 王臧이 天子(武帝)에게 청하여 明堂을 세워 제후들을 입조하게 하려 하였으나 그 일을 성사시킬 수 없자 이에 스승인 申公을 천거하였다. 이에 천자가 使者를 시켜 束帛에 璧玉을 추가하고 安車와 駟馬로 申公을 맞이하여 太中大夫로 삼고 魯王의 저택에 머물게 하여 明堂에 대한 일을 의논하게 하였다. 竇太后는 〈≪老子≫를 좋아하고〉 儒學을 좋아하지 않았으므로 趙綰과 王臧의 허물을 찾아내니, 申公이 질병을 이유로 그만두었다."

---

20) (謂)〔請〕: 저본에는 '謂'로 되어 있으나, ≪史記≫ 〈儒林列傳〉에 의거하여 '請'으로 바로잡았다.

⑥ 災異 董相夏侯勝京房：董仲舒，夏侯勝，京房，皆善推陰陽，知災異.

董仲舒，夏侯勝，京房은 모두 陰陽의 기운이 운행하는 이치를 잘 유추하여 災異를 알았다.

〈秦漢 이후로〉 덕행이 아름다운 사람은 東園公·綺里季·夏黃公·甪里先生이고, 言辭가 아름다운 사람은 婁敬· 陸賈이고, 바른 도리를 굳게 지킨 사람은 王陵·申屠嘉이고, 절조를 지켜 변치 않은 사람은 周昌·汲黯이고, 儒學을 굳게 지킨 사람은 轅固生·申公이고, 災異를 말하기 좋아한 사람은 董相·夏侯勝·京房이다.

商山四皓

17. **或問蕭曹**한대 **曰 蕭也規**요 **曹也隨**①니라 **滕灌樊酈**한대 **曰 俠介**②니라 **叔孫通**한대 **曰 (槧)〔檢〕**[21] **人也**③니라 **袁盎**한대 **曰 忠不足而談有餘**④니라 **晁錯**한대 **曰 愚**⑤니라 **酷吏**한대 **曰 虎哉虎哉**여 **角而翼也**⑥니라 **貨殖**한대 **曰 蚊**⑦이라 **曰 血國三千**[22]하여 **使(將)〔捋〕**[23]**疎飮水褐博**[24]하여 **沒齒然也**⑧하니라 **或問循吏**한대 **曰 吏也**⑨니라 **游**

21) (槧)〔檢〕：저본에는 '槧'으로 되어 있으나, 汪榮寶의 《法言義疏》에 의거하여 '檢'으로 바로잡았다.

22) 血國三千：많은 諸侯國을 비유하는 말이다. 商人이 이익을 취할 제후국이 많은 것을 모기가 피를 빨 대상이 많은 것에 비유하여 이르는 말이다.

23) (將)〔捋〕：저본에는 '將'으로 되어 있으나, 汪榮寶의 《法言義疏》에 의거하여 '捋'로 바로잡았다.

24) (將)〔捋〕疎飮水褐博：疎는 蔬의 통용자로 보아 '捋疎'는 채소를 뜯어 먹는 것이고, '飮水'

俠한대 曰 竊國靈也⑩니라 佞幸한대 曰 不料而已⑪니라

① 蕭也規 曹也隨：蕭何, 規刱於前, 如一, 曹參奉隨於後, 不失. ○ 光曰 "非蕭, 不能規, 非曹, 不能隨. 二人協心, 共成漢道, 其賢等耳."

蕭何는 앞에서 계획하여 시작해서 한결같이 하였고, 曹參은 뒤에서 받들어 따라서 빠뜨리지 않았다.

○ 司馬光이 말하였다. "소하가 아니었으면 계획을 하지 못하였을 것이고, 조참이 아니었으면 따르지 못하였을 것이다. 이 두 사람이 協心하여 漢나라의 道를 함께 이루었으니 그 어짊이 똑같을 뿐이다."

② 滕灌樊酈 曰 俠介：滕公・灌嬰・樊噲・酈商, 此四人, 前後輔夾高帝. ○ 咸曰 "俠, 與挾同, 持也. 介, 衛也. 言高帝爲沛公時, 而夏侯嬰・灌嬰・樊噲・酈商, 皆已從之, 爲持衛也." ○ 祕曰 "滕公夏侯嬰・灌嬰・樊噲・酈商, 皆俠剛介之士. 易曰 '介如石焉.'" ○ 光曰 "介, 助也."

滕公(夏侯嬰), 灌嬰, 樊噲, 酈商 이 네 사람이 앞뒤에서 高帝를 보좌하였다.

○ 宋咸이 말하였다. "俠은 挾과 같으니, 붙잡아주는 것이다. 介는 지키는 것이다. 高帝가 沛公이었을 때 하후영, 관영, 번쾌, 역상이 모두 이미 그를 따라서 지키고 호위하였음을 말한 것이다."

○ 吳祕가 말하였다. "등공 하후영, 관영, 번쾌, 역상은 모두 호협하고 剛介한 선비이다. ≪易≫에 이르기를 '절개가 돌과 같다.'라고 하였다."

○ 사마광이 말하였다. "介는 도움이다."

③ 叔孫通 曰 槧人也：叔孫通, 秦博士, 避二世之亂, 遇高祖起兵, 從之. 天下旣定, 還復從儒. 見事敏疾. ○ 祕曰 "叔孫通, 采古禮, 與秦儀雜, 著漢儀, 簡牘之人也. 槧, 猶牘也, 說文曰 '牘(璞)〔樸〕[25]也.' 西京雜記曰 '子雲好事, 常懷鉛提槧.'[26]" ○ 光曰 "槧, 才敢・切廉・七艶三切. 闕."

叔孫通은 秦나라 博士로 二世皇帝의 난리를 피하여 高祖가 군대를 일으켰을 때를 만나 고조를 따랐다. 天下가 안정된 뒤에는 다시 儒者를 따랐는데 일을 보는 것이 민첩하고 빨랐다.

는 물을 마시는 것이고, '褐博'는 헐렁한 갈옷을 입는 것으로, 가난하게 생활함을 이른다.

25) (璞)〔樸〕: 저본에는 '璞'으로 되어 있으나, ≪說文解字≫에 의거하여 '樸'으로 바로잡았다.

26) 西京雜記曰……常懷鉛提槧 : 晉나라 葛洪의 ≪西京雜記≫에 "양자운이 일 벌이기를 좋아하여 항상 연필을 품에 끼고 서판을 들고서 計吏(회계를 맡은 관원)들과 종유하여 중국과 멀리 떨어진 사방 지역의 말을 채집하였다.〔揚子雲好事 常懷鉛提槧 從諸計吏 訪殊方絶域四方之語〕"라고 하였다. 揚雄은 일찍이 중국과 멀리 떨어진 사방 지역의 말을 채집하여 ≪方言≫이라는 책을 저술하였다.

○ 吳祕가 말하였다. "숙손통은 古禮를 채택하여 秦나라의 儀禮와 섞어서 ≪漢儀≫를 지었으니, 식견이 있는 사람이다. 槧은 牘과 같으니, ≪說文解字≫에 이르기를 '槧은 牘樸(글씨를 쓰기 위해 깎아 만든 書板)이다.'라고 하였다. ≪西京雜記≫에 이르기를 '揚子雲은 일 벌이기를 좋아하여 항상 연필을 품에 끼고 서판을 들고 다녔다.'라고 하였다."

○ 司馬光이 말하였다. "槧은 才와 敢의 반절, 切과 廉의 반절, 七과 艶의 반절이다. 뜻은 注釋하지 않았다."

④ 袁盎 曰 忠不足而談有餘 : 說(세)景帝, 斬晁錯, 以謝七國, 實挾私怨, 而不爲國. ○ 祕曰 "袁盎譖誅晁錯, 忠不足也. 諫遷淮南王,[27] 而談有餘也."

袁盎이 景帝를 설득하여 晁錯를 죽여 七國에 사죄하게 하였으니, 이는 실로 사적인 원한을 위한 것이고 나라를 위한 것이 아니었다.

○ 吳祕가 말하였다. "원앙이 조조를 참소하여 죽였으니 충성심은 부족하고, 회남왕을 유배한 것에 대해 간하였으니 말은 넉넉하였다."

⑤ 晁錯 曰 愚 : 畫策削諸侯王, 七國旣反, 令盎得行其說, 智而不能自明, 朝服斬於東市. ○ 祕曰 "晁錯知七國之彊, 不奉辭伐罪而請削, 乃爲袁盎之所中, 而不能預言, 古之愚也直,[28] 晁錯有焉." ○ 光曰 "音義曰 '天復本, 愚作由忠.' 今從諸家. 錯知諸侯太彊, 必爲亂, 故削之, 而七國尋反, 身死東市, 不若主父偃, 從諸侯所欲, 分國邑, 侯子弟, 而諸侯自弱也, 故以錯爲愚."

晁錯가 諸侯王의 영토를 삭감하도록 획책하여, 吳楚七國이 반란한 뒤에 袁盎으로 하여금 〈조조의 목을 베고 使者를 보내어 제후들의 죄를 사면하여 옛 영지를 회복시켜주면 병기에 피를 묻히지 않고도 七國을 해산시킬 수 있을 것이라는〉 말을 행하게 하니, 조조가 지혜로웠으나 스스로 해명하지 못하고 朝服 차림으로 東市(처형장)에서 참수되었다.

○ 吳祕가 말하였다. "조조는 칠국이 강하여 임금의 말을 받들어 죄를 지은 자들을 정벌하지 않을 줄 알고 칠국의 영토를 삭감하기를 청하였으나 마침내 원앙의 농간에 빠져 그의 惡을 미리 말하지 못하였으니, '예전의 어리석은 사람은 고지식하였

---

27) 諫遷淮南王 : 회남왕은 문제의 아우인 劉長으로 그가 횡포를 부리자, 文帝는 먼 蜀 지방으로 유배 보냈다. 이에 袁盎이 간하기를, "만일 회남왕이 도중에 안개와 이슬을 맞고 죽으면 폐하께서는 아우를 죽였다는 나쁜 소문이 있게 될 것입니다." 하니, 문제는 "내 우선 고통을 주어 그를 경계할 뿐이다." 하였는데, 회남왕은 분하여 음식을 먹지 않고 결국 죽었다. 이에 과연 문제는 본의 아니게 아우를 죽게 했다는 악명을 듣게 되었다.(≪史記≫ 〈袁盎列傳〉)

28) 古之愚也 直 : ≪論語≫ 〈陽貨〉에 孔子가 이르기를 "예전의 어리석은 사람은 고지식하였는데, 지금의 어리석은 사람은 간사할 뿐이다.〔古之愚也直 今之愚也詐而已矣〕"라고 하였다.

다.'고 하였는데, 이러한 점을 조조가 가지고 있었다."

○ 司馬光이 말하였다. "≪音義≫에 이르기를 '天復本에는 愚가 「由忠」으로 되어 있다.'라고 하였는데, 지금은 諸家를 따랐다. 조조는 제후들이 너무 강하여 필시 난을 일으킬 것을 알았기 때문에 칠국의 영토를 삭감하였다. 그런데 칠국이 이어서 배반하고 자신은 東市에서 죽었으니, 主父偃이 諸侯들이 원하는 바를 따라서 國邑을 나누어 자제들을 列侯로 삼아 諸侯들이 저절로 약해지게 한 것만 못하다. 그러므로 조조를 어리석다고 한 것이다."

⑥ 酷吏 曰 虎哉虎哉 角而翼也：郅都・寧戚・張湯・杜周之徒. ○ 咸曰 "韓詩外傳云 '無爲虎傅翼, 將飛入邑, 擇人而食.' 此以酷吏, 猶虎而角翼者, 言暴之甚也." ○ 光曰 "不仁之人,而得勢位, 如虎之得角翼."

酷吏는 郅都, 寧戚, 張湯, 杜周 같은 자들이다.

○ 宋咸이 말하였다. "≪韓詩外傳≫에 이르기를 '호랑이에게 날개를 달아주지 말라. 〈날개를 달아주면〉 장차 날아서 고을로 들어와 사람을 골라서 잡아먹을 것이다.'라고 하였다. 여기서 酷吏를, 뿔에다 날개까지 단 범과 같다고 한 것은 포악함이 심함을 말한 것이다."

○ 司馬光이 말하였다. "不仁한 사람으로서 권세와 지위를 얻는 것은 호랑이가 뿔과 날개를 얻은 것과 같다."

⑦ 貨殖 曰 蚊：咸曰 "孔子云 '賜不受命而貨殖焉.' 又曰 '求也, 爲之聚斂.' 是則貨殖聚斂, 聖人之所疾也. 漢書, 稱'揚子不汲汲於富貴, 不戚戚於貧賤, 家無甔石之儲, 晏如也.' 今或人問貨殖故, 答之曰 '蚊.' 亦疾之甚焉. 夫蚊之爲蟲, 喙人而求生, 可鄙惡(오)者也. 貨殖之徒, 兼幷聚斂, 非義是存, 亦所謂喙人而求生矣." ○ 祕曰 "貨殖之人, 析毫顧利, 微而食人, 其猶蚊乎."

宋咸이 말하였다. "孔子가 말씀하기를 '賜(子貢)는 天命에 순응하지 않고 재물을 불렸다.'라고 하였고, 또 말씀하기를 '〈季氏가 周公보다 부유한데도〉 冉求가 그를 위해 많은 세금을 거두었다.'라고 하였으니, 이것은 재물을 불리는 것과 세금을 거두어들이는 것을 聖人이 미워한 것이다. ≪漢書≫ 〈揚雄傳〉에 '揚子는 부귀에 급급해 하지도 않고 빈천을 근심하지도 않아 집에는 한 섬의 저축도 없었으나 평안하였다.'라고 칭하였다. 그런데 지금 혹인이 재물을 불리는 자에 대하여 물었기 때문에 답하기를 '모기처럼 피를 빨아먹는 자들이다.'라고 하였으니, 또한 매우 미워한 것이다. 모기란 놈은 사람의 피를 빨아먹고 사니, 비루하고 미워할 만하다. 貨殖하는 자들은 토지를 兼幷하고 세금을 거두어들이니 義로써 사는 것이 아니라 또한 이른바 백성의 고혈을 빨아먹고 사는 자이다."

○ 吳祕가 말하였다. "재물을 불리는 사람은 아주 작은 것을 따지면서 이익을 돌아보니, 미천하면서 사람의 고혈을 빨아먹는 것이 모기와 같을 것이다."

⑧ 血國三千 使(將)〔捋〕疎飮水褐博沒齒然也：咸曰“揚旣以蚊貶貨殖，或以是言，難之也，云‘天下之民有骨血者，三千國，非貨殖，則將使其飯疎食(사)飮水，被褐終年而已乎.’ 言衣食僅給而不能富庶也. 今下無答文者，蓋揚鄙其不諭敎而彊見難故，不對之也. 三千國者，昔禹會塗山，執玉帛者萬國，於商周之世，已漸幷之矣. 故至漢，但可三千而已，擧大較也. 褐博者，孟子云‘褐寬博’ 謂獨夫之被褐者. 沒，終也. 齒，年也.” ○ 祕曰“揚恐未諭故，再釋之曰‘貨殖之心，若蚊，自務輕飽，而血視三千之國，使將疎飯飮水，衣褐博之衣，沒其年齒而後已也.’ 齒，齡也. 按周一千八百國，而漢郡國一百三，縣邑千三百一十四，云三千者，蓋貨殖之人，倍取於國，且言其多歟.” ○ 光曰“李本，作沒齒無愁也，今從宋吳本. 蚊下曰，衍字. 褐，毛布也. 褐博，以褐爲寬博之衣也. 三千，言其衆也. 言貨殖，如蚊嗜民之血，使之皆貧困以終其身也.”

宋咸이 말하였다. “揚雄이 이미 재물을 불리는 자를 사람의 피를 빨아먹는 모기라고 폄하하자, 혹인이 이 말로써 양웅을 힐난하여 이르기를 ‘천하의 백성 중에 혈육간인 同姓의 제후국이 3천이나 되니, 貨殖이 아니면 장차 이들로 하여금 거친 밥을 먹고 물을 마시며 갈옷을 입고 평생을 마치게 할 뿐이다.’라고 하였으니, 겨우 의식을 해결할 뿐 부유하게 할 수 없음을 말한 것이다. 지금 아래에 양웅의 자세히 답하는 글이 없는 것은, 아마도 혹인이 양웅이 가르쳐준 말을 깨닫지 못하고 이치에 맞지 않게 힐난한 것을 양웅이 비루하게 여겼기 때문에 자세히 대답하지 않은 듯하다. ‘三千國’이라는 것은 옛날에 禹임금이 塗山에서 諸侯를 회합할 때 玉帛(신표로 제후가 잡는 玉과 제후의 世子가 잡는 帛)을 가지고 와서 바친 나라가 만 개국이었는데, 商나라와 周나라 때에 점점 제후를 겸병하였다. 그러므로 漢나라에 이르러서는 다만 제후국이 3천 개뿐이었으니, 큰 수를 든 것이다. ‘褐博’은 ≪孟子≫ 〈公孫丑 上〉에 이르기를 ‘褐寬博’이라고 하였으니, 갈옷을 입은 獨夫를 이른다. 沒은 마침이고, 齒는 나이이다.”

○ 吳祕가 말하였다. “양웅은 혹인이 깨닫지 못할까 염려하였기 때문에 다시 해석하기를 ‘貨殖하는 자의 마음은 피를 빨아먹는 모기와 같아서, 자신만 가벼운 옷을 입고 배불리 먹기를 힘쓰고 3천 개의 제후국을 피를 빨아먹을 대상으로 보아서 〈백성들에게 착취하여〉 백성들로 하여금 거친 밥을 먹고 물을 마시며 헐렁한 갈옷을 입고 가난하게 살게 하여 죽은 뒤에야 그만두었다.’라고 하였다. 齒는 나이이다. 살펴보건대 周나라는 제후국이 1,800개였고, 漢나라는 郡國이 103개이고 縣邑이 1,314개였는데, 3천이라고 말한 것은 아마도 貨殖하는 사람이 나라에서 갑절로 취한 것이니, 또 그 많음을 말한 것이다.”

○ 司馬光이 말하였다. “李軌本에는 〈‘沒齒然’이〉 ‘沒齒無愁(종신토록 근심이 없겠는가?)’로 되어 있으니, 지금 宋咸本・吳祕本을 따랐다. ‘蚊’ 아래의 ‘曰’은 衍字이다. 褐은 毛布이니, ‘褐博’은 갈포로 크고 헐렁한 옷을 만든 것이다. 三千은 많음을 말한 것이다. 재물을 불리는 자는 모기처럼 백성의 고혈을 빨아먹어 백성들로 하여금 모

두 종신토록 가난하게 살게 만든다는 말이다.”

⑨ 或問循吏 曰 吏也：鄭子産·公儀休·孫叔敖之徒. ○ 咸曰“言如是者, 始可謂之吏也.”

循吏는 鄭子産, 公儀休, 孫叔敖 같은 자들이다.

○ 宋咸이 말하였다. “이와 같은 자라야 비로소 관리라고 이를 만하다는 말이다.”

⑩ 游俠 曰 竊國靈也：靈, 命也. 朱亥·田仲·郭解·劇孟·原涉之徒. ○ 咸曰“荀悅云‘立氣勢, 作威福, 結私交, 以立彊於國者, 謂之游俠.’ 此云‘竊國靈’ 蓋言竊行國之威靈, 以爲之彊.” ○ 祕曰“靈, 福也. 遷載游俠, 竊國之威靈, 爲己之私義者也.” ○ 光曰“國之所以能爲國者, 以在上者, 執號令, 御其下, 如人之有神靈也.”

‘國靈’의 靈은 命이다. 游俠은 朱亥, 田仲, 郭解, 劇孟, 原涉 같은 자들이다.

○ 宋咸이 말하였다. “荀悅이 이르기를 ‘氣勢를 확립하여 마음대로 위엄과 복을 베풀고, 사사로운 교분을 맺어 나라에 강함을 내세우는 사람을 遊俠이라 한다.’라고 하였다. 여기에서 ‘竊國靈’이라고 한 것은 대개 나라의 위엄과 복을 제멋대로 행하여 그것을 강함으로 삼는 것을 말한다.”

○ 吳祕가 말하였다. “靈은 福이다. 司馬遷이 ≪史記≫의 〈游俠傳〉에 기재하기를 ‘나라의 威靈(위엄과 복)을 훔쳐서 자신의 私義로 삼는 자이다.’라고 하였다.”

○ 司馬光이 말하였다. “나라가 나라다운 나라가 되기 위해서는 윗자리에 있는 자가 호령을 행하여 아랫사람을 다스려야 하니, 사람에게 神靈이 있는 것과 같다.”

⑪ 佞幸 曰 不料而已：籍儒[29]·鄧通·周文仁·韓王孫·李延年之徒. ○ 咸曰“料, 度(탁)也. 夫佞幸者, 日以寵進位, 非才, 升憑乎城社, 卒蹈機穽, 亦不度(탁)者也.” ○ 光曰“不自料其才德, 不稱其寵祿, 而貪竊之, 以取禍敗, 此皆論太史公書所載.”

佞幸은 籍儒, 鄧通, 周文仁, 韓王孫, 李延年 같은 자들이다.

○ 宋咸이 말하였다. “料는 헤아림이다. 佞幸은 날마다 총애를 받아 지위가 오르고 변변치 못한 재주로 임금의 곁에서 권세를 빙자하여 나쁜 짓을 하다가 마침내 함정에 빠지니, 또한 헤아릴 것도 못 된다.”

○ 司馬光이 말하였다. “그 재주와 덕이 총애와 祿에 걸맞지 않음을 스스로 헤아리지 않고 총애와 녹을 탐내어 훔쳐서 禍와 실패를 취한다. 이는 모두 太史公의 책에 기재된 내용을 논한 것이다.”

혹인이 蕭何와 曹參에 대해 물으니, 揚子가 말하였다.

“소하는 법령과 제도를 제정하였고, 조참은 그대로 따르고 변경한 바가 없었다.”

혹인이 滕公 夏侯嬰, 灌嬰, 樊噲, 酈商에 대하여 물으니, 양자가 말하였다.

---

29) 籍孺：≪史記≫ 〈佞幸列傳〉에는 ‘閎孺’로 되어 있다. 漢 惠帝의 寵臣으로 황제와 더불어 일상생활을 함께 하였다. 才能은 없지만 그저 외모가 아름답다고 하여 총애를 받았다.

蕭何

曹參

"이들은 漢 高祖의 좌우에서 보좌한 사람들이다."

혹인이 叔孫通에 대하여 물으니, 양자가 말하였다.

"간사한 사람이다."

혹인이 袁盎에 대하여 물으니, 양자가 말하였다.

"충성심은 부족하고 간하는 말은 넉넉하였다."

혹인이 晁錯에 대하여 물으니, 양자가 말하였다.

"어리석은 사람이다."

혹인이 酷吏(잔혹한 관리)에 대하여 물으니, 양자가 말하였다.

"범과 같다. 범과 같다. 뿔에다 날개까지 단 범이다."

혹인이 貨殖(재물을 불림)하는 자에 대하여 물으니, 양자가 말하였다.

"모기처럼 피를 빨아먹는 자들이다."

양자가 다시 말하였다.

"그들은 천하 3천 개국 백성들의 피를 빨아 먹어 백성들로 하여금 채소를 뜯어 먹고 물을 마시며 헐렁한 갈옷을 입고서 종신토록 가난하게 살게 하였다."

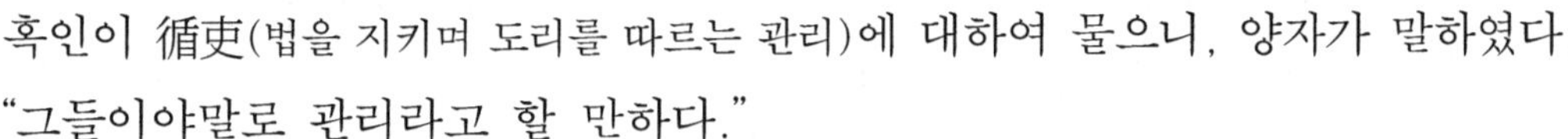

혹인이 循吏(법을 지키며 도리를 따르는 관리)에 대하여 물으니, 양자가 말하였다.

"그들이야말로 관리라고 할 만하다."

혹인이 游俠(호방하고 의협심이 강한 사람)에 대하여 물으니, 양자가 말하였다.

"나라의 권력을 훔치는 자이다."

혹인이 佞幸(아첨을 잘하여 총애를 받는 사람)에 대하여 물으니, 양자가 말하였다.

"논할 가치도 없다."

18. 或問近世社稷之臣한대 曰 若張子房之智①와 陳平之無悞②와 絳侯勃之果③와 霍將軍之勇④에 終之以禮樂이면 則可謂社稷之臣矣⑤니라 或問 公孫弘董仲舒孰邇⑥오 曰 仲舒는 欲爲而不可得이요 弘容而已矣⑦니라

① 若張子房之智：用行舍藏，功成身退.

張子房은 써 주면 나가서 도를 행하고 써 주지 않으면 도를 품고 은둔하며, 공을 세운 뒤에는 그 자리에서 물러났다.

② 陳平之無悞：內明其畫，外無違悞. ○ 祕曰 "所擧必行，無謬悞." ○ 光曰 "李本，悞作悟，今從宋吳本. 悞，與忤同."

안으로는 명확한 계책을 세우고 밖으로는 어긋나고 그릇됨이 없었다.

○ 吳祕가 말하였다. "그가 계획한 바를 반드시 행해도 잘못됨이 없었다."

○ 司馬光이 말하였다. "李軌本에는 '悞'가 '悟'로 되어 있는데, 지금 宋咸本・吳祕本을 따랐다. 悞는 忤와 같다."

③ 絳侯勃之果：祕曰 "誅諸呂，立代王，果於大事."

吳祕가 말하였다. "絳侯 周勃은 呂氏들을 주벌하고 代王을 세워 大事를 과단성 있게 행하였다."

④ 霍將軍之勇：祕曰 "光摧燕上官之鋒，處興廢之分而不懼."

吳祕가 말하였다. "霍光은 燕王과 上官傑의 예봉을 꺾고 興廢의 갈림길에 놓여도 두려워하지 않았다."

⑤ 終之以禮樂 則可謂社稷之臣矣：此數公，遭漢初定，倉卒之際，則權應當時，苟以救世，不能與稷契(설)伊周同風，未終先王之禮樂. ○ 祕曰 "言此數公，旣立功之後，以禮樂自終，則社稷臣矣." ○ 光曰 "言雖兼數公之才業，不能修禮樂以成治平之化，亦未足謂之社稷之臣也."

이 여러 公은 漢나라가 막 평정되어 매우 급작스러울 때를 만나면 때에 따라 임기응변하여 구차하게 세상을 구제하였으나 稷・契・伊尹・周公과는 풍격이 같을 수 없어 先王의 禮樂을 마치지 못하였다.

○ 吳祕가 말하였다. "이 여러 公은 이미 功을 세운 뒤에 禮樂으로 스스로 마쳤으니, 社稷臣이다."

○ 司馬光이 말하였다. "비록 여러 公의 재주와 학식을 겸했더라도 禮樂을 닦아 治國平天下의 교화를 이루지 못한다면 또한 社稷臣이라고 이르기에 부족하다."

⑥ 公孫弘董仲舒孰邇：欲知此二人用心，誰近聖人之道. ○ 祕曰 "誰近社稷之臣."

이 두 사람의 마음씀은 누가 聖人의 道에 가까운지 알고자 한 것이다.

○ 吳祕가 말하였다. "누가 社稷의 신하에 가까운지 물은 것이다."

⑦ 仲舒欲爲而不可得 弘容而已矣：利用安身. ○ 祕曰 "仲舒欲施禮樂之事，而武帝外之，故不可得也. 禮樂志曰 '時上方征討四夷，銳志武功，不暇留意禮文之事.' 又曰 '未有立禮成樂，此賈誼・仲舒・王吉・劉向之徒，所爲發憤而增歎也.' 弘嘗與公卿約議，至上前，皆背其約，以順上旨，是取容而已，何暇禮樂哉."

씀을 이롭게 하여 몸을 편안히 하였다.

○ 吳祕가 말하였다. "董仲舒는 禮樂의 일을 시행하고자 하였으나 武帝가 이를 치지도외하였기 때문에 할 수 없었다. ≪漢書≫ 〈禮樂志〉에 이르기를 '이때 上(武帝)이 한창 사방 오랑캐를 정벌하여 武功에 뜻을 집중하여 예악과 문물 제도의 일에 유념할 겨를이 없었다.'라고 하였고, 또 이르기를 '禮樂을 제정한 일이 없으니, 이것이 賈誼・董仲舒・王吉・劉向 같은 자들이 울분을 토로하고 더욱 개탄스러워한 것이다.'라고 하였다. 公孫弘이 일찍이 公卿들과 의논을 올리기로 약속하고 上의 앞에 이르러서는 그 약속을 모두 저버리고 上의 뜻에 순종하였다. 이는 뜻에 영합하여 환심을 사려고 한 것일 뿐이니, 어찌 禮樂에 힘쓸 겨를이 있었겠는가."

혹인이 近世의 社稷臣(나라의 安危와 存亡을 맡은 重臣)에 대하여 물으니, 揚子가 말하였다.

"張子房의 지혜와 陳平의 착오가 없음과 絳侯 周勃의 과단성과 霍將軍의 용기에 禮樂의 일로 마치면 社稷臣이라고 이를 만하다."

혹인이 물었다.

"公孫弘과 董仲舒는 누가 사직신에 가깝습니까?"

양자가 말하였다.

"동중서는 사직신이 되려고 하였으나 기회를 얻지 못하였고, 공손홍은 윗사람의 비위를 맞춰 용납되고자 하였을 뿐이다."

19. 或問近世名卿한대 **曰 若張廷尉之平**①과 **雋**(전)**京兆之見**②과 **尹扶風之絜**③과 **王子貢之介**④는 **斯名卿矣**니라 **將**⑤한대 **曰 若條侯之守**⑥와 **長平冠軍之征伐**⑦과 **博陸之持重**⑧이면 **可謂名將矣**니라 **請問古**⑨한대 **曰 鼓之以道德**⑩하고 **征**[30]**之以仁義**⑪이요 **輿尸血刃**은 **皆所不爲也**라

① 若張廷尉之平 : 張釋之, 惟存公平, 無阿於意. ○ 咸曰 "釋之爲廷尉, 天下無冤民, 其所謂平矣." ○ 祕曰 "張釋之爲廷尉, 不族盜宗廟御物者,[31] 執法之平也, 贊曰 '張釋之

30) 征 : 鉦과 통용한다. 군대는 북소리에 따라 전진하고 징소리에 따라 후퇴하였으므로 퇴각 신호를 가리킨다.

31) 張釋之爲廷尉 不族盜宗廟御物者 : 도적이 高廟 座前의 玉環을 훔쳤다가 잡히자 文帝가 노하여 滅族시키고자 하였다. 이에 장석지가 법에 따라 宗廟의 服御物을 훔친 죄로 논해서

之守法.'"

張釋之는 공평함을 보존하여 뜻에 아첨함이 없었다.

○ 宋咸이 말하였다. "장석지가 廷尉가 되었을 때에 천하에 원통해하는 백성이 없는 것이 이른바 공평하다는 것이다."

○ 吳祕가 말하였다. "장석지가 정위가 되어서 宗廟의 御物(祭器)을 훔친 자를 멸족시키지 않은 것은 법을 집행함이 공평하였으니, ≪漢書≫ 〈張釋之傳〉의 贊에 이르기를 '장석지는 삼가 법률을 지켰다.'라고 하였다."

② 雋京兆之見 : 雋不疑, 當昭帝時, 有人自稱亡衛太子, 百官莫知其所, 不疑後至, 取而治之, 乃巫成方遂也.[32] ○ 光曰 "雋, 徂兗切."

雋不疑는 昭帝 때를 당하여 죽은 衛太子라고 사칭하는 자가 나타나자 百官이 어찌할 바를 몰랐는데, 雋不疑가 나중에 이르러서 그를 잡아서 다스리니, 바로 무당인 成方遂였다.

○ 司馬光이 말하였다. "雋은 徂와 兗의 반절이다."

③ 尹扶風之絜 : 尹翁歸, 淸廉有節, 不被滋垢.

尹翁歸는 淸廉하여 절개가 있어 세상의 더러운 때에 물들지 않았다.

④ 王子貢之介 : 王子貢, 名尊, 成帝時人. 治任公正, 誅鋤豪彊, 不避貴戚.

王子貢은 이름이 尊이니, 成帝 때 사람이다. 직임을 다스림에 公正하여 권세를 믿고 횡포를 부리는 자들을 주살하되 貴戚을 피하지 않았다.

⑤ 將 : 旣聞名卿, 次問名將.

이미 名卿에 대해 듣고 난 뒤에 그다음으로 名將에 대해 물은 것이다.

⑥ 若條侯之守 : 咸曰 "周亞夫也. 守, 謂守細柳." ○ 光曰 "壁昌邑, 不救梁, 以弊吳, 雖有詔書, 亦不從."[33]

宋咸이 말하였다. "條侯는 周亞夫이다. 守는 細柳營을 지킨 것을 이른다."

당사자만 棄市하기를 청하여 받아들여졌다.(≪史記≫ 〈張釋之列傳〉)

32) 乃巫成方遂也 : 成方遂는 본래 夏陽 사람으로 卜筮의 일을 하였다. 옛날 태자(위태자)의 舍人이었던 사람이 일찍이 성방수에게 점을 보며 말하기를, "그대의 모습이 위태자와 매우 비슷하다."라고 하였다. 성방수는 마침내 마음속으로 그 말을 이롭게 여겨 부귀를 얻으려고 기대하였다가 誣罔不道의 죄에 연좌되어 東市에서 腰斬당하였다.

33) 壁昌邑……亦不從 : 漢 景帝 때 吳나라와 楚나라가 반란을 일으키자 周亞夫에게 정벌하도록 하였다. 주아부는 출전하지 않고 날랜 군사를 파견하여 은밀히 吳·楚의 식량 보급로를 차단하자 吳·楚가 식량이 떨어져 철수하려고 자주 도전해왔으나, 성벽을 굳게 지키고 끝내 출전하지 않았다. 어느 날 밤중에 軍中이 놀라 요란하게 서로 공격하며 장막의 부근에까지 이르렀으나, 주아부가 꼼짝도 하지 않고 누워 있자 다시 진정되었다. 그 뒤에 吳·楚가 굶주림에 시달려 퇴각하자 출격하여 큰 전공을 거두었다.(≪漢書≫ 〈周亞夫傳〉)

○ 司馬光이 말하였다. "주아부가 昌邑에서 성벽을 굳게 지키고 梁나라를 구하지 않아 吳나라를 피폐하게 만들고, 비록 詔書를 내렸으나 주아부가 또한 명을 따르지 않았다."

⑦ 長平冠軍之征伐：祕曰 "長平侯衛靑, 冠軍侯霍去病, 俱征伐匈奴立功."

吳祕가 말하였다. "長平侯는 衛靑이고 冠軍侯는 霍去病이니, 모두 匈奴를 정벌하여 功을 세웠다."

⑧ 博陸之持重：祕曰 "博陸侯霍光贊曰 '臨大節而不可奪, 遂正國家, 安社稷.'"

吳祕가 말하였다. "博陸侯 霍光의 贊에 이르기를 '생사의 기로에 임해서도 그 뜻을 빼앗을 수 없었고, 마침내 國家를 바로잡고 社稷을 안정시켰다.'라고 하였다."

⑨ 請問古：欲知古之良將.

옛날의 良將을 알고자 한 것이다.

⑩ 鼓之以道德：咸曰 "猶益贊禹而有苗格."[34] ○ 祕曰 "以道勝者帝, 以德勝者王, 帝王之兵前, 無敵, 孫子五敎之計, 一曰道.[35]"

宋咸이 말하였다. "예컨대 伯益이 禹에게 조언하였는데 有苗가 스스로 복종하여 이른 것과 같다."

○ 吳祕가 말하였다. "道로써 이기는 자는 帝이고 德으로써 이기는 자는 王이니, 帝王의 군대 앞에는 대적할 자가 없다. ≪孫子≫ 〈始計〉의 다섯 가지 가르침 중에 첫번째는 道이다."

⑪ 征之以仁義：咸曰 "猶常武所謂旣敬旣戒, 惠此南國.[36]" ○ 祕曰 "荀卿曰 '桓文之節

---

34) 益贊禹而有苗格：舜임금이 禹를 시켜 有苗를 정벌케 하였는데 유묘가 완강히 불복하자, 伯益이 우에게 조언하기를, "德은 하늘을 감동시켜 아무리 멀어도 이르지 않음이 없으니, 자만하면 손해를 부르고 겸손하면 이익을 받는 것이 바로 천도입니다……지극한 정성은 신명을 감동시키니, 하물며 유묘이겠습니까.〔惟德動天 無遠弗屆 滿招損 謙受益 時乃天道……至誠感神 矧玆有苗〕"라고 하였다.(≪書經≫ 〈虞書 大禹謨〉)

35) 孫子五敎之計 一曰道：≪孫子兵法≫ 〈始計〉에 "다섯 가지 일로써 다스리고 계책으로써 비교하여 그 실정을 찾아야 한다. 첫 번째는 道이고 두 번째는 天時이고 세 번째는 地利이고 네 번째는 將帥이고 다섯 번째는 法令(제도와 호령)이다.〔經之以五事 校之以計 而索其情 一曰道 二曰天 三曰地 四曰將 五曰法〕"라고 보인다.

36) 旣敬旣戒 惠此南國：≪詩經≫ 〈常武〉에 "혁혁하고 명명하게 왕께서 경사 중에 남중을 태조로 하는 태사 황보를 명하사 우리 육군을 정돈하여 우리 병기를 수선해서 이미 공경하고 이미 경계하여 이 남국을 은혜롭게 하였다.〔赫赫明明 王命卿士 南仲大祖 大師皇父 整我六師 以修我戎 旣敬旣戒 惠此南國〕"라고 하였다. 이 시는 周 宣王이 군대를 거느리고 淮水 북쪽의 오랑캐를 정벌할 때 황보를 시켜 군대를 다스려 兵事를 닦게 하였는데, 이에 황보가 淮夷의 난을 제거하여 나라를 평안케 하니 시인이 이 노래를 지어서 찬미한 것이다.

制, 不可以敵湯武之仁義.'[37]"

宋咸이 말하였다. "≪詩經≫ 〈大雅 常武〉에 이른바 '이미 공경하고 이미 경계하여 이 남국을 은혜롭게 하였다.'라는 것과 같은 것이다."

○ 吳祕가 말하였다. "荀卿이 말하기를 '齊 桓公과 晉 文公의 절제된(통제가 잘 되는) 군대는 湯王과 武王의 仁義를 행하는 군대를 대적하지 못한다.'라고 하였다."

혹인이 近世의 名卿에 대하여 물으니, 揚子가 말하였다.

"만약 張廷尉(張釋之)의 공평함, 雋京兆(雋不疑)의 식견, 尹扶風(尹翁歸)의 청렴함, 王子貢(王尊)의 개결함을 모두 갖춘다면 名卿일 것이다."

혹인이 근세의 名將에 대하여 물으니, 양자가 말하였다.

"만약 條侯(周亞夫)의 수비, 長平侯(衛青)와 冠軍侯(霍去病)의 征伐, 博陸侯(霍光)의 신중함을 모두 갖춘다면 名將일 것이다."

혹인이 옛날의 명장에 대하여 물으니, 양자가 말하였다.

"道德으로 진격하는 북소리를 삼고 仁義로써 퇴각하는 징소리를 삼았고, 시체를 수레에 싣고 피로 칼날을 물들이는 일은 모두 하지 않았다."

20. 張騫蘇武之奉使也에 執節沒身이언정 不屈王命하니 雖古之膚使나 其猶劣諸[①]인저

① 張騫蘇武之奉使也……其猶劣諸 : 膚, 美也. ○ 咸曰 "張騫嘗使月氏(지), 道經匈奴中來往, 兩爲匈奴所得, 留騫十餘歲, 然騫持漢節不失, 後亡歸. 初騫行時, 百餘人, 去十三歲, 惟二人得還. 蘇武嘗使匈奴中, 單于說(세)武令降, 武不聽, 單于怒, 幽武寘大窖中, 絶不與食, 又徙武北海上無人處, 使牧羝. 武旣至海上, 杖漢節牧羊, 臥起, 持操節, 旄盡落. 留匈奴, 凡十九年, 至昭帝卽位, 匈奴與漢和親, 漢求武得歸, 故二人, 雖古之美使, 所不及矣." ○ 光曰 "沒身者, 久留匈奴, 不顧其死."

膚는 아름다움이다.

○ 宋咸이 말하였다. "張騫이 일찍이 月氏國에 사신 갈 때에 길이 匈奴 지역을 경유하므로 왕래할 때 두 차례 흉노에게 잡혔는데, 흉노가 장건을 10여 년간 억류하

---

37) 桓文之節制 不可以敵湯武之仁義 : ≪荀子≫ 〈議兵〉에 "齊나라의 技擊은 魏나라의 武卒을 당해내지 못하고, 魏나라의 武卒은 秦나라의 精銳兵을 당해내지 못하고, 秦나라의 정예병은 齊 桓公과 晉 文公의 節制된 군대를 당해내지 못하고, 齊 桓公과 晉 文公의 절제된 군대는 湯王과 武王의 仁義를 행하는 군대를 대적하지 못한다.〔齊之技擊 不可以遇魏之武卒 魏之武卒 不可以直秦之銳士 秦之銳士 不可以當桓文之節制 桓文之節制 不可以敵湯武之仁義〕"라고 보인다.

였다. 그러나 장건은 漢나라 깃발〔節〕을 잡고 놓지 않고 뒤에 도망쳐 한나라로 돌아왔다. 처음 장건이 갈 때는 백여 명이었으나 13년이 지난 뒤에는 오직 두 사람만이 돌아왔다. 蘇武가 일찍이 흉노 지방에 사신으로 가자 單于가 소무에게 항복하도록 설득하였다. 소무가 말을 듣지 않자 선우가 노하여 소무를 큰 구덩이 속에 유폐시키고는 물과 식량을 끊었고, 또 北海 가의 인적이 없는 곳으로 옮기고 숫양을 치게 했다. 소무가 북해 가에 이른 뒤에 漢나라의 깃발을 잡고 양을 길렀는데 눕든 일어나든 깃발을 잡으니, 깃발의 털이 다 빠졌다. 소무가 흉노에 억류된 것이 모두 19년이었는데, 昭帝가 즉위하자 흉노가 한나라와 화친하니, 한나라가 소무를 내놓기를 요구하여 귀국할 수 있었다. 그러므로 두 사람(張騫과 蘇武)은 아무리 옛날의 훌륭한 사신이라 해도 오히려 이들에게는 미치지 못할 것이다."

○ 司馬光이 말하였다. "'沒身'은 오랫동안 匈奴에 머물면서 죽음도 돌아보지 않은 것이다."

蘇武

張騫과 蘇武는 使命을 받들고 나가서 차라리 符節을 잡고 죽을지언정 王命을 굽히지 않았으니, 아무리 옛날의 훌륭한 사신이라 해도 오히려 이들보다 못할 것이다.

21. 世稱東方生之盛也나 言不純師하고 行不純表하며 其流風遺書도 蔑如也①니라

① 世稱東方生之盛也……蔑如也：咸曰 "揚，鄙朔之爲政，所以自發論也. 表，則(칙)也. 蔑，絶也. 謂朔之言行，不純一於聖人之師，則如詼諧・射覆(부)[38]・隱語之類也. 故宗聖之風，立敎之書，絶而不傳. 今觀朔嘗上書，陳農戰强國之計，數萬言，又有封太山・責和氏璧，及皇太子生禖・屛風・平樂觀賦諸篇頗存，蓋子雲，惡(오)其雜而不取之也." ○ 祕曰 "顔師古曰 '言辭義淺薄，不足稱也.'" ○ 光曰 "朔言行駁雜，所師表者，不能純壹，其流風遺書，皆蔑然無足觀也."

宋咸이 말하였다. "揚雄은 동방삭의 정사를 비루하게 여겼다. 그러므로 스스로 發論한 것이다. 表는 본받음이고, 蔑은 없음이니, 동방삭의 言行이 聖人의 師表에

---

38) 射覆(부)：고대 수수께끼의 한 가지로, 물건을 그릇으로 덮어놓고 그 속에 들어 있는 것이 무엇인지를 알아맞히는 놀이이다.

純一하지 못함을 이르니 해학, 射覆, 隱語 같은 따위이다. 그러므로 성인을 종주로 삼은 풍도와 가르침을 세운 책이 전혀 없어 전해지지 않는다. 지금 살펴보건대 동방삭이 일찍이 글을 올려 한편으로는 농사짓고 한편으로는 전투하여 나라를 강하게 하는 계책에 대해 數萬言을 아뢰었고, 또 〈封太山〉, 〈責和氏璧〉 및 〈皇太子生禖〉, 〈屛風〉, 〈平樂觀賦獵〉 등 여러 편이 자못 남아 있으나, 대개 揚子雲이 그 잡스러움을 싫어하여 취하지 않았다."

○ 吳祕가 말하였다. "顔師古가 말하기를 '글뜻이 천박하여 거론할 것도 못 됨을 말한 것이다.'라고 하였다."

○ 司馬光이 말하였다. "동방삭의 言行이 駁雜하여 師表로 삼은 것이 純壹하지 못하니, 그 流風과 遺書도 모두 대수롭지 않아 족히 볼만한 것이 없다."

세상에서는 東方朔의 훌륭함을 칭송하지만 그의 말은 師表(성현의 표준)에 완전하게 부합하지 않고 그의 행동은 師表에 완전하게 부합하지 않으며, 그의 流風과 遺書도 대단하게 여길 것이 못 된다.

或曰 隱者也①라한대 **曰 昔之隱者**는 **吾聞其語矣**요 **又聞其行矣**②로라 **或曰 隱道多端**③이니라 **曰 固也**④라 **聖言聖行**으로 **不逢其時**는 **聖人隱也**⑤요 **賢言賢行**으로 **不逢其時**는 **賢者隱也**⑥요 **談言談行**으로 **不逢其時**는 **談者隱也**⑦라 **昔者**에 **箕子之漆其身也**와 **狂接輿之被其髮也**는 **欲去而恐罹害者也**니 **箕子之洪範**과 **接輿之歌鳳也哉**⑧아 **或問 東方生名過實者**는 **何也**⑨오 **曰 應諧不窮**하고 **正諫穢德**⑩하니 **應諧**는 **似優**⑪하고 **不窮**은 **似哲**⑫하고 **正諫**은 **似直**⑬하고 **穢德**은 **似隱**⑭이니라 **請問名**한대 **曰 (談)〔詼〕**[39]**達**이라 **惡**(오)**比**⑮리오 **曰 非夷齊而是柳下惠**하고 **戒其子以尙容**하여 **首陽爲拙**하고 **柱下爲工**하니 **飽食安坐**하여 **以仕易農**하고 **依隱玩世**하면 **詭時不逢**이라하니 **其滑稽之雄乎**⑯인저 **或問 柳下惠**는 **非朝隱者歟**⑰잇가 **曰 君子謂之不恭**이니 **古者**에 **高餓顯下祿隱**⑱

① 隱者也：咸曰 "或見揚之短朔, 故問以爲世稱朔吏隱者也." ○ 光曰 "宋吳本, 或曰, 作或問, 今從李本."

---

39) (談)〔詼〕: 저본에는 '談'으로 되어 있으나, ≪漢書≫ 〈東方朔傳〉에 의거하여 '詼'로 바로잡았다.

宋咸이 말하였다. "혹인은 양웅이 동방삭을 부족하게 여기는 것을 보았다. 그러므로 세상에서 동방삭을 吏隱(낮은 관직에 몸담고 은자처럼 처신하는 자)이라고 칭하는 것에 대해서 물은 것이다."

○ 司馬光이 말하였다. "宋咸本・吳祕本에는 '或曰'이 '或問'으로 되어 있는데, 지금 李軌本을 따랐다."

② 昔之隱者……又聞其行矣：昔之隱者，文王拘於羑里，而重易六爻，箕子隱於殷朝，而爲周陳洪範，接輿之在楚，而歌鳳兮. ○ 咸曰 "吾聞其語，又聞其行者，如夫子所謂作者七人之義也. 言隱道，當如此七人者." ○ 祕曰 "聞其聖賢之言行." ○ 光曰 "言皆不然."

옛날의 은자들은, 文王은 羑里에 구금되어 있을 적에 易의 6爻를 거듭하여 64괘를 만들었고, 箕子는 殷나라 조정에서 자취를 드러내지 않을 적에 周나라를 위하여 〈洪範〉을 진술하였고, 接輿는 楚나라에 있을 적에 공자 앞을 지나가면서 "봉이여, 봉이여! 어찌 그리 덕이 쇠하였는가."라고 노래하였다.

○ 宋咸이 말하였다. "내가 그들의 말에 대해 들어 보았고 또 그들의 행동에 대해 들어 보았다는 것은 〈≪논어≫ 〈憲問〉에〉 夫子(孔子)의 이른바 '혼란한 세상을 피해 은거한 자가 일곱이었다.'라는 뜻이니, 은거하는 道는 마땅히 이 일곱 사람과 같아야 함을 말한 것이다."

○ 吳祕가 말하였다. "聖賢의 말과 행실에 대해 들은 것이다."

○ 司馬光이 말하였다. "모두 이와 같지 않음을 말한 것이다."

③ 隱道多端：咸曰 "或言隱之道多端，如朔者，亦其一也."

宋咸이 말하였다. "혹인이 말하기를 '은거하는 방법은 여러 가지이니, 동방삭과 같이 하는 것도 그중의 한 가지이다.'라고 한 것이다."

④ 固也：咸曰 "固，實也，言隱道實多端，故陳之于下."

宋咸이 말하였다. "固는 진실함이다. 은거하는 방법이 실로 여러 가지이기 때문에 아래에 늘어놓은 것이다."

⑤ 聖言聖行……聖人隱也：咸曰 "仲尼亦然." ○ 祕曰 "易曰 '龍德而隱者也，不易乎世，不成乎名，遯世无悶，不見是而无悶，樂則行之，憂則違之.' 其聖人隱也."

宋咸이 말하였다. "仲尼도 이와 같았다."

○ 吳祕가 말하였다. "≪周易≫ 乾卦 〈文言傳〉에 이르기를 '용의 덕을 가지고 은둔한 자이니, 세상에 따라 변치 않고 명성을 이루려 하지 않아, 세상에서 은둔하되 근심하지 않으며, 남에게 인정받지 못하여도 답답해하지 않아, 태평한 세상이면 나아가 도를 행하고 근심스런 세상이면 물러난다.'라고 하였으니, 聖人이 은거하는 방식이다."

⑥ 賢言賢行……賢者隱也：咸曰 "孟軻亦然." ○ 祕曰 "捨之則藏." ○ 光曰 "考其言行之

素，皆聖賢也，以不逢其時故，隱以避害耳."

宋咸이 말하였다. "孟軻도 이와 같았다."

○ 吳祕가 말하였다. "써 주지 않으면 도를 품고 은거하는 것이다."

○ 司馬光이 말하였다. "言行의 근본을 살펴보면 모두 聖賢이니, 때를 만나지 못했기 때문에 은거하여 해를 피할 뿐이다."

⑦ 談言談行……談者隱也：咸曰 "子貢仲連，亦然." ○ 祕曰 "有文而不遇者. 儒行曰 '言談者，仁之文也.'" ○ 光曰 "朔談者耳. 不遇戰國縱横之時，故依隱玩世，不足貴也."

宋咸이 말하였다. "子貢과 魯仲連도 이와 같았다."

○ 吳祕가 말하였다. "文章이 있지만 때를 만나지 못한 자이다. ≪禮記≫ 〈儒行〉에 이르기를 '言談은 仁의 문채이다.'라고 하였다."

○ 司馬光이 말하였다. "동방삭은 이야기를 잘하는 자일 뿐이다. 전국시대 유세객들이 합종이니 종횡이니 주장하던 시대를 만나지 못했기 때문에 은자인 척하며 세상을 희롱하였으니 귀하게 여길 것이 못 된다."

⑧ 昔者……接輿之歌鳳也哉：咸曰 "彼之隱者，猶爲行道立敎，而干於時，如楚狂箕子去而隱以避害，言隱雖有此數端，而朔不可以及是." ○ 祕曰 "此皆多端也. 箕子爲之奴，孔子曰 '殷有三仁焉.' 而有聞著乎洪範. 接輿佯狂，孔子下，欲與之言，而有聞著乎歌鳳，是皆多端之甚者，而其道純正. 罹，一本作離." ○ 光曰 "二子，皆晦迹以避害，遇聖人則自顯."

宋咸이 말하였다. "저 隱者들은 오히려 道를 행하고 가르침을 세워 당시에 쓰이기를 구하였고, 楚狂 接輿와 箕子 같은 경우에는 떠나서 은거하여 해를 피하였으니, 은거하는 데에 비록 이런 여러 가지 방법이 있으나 동방삭은 이에 미칠 수 없음을 말한 것이다."

○ 吳祕가 말하였다. "이것은 모두 은거하는 방법이 여러 가지인 것이다. 〈紂王이 포악하자, 微子는 떠나고〉 箕子는 종이 되고 〈比干은 諫하다 죽었는데,〉 공자가 이에 대해 말씀하기를 '殷나라에 세 仁者가 있었다.'라고 하였으니, 〈洪範〉에 이에 대한 내용이 나와 있다. 接輿는 거짓으로 미친 척하였는데 공자가 수레에서 내려 그와 말하고자 하니, 접여가 공자의 수레 앞을 지나면서 '봉황이여, 봉황이여. 어찌 그리 德이 쇠했는가.'라고 노래하는 데에 드러냈다. 이것은 모두 은거하는 방법은 매우 여러 가지이지만 그 道는 純正하다. 罹는 一本에는 離로 되어 있다."

○ 司馬光이 말하였다. "기자와 접여 두 사람은 모두 자취를 감추어 해를 피하고 聖人을 만나면 자신을 드러내었다."

⑨ 東方生 名過實者何也：咸曰 "言朔既不及此，而世稱之過實，何也."

宋咸이 말하였다. "동방삭은 이미 이들에게 미치지 못하는데 세상에서 명성이 실제보다 지나치다고 칭하는 것은 어째서인지 물은 것이다."

⑩ 應諧不窮 正諫穢德：由此四事，得名.

이 네 가지 일로 말미암아 명성을 얻은 것이다.

⑪ 應諧似優：似倡優. ○ 咸曰 "應諧，謂應言而諧戲之，如與倖倡郭舍人隱語者."

익살스럽게 응대하는 것은 倡優(광대)와 같다.

○ 宋咸이 말하였다. "'應諧'는 익살스럽게 응대하여 희롱함을 이르니, 총애를 받은 광대인 郭舍人의 隱語(수수께끼)와 같은 것이다."

⑫ 不窮似哲：咸曰 "問則輒應，如射覆(부)見微者." ○ 祕曰 "變詐鋒出，莫能窮者，似智慧." ○ 光曰 "吳本，哲作智，今從李宋本."

宋咸이 말하였다. "물으면 곧바로 대답하는 것이 射覆(수수께끼)할 때에 낌새를 알아채는 것과 같다."

○ 吳祕가 말하였다. "동방삭은 言辭가 능란하고 예리하여 막힘이 없는 것이 지혜로운 자와 같았다."

○ 司馬光이 말하였다. "吳祕本에는 哲이 智로 되어 있는데, 지금 李軌本·宋咸本을 따랐다."

⑬ 正諫似直：咸曰 "蓋諫上林[40)]，斥董偃，[41)] 請焚甲乙帳[42)]者." ○ 祕曰 "時觀察顏色，直言切諫，似峭直."

宋咸이 말하였다. "동방삭이 上林苑에 대해 간하고, 董偃의 잘못을 지적하고, 甲乙帳을 태워버리기를 청한 것이다."

○ 吳祕가 말하였다. "동방삭이 당시에 사람의 안색을 살펴 바른말로 간절하게 간하니 강직한 것과 같았다."

⑭ 穢德似隱：祕曰 "懷肉汙衣，歲更娶婦，[43)] 似隱迹."

---

40) 諫上林：漢 武帝가 建元 연간에 上林苑을 대대적으로 확장하려 하자, 동방삭이 '하늘이 변이를 내리지 않는다면 三輔의 땅도 모두 폐하의 동산이 될 것이니, 굳이 확장할 필요가 없으며, 사치하는 것이 일정한 법제를 잃으면 하늘이 변이를 내릴 것이니, 지금의 상림원이 비록 작다 하더라도 신의 생각에는 크다고 여겨진다.'는 내용으로 간언하였다. 이에 무제가 동방삭에게 太中大夫 給事中을 제수하고 황금 100근을 하사하였다.(≪漢書≫ 〈東方朔傳〉)

41) 斥董偃：董偃은 武帝의 고모인 館陶公主(竇太主)의 어린 情夫로 무제의 총애를 받았던 인물이다. 무제의 총애가 지나치자 동방삭이 동언의 잘못을 일일이 밝히며 탄핵하였는데, 무제는 자신의 잘못을 뉘우치고 동방삭의 직언을 받아들여 동언에 대한 총애를 거두었다.

42) 甲乙帳：漢 武帝가 만든 장막으로, 구슬이나 야광주 등 진귀한 보배로 장식한 것을 가지고 甲帳을 만들어 神을 그 속에 모셔두고, 그다음 가는 것을 가지고 乙帳을 만들어 자신이 그 속에 거처하였다.

43) 懷肉汙衣 歲更娶婦：漢 武帝가 어전에서 음식을 하사하면 東方朔은 아내에게 가져다 주

吳祕가 말하였다. "동방삭이 고기를 베어 품속에 넣어 옷을 더럽히고, 해마다 다시 아내를 맞이한 것은 자취를 숨긴 것과 같다."

⑮ (談)〔詼〕達 惡(오)比 : 欲知誰比. ○ 祕曰 "朔之名也, 談也達也, 何爲倫比. 談, 一本作詼字." ○ 光曰 "宋本, 作請問名字達, 吳本, 作請問名談達, 今從李本. 音義, 引漢書 '朔, (談)〔詼〕[44]達多端, 不名一行.' 或問 '朔所爲, 當何以名之.' 揚子謂 '朔談諧敏達之人耳.' 惡音烏."

동방삭은 누구에게 견줄 만한지 알고자 한 것이다.

○ 吳祕가 말하였다. "동방삭이 이름난 것은 익삭스럽고 통달한 것이니, 누구에게 견줄 만한지 물은 것이다. '談'은 一本에는 '詼'자로 되어 있다."

○ 司馬光이 말하였다. "宋咸本에는 '請問名字達'로 되어 있고, 吳祕本에는 '請問名談達'로 되어 있는데, 지금 李軌本을 따랐다. ≪音義≫에는 ≪漢書≫를 인용하였는데, '동방삭은 익살스럽고 통달하며 機智가 많았으나 한 가지 행실로 이름난 것은 없다.'라고 하였다. 혹인이 묻기를 '동방삭이 행한 바는 마땅히 무엇이라고 이름해야 합니까?'라고 하니, 揚子가 이르기를 '동방삭은 익살맞으며 민첩하고 통달한 사람일 뿐이다.'라고 하였다. 惡는 음이 烏이다."

⑯ 非夷齊而是柳下惠……其滑稽之雄乎 : 非夷齊, 是柳下惠, 戒其子以尙容, 依隱玩世, 飽食安步, 以仕易農, 此滑稽之雄者也. ○ 咸曰 "言朔非夷曠而尙取容, 依約其隱, 玩弄於世, 但滑稽之雄者而已, 何所比哉." ○ 光曰 "李宋吳本, 皆云非夷尙容, 依隱玩世, 其滑稽之雄乎. 按漢書, 具載揚子之言, 恐諸家本脫悞也. 今從漢書. 滑音骨. 言朔依託隱者, 以玩侮世人, 以詭譎欺時人, 不逢迕取禍也. 滑稽, 多智員曲之貌."

伯夷 叔齊를 그르다고 하고 柳下惠를 옳다고 하며, 그 자식에게 경계하여 자기 몸을 보전하여 해를 피하게 하고, 벼슬을 하면서도 마치 은거한 것처럼 드러나지 않게 처신하여 세상을 희롱하며, 배불리 먹고 편안하게 지내되 벼슬로써 농사짓는 것을 대신하였으니, 이는 익살꾼 중에 뛰어난 자이다.

○ 宋咸이 말하였다. "동방삭은 평이하고 활달한 것을 그르게 여기고 용납되는 것을 숭상하여 은자와 방불하고 세상을 희롱하였으니 다만 익살꾼 중에 뛰어난 자일 뿐이다. 누구에게 견주겠는가."

기 위해 그 남은 고기를 모두 품에 넣어가지고 나갔으므로 옷이 모두 더러워졌고, 또 자주 비단을 내려주면 하사받은 돈과 비단을 써서 장안의 미녀 가운데 젊은 부인을 맞이하였다. 이렇게 하여 한 해 정도가 되면 곧 그 여자를 버리고 다시 맞이하여 황제가 내린 돈과 재물을 모두 여자에게 써버렸다.(≪史記≫ 〈滑稽列傳〉)

44) (談)〔詼〕: 저본에는 '談'으로 되어 있으나, ≪漢書≫ 〈東方朔傳〉에 의거하여 '詼'로 바로잡았다.

○ 司馬光이 말하였다. "李軌本・宋咸本・吳祕本에 모두 이르기를 '非夷尙容 依隱玩世 其滑稽之雄乎'라고 하였다. ≪漢書≫를 살펴보건대 揚子의 말을 모두 기재하였으니, 諸家의 本에는 누락되고 잘못된 것이 있는 듯하므로 지금 ≪漢書≫를 따랐다. 滑은 음이 骨이니, 동방삭이 隱者에 의탁하여 세상 사람을 업신여기고 속임수로 당시 사람들을 속여서 시류와 어긋났으나 화를 당하지 않았음을 말한다. 滑稽는 機智가 많으며 원만하고 곡진한 모양이다."

⑰ 柳下惠 非朝隱者歟 : 此問, 發於東方朔也. ○ 咸曰 "或以揚之短朔, 疑朔與惠同道, 故擧之爲請." ○ 祕曰 "朔旣非隱, 則柳下惠降志辱身, 言中倫, 行中慮, 豈非朝隱者也?" ○ 光曰 "朝, 直遥切."

〈유하혜에 대해 물었지만〉 이 질문은 동방삭에 대해서 던진 것이다.

○ 宋咸이 말하였다. "혹인은 양웅이 동방삭을 부족하게 여기는 것은 동방삭이 유하혜와 道가 동일하기 때문이라고 의심하였다. 그러므로 유하혜를 들어 물은 것이다."

○ 吳祕가 말하였다. "동방삭은 이미 은자가 아니고, 柳下惠는 뜻을 굽히고 몸을 욕되게 하였으나 말이 의리에 맞았고 행실이 생각과 맞았으니, 조정에 나가 벼슬하면서 은사처럼 처신한 자가 아니겠는가."

○ 司馬光이 말하였다. "朝는 直과 遥의 반절이다."

⑱ 君子謂之不恭……下祿隱 : 孟子曰 "伯夷隘, 柳下惠不恭, 君子不由也." 然則餓顯不獨高, 祿隱未爲下. 今發高下之談, 蓋有厲乎素飡. ○ 咸曰 "揚以或人用朔比惠, 故擧孟軻不恭之言, 以非柳下惠, 又以夷惠隘不恭二者, 雖皆不可, 然推而取之, 寧以伯夷餓顯爲高, 終以柳下惠祿隱爲下, 故曰 '古者, 高餓顯, 下祿隱.' 猶奢寧儉易寧戚之義爾, 亦所以短朔也." ○ 光曰 "餓顯, 謂夷齊餓于首陽之下, 民到于今稱之."

孟子가 말하기를 "백이는 도량이 좁고 유하혜는 공손하지 못했는데, 도량이 좁고 공손하지 못한 태도는 군자가 따르지 않는다."라고 하였다. 그렇다면 餓顯(굶어 죽어서 이름을 날림)이라고 해서 높은 것이 아니고, 祿隱(관직에 있으면서 녹을 받고 있으나 스스로 은자처럼 지냄)이라고 해서 낮은 것이 아니다. 지금 高下에 대한 말을 한 것은 하는 일 없이 祿만 먹는 것을 경계한 것이다.

○ 宋咸이 말하였다. "양웅은 혹인이 동방삭을 유하혜에게 견주었기 때문에 '유하혜는 공손하지 못하다.'고 한 孟軻의 말을 들어 유하혜를 비난하였고, 또 백이는 도량이 좁고 유하혜는 공손하지 못한 것 이 두 가지는 모두 不可하지만, 그러나 확충하여 취한다면 차라리 백이 숙제처럼 굶어 죽음으로써 그 이름을 드러내는 것을 높다고 하고, 끝내 유하혜처럼 조정에서 녹봉을 받으면서 은사처럼 처신하는 것을 낮다고 할 것이다. 그러므로 말하기를 '옛날에 뜻이 높은 자들은 백이 숙제처럼 굶어 죽음으로써 그 이름을 드러냈고, 뜻이 낮은 자들은 조정에서 녹봉을 받으면서 은사처럼 처신하였다.'라고 하였으니, 禮는 사치한 것보다는 차라리 검소한게 낫고, 喪

은 형식적으로 잘 치르는 것보다는 차라리 슬퍼하는 것이 낫다는 의리와 같은 것이니, 또한 동방삭을 부족하게 여긴 이유이다."

○ 司馬光이 말하였다. "'餓顯'은 백이 숙제가 首陽山 아래에서 굶어 죽은 것을 이르니, 백성들이 지금까지도 일컫는다."

혹인이 말하였다.

"東方朔은 隱者입니다."

揚子가 말하였다.

"옛날의 隱者에 대해서는 내가 그들의 말에 대해 들었고 또 그들의 행동에 대해 들었는데, 〈동방삭의 언행과는 같지 않다.〉"

東方朔

혹인이 말하였다.

"은거하는 방법은 여러 가지입니다. 〈어찌 옛날의 은자와 똑같기를 바라겠습니까.〉"

양자가 말하였다.

"〈은거하는 방법은〉 진실로 여러 가지이다. 성인의 말과 성인의 행동이 때를 만나지 못하면 은거하는 것은 성인의 은거요, 현인의 말과 현인의 행동이 때를 만나지 못하면 은거하는 것은 현인의 은거요, 익살스러운 말과 익살스러운 행동이 때를 만나지 못하면 은거하는 것은 익살꾼의 은거이다. 옛날에 箕子가 자기 몸에 옻칠을 하고, 楚人 接輿가 머리를 풀어헤친 것은 해를 입을까 두려워하였기 때문에 세상을 피하여 은거하고자 한 것이었다. 동방삭이 어찌 箕子가 〈洪範〉을 지어 무왕에게 준 것과 接輿가 '봉황이여.'라고 노래하여 공자를 풍자한 것에 미칠 수 있겠는가."

혹인이 물었다.

"동방삭의 명성이 실제보다 지나친 것은 어째서입니까?"

양자가 말하였다.

"익살스럽게 응대하여 말이 막힘이 없었고, 바르게 간언하되 희롱하듯이 하여 자신의 덕행을 스스로 더럽혔다. 익살스럽게 응대하는 것은 광대와 같고, 말이 막힘이 없는 것은 지혜로운 자와 같으며, 바르게 간언하는 것은 곧은 사람과 같고, 자신의 덕행을 스스로 더럽히는 것은 은자와 같았다. 〈이것이 동방삭의 명성이 실제보다 지나친 이유이다.〉"

혹인이 물었다.

"동방삭을 뭐라고 이름해야 합니까?"

양자가 말하였다.

"익살스럽고 통달한 자이다."

혹인이 물었다.

"누구에게 견줄 만합니까?"

양자가 말하였다.

"동방삭은 伯夷 叔齊를 그르다고 하고 柳下惠를 옳다고 하여 그 자식에게 자기 몸을 보전하여 해를 피할 것을 경계하기를 '백이와 숙제가 주나라 녹을 먹지 않고 수양산에서 굶어 죽은 것은 졸렬하고, 노자가 주나라의 柱下史가 되어 종신토록 환난이 없는 것은 공교하니, 배불리 먹고 편안하게 지내며 벼슬로써 농사짓는 것을 대신하고, 조정에 나가 벼슬하되 은거한 사람처럼 물욕 없이 담담하게 지내면서 세상을 희롱하며 살면 시류와 어긋나도 화를 당하지 않게 된다.'라고 하였으니, 익살꾼 중에 뛰어난 자일 것이다."

혹인이 물었다.

"柳下惠는 조정에 나가 벼슬하면서 은자처럼 처신한 자가 아닙니까?"

양자가 말하였다.

"君子라면 그를 不恭하다고 할 것이다. 옛날에 뜻이 높은 자들은 백이 숙제처럼 굶어 죽음으로써 그 이름을 드러냈고, 뜻이 낮은 자들은 조정에서 녹봉을 받으면서 은자처럼 처신하였다."

22. 妄譽는 仁之賊也요 妄毁는 義之賊也①라 賊仁은 近鄕原이요 賊義는 近鄕訕②이니라

① 妄譽仁之賊也 妄毁義之賊也 : 光曰 "譽音余, 下同. 仁以褒善, 義以貶惡, 而妄以毁譽加人, 是賊傷仁義者也."

司馬光이 말하였다. "譽는 음이 余이니, 아래도 같다. 仁으로 선을 칭찬하고 義로써 악을 폄하하여 함부로 훼방과 칭찬을 사람에게 가하는 것은 仁을 해치고 義를 손상하는 것이다."

② 賊仁近鄕原 賊義近鄕訕 : 同乎流俗, 合乎汙世, 衆皆說之, 以爲是而不可與入堯舜之道者, 德之賊也. 孔子惡(오)似而非者, 孟軻論之備矣[45]. ○ 光曰 "鄕原, 謂所至之鄕, 徇衆隨俗, 求媚於人者, 鄕訕, 謂所至之鄕, 喜造謗訕, 使人畏其口者."

세속의 흐름에 동화되고 더러운 세상에 영합하여 모든 사람들이 다 좋아하여 스스로를 옳다고 생각하므로 함께 堯舜의 道에 들어갈 수 없는 것은 德의 賊이다. 孔子가 似而非를 미워하셨으니 孟軻가 이에 대해 자세히 논하였다.

○ 司馬光이 말하였다. "鄕原은 이르는 고을마다 사람들을 따르고 시속을 따라 사람에게 잘 보이기를 구하는 자이고, 鄕訕은 이르는 고을마다 비방하는 말을 지어내기를 좋아해서 사람으로 하여금 그의 입을 두려워하게 하는 자이다."

과장된 칭찬은 仁을 해치는 것이고, 과장된 비방은 義를 해치는 것이다. 仁을 해치는 것은 鄕原(향리에서 겉으로는 謹厚한 체하면서도 실제로는 세속에 영합하는 위선자)에 가깝고, 義를 해치는 것은 鄕訕(이르는 고을마다 남을 비방하여 미움을 받는 자)에 가깝다.

23. 或問 子는 蜀人也니 請人①하노라 曰 有李仲元者니 人也②니라 其爲人也奈何③오 曰 不屈其意하고 不累其身④하니라 曰 是夷惠之徒歟아 曰 不夷不惠요 可否之間也⑤니라 如是則奚名之不彰也오 曰 無仲尼면 則西山之餓夫와 與東國之絀臣이 惡(오)乎聞⑥이리오 曰 王陽貢禹는 遇仲尼乎⑦아 曰 明星皓皓가 華藻之力也歟⑧아 曰 若是면 則奚爲不自高⑨오 曰 皓皓者는 己也요 引而高之者는 天也⑩니 子欲自高邪⑪아 仲元은 世之師也라 見其貌者는 肅如也⑫요 聞其言者는 愀如也⑬요 觀其行者는 穆如也⑭라 但聞以德詘人矣⑮요 未聞以德詘於人也⑯로니 仲元은 畏人也⑰니라 或曰 育賁⑱한대 曰 育賁也는 人畏其力而侮其德⑲이니라 請條⑳하노라 曰 非正不視하고 非正不聽하고 非正不言하고 非正不行하니 夫能正其視聽言行者는 昔吾先師之所畏也㉑니라 如視不視하고 聽不聽하고 言不言하고 行不行이면 雖有育賁이나 其猶侮諸리라

---

45) 孟軻論之備矣 : 이 내용은 ≪孟子≫ 〈盡心 下〉에 보인다.

① 請人：祕曰 "問蜀人."

吳祕가 말하였다. "蜀 땅의 인재에 대해 물은 것이다."

② 有李仲元者 人也：蜀有嚴君平, 然君平已顯, 仲元未聞. ○ 祕曰 "仲元, 則其人也. 李仲元, 名弘, 見(현)秦宓傳." ○ 光曰 "人者, 蜀之賢人也, 仲元事, 見(현)常璩華陽國志,[46] 尤詳."

촉 땅에 嚴君平이 있으나 엄군평은 이미 현달하였고 李仲元은 알려지지 않았다.

○ 吳祕가 말하였다. "이중원은 인재이다. 이중원은 이름이 弘이니 ≪三國志≫ 〈蜀書 秦宓傳〉에 나온다."

○ 司馬光이 말하였다. "人은 촉 땅의 賢人이다. 이중원의 일은 常璩의 ≪華陽國志≫에 보이니 더욱 상세하다."

③ 其爲人也柰何：咸曰 "柰何, 猶曰如何."

宋咸이 말하였다. "'柰何'는 如何라고 말하는 것과 같다."

④ 不屈其意 不累其身：光曰 "累, 良僞切, 不以爵位屈其意, 祿利累其身."

司馬光이 말하였다. "累는 良과 僞의 반절이다. 〈이중원은〉 爵位를 얻기 위해 자신의 뜻을 굽히지 않고, 利祿을 얻기 위해 자기 몸을 수고롭게 하지 않았다."

⑤ 不夷不惠 可否之間也：隨時之義, 治亂若鳳.[47] ○ 光曰 "有淸和之美, 而無隘與不恭之失, 從衆而不害於義則可, 害於義則否."

상황에 따라 알맞게 대처하는 의리는 봉황처럼 治世에는 나타나고, 亂世에는 숨는 것이다.

○ 司馬光이 말하였다. "淸하고 和한 아름다움은 있으나, 속이 좁고 공손하지 못한 잘못은 없으니, 시속을 따르되 義에 해롭지 않으면 可하지만 義에 해롭다면 불가하다."

⑥ 無仲尼……惡(오)乎聞：餓夫, 夷齊. 絀臣, 柳下惠也. ○ 咸曰 "東國, 魯也. 左傳云 '下展禽', 卽柳下惠也. 言夷惠得仲尼譽之, 名始聞." ○ 光曰 "絀, 與黜同. 惡音烏."

'餓夫(굶어 죽은 사람)'는 伯夷 叔齊이고, '絀臣(쫓겨나 귀양간 신하)'은 柳下惠이다.

---

46) 華陽國志：≪華陽國記≫라고도 불리며, 고대 중국 서남 지방의 역사·지리·인물 등에 대해 기술한 地方志이다. 東晉의 常璩가 편찬했으며, 총 12권이다. ≪越絶書≫와 더불어 현존하는 가장 이른 시기의 중국 地方志로 평가받는다.

47) 隨時之義 治亂若鳳：앞의 6권 〈問明〉에 혹자가 治世에 군자가 처세할 바를 묻자, 揚子가 "봉황과 같아야 한다."라고 하고, 혹자가 또 亂世에 군자가 처세할 바를 묻자, 揚子가 "봉황과 같아야 한다."라고 하였다. 혹자가 말뜻을 깨닫지 못하자, 양자가 말하기를 "생각을 하지 않아서 깨닫지 못하는 것이다. 〈봉황과 같아야 한다는 것은〉 治世에는 나타나고 亂世에는 숨는다는 뜻이다."라고 하였다.

○ 宋咸이 말하였다. "東國은 魯나라이다. ≪春秋左氏傳≫에 이르기를 '下展禽(어진 展禽을 아랫자리에 있게 하였다.)'라고 하였으니, 展禽은 곧 柳下惠이다. 백이와 유하혜는 仲尼가 이들을 칭찬함으로 말미암아 이름이 비로소 알려지게 되었다."

○ 司馬光이 말하였다. "絀은 黜과 같다. 惡는 음이 烏이다."

⑦ 王陽貢禹 遇仲尼乎：咸曰 "王吉, 字子陽, 事宣帝, 爲諫議大夫, 貢禹, 字少翁, 二人爲友, 世稱'王陽在位, 貢禹彈冠.' 言其取捨同也. 元帝卽位, 遣使徵貢禹與吉, 吉年老, 道病卒, 禹後爲御史大夫, 此言'李仲元不遇仲尼.' 則名不彰, 而王陽貢禹之顯, 豈遇仲尼乎." ○ 光曰 "言王貢力學絜(결)己, 而名著海內, 豈必遇仲尼."

宋咸이 말하였다. "王吉은 字가 子陽이니 宣帝를 섬겨 諫議大夫가 되었고, 貢禹는 字가 少翁이다. 두 사람이 서로 벗이 되어 세상에서 칭하기를 '왕양이 벼슬에 나가면 공우가 관의 먼지를 턴다.'라고 하였으니, 벼슬에 나가고 물러남을 똑같이 하였음을 말한 것이다. 元帝가 즉위하여 사신을 보내 공우와 왕길을 불렀는데, 왕길이 年老하여 도중에 병으로 卒하였고 공우는 뒤에 御史大夫가 되었다. 이 말은 李仲元은 仲尼의 인정을 받지 못하여 이름이 드러나지 않았으니, 왕양과 공우의 이름이 드러난 것은 어찌 仲尼의 인정을 받아서가 아니겠느냐는 말이다."

○ 司馬光이 말하였다. "왕길과 공우가 학문에 힘쓰고 몸을 깨끗이 하여 이름이 海內에 드러났으니, 어찌 꼭 仲尼의 인정을 받아야 이름이 드러나겠는가."

⑧ 明星皓皓 華藻之力也歟：星雖皓皓有華藻, 然非能自顯耀也, 要須著天而後, 天下見之. ○ 光曰 "言星之明, 非藻飾所能致, 以其居高, 故爲人所瞻仰, 王貢之名, 所以彰著, 有位於朝故也."

별이 비록 밝고 화려한 광채가 있지만 스스로 빛날 수 있는 것은 아니니, 모름지기 하늘에 있은 뒤에야 천하 사람들이 볼 수 있다.

○ 司馬光이 말하였다. "별이 밝게 빛나는 것은 화려한 광채가 그렇게 만든 것이 아니라 높은 곳에 있기 때문에 사람들이 우러러보는 바가 된 것이니, 왕길과 공우의 명성이 드러나는 것도 조정에서 지위가 있기 때문임을 말한 것이다."

⑨ 若是則奚爲不自高：光曰 "言仲元何不仕."

司馬光이 말하였다. "이중원이 어찌하여 벼슬하지 않았느냐는 말이다."

⑩ 皓皓者己也 引而高之者天也：星著天而後, 天下見, 王陽貢禹, 時主所揚而後, 名顯也. 仲元, 雖有賢德, 而時不高之, 故不彰.

별은 하늘에 있은 뒤에야 천하 사람들이 보고, 왕양과 공우도 당시 군주에게 칭찬을 받은 뒤에 이름이 드러난다. 이중원이 비록 어진 德이 있었으나 당시에 지위가 높지 않았기 때문에 명성이 드러나지 않았다.

⑪ 子欲自高邪：君子行德俟命而已. ○ 祕曰 "仲元之不見察擧, 猶如或人, 豈能自達哉."

君子는 德을 행하고 命을 기다릴 뿐이다.

○ 吳祕가 말하였다. "이중원이 천거되지 못한 것은 或人과 같으니, 어찌 스스로 이름을 드러낼 수 있겠는가."

⑫ 仲元世之師也 見其貌者肅如也：咸曰 "貌端故, 見者肅然敬."

송함이 말하였다. "모습이 단정하기 때문에 보는 자들이 엄숙히 공경한 것이다."

⑬ 聞其言者愀如也：咸曰 "言正故, 聞者愀然謹." ○ 光曰 "愀, 親小・在九二切. 愀然, 變動貌."

宋咸이 말하였다. "말이 바르기 때문에 듣는 자가 愀然히 삼간 것이다."

○ 司馬光이 말하였다. "愀는 親과 小의 반절과 在와 九의 반절이다. 愀然은 얼굴빛이 변하는 모양이다."

⑭ 觀其行者穆如也：咸曰 "行溫故, 觀者穆然和."

宋咸이 말하였다. "행동이 온화하기 때문에 보는 자들이 穆然히 화목한 것이다."

⑮ 但聞以德詘人矣：咸曰 "詘人者, 使人而從己德也." ○ 光曰 "李本, 但作鄲, 音義曰 '古鄲但通用.' 今從宋吳本."

宋咸이 말하였다. "詘人은 남으로 하여금 자신의 덕을 따르게 하는 것이다."

○ 司馬光이 말하였다. "李軌本에는 '但'이 '鄲'으로 되어 있다. ≪音義≫에 이르기를 '옛날에 鄲과 但은 通用되었다.'라고 하였다. 지금 宋咸本・吳祕本을 따랐다."

⑯ 未聞以德詘於人也：咸曰 "詘於人者, 以己德而從人也." ○ 光曰 "言仲元, 德能服人, 而未嘗屈節."

宋咸이 말하였다. "'詘於人'은 자신의 덕으로 남을 따르는 것이다."

○ 司馬光이 말하였다. "이중원은 德이 남을 굴복시킬 수 있으나 일찍이 절개를 굽힌 적이 없음을 말한 것이다."

⑰ 仲元畏人也：言可畏敬. ○ 咸曰 "言使人心服而畏之." ○ 祕曰 "人所畏服."

경외할 만함을 말한 것이다.

○ 宋咸이 말하였다. "사람으로 하여금 심복하고 두려워하게 함을 말한다."

○ 吳祕가 말하였다. "사람이 두려워서 복종하는 것이다."

⑱ 育賁：言夏育孟賁, 亦使人畏. ○ 祕曰 "夏育・孟賁, 皆衛人, 言其勇力, 亦人所畏也." ○ 光曰 "賁音奔, 下同."

夏育과 孟賁도 사람들을 두려워하게 하였음을 말한다.

○ 吳祕가 말하였다. "하육과 맹분은 모두 衛나라 사람이니 그들의 勇力 또한 사람들이 두려워하는 바임을 말한 것이다."

○ 司馬光이 말하였다. "賁은 음이 奔이니 아래도 같다."

⑲ 育賁也 人畏其力而侮其德：咸曰 "非心服之畏."

宋咸이 말하였다. "心服하여 두려워하는 것이 아니다."

⑳ 請條 : 問其目也. ○ 祕曰 "條, 目."

그 조목을 물은 것이다.

○ 吳祕가 말하였다. "條는 目이다."

㉑ 非正不視……昔吾先師之所畏也 : 所畏, 謂言不慙, 行不恥, 孔子憚焉. ○ 祕曰 "孔子之所畏憚之."

'所畏'는 말이 부끄럽지 않고 행실이 부끄럽지 않은 자를 孔子가 경외하였음을 이른다.

○ 吳祕가 말하였다. "孔子가 공경하면서도 두려워한 것이다."

혹인이 물었다.

"그대는 蜀 땅 사람이니, 촉 땅의 인재에 대해 묻습니다."

揚子가 말하였다.

"李仲元이라는 자가 있으니, 훌륭한 인재이다."

혹인이 말하였다.

"그의 사람됨이 어떠합니까?"

양자가 말하였다.

"벼슬자리를 얻기 위해 자신의 뜻을 굽히지 않고, 부귀를 얻기 위해 자기 몸을 욕되게 하지 않았다."

혹인이 말하였다.

"伯夷와 柳下惠 같은 사람입니까?"

양자가 말하였다.

"백이 같은 사람도 아니고 유하혜 같은 사람도 아니다. 가함도 없고 불가함도 없으니 두 사람의 사이에 처하였다."

혹인이 말하였다.

"이미 이와 같이 훌륭하다면 어찌하여 이중원의 이름이 밝게 드러나지 않았습니까?"

양자가 말하였다.

"仲尼가 없었다면 西山에서 굶어 죽은 백이 숙제 같은 사람과 魯나라에서 쫓겨난 유하혜 같은 신하가 어찌 세상에 알려질 수 있었겠는가."

혹인이 말하였다.

"王陽과 貢禹가 〈명성이 알려진 것은〉 仲尼가 인정하셨기 때문입니까?"

양자가 말하였다.

"별이 밝게 빛나는 것은 빛이 화려하기 때문이겠는가. 〈하늘에 높이 있어 사람들이 볼 수 있기 때문이다. 이처럼 왕양과 공우가 명성이 알려진 것은 남의 칭찬 때문이 아니라 그들의 지위가 높았기 때문이다.〉"

혹인이 말하였다.

"이와 같다면 이중원은 어찌하여 스스로 높은 지위에 나가지 않았습니까?"

양자가 말하였다.

"별이 밝게 빛나는 것은 자신의 힘이지만, 이끌어서 높은 데에 있게 하는 것은 하늘의 힘이다. 그대는 스스로 자신의 지위를 높아지게 할 수 있는가? 이중원은 세상의 師表이다. 그의 모습을 보면 저절로 엄숙해지고, 그의 말을 들으면 저절로 낯빛이 달라지며, 그의 행동을 보면 저절로 삼가고 조심하게 된다. 그러므로 자기의 덕으로 남을 굴복시켰다는 말은 들었고, 자기의 덕으로 남에게 굴복했다는 말은 듣지 못하였다. 이중원은 사람을 공경하고 두려워하게 만드는 사람이다."

혹인이 말하였다.

"夏育과 孟賁도 사람들을 두려워하게 만들지 않습니까?"

양자가 말하였다.

"하육과 맹분은 사람들이 그들의 힘은 두려워했지만 그들의 덕은 업신여겼다."

혹인이 덕을 닦는 조목에 대하여 물으니, 양자가 말하였다.

"바른 것이 아니면 보지 않고, 바른 것이 아니면 듣지 않고, 바른 것이 아니면 말하지 않고, 바른 것이 아니면 행하지 않는 것이다. 보고 듣고 말하고 행동하는 것을 바르게 할 수 있는 자는 옛날 우리 先師(孔子)께서 경외하셨다. 만약 보지 말아야 할 것을 보고, 듣지 말아야 할 것을 듣고, 말하지 말아야 할 것을 말하고, 행하지 말아야 할 것을 행한다면 비록 하육과 맹분 같은 용맹이 있더라도 오히려 사람들에게 업신여김을 당할 것이다."

君子* 第十二

* 咸曰 "以淵騫道亞諸聖, 自非君子, 曷克然. 故次之淵騫."

宋咸이 말하였다. "顔淵과 閔子騫의 도는 성인에 버금갔으니, 스스로 군자가 아니라면 어찌 능히 그럴 수 있겠는가. 그러므로 〈君子〉편을 〈淵騫〉편 다음에 놓은 것이다."

君子純終領聞①이요 蠢迪檢押②이요 旁開聖則(칙)③일새 譔君子④하노라

① 純終領聞 : 純, 善也. 領, 令也. 聞, 名也. 言善於終而有令名也. ○ 祕曰 "君子之道, 純而終之, 受其令聞." ○ 光曰 "領, 郎定切. 聞音問. 君子旣樂善以終, 又有令名聞於後世者, 以立言不朽故也."

純은 善함이요, 領은 아름다움이요, 聞은 명성이다. '純終領聞'은 끝을 잘 마쳐서 훌륭한 명성이 있음을 말한다.

○ 吳祕가 말하였다. "君子의 道는 끝을 잘 마쳐서 아름다운 명예를 받는다."

○ 司馬光이 말하였다. "領은 郎과 定의 반절이고, 聞은 음이 問이다. 君子가 이미 善을 즐겨 행하여 일생을 마치고 또 아름다운 명예가 후세에 알려지는 것은 〈후세에 교훈이 될 만한〉 말(글)을 하여 영원히 없어지지 않기 때문이다."

② 蠢迪檢押 : 蠢, 動也. 迪, 道也. 檢押, 猶隱括也. 言動則由於檢押. ○ 咸曰 "迪, 當訓爲蹈履之蹈. 檢押, 猶法度也. 言動必履蹈於法度." ○ 光曰 "檢押, 當作檢柙, 押, 戶夾切."

蠢은 動함이요, 迪은 道이다. '檢押'은 隱括(도지개, 굽은 나무를 바로잡는 틀)과 같으니, 動할 때에는 법도에 따라 행동함을 말한다.

○ 宋咸이 말하였다. "迪은 '蹈履(실천함)'의 '蹈'자로 풀이해야 하고, '檢押'은 法度와 같으니, 동할 때에는 반드시 法度에 따라서 행동함을 말한다."

○ 司馬光이 말하였다. "'檢押'은 마땅히 檢柙[1]이 되어야 하니, 柙은 戶와 夾의 반절이다."

③ 旁開聖則(칙) : 祕曰 "則, 法則也." ○ 光曰 "開, 通也, 君子立言, 旁通聖人之法."

吳祕가 말하였다. "則은 法則이다."

---

1) 柙 : 발〔簾〕이 흔들리지 않도록 눌러놓는 기구이다.

○ 司馬光이 말하였다. "開는 通함이니, 君子의 立言(훌륭한 글을 후세에 남기는 것)은 聖人의 法에 널리 통한다."

④ 譔君子：祕曰 "君子小人, 在人所爲而已, 擇而行之, 區品彰矣." ○ 光曰 "論立言之是非."

吳祕가 말하였다. "君子와 小人은 사람이 행하는 바에 달려 있을 뿐이니, 擇하여 행하면 區品(품종, 종류)이 드러난다."

○ 司馬光이 말하였다. "立言의 옳고 그름을 논한 것이다."

군자는 끝을 잘 마쳐서 아름다운 명예가 있고, 행동은 법도에 모두 맞으며, 聖人의 법에 널리 통한다. 그러므로 〈이러한 군자에 대해 밝히기 위해〉 〈君子〉편을 지었다.

01. **或問 君子言則成文**하고 **動則成德**은 **何以也**①오 **曰 以其弸中而彪外也**②니라 **般之揮斤**과 **羿之激矢**니 **君子不言**이언정 **言必有中也**요 **不行**이언정 **行必有稱也**③니라

① 君子言則成文……何以也：咸曰 "問君子何以能然."

宋咸이 말하였다. "〈君子는 말을 하면 훌륭한 문장이 되고 움직이면 德을 이룬다고 하니,〉 君子가 어떻게 그럴 수 있는지 물은 것이다."

② 以其弸中而彪外也：弸, 滿也. 彪, 文也. 積行內滿, 文辭外發. ○ 光曰 "弸, 普耕·薄萌二切. 學成道充, 言動皆美."

弸은 충만함이고, 彪는 문채이다. 덕행을 쌓아 내면에 충만하면 文辭(文章)가 밖으로 드러나는 것이다.

○ 司馬光이 말하였다. "弸은 普와 耕의 반절과 薄과 萌의 반절이다. 학문이 이루어지고 道가 충만하면 말과 행동이 모두 아름답게 된다."

③ 般之揮斤……行必有稱也：咸曰 "般羿之斤矢, 精之至也. 君子之言行, 正之至也." ○ 祕曰 "般輸之揮斤, 后羿之激矢, 猶如君子之言行, 素習於內, 發中繩準." ○ 光曰 "般音班. 中, 丁仲切. 稱, 尺證切, 稱者, 得事之宜."

宋咸이 말하였다. "公輸般의 도끼와 后羿의 화살은 精함의 표준이요, 君子의 言行은 바름의 표준이다."

○ 吳祕가 말하였다. "公輸般이 도끼를 휘두르는 것과 后羿가 화살을 쏘는 것은, 君子의 言行이 평소 내면에 익숙해서 겉으로 드러날 때에 언행이 법도에 맞는 것과 같다."

○ 司馬光이 말하였다. "般은 음이 班이요, 中은 丁과 仲의 반절이다. 稱은 尺과 證의 반절이니, 稱은 事의 마땅함을 얻은 것이다."

혹인이 물었다.

"君子는 말을 하면 훌륭한 문장이 되고 움직이면 德을 이룬다고 한 것은 어째서입니까?"

揚子가 답하였다.

"군자의 德이 내면에 충만하면 반드시 밖으로 나타나기 때문이다. 이것은 〈마치 솜씨 좋은 목수인〉 公輸般이 도끼를 휘두르고 〈활을 잘 쏘는〉 羿가 화살을 쏘는 것처럼 자연스럽다. 君子는 말을 하지 않을지언정 말을 하면 반드시 적중하며, 군자는 일을 행하지 않을지언정 일을 행하면 반드시 들어맞는다."

02. **或問君子之柔剛**한대 **曰 君子**는 **於仁也**에 **柔**하고 **於義也**에 **剛**①이니라

① 君子於仁也柔 於義也剛 : 仁愛大德故, 柔屈其心, 節義大業故, 剛厲其志. ○ 祕曰 "木性則仁故, 柔, 金性則義故, 剛." ○ 光曰 "柔於愛人, 剛於去惡."

仁愛는 大德이기 때문에 그 마음을 굽혀서 유순하게 하고, 節義는 大業이기 때문에 그 뜻을 굳세고 엄하게 한다.

○ 吳祕가 말하였다. "木의 성질은 仁하기 때문에 유순하고, 金의 성질은 의롭기 때문에 굳세다."

○ 司馬光이 말하였다. "사람을 사랑하는 데에는 유순하고, 惡을 제거하는 데에는 굳세다."

혹인이 君子의 유순함과 굳셈에 대해서 물으니, 揚子가 답하였다.

"君子가 仁을 행할 때에는 유순하고 義를 행할 때에는 굳세다."

03. **或問 航不漿**하고 **衝不薺**[2)]라하니 **有諸**①잇가 **曰 有之**하니라 **或曰 大器固不周於小乎**②아 **曰 斯**는 **械也**니 **君子不械**③니라

① 航不漿 衝不薺 有諸 : 樓航不挹漿, 衝車不載薺.

---

2) 航不漿 衝不薺 : 이에 대해서는 여러 가지 설이 분분하다. ≪法言義疏≫에 兪樾은 '薺'자는 마땅히 '齏'자가 되어야 한다고 하였는데, 齏는 고기나 채소를 잘게 썰어 식초나 간장으로 무친 것이다. 이렇게 보면 '齏'자가 앞의 '漿'자와 서로 비슷한 종류끼리 서로 모이게 되므로 문맥상 옳을 듯하여 이 설을 따라 번역하였다.

樓航(망루를 갖춘 큰 배)에서는 酒漿을 마시지 않고, 衝車에서는 薺菜를 먹지 않는다는 말이다.

② 大器固不周於小乎 : 光曰 "言有大志者, 不顧小節."

司馬光이 말하였다. "큰 뜻이 있는 자는 작은 일을 돌아보지 않는다는 말이다."

③ 斯械也 君子不械 : 械, 器也, 航衝之器, 無所不施. ○ 咸曰 "君子之道, 惟變所適, 航衝之器, 主一而用. 注謂航衝無所不施及矣." ○ 光曰 "器械適於一用, 君子明道, 無施不可."

械는 器이니, 배와 충거 등의 기구는 쓰이지〔施〕 않는 곳이 없다.

○ 宋咸이 말하였다. "君子의 道는 변화에 맞춰 〈어디에나 쓰이지만〉, 배와 충거 등의 기구는 일정한 용도에만 쓰인다. 李軌의 注에 이르기를 '배와 충거는 쓰이지 않는 곳이 없다.'고 하였다."

○ 司馬光이 말하였다. "器械는 〈각각〉 한 가지 용도에만 적합하지만, 君子는 道에 밝아 어디든 쓰이지 않는 곳이 없다."

혹인이 물었다.

"배에서는 酒漿을 마시지 않고 衝車(兵車)에서는 齏를 먹지 않는다고 하니, 그런 말이 있습니까?"

揚子가 말하였다.

"그런 말이 있다."

혹인이 말하였다.

"〈배와 충거 같은〉 큰 기구는 본래 〈酒漿과 齏 같은〉 작은 물건에는 소용이 없다는 말입니까?"

양자가 말하였다.

"이것은 용도가 정해진 그릇을 말한 것이다. 君子는 그릇처럼 한 가지 용도에만 쓰이지 않는다."

04. 或問 孟子知言之要와 **知德之奧**한대 **曰 非苟知之**요 **亦允蹈之**[①]시니라 **或曰 子小諸子**하니 **孟子非諸子乎**아 **曰 諸子者**는 **以其知**로 **異於孔子者也**[②]라 **孟子異乎**아 **不異**[③]하니라

① 非苟知之 亦允蹈之 : 咸曰 "允, 信也. 蹈, 行也. 言孟子於要言奧德, 非惟苟且而知

之, 亦能信而行之."

宋咸이 말하였다. "允은 믿음이요, 蹈는 행함이다. 孟子는 〈孔子의〉 중요한 말씀과 심오한 덕에 대해서 구차하게 알기만 했을 뿐만 아니라 또한 믿고 실천하였음을 말한 것이다."

② 諸子者以其知異於孔子者也 : 祕曰 "知, 所知之道." ○ 光曰 "以其小知, 立異於孔子之道."

吳祕가 말하였다. "知는 아는 바의 道이다."

○ 司馬光이 말하였다. "〈제자백가는〉 그들의 작은 지혜를 가지고 공자의 道와 다른 학설을 주장한다."

③ 孟子異乎 不異 : 道同仲尼也.

맹자의 道는 仲尼와 같다.

혹인이 孟子가 〈孔子의〉 말씀의 요점과 聖人의 德의 심오한 경지를 알았는지 물으니, 揚子가 말하였다.

"알았을 뿐만 아니라 또한 충실하게 실천했다."

혹인이 물었다.

"당신은 諸子를 경시하니, 孟子 역시 諸子가 아닙니까?"

양자가 답하였다.

"諸子는 그들의 작은 지혜를 가지고 공자와 다른 학설을 주장하기 때문에 경시하는 것이다. 맹자의 학설이 공자와 다른가? 다르지 않다."

05. 或曰 荀卿非數家之書는 侻(태)也①어니와 至于子思孟軻하여는 詭哉②라 曰 吾於荀卿歟에 見同門而異戶也③어니와 惟聖人爲不異④하시니라

① 荀卿非數家之書 侻也 : 彈駁數家, 侻合於教. ○ 光曰 "宋吳本, 侻作脫, 今從李本. 音義曰 '侻, 佗括切, 可也.'"

荀卿이 제자백가를 비판하고 반박한 것은 가르침에 합당하다.

○ 司馬光이 말하였다. "宋咸本·吳祕本에는 侻가 脫로 되어 있는데, 지금 李軌本을 따랐다. ≪音義≫에 이르기를 '侻는 佗와 括의 반절이니, 可함(알맞다, 부합하다)이다.'라고 하였다."

② 至于子思孟軻 詭哉 : 譏此則乖詭. ○ 咸曰 "孔伋, 字子思, 孔子之孫, 孟軻之師也. 荀子有非十二子之言, 亦兼非子思孟軻. 此言非它數家, 則偶脫可矣, 至于非軻伋, 則邪

詭也." ○ 祕曰 "荀卿非十二子, 若惠施·鄧析之徒則脫, 異聖人之道. 已至于子思孟軻, 不異者也, 是荀卿之詭說也."

荀卿이 이들(子思와 孟軻)을 비판한 것은 괴이하다.

○ 宋咸이 말하였다. "孔伋은 字가 子思이니, 孔子의 손자이고 孟軻의 스승이다. ≪荀子≫에 十二子를 비판한 내용이 있는데 子思와 孟軻도 겸하여 비판하였다. 이것은 순경이 다른 諸家를 비판한 것은 그래도 가하거니와 맹가와 공급을 비판한 것에 이르러서는 간사하고 괴이함을 말한 것이다."

○ 吳祕가 말하였다. "순경의 〈非十二子〉에 惠施와 鄧析 같은 무리들을 비판한 것은 가하니, 이들은 聖人(孔子)의 道와 다르기 때문이다. 그러나 子思와 孟軻의 경우에는 〈聖人의 도와〉 다르지 않은 자인데 비판하였으니, 이는 순경의 괴이한 말이다."

③ 吾於荀卿歟 見同門而異戶也 : 同出一門而異其戶, 同述一聖而有乖詭. ○ 光曰 "言荀卿亦述孔子之道, 而所見不能無小異."

한 스승의 문하에서 똑같이 나왔지만 지향하는 바가 다르고, 한 聖人에 대해 똑같이 기술하였지만 다르다.

○ 司馬光이 말하였다. "순경도 孔子의 道를 기술하였으나 소견은 조금 차이가 없을 수 없음을 말한 것이다."

④ 惟聖人爲不異 : 前聖後聖, 法制玄合, 大同仁義. 祕曰 "純, 終也."[3)]

전대의 聖人과 후대의 聖人은 法制가 현묘하게 합하여 仁義는 대개 같다.

吳祕가 말하였다. "純은 잘 마무리하는 것이다."

혹인이 말하였다.

"荀卿이 諸子의 글을 비판한 〈非十二子〉[4)]는 可하지만, 〈十二子 가운데에 子思와 孟軻가 포함되어 있으니〉 자사와 맹가를 비판한 것은 괴이합니다."

揚子가 말하였다.

"나는 순경에 대해서 나와 똑같이 聖人의 문도이지만 각자의 관점이 조금 다르다고 생각하거니와, 나는 聖人과 관점이 다르지 않다."

---

3) 祕曰 純終也 : 이것은 뒤에 나오는 7장의 '純淪溫潤'에 대한 주인데, 여기에 잘못 끼어든 것으로 보인다.

4) 非十二子 : ≪荀子≫의 篇名인데, 十二子는 곧 전국시대 사람인 它囂·魏牟·陳仲·史鰌·墨翟·宋鈃·惠施·鄧析·愼到·田駢·子思·孟軻를 가리킨다. 순자는 이들을 모두 그르게 여겼다.

06. 牛玄騂白이요 睟而角이면 其升諸廟乎인저 是以君子全德①이니라

① 牛玄騂白睟而角……是以君子全德：色純曰睟. ○ 咸曰 "宗廟之牛, 貴純毛, 如黑赤白三色, 各純粹而角握[5]中禮, 則可升諸廟矣, 所以君子, 亦貴純全其德. 今荀卿, 學聖人之道而非孔孟, 亦不粹矣." ○ 祕曰 "韓吏部曰 '大醇小疵.'[6] 此之謂歟." ○ 光曰 "宋吳本, 牛玄騂白, 作玄牛騂白, 睟作粹, 今從李本. 睟, 與粹同."

색깔이 순수한 것을 睟(粹)라고 한다.

○ 宋咸이 말하였다. "宗廟에 올리는 소는 털 색깔이 순수한 것을 귀하게 여기니, 예컨대 黑色, 赤色, 白色 세 가지 색이 각각 순수하고 뿔이 한 줌 정도 되어 禮에 맞으면 종묘에 희생으로 올릴 수 있다. 이 때문에 君子 역시 그 德을 순수하고 완전하게 함을 귀하게 여긴다. 지금 荀卿은 聖人의 道를 배웠으면서 孔子와 孟子를 비판하였으니, 또한 순수하지 못하다."

○ 吳祕가 말하였다. "韓吏部(韓愈)가 말하기를 '荀子는 크게는 순후하나 조금 흠이 있다.'라고 하였으니, 이것을 두고 한 말일 것이다."

○ 司馬光이 말하였다. "宋咸本·吳祕本에는 '牛玄騂白'이 '玄牛騂白'으로 되어 있고, '睟'가 '粹'로 되어 있는데, 지금 李軌本을 따랐다. 睟는 粹와 같다."

소가 만약 검은색, 붉은색, 흰색이고, 털 색깔이 순수하고 뿔이 단정하면 종묘의 제사에 쓰는 희생으로 올릴 수 있을 것이다. 이 때문에 君子는 자신의 德을 완전하게 하고자 한다.

07. 或問君子似玉한대 曰 純淪溫潤하여 柔而堅하고 玩而廉하니 隊乎其不可形也①니라

① 或問君子似玉……隊乎其不可形也：君子於玉比德焉, 禮記論玉備矣.[7] ○ 咸曰 "隊(대),

---

5) 角握：뿔을 손아귀로 쥐었을 때 뿔의 길이가 아직 손아귀를 벗어나지 않을 정도의 크기를 말한다.

6) 韓吏部曰 大醇小疵：韓吏部는 吏部尙書 韓愈를 가리킨다. 한유의 〈讀荀子〉에 "孟氏는 醇粹하고도 순수한 분이고, 荀子와 揚雄은 大體는 순수하나 사소한 瑕疵가 있다.〔孟氏 醇乎醇者也 荀與楊 大醇而小疵〕"라고 보인다.

7) 君子於玉比德焉 禮記論玉備矣：≪禮記≫ 〈聘義〉에 子貢이 옥의 특징을 묻자 孔子가 "옛날 군자들은 덕을 옥에 견주었으니, 따뜻하고 윤택함은 仁이고, 치밀하면서 단단함은 智이다. 청렴하나 상하지 않음은 義이고, 드리움에 떨어질 듯함은 禮이다. 두드림에 소리가 맑고 길며 끝날 적에 소리가 딱 멈춤은 樂이고, 하자가 아름다운 부분을 가리지 않고 아름다

衆也, 言玉之德, 衆乎, 不可盡形容之." ○ 祕曰 "淪, 猶澤也. 玩, 猶珍也. 廉, 稜也. 隊乎, 猶言垂之如隊(추),[8] 其惟以德, 不可形狀." ○ 光曰 "玩, 當作刓音完, 謂廉而不劌. 隊, 直類切. 隊, 與墜同, 謂垂之如墜."

君子의 德을 玉에 견주니, ≪禮記≫ 〈聘義〉에 玉에 대해 논한 것이 갖추어져 있다.

○ 宋咸이 말하였다. "隊는 많음이니, 玉의 德이 많아서 다 형용할 수 없음을 말한 것이다."

○ 吳祕가 말하였다. "淪은 澤(윤택함)과 같고, 玩은 珍(귀함)과 같고, 廉은 稜(모남)이다. 隊(墜)乎는 패옥을 드리운 것이 떨어질 듯한 것이니, 오직 德으로써 하여 형용할 수가 없음을 말한다."

○ 司馬光이 말하였다. "玩은 마땅히 刓이 되어야 한다. 玩은 음이 完이니, 모나지만 해치지 않음을 이른다. 隊는 直과 類의 반절이다. 隊는 墜와 같으니, 패옥을 드리운 것이 떨어질 듯함을 이른다."

혹인이 君子의 덕이 玉과 같은 것에 대해 물으니, 揚子가 말하였다.

"옥은 무늬와 결이 순수하며 온화하고 윤택하여 그 성질이 부드러우면서도 견고하며 둥글면서도 모나니, 수없이 많아 형용할 수가 없다."

08. 或(問)〔曰〕[9] 仲尼之術은 周而不泰하고 大而不小하니 用之猶牛鼠也①니이다 曰 仲尼之道는 猶四瀆也하여 經營中國하여 終入大海②하고 它人之道者는 西北之流也니 綱紀夷貉하여 或入于沱하고 或淪于漢③이라

① 大而不小 用之猶牛鼠也 : 使牛捕鼠, 雖大無施. ○ 光曰 "周而不泰, 謂禮儀周備而無閑泰."

소에게 쥐를 잡게 하면 소가 비록 크지만 쥐를 잡지 못한다.

○ 司馬光이 말하였다. "'周而不泰'는 禮儀를 두루 갖추었지만 通泰하지 못함을 이른다."

운 부분이 하자를 가리지 않음은 忠이고, 믿음이 신뢰를 받아 사방으로 통달함은 信이다. 〔君子比德於玉焉 溫潤而澤 仁也 縝密以栗 知也 廉而不劌 義也 垂之如隊 禮也 叩之其聲淸越以長 其終詘然 樂也 瑕不揜瑜 瑜不揜瑕 忠也 孚尹旁達 信也〕"라고 하였다.

8) 垂之如隊(추) : 차고 있는 옥을 아래로 드리운 것이 마치 禮로써 겸손하고 낮추는 것과 같음을 말한다.

9) (問)〔曰〕 : 저본에는 '問'으로 되어 있으나, 文章의 體例에 의거하여 '曰'로 바로잡았다.

② 仲尼之道……終入大海：祕曰 "爾雅曰 '江河淮濟，爲四瀆，四瀆者，發源注海者也."

吳祕가 말하였다. "≪爾雅≫〈釋水〉에 이르기를 '江·河·淮·濟가 四瀆이니, 四瀆은 근원에서 나와 바다로 흘러 들어가는 것이다.'라고 하였다."

③ 它人之道者……或淪于漢：祕曰 "西北之流水，經夷貉而不返，或向東者，亦入沱漢而已，言其異而小也. 書曰 '嶓冢，導漾，東流爲漢.' 又曰 '岷山導江，東別爲沱.' 孔云 '沱東行.'" ○ 光曰 "言諸子之道，雖時有小用，而非順正，不可以致遠."

吳祕가 말하였다. "西北 지역의 흘러가는 물은 오랑캐 지역을 경유하여 돌아오지 않거나 혹 동쪽으로 향하는 것도 沱水와 漢水로 들어갈 뿐이니, 四瀆과 다르고 물줄기가 작음을 말한 것이다. ≪書經≫〈夏書 禹貢〉에 '嶓冢山에서 漾水를 인도하여 동쪽으로 흘러가 漢水가 되었다.'라 하고, 또 '岷山에서 長江을 인도하되 동쪽으로 나뉘어 沱水가 되었다.'라고 하였는데, 孔安國이 이르기를 '沱水는 동쪽으로 흘러간다.'라고 하였다."

○ 司馬光이 말하였다. "諸子의 道는 비록 때때로 작은 쓰임은 있으나 도에 맞고 올바른 것은 아니니, 먼 곳에 다다를 수 없다는 말이다."

혹인이 말하였다.

"仲尼의 學術은 두루 미치지만 통하지 않는 것이 있고, 크지만 작은 일에 쓸 수가 없으니, 〈聖人과 일반인의 차이는〉 소와 쥐의 차이와 같아서 〈大小가 현격하게 달라 끝내 합할 수가 없습니다.〉"

揚子가 말하였다.

"仲尼의 道는 四瀆과 같아서 中國 안을 두루 흘러 윤택하게 하고 마침내 큰 바다로 들어가는 것과 같다. 그밖에 다른 사람의 도는 西北 지역의 작은 하천과 같아서 오랑캐 지역을 흐르다가 沱水로 흘러 들어가거나 漢水로 흘러 들어갈 뿐이다."

09. 淮南說之用이 **不如太史公之用也**니 **太史公**은 **聖人將有取焉**①이요 **淮南**은 **鮮取焉爾**②니라 **必也儒乎**③인저 **乍出乍入**은 **淮南也**④요 **文麗用寡**는 **長卿也**⑤요 **多愛不忍**은 **子長也**⑥니라 **仲尼多愛**는 **愛義也**요 **子長多愛**는 **愛奇也**⑦러라

① 太史公 聖人將有取焉：實錄不隱，故可採擇. ○ 咸曰 "司馬遷雖雜，尙有禮樂儒學之說，於聖人之道，可取而用之，於劉安，溺異端之痼者也，故曰鮮取焉." ○ 光曰 "今之所以知古，後之所以知先，史不可廢."

司馬遷의 實錄(≪史記≫)은 악을 숨기지 않았기 때문에 採擇할 만하다.

○ 宋咸이 말하였다. "司馬遷의 ≪사기≫는 비록 잡되지만 그래도 禮樂과 儒學에 대한 說이 있어서 聖人의 道에 취하여 쓸 만한 것이 있지만, 劉安의 경우에는 異端의 폐단에 빠졌기 때문에 거의 취할 것이 없다고 말한 것이다."

○ 司馬光이 말하였다. "지금 시점에서 옛날 일을 알고자 하고 후대의 시점에서 선대의 일을 알고자 한다면 史書를 폐할 수 없다."

② 淮南鮮取焉爾：浮辯虛妄, 不可承信. ○ 祕曰 "太史公實錄, 猶如魯史舊文, 聖人將有取焉, 以正褒貶, 淮南劉安之書, 雜而不典, 少有可採." ○ 光曰 "鮮, 息淺切. 空言雖辯博, 而駁雜迂誕, 可取者少."

≪淮南子≫는 과장되고 허망하여 그대로 믿을 수가 없다.

○ 吳祕가 말하였다. "太史公(司馬遷)의 ≪사기≫는 그래도 노나라 역사의 옛글과 같으니, 聖人이 장차 취하여 褒貶을 바로잡을 수 있거니와, 淮南王 劉安의 책은 잡되고 법도에 맞지 않아 채택할 만한 것이 적다."

○ 司馬光이 말하였다. "鮮은 息과 淺의 반절이다. 실제와 맞지 않는 헛말은 아무리 해박하더라도 잡박하고 허탄하여 취할 만한 것이 적다."

③ 必也儒乎：光曰 "聖道於是乎在."

司馬光이 말하였다. "聖人의 도는 여기(儒學)에 있을 것이다."

④ 乍出乍入 淮南也：或出經, 或入經. ○ 祕曰 "必也以儒爲名乎. 內篇, 論道, 外篇, 雜說, 乍出乍入, 雜而不純者也."

≪淮南子≫는 經에서 나가기도 하고, 經으로 들어오기도 하였다.

○ 吳祕가 말하였다. "회남자는 반드시 儒者로 일컬어질 것이다. ≪회남자≫의 內篇은 道를 논하였고, 外篇은 雜說이니, 나가기도 하고 들어오기도 했다는 것은 잡되어 순수하지 못한 것이다."

⑤ 文麗用寡 長卿也：咸曰 "司馬相如, 文賦雖麗, 施用則少." ○ 祕曰 "相如, 文雖麗, 而寡於用."

宋咸이 말하였다. "司馬相如의 文章과 詩賦는 비록 화려하지만 쓰임새는 적다."

○ 吳祕가 말하였다. "사마상여의 문장은 비록 화려하지만 쓰임새는 적다."

⑥ 多愛不忍 子長也：史記敍事, 但美其長, 不貶其短, 故曰多愛. ○ 咸曰 "遷之學, 不專純於聖人之道, 至於滑稽・日者・貨殖・遊俠・九流之技, 皆多愛而取, 不忍棄之." ○ 祕曰 "不可以垂世立教者, 司馬遷, 皆敍而錄之, 是多愛不忍也."

≪사기≫의 敍事는 다만 장점만 찬미하고 단점은 폄하하지 않았다. 그러므로 좋아하는 바가 많다고 한 것이다.

○ 宋咸이 말하였다. "사마천의 학문은 聖人의 道에 專一하고 순수하지 않고, 滑

稽・日者・貨殖・遊俠・九流의 기예에 이르기까지 모두 다 좋아하여 취하고 차마 버리지 못하였다."

○ 吳祕가 말하였다. "후세에 가르침으로 남길 수 없는 것도 사마천이 모두 서술하여 기록하였으니, 이것이 좋아하여 차마 버리지 못하였다는 것이다."

⑦ 仲尼多愛……愛奇也：光曰 "仲尼稱管仲爲仁, 史魚爲直, 蘧伯玉爲君子之類. 亦多愛."

司馬光이 말하였다. "仲尼가 管仲을 평하여 仁하다고 하고, 史魚를 평하여 直하다고 하고, 蘧伯玉을 평하여 君子라고 한 것 등도 좋아하는 바가 많은 것이다."

淮南王(劉安) 학설의 효용은 太史公(司馬遷) ≪史記≫의 효용만 못하니, 태사공의 ≪사기≫는 聖人이 취하여 쓸 만한 내용이 있지만 ≪淮南子≫는 거의 취할 내용이 없다. 〈성인이〉 취하는 바가 있다면 반드시 유가의 도일 것이다. 유가의 도에서 벗어나기도 하고 부합하기도 한 것은 ≪회남자≫이고, 문장은 화려하나 쓰임이 적은 것은 司馬長卿(司馬相如)의 詞賦이고, 좋아하는 바가 많아서 〈각양각색의 인물과 일을 모두 취하고〉 차마 버리지 못한 것은 司馬子長(司馬遷)의 ≪史記≫이다. 仲尼가 좋아하는 바가 많은 것은 義를 좋아한 것이고, 사마자장이 좋아하는 바가 많은 것은 기이한 것을 좋아한 것이다.

10. 或曰 甚矣라 傳書之不果也①여 曰 不果則不果矣②라 (人)〔又〕[10] 以巫鼓③니라

① 甚矣 傳書之不果也：咸曰 "非經, 謂之傳. 或人既聞揚子上論淮南子長之言, 愛奇而雜, 故因駭之而爲問也. 言甚矣, 彼傳記之書, 不果純於聖人之道也." ○ 祕曰 "古者, 詩三千餘篇, 孔子刪定, 取止乎禮義者[11], 三百一十一篇而已, 是愛義也. 子長史記, 至於滑稽・日者・刺客・貨殖之類, 皆不忍去, 是愛奇也. 或人曰 '甚矣. 淮南子長之傳.' 言不果全於聖人之道也."

宋咸이 말하였다. "經이 아닌 것을 일러 傳이라고 한다. 혹인이 이미 揚子가 앞에서 淮南子와 司馬子長의 말에 대해 '기이한 것을 좋아하고 잡박하다.'고 논평한 것

---

10) (人)〔又〕: 저본에는 '人'으로 되어 있으나, 汪榮寶의 ≪法言義疏≫에 의거하여 '又'로 바로잡았다.

11) 取止乎禮義者 : ≪毛詩≫ 〈大序〉에 "나라의 史官이 得失의 자취를 잘 알고는, 인륜이 버려짐을 가슴 아파하고 刑政이 가혹함을 슬퍼하여 〈당시 사람들의〉 性情을 읊어 윗사람을 풍자하였다. 그래서 變風은 情에서 나와 禮・義에 그쳤는데, 情에서 나왔다는 것은 백성의 성품이고, 禮・義에 그친 것은 先王의 은택이다."라고 하였다.

을 들었다. 그러므로 그로 인해 놀라서 물은 것이니, 저 傳記(緯書)의 책은 聖人의 道에 순수하지 못함이 심하다는 말이다.”

○ 吳祕가 말하였다. “옛날에 詩가 3천여 편이었는데, 孔子가 刪定하여 禮義에 그친 시를 취한 것이 311편일 뿐이었으니 이는 義를 좋아한 것이요, 사마자장의 ≪史記≫는 滑稽·日者·刺客·貨殖의 부류에 이르기까지 모두 차마 버리지 못하였으니 이는 기이한 것을 좋아한 것이다. 或人이 이르기를 ‘회남자와 사마자장의 傳은 심합니다.’라고 하였으니, 聖人의 道에 순수하지 못함을 말한 것이다.”

② 不果則不果矣：苟非所能自可耳. ○ 咸曰 “言今人之不果純於聖人之道者, 尙可導而果之, 如淮南子長, 皆已沒矣, 其書皆已行矣, 安可道而果之哉. 誠爲不果純矣.” ○ 祕曰 “內不果純, 文亦不果道矣.”

진실로 본래 가하다고 할 수 있는 것이 아니니다.

○ 宋咸이 말하였다. “지금 사람들이 聖人의 도에 순수하지 못한 것은 그래도 인도하여 진실하게 할 수 있거니와, 예컨대 회남자와 사마자장은 모두 이미 죽었고, 그 책은 모두 이미 세상에 행해졌으니, 어떻게 인도하여 진실하게 할 수 있겠는가. 참으로 성인의 도에 순수하지 못하다.”

○ 吳祕가 말하였다. “마음이 실로 순수하지 못하고 문장도 도에 순수하지 못하다.”

③ (人)〔又〕以巫鼓：巫鼓, 猶妄說也, 妄說傷義, 甚於不言. 一曰 巫鼓之儔, 奚徒不果而已. 乃復(奇談)〔寄詠〕[12]誕以自大, 假不學爲高通, 故揚子旣吐觸情之談, 又發巫鼓之義. ○ 咸曰 “夫巫, 左道者也. 言彼之書, 非徒不果純於聖人之道而已, 今大行於世, 復使人學之, 得其雜說, 如左道之巫, 以鼓動其事, 惑夫衆者也. 如淮南游仙化金之說, 鼓動末俗, 使其學之, 非左道而何也.” ○ 光曰 “音義曰 ‘天復本, 人作又.’ 竝闕.”

巫鼓는 망령된 말과 같으니, 망령된 말로 義를 해치는 것이 되려 말하지 않는 것보다 심하다. 一說에는 ‘巫鼓하는 자들은 어찌 진실하지 않을 뿐이겠는가. 이에 또다시 과장되어 터무니없는 말에 가탁하여 이것을 스스로 잘난 척하고 배우지 않음을 가장하여 높이 통달한 것이라고 한다. 그러므로 揚子가 이미 사실과 맞지 않는다는 말임을 이야기하고 또 巫鼓의 뜻을 밝힌 것이다.

○ 宋咸이 말하였다. “巫는 左道(정통이 아닌 邪道)를 하는 자이다. 저들(회남자와 사마자장)의 책은 聖人의 道에 진실로 순수하지 못할 뿐만 아니라, 지금 세상에 크게 행해져 또 사람들로 하여금 이것을 배워 그 雜說을 터득하게 하니, 左道를 하는 무당이 그 일을 鼓動시켜 사람들을 미혹하게 하는 것과 같다. 예컨대 ≪회남자≫의 ‘游仙(仙界에서 한가로이 노닒)’이니, ‘化金(사물을 변화시켜 황금으로 만듦)’이니 하는

12) (奇談)〔寄詠〕: 저본에는 ‘奇談’으로 되어 있으나, 四部叢刊本에 의거하여 ‘寄詠’로 바로잡았다.

말들은 말세의 풍속을 鼓動시켜 사람들로 하여금 그것을 배우게 하니, 左道가 아니고 무엇이겠는가."

○ 司馬光이 말하였다. "≪音義≫에 이르기를 '天復本에는 「人」이 「又」로 되어 있다.'라고 하였다. 뜻은 모두 注釋하지 않았다."

혹인이 물었다.

"〈聖人의 經典을 해석한〉 傳書[13]의 내용은 사실과 부합하지 않음이 너무 심합니다."

양자가 말하였다.

"사실과 부합하지 않는 것은 부합하지 않는 것이고, 게다가 망령된 말로 선동하기까지 한다."

11. **或問 聖人之言**은 **炳若丹青**이라하니 **有諸**아 **曰 吁**라 **是何言歟**①오 **丹青**은 **初則炳**이나 **久則渝**하니 **渝乎哉**①아

① 吁是何言歟 : 吁者, 駭嘆之辭.

吁는 놀라서 탄식하는 말이다.

② 丹青初則炳……渝乎哉 : 丹青, 初則炳然, 久則渝變, 聖人之言, 久而益明.

丹青은 처음에는 밝고 환하지만 오래되면 변하는데, 聖人의 말씀은 오래될수록 더욱 분명하다.

혹인이 물었다.

"聖人의 말은 선명하기가 丹青과 같다고 하니, 맞습니까?"

揚子가 말하였다.

"아, 이게 무슨 말인가. 丹青은 처음에는 선명하지만 오래되면 색이 변하니, 그렇다면 聖人의 말씀도 변한단 말인가."

---

13) 傳書 : 儒家의 經典을 해석한 것을 傳 또는 傳書라고 한다. 여기서는 주로 儒家의 經義에 의탁하여, 符籙이나 瑞應 등을 선양한 緯書를 말한다. 길흉을 점치고 흥망을 예언하는 등 허탄한 내용이 많다. 前漢 말기에 시작되어 後漢 때에 성행하였다.

12. 或曰 聖人之道若天이로되 **天則有常矣**어늘 **奚聖人之多變也**①오 **曰 聖人**은 **固多變**②이시니라 **子游, 子夏**는 **得其書矣**로되 **未得其所以書也**요 **宰我, 子貢**은 **得其言矣**로되 **未得其所以言也**요 **顏淵, 閔子**는 **得其行矣**로되 **未得其所以行也**③니라 **聖人之書言行**은 **天也**니 **天其少變乎**④아

① 聖人之道若天……奚聖人之多變也：咸曰"言五經支離, 萬事錯綜." ○ 祕曰"天有一定之高, 有常也, 聖人, 無可無不可, 多變也."

宋咸이 말하였다. "五經은 지루하고, 온갖 일이 잡다하게 섞여 있음을 말한다."

○ 吳祕가 말하였다. "하늘은 一定한 높이가 있어 언제나 변함이 없지만, 聖人은 가한 것도 없고 불가한 것도 없어 변함이 많다."

② 聖人固多變：天縱之也. ○ 光曰"聖人志道秉常, 隨時應物, 如天之陰陽五行, 變化無窮."

〈孔子는〉 하늘이 풀어놓으신(모든 재능을 다 갖게 하고 제한하지 않은) 聖人이실 것이다.

○ 司馬光이 말하였다. "聖人은 道에 뜻을 두고 常道를 지켜 때에 따라 사물의 변화에 응하니, 하늘의 陰陽과 五行이 變化無窮한 것과 같다."

③ 子游子夏得其書矣……未得其所以行也：聖人, 以妙外往, 諸賢, 以方中來. ○ 祕曰"通之者, 聖也. 習之者, 賢也." ○ 光曰"行, 下孟切, 下同. 六子皆學於孔子, 而未達其本原, 故雖各有所得, 而未能盡其變通."

聖人은 妙用의 밖에서 왕래하고 方所의 안에서 왕래한다.

○ 吳祕가 말하였다. "통달한 것은 聖人이고, 익히는 것은 賢人이다."

○ 司馬光이 말하였다. "行은 下와 孟의 반절이니, 이하도 같다. 여섯 사람(子游, 子夏, 宰我, 子貢, 顏淵, 閔子)은 모두 孔子에게 배웠으나 그 本原을 통달하지는 못하였기 때문에 비록 각각 얻은 바가 있으나 그 변통함을 다하지는 못한 것이다."

④ 聖人之書言行天也 天其少變乎：所以應無方也. ○ 咸曰"此論六子, 猶孟軻所謂子張子游子夏得聖人之一體, 顏閔具體而微之謂也. 夫天多變, 然後有成, 聖多變, 然後有倫. 天變, 隱於萬化而難知, 故曰天則有常, 聖變, 布於五經而可見, 故曰聖人固多變." ○ 祕曰"夫天之高也, 及其變, 則二氣推移, 四時更迭, 三辰運行, 萬物生瘁, 不爲少也." ○ 光曰"言天之變化, 亦多也."

〈聖人은〉 無方(일정하지 않은 상황)에 응하는 것이다.

○ 宋咸이 말하였다. "여기서 여섯 사람을 논한 것은 孟軻의 이른바 '子張, 子游, 子夏는 聖人의 일부분을 얻었고, 안연과 민자건은 성인의 전체를 갖추고는 있으나 다소 미약하다.'라고 한 것을 이른다. 하늘은 변화가 많으니 그런 뒤에야 이루어짐

이 있고, 聖人은 변화가 많으니 그런 뒤에야 차서가 있다. 하늘의 변화는 온갖 변화에 숨어 있어서 알기 어렵기 때문에 하늘은 언제나 변함이 없다고 하고, 聖人의 변화는 五經에 펼쳐져 있어 볼 수 있기 때문에 성인은 본래 변화가 많다고 한다."

○ 吳祕가 말하였다. "하늘은 높지만 그 변화에 이르러서는 二氣(陰陽)가 推移하고, 四時가 번갈아 교대하고, 三辰(해·달·별)이 運行하여 萬物이 살기도 하고 죽기도 하니, 변화가 적다고 할 수 없다."

○ 司馬光이 말하였다. "하늘의 變化가 또한 많음을 말한 것이다."

혹인이 말하였다.

"聖人의 道는 하늘과 같다고 하되, 하늘은 언제나 변함이 없는데 聖人은 어찌하여 변화가 많습니까?"

揚子가 말하였다.

"성인은 본래 변화가 많다. 子游와 子夏는 성인의 글은 얻었지만 글의 근본은 얻지 못하였고, 宰我와 子貢은 성인의 말을 얻었지만 말의 근본은 얻지 못하였고, 顔淵과 閔子는 성인의 덕행은 얻었지만 덕행의 근본은 얻지 못하였다. 성인의 글과 말과 덕행은 하늘과 같으니, 하늘이 어찌 변화가 적겠는가."

13. 或曰 聖人自恣歟아 **何言之多端也**[①]오 **曰 子未覿禹之行水歟**아 **一東一北**하여 **行之無礙也**니 **君子之行**은 **獨無礙乎**아 **如何直往也**[②]오 **水避礙則通于海**하고 **君子避礙則通于理**[③]라

① 聖人自恣歟 何言之多端也：祕曰"或人聞多變之語, 不達其歸趣, 恐聖人率意而言, 故云多端." ○ 光曰"謂問同答異, 理或相違."

吳祕가 말하였다. "혹인이 聖人은 변화가 많다는 말을 듣고 그 취지를 이해하지 못하여 聖人이 마음 내키는 대로 말을 하는 것이라고 여긴 듯하다. 그러므로 여러 가지로 한다고 이른 것이다."

○ 司馬光이 말하였다. "질문은 같은데 대답은 달라 이치에 서로 위배됨을 이른 것이다."

② 子未覿禹之行水歟……如何直往也：祕曰"時有可否, 礙也."

吳祕가 말하였다. "때에 옳고 그름이 있는 것이 장애물이다."

③ 水避礙則通于海 君子避礙則通于理：咸曰"高者, 水之礙, 故避之則流, 雜者, 聖之礙

故, 避之則行." ○ 祕曰 "隨時制宜, 不失其正理, 則通矣."

宋咸이 말하였다. "높이 나온 것은 물의 장애물이므로 이것을 피하면 흘러가고, 雜說은 聖人의 장애물이므로 이것을 피하면 행해진다."

○ 吳祕가 말하였다. "그때의 정세에 따라 적절하게 조치하여 그 바른 이치를 잃지 않으면 통하게 될 것이다."

혹인이 말하였다.

"聖人은 마음 내키는 대로 합니까? 어찌하여 말을 여러 가지로 합니까?"

揚子가 말하였다.

"그대는 禹임금이 홍수를 다스리는 방법을 보지 못했는가. 한번은 동쪽으로 흐르게 하고 한번은 북쪽으로 흐르게 하여 물이 흘러감에 장애물이 없는 곳으로 인도한다. 君子가 처신함에 어찌 방해되는 것이 없겠는가. 〈방해되는 것이 있으면〉 어찌 곧장 나아갈 수 있겠는가. 물은 장애물을 피해 흘러가면 바다로 통하게 되고, 군자는 방해가 되는 것을 피하면 이치를 통하게 될 것이다."

14. 君子는 好人之好①하고 而忘己之好②하며 小人은 好己之惡③하고 而忘人之好④니라

① 好人之好 : 嘉其善也.
남의 장점을 좋아한다는 것은 그의 선을 아름답게 여기는 것이다.

② 忘己之好 : 若不足也.
자기의 장점을 잊는다는 것은 자신을 부족한 것처럼 여기는 것이다.

③ 好己之惡 : 我名而不自知.
내가 이름(惡名)이 나는데도 스스로 알지 못하는 것이다.

④ 忘人之好 : 物物而不識彼.
사물을 사물로 여기고 상대가 있는 줄 알지 못하는 것이다.

君子는 남의 장점을 좋아하고 자기의 장점은 잊으며, 小人은 자기의 단점을 좋아하고 남의 장점은 잊는다.

15. 或曰 子於天下則誰與①오 曰 與夫進者乎인저 或曰 貪夫位也요 慕夫祿也니 何其與리오 曰 此貪也요 非進也라 夫進也者는 進於道하고 慕於德하고 殷之以仁

義하여 **進而進**②하고 **退而退**③하여 **日孳孳而不知勸者也**④라 **或曰 進進則聞命矣**로니 **請問退進**하노이다 **曰 昔乎**에 **顔淵**이 **以退爲進**⑤하니 **天下鮮儷焉**⑥하니라 **或曰 若此則何小於必退也**⑦리오 **曰 必進**도 **易儷也**요 **必退易儷也**⑧어니와 **進以禮**하고 **退以義**는 **難儷也**⑨니라

① 子於天下則誰與：祕曰 "與何等人." ○ 光曰 "與, 許也."
吳祕가 말하였다. "어떠한 사람과 함께하겠느냐는 말이다."
○ 司馬光이 말하였다. "與는 허여함이다."

② 進而進：祕曰 "禮進則進."
吳祕가 말하였다. "禮로 볼 때 나아가 벼슬할 만하면 벼슬하는 것이다."

③ 退而退：祕曰 "義退則退."
吳祕가 말하였다. "義로 볼 때 물러나 은거할 만하면 물러나 은거하는 것이다."

④ 殷之以仁義……日孳孳而不知勸者也：光曰 "勸, 與倦同. 殷, 中也. 退而退, 當作退而進. 言不以祿位之進退, 務進於道德而已, 故下文云 '請問退進.'"
司馬光이 말하였다. "勸은 倦(게으르다)과 같다. 殷은 적중함이다. '退而退'는 마땅히 '退而進'이 되어야 하니, 녹봉과 지위에 따라 進退하지 않고 道와 德에 나아가기를 힘쓸 뿐임을 말한 것이다. 그러므로 下文에 이르기를 '請問退進'이라고 한 것이다."

⑤ 昔乎顔淵以退爲進：後名而名先也.
물러남을 나아감으로 삼는다는 것은 명예를 뒤로 하되 명예가 되려 앞에 있는 것이다.

⑥ 天下鮮儷焉：祕曰 "人不堪其憂, 回也不改其樂, 終日如愚, 而回也不愚. 是以退爲進, 少有其偶." ○ 光曰 "鮮, 息淺切. 儷音麗. 顔回在陋巷, 不苟仕, 好學不倦, 是以退爲進."
吳祕가 말하였다. "다른 사람들은 그 근심을 견뎌내지 못하는데, 안회는 그 즐거움을 고치지 않았으며, 종일토록 어리석은 사람 같았으나 안회는 어리석지 않았다. 이것이 물러남을 나아감으로 삼아 견줄 만한 짝(상대)이 적은 것이다."
○ 司馬光이 말하였다. "鮮은 息과 淺의 반절이다. 儷는 음이 麗이다. 顔回는 누추한 시골에 살고 구차하게 벼슬하지 않았으며, 배우기를 좋아하여 게을리하지 않았으니, 이것이 물러남을 나아감으로 삼은 것이다."

⑦ 若此則何小於必退也：祕曰 "若然則必退於道者, 何故小之." ○ 光曰 "揚子謂 '聖人不遁於世, 不離於群', 是小必退."
吳祕가 말하였다. "만약 그렇다면 반드시 벼슬길에서 물러나 은거하려는 사람을 무슨 이유로 하찮게 여기느냐는 말이다."

○ 司馬光이 말하였다. "揚子가 이르기를 '聖人은 세상을 피하여 은거하지 않고 무리를 떠나 고고하게 지내지 않는다.'라고 하였으니, 이것은 반드시 물러나려는 사람을 하찮게 여긴 것이다."

⑧ 必進易儷也 必退易儷也：必, 苟也. 苟進則貪祿利, 苟退則慕僞名也. ○ 祕曰 "輕於進退者衆."

必은 구차함이니, 구차하게 나아가 벼슬하면 녹봉과 이익을 탐하는 것이고, 구차하게 물러나 은거하면 거짓 명성을 貪慕하는 것이다.

○ 吳祕가 말하였다. "나아감과 물러남을 가볍게 하는 자가 많다."

⑨ 進以禮……難儷也：進退不失其正者, 君子也. ○ 咸曰 "猶仲尼之於魯也, 用之則攝相事而輔夾谷,[14] 淫女樂, 廢膰胙, 則歌之而行.[15]" ○ 祕曰 "進之退之, 惟禮義所在."

나아감과 물러남에 그 바름을 잃지 않는 것은 君子이다.

○ 宋咸이 말하였다. "〈나아갈 때에는 禮를 따르고 물러날 때에는 義를 따른다는 것은〉 공자가 魯나라에 있을 때에 공자를 써 주면 재상의 일을 섭행하여 夾谷의 회합에서 임금을 보좌하고, 〈齊나라에서 보내준〉 女樂에 빠져서 〈郊祭를 지내고도〉 그 제사고기를 大夫에게 보내는 일을 폐하면 孔子가 노래하고 떠난 것과 같은 것이다."

○ 吳祕가 말하였다. "나아가 벼슬하고 물러가 은거함에 오직 禮義가 있는 바를 따를 뿐이다."

혹인이 말하였다.

"그대는 천하 사람 중에서 누구와 함께하겠습니까?"

揚子가 답하였다.

"進取하는 자와 함께할 것이다."

---

14) 攝相事而輔夾谷：춘추시대 魯 定公이 齊 景公과 夾谷에서 회합하였다. 이 협곡의 회합은 원래 제나라가 노나라를 얕보고서 망신을 주려고 주선한 것이었으나, 孔子가 미리 武威를 갖추고 機智를 발휘하여 제나라가 오히려 낭패를 당하여 점령하고 있던 노나라 땅을 돌려주며 사과하였다.(≪春秋左氏傳≫ 定公 10년)

15) 淫女樂……則歌之而行；季桓子가 마침내 齊나라의 女樂을 받고 3일 동안 정사를 처리하지 않았으며, 郊祭를 지내고도 그 제사고기를 大夫에게 보내지 않자, 孔子가 마침내 노나라를 떠났다. 이때 樂師인 己가 전송하며 '이것은 夫子의 잘못이 아닙니다.'라고 하니, 공자가 '내가 노래로 나의 생각을 전해도 되겠는가?'라고 하고서 '저 여자들의 입(말)이 사람을 出奔하게 할 수 있고, 저 여자들의 請謁이 사람을 죽고 패망하게 할 수 있다. 한가로이 지내면서 모름지기 일생을 마치리라.'라고 노래하였다. 樂師인 己가 전송하고 돌아오자, 계환자가 '공자가 또 무슨 말을 하던가?'라고 하였다. 樂師인 己가 사실대로 고하자 계환자가 '夫子는 群婢(女樂)의 일로 나를 罪責하는 것이다.'라고 하였다.

혹인이 말하였다.

“그런 사람은 지위를 탐내고 녹봉을 탐내는 자이니, 어찌 그런 자들과 함께하겠다는 것입니까?”

양자가 말하였다.

“그대가 말한 것은 탐하는 것이지 進取하는 것이 아니다. 〈내가 말하는〉 진취한다는 것은 道에 나아가고 德을 흠모하며 仁義로 자신을 바로잡고, 나아가 벼슬할 때에도 진취하고, 물러나 벼슬하지 않을 때에도 진취하여, 날마다 부지런히 힘쓰고 게으름을 모르는 사람이다.”

혹인이 말하였다.

“나아가 벼슬할 때 진취하는 것에 대해서는 가르침을 들었습니다. 그러면 물러나 벼슬하지 않을 때에도 진취하는 것에 대해서 묻습니다.”

양자가 말하였다.

“옛날에 顔淵은 〈가난하게 살면서도 벼슬에 나아가지 않고 자신의 仁義에 힘써〉 물러나 은거하는 것으로 나아감을 삼았으니, 이와 같은 사람은 천하에 찾아보기 어렵다.”

혹인이 말하였다.

“이와 같다면 어찌하여 반드시 물러나 은거하는 사람을 하찮게 여기는 것입니까?”

양자가 말하였다.

“어떠한 경우든 반드시 나아가 벼슬하는 사람도 찾아보기가 쉽고, 어떠한 경우든 반드시 물러나 은거하는 사람도 찾아보기가 쉽지만, 나아갈 때에는 禮에 따라서 나아가고 물러날 때에는 義에 따라서 물러나는 사람은 찾아보기가 어렵다.”

16. 或曰 人有齊死生, 同貧富, 等貴賤이면 何如①오 曰 作此者는 其有懼乎②아 信死生齊, 貧富同, 貴賤等이면 則吾以聖人爲囂囂③호라

① 人有齊死生同貧富等貴賤 何如：懼者, 畏義也. 此章, 有似駁莊子. 莊子之言, 遠有其旨, 不統其遠旨者, 遂往而不反, 所以辨之. 思各統其所言之旨, 而兩忘其言, 則得其意也. ○ 祕曰 “人有如莊生之齊物者, 何如.” ○ 光曰 “莊列之論, 如是.”

두려워한다는 것은 義에서 벗어날까 두려워하는 것이니, 이 章은 莊子를 비판한 듯하다. 장자의 말은 深遠하여 뜻이 있으나, 그 심원한 뜻을 통달하지 못하는 자는 마침내 엉뚱한 데로 가고 바른 길로 돌아오지 않으니, 이 때문에 분별한 것이다. 그 말한 바의 뜻을 각각 통달하여 그 말을 둘다 잊으면 그 뜻을 얻을 것이다.

○ 吳祕가 말하였다. "사람 중에 莊生(莊周)처럼 만물을 동등하게 여기는 자가 있다면 어떠하냐는 말이다."

○ 司馬光이 말하였다. "莊子와 列子의 의론이 이와 같다."

② 作此者其有懼乎 : 祕曰 "非聖人者, 無法, 懼有誅戮之責, 作此齊物之論然後, 以夷曠爲妙達. 曰 '道家流, 當然也.' 禮曰 '行僞而堅, 言僞而辨, 學非而博, 順非而澤, 以疑衆殺.'[16]" ○ 光曰 "懼, 謂有憂患, 不可避, 故作此論以自寬."

吳祕가 말하였다. "聖人을 비난하는 자는 법을 무시하니, 誅戮의 責罰이 있을까 두려워한다. 그러므로 이런 齊物論을 지은 뒤에 평이하고 광대하여 묘하게 통달했다고 여기는 것이다. '道家流는 당연하게 여긴다.'라고 하였는데, ≪禮記≫ 〈王制〉에 이르기를 '행실이 거짓되면서도 견고하고, 말이 거짓되면서도 논리적이고, 학문이 잘못되었으면서도 해박하고, 잘못을 합리화시키며 번지르르하게 꾸며서 사람들을 의혹하게 하면 죽인다.'라고 하였다."

○ 司馬光이 말하였다. "懼는 憂患이 있어서 피할 수 없음을 이른다. 그러므로 이러한 논(제물론)을 지어 스스로를 위로한 것이다."

③ 信死生齊……則吾以聖人爲囂囂 : 祕曰 "夫死生異理, 貧富殊塗, 貴賤差等, 較然之義也, 而莊子託以道家, 遂以係表遠去, 忘言得意, 稱其齊一而好之者, 無不甘心焉, 是虛華之大者. 若信是言, 則吾以聖人六經之旨, 爲囂囂之虛語耳." ○ 光曰 "囂, 許驕切. 人好生惡死, 苦貧樂富, 重貴輕賤, 乃其常情, 聖人因之, 以設勸沮, 立政敎, 若信然齊等, 則聖人號令典謨, 徒囂囂然煩言耳."

吳祕가 말하였다. "死生은 이치가 다르고, 貧富는 길이 다르고, 貴賤에 차등이 있는 것은 분명한 의리인데, 莊子가 道家에 가탁하여 마침내 言表의 경지를 멀리 떠나 뜻을 얻었으면 말을 잊으며 〈死生과 貧富와 貴賤은〉 하나라고 일컬으면서 좋아하는 것을 만족스러워하지 않음이 없으니, 이는 실속은 없고 겉보기에만 화려하기만 한 것이다. 만약 이 말을 믿는다면 나는 聖人이 六經에 말씀하신 뜻을 시끄럽게 떠드는 빈말로 여겨야 할 것이다."

○ 司馬光이 말하였다. "囂는 許와 驕의 반절이다. 사람이 삶을 좋아하고 죽음을 싫어하며, 가난함을 괴로워하고 부유함을 즐거워하며, 귀함을 중시하고 천함을 경시하는 것은 인지상정이므로, 聖人이 이를 따라서 獎勵하기도 하고 沮止하기도 하

---

16) 禮曰……以疑衆殺 : 〈王制〉의 이 부분에는 審理 없이 사형에 처해야 하는 4가지 죄악이 열거되어 있는데, 이것이 그중 한 가지이다.

여 政教를 세우니, 만약 진실로 〈死生과 貧富와 貴賤이〉 똑같다면 聖人의 號令과 典謨(經典의 글)는 다만 시끄럽게 떠드는 번거로운 말일 뿐이다."

혹인이 말하였다.

"죽음과 삶을 하나로 여기고 가난함과 부유함을 하나로 여기고 귀함과 천함을 하나로 여기는 사람이 있다면 어떻습니까?"

揚子가 말하였다.

"이러한 주장을 하는 자는 아마도 마음 속에 두려워하는 바가 있을 것이다. 만약 죽음과 삶이 같고 부유함과 가난함이 같고 귀함과 천함이 같다면 나는 〈이것을 구별한〉 聖人의 말씀을 장황하게 떠드는 빈말로 여겨야 할 것이다."

17. **通天地人曰儒**① 요 **通天地而不通人曰伎**② 니라

① 通天地人曰儒：道業深奧. ○ 祕曰 "陰陽剛柔, 仁義之道, 始於太極, 成乎五行, 主於至神, 運於六子, 管於聖人, 是謂通之, 其名曰儒."

天文과 地理와 人事에 통달한 사람은 道業이 深奧하다.

○ 吳祕가 말하였다. "陰陽과 剛柔와 仁義의 道가 太極에서 시작하여 五行에서 이루어지고, 至神에 근거하여 六子를 운용하며 聖人을 統管한 것을 통달하였다고 이르니, 儒라고 이름한다."

② 通天地而不通人曰伎：伎藝, 偏能. ○ 祕曰 "知天地之變, 陰陽之數, 而不知其所以變, 所以數, 是不通於聖人之旨, 君子之道, 名曰伎藝."

伎藝는 단편적인 재능이다.

○ 吳祕가 말하였다. "天地의 변화와 陰陽의 數는 알되 천지가 변화하는 所以然과 음양의 수의 소이연을 알지 못하면 聖人의 뜻과 君子의 道에 통달하지 못한 것이니, 伎藝라고 이름한다."

天文과 地理와 人事에 통달한 사람은 儒者라고 하고, 천문과 지리에는 통달하고 인사에는 통달하지 못한 사람은 伎藝가 있는 사람이라고 한다.

18. **人必先作然後**에 **人名之**하고 **先求然後**에 **人與之**① 하며 **人必其自愛也然後**에 **人愛諸**② 하고 **人必其自敬也然後**에 **人敬諸**③ 라 **自愛**는 **仁之至也**④ 요 **自敬**은 **禮之至**

也[⑤]니 **未有不自愛敬**하고 **而人愛敬之者也**[⑥]라

① 人必先作……然後人與之 : 人理云云, 萬物動靜, 無不由我以明彼者. ○ 祕曰 "若求仁而得仁." ○ 光曰 "作爲善惡, 而人以善惡名之, 自求禍福, 而人以禍福與之."

사람의 도리에 대해 운운한 것이니, 萬物의 動靜은 我(자신)로 말미암아 彼(남)를 밝게 알지 않음이 없다.

○ 吳祕가 말하였다. "仁을 구하여 仁을 얻은 것과 같은 것이다."

○ 司馬光이 말하였다. "내가 善과 惡을 행하면 그에 따라 남들이 나를 善과 惡으로 이름하고, 스스로 禍와 福을 구하면 그에 따라 남들이 나에게 禍와 福을 주는 것이다."

② 人必其自愛也 然後人愛諸 : 咸曰 "言先自愛於人, 而人亦愛之."

宋咸이 말하였다. "먼저 스스로 남을 사랑하면 남들도 나를 사랑한다는 말이다."

③ 人必其自敬也 然後人敬諸 : 咸曰 "言先自敬於人, 而人亦敬之."

宋咸이 말하였다. "먼저 스스로 남을 공경하면 남들도 나를 공경한다는 말이다."

④ 自愛仁之至也 : 祕曰 "韓吏部曰 '博愛之謂仁.'"

吳祕가 말하였다. "韓吏部(韓愈)의 〈原道〉에 이르기를 '널리 사랑하는 것을 仁이라고 이른다.'라고 하였다."

⑤ 自敬禮之至也 : 祕曰 "曲禮曰 '毋不敬.'"

吳祕가 말하였다. "≪禮記≫ 〈曲禮〉에 '공경하지 않음이 없다.'라고 하였다."

⑥ 未有不自愛敬 而人愛敬之者也 : 祕曰 "未有不自愛敬於人, 而人愛敬於己者也." ○ 光曰 "敦仁, 所以自愛也, 隆禮, 所以自敬也."

吳祕가 말하였다. "자신이 남을 사랑하고 공경하지 않는데 남이 자기를 사랑하고 공경하는 경우는 있지 않다."

○ 司馬光이 말하였다. "仁을 돈독히 하는 것은 자신을 사랑하는 것이고, 禮를 존숭하는 것은 자신을 공경하는 것이다."

사람은 반드시 자신이 먼저 행한 뒤에 남들이 그에 대해 평가하고, 반드시 자신이 먼저 구한 뒤에 남들이 그에게 주며, 사람은 반드시 자신이 스스로 사랑한 뒤에 남들이 그를 사랑하고, 사람은 반드시 자신이 스스로 존경한 뒤에 남들이 그를 존경한다. 자신이 스스로 사랑하는 것은 仁의 지극함이요, 자신이 스스로 공경하는 것은 禮의 지극함이니, 자신이 스스로 사랑하고 공경하지 않고서 남들이 그를 사랑하고 존경하는 경우는 있지 않다.

19. 或問 龍龜鴻鵠은 不亦壽乎아 曰 壽니라 曰 人可壽乎아 曰 物以其性하고 人以其仁[①]이니라

① 物以其性 人以其仁：物性之壽，其質生存，延年長也，仁者之壽，死而不亡，名無窮也. ○ 咸曰"故顏氏之子，年雖夭，而仁不能窮之也." ○ 光曰"龍龜鴻鵠，性自壽耳. 人則爲仁然後，能保其壽. 孔子曰'仁者壽.'"

동물이 장수하는 것은 타고난 수명이 길어서 장수하는 것이고, 仁者가 장수하는 것은 죽은 뒤에도 잊혀지지 않아 이름이 무궁한 것이다.

○ 송함이 말하였다. "옛날 顏氏의 아들(顏回)은 비록 일찍 죽었지만 그의 仁은 따라갈 수가 없다."

○ 사마광이 말하였다. "龍과 거북과 큰 기러기와 고니는 타고난 性이 본래 장수하는 것이고, 사람은 仁을 행한 뒤에야 수명을 보전할 수 있다. 〈≪논어≫ 〈雍也〉에〉 孔子가 말씀하기를 '仁者는 장수한다.'라고 하였다."

혹인이 물었다.

"龍과 거북과 큰 고니는 장수하지 않습니까?"

揚子가 말하였다.

"장수한다."

혹인이 말하였다.

"사람도 그렇게 장수할 수 있습니까?"

양자가 말하였다.

"동물이 장수하는 것은 그들이 타고난 본성에 따른 것이고, 사람이 장수하는 것은 그의 仁에 따른 것이다."

20. 或問 人言仙者하니 有諸乎[①]오 曰 吁라 吾聞伏羲神農歿하고 黃帝堯舜殂落而死하며 文王畢하고 孔子魯城之北[②]하시니 獨子愛其死乎아 非人之所及也니 仙亦無益子之彙矣[③]로다 或曰 聖人不師仙이니 厥術이 異也라 聖人之於天下에 恥一物之不知하고 仙人之於天下에 恥一日之不生[④]이니라 曰 生乎生乎여 名生而實死也[⑤]니라 或曰 世無仙이면 則焉得斯語리오 曰 語乎者는 非囂囂也歟아 惟囂囂는 能使無爲

有⑥니라 **或問仙之實**한대 **曰 無以爲也**⑦[17]라 **有與無**는 **非問也**⑧라 **問也者**는 **忠孝之問也**⑨니 **忠臣孝子偟乎**아 **不偟**⑩이니라

① 人言仙者有諸乎：祕曰“秦皇漢武，俱欲求之，故問焉.”

吳祕가 말하였다. “秦 始皇과 漢 武帝가 모두 仙人의 장생불사하는 방법을 구하였기 때문에 물은 것이다.”

② 吁 吾聞伏犧神農歿……孔子魯城之北：祕曰“魯城之北，孔子葬所也. 言伏羲至孔子，竝聖人，皆死爾.” ○ 光曰“文王葬於畢，孔子葬於魯城之北.”

吳祕가 말하였다. “魯城의 북쪽은 孔子를 매장한 곳이다. 伏羲부터 孔子까지 모두 聖人이었지만 모두 죽었다는 말이다.”

○ 司馬光이 말하였다. “文王은 畢에 장사 지내고, 孔子는 魯城의 북쪽에 장사 지냈다.”

③ 獨子愛其死乎……仙亦無益子之彙矣：祕曰“彙，類也. 仙者，皆有虛名，而無益於事實者也.” ○ 光曰“借使有仙，亦如龍龜等，非人類所能學也.”

吳祕가 말하였다. “彙는 무리이다. 신선은 모두 虛名이 있을 뿐, 실제 일에는 무익한 것이다.”

○ 司馬光이 말하였다. “가령 신선이 있다 하더라도 龍과 거북 등과 같은 것들이니, 人類가 배울 수 있는 것이 아니다.”

④ 聖人不師仙……恥一日之不生：光曰“言聖人所以不學仙者，道不同故也. 聖人務多知，仙人務長生.”

司馬光이 말하였다. “聖人이 〈道家의〉 불로장생하는 방법을 배우지 않는 것은 道가 서로 같지 않기 때문이다. 聖人은 많이 알기를 힘쓰고, 仙人은 오래 살기를 힘쓴다.”

⑤ 生乎生乎 名生而實死也：咸曰“名，惡名也. 實，善實也. 言今之爲仙者，惡名存也，善實死也，如始皇孝武，至今爲天下笑，非惡存而善死者乎.” ○ 祕曰“神仙者，謂之羽化蟬蛻而升天，是名生也，其實則降年盡而死耳，故曰實死.” ○ 光曰“安期羨門，徒有其名，而人未嘗見，實死也.”

宋咸이 말하였다. “名은 악한 명성이고, 實은 선한 실제이다. 지금 신선술을 하는 자는 악한 명성만 남아 있고 선한 실제는 죽었다. 진 시황과 한 무제의 경우에는 지금까지도 천하의 비웃음거리가 되었으니, 악한 명성은 남아 있고 선한 실제는 죽은 것이 아니겠는가.”

○ 吳祕가 말하였다. “神仙이라는 것은 환골탈태하여 신선이 되어 하늘로 올라간

---

17) 無以爲也：≪論語≫ 〈子張〉에 “叔孫武叔이 仲尼를 헐뜯자, 子貢이 말하기를 ‘그런 말하지 말라. 중니는 훼방할 수 없으니〔無以爲也 仲尼不可毁也〕’”라고 보인다.

것을 이르니, 명색은 장생불사라고 하지만 실제로는 하늘이 내려준 수명이 다하여 죽었을 뿐이다. 그러므로 실제로는 죽은 것이라고 하였다."

○ 司馬光이 말하였다. "安期生과 羨門子는 다만 그 이름만 있고 사람들이 본 적이 없으니, 실제로는 죽은 것이다."

⑥ 語乎者非囂囂也歟 惟囂囂能使無爲有：咸曰 "仙, 本無也, 而盧生之徒 以爲有, 非囂囂不逞者, 孰能." ○ 祕曰 "囂囂然 方士之虛語爾, 囂囂之多, 則能使無爲有也." ○ 光曰 "多言之人, 喜妄說."

宋咸이 말하였다. "신선은 본래 없는데 〈燕나라 方士인〉 盧生의 무리는 신선이 있다고 하였으니, 시끄럽게 떠들어대는 불량한 자가 아니면 누가 능히 이렇게 하겠는가."

○ 吳祕가 말하였다. "'囂囂然'은 方士의 헛된 말이니 시끄럽게 떠들어 대면 없는 일을 있는 일로 만들 수 있다."

○ 司馬光이 말하였다. "말이 많은 사람은 허망한 말을 좋아한다."

⑦ 無以爲也：咸曰 "言無以爲其實." ○ 光曰 "無用問爲."

宋咸이 말하였다. "실제로 있다고 말하지 말라는 말이다."

○ 司馬光이 말하였다. "물을 것이 없다."

⑧ 有與無非問也：咸曰 "謂之有, 謂之無, 皆不當問." ○ 祕曰 "天地之間, 本無此理, 無而問有, 有而問無, 皆非問也."

宋咸이 말하였다. "신선이 있는지 없는지는 모두 물어서는 안 된다."

○ 吳祕가 말하였다. "天地의 사이에 본래 이러한 이치가 없으니, 없는데 있느냐고 묻거나, 있는데 없느냐고 묻는 것은 모두 물을 일이 아니다."

⑨ 問也者 忠孝之問也：言惟問忠與孝之事耳. ○ 祕曰 "忠孝者, 修身之本."

오직 忠과 孝에 대한 일을 물어야 함을 말한 것이다.

○ 吳祕가 말하였다. "忠孝는 修身의 근본이다."

⑩ 忠臣孝子偟乎 不偟：偟, 暇. ○ 咸曰 "忠臣謇謇於事君, 孝子汲汲於事親, 何暇其仙乎." ○ 祕曰 "偟, 暇. 忠孝之人, 何暇問無益之事乎." ○ 光曰 "偟音皇."

偟은 겨를이다.

○ 宋咸이 말하였다. "忠臣은 임금을 섬김에 충직하고, 孝子는 어버이를 섬김에 여념이 없으니, 어찌 신선의 일에 미칠 겨를이 있겠는가."

○ 吳祕가 말하였다. "偟은 겨를이다. 충성스럽고 효도하는 사람이 어찌 무익한 일을 물을 겨를이 있겠는가."

○ 司馬光이 말하였다. "偟은 음이 皇이다."

혹인이 물었다.

"사람들이 長生不死하는 仙人에 대해 말하니, 실제로 선인이 있습니까?"

揚子가 말하였다.

"아, 내가 들으니 伏犧와 神農은 죽었고, 黃帝와 堯舜도 수명이 다하여 죽으며, 文王은 畢에 묻혔고, 孔子는 魯城의 북쪽에 묻혔다. 〈이러한 聖人들도 모두 長生不死한 사람이 없는데,〉 유독 그대는 죽음을 아끼는가.(죽지 않기를 바라는가.) 이는 사람이 미칠(결정할) 수 있는 것이 아니니, 仙人의 장생불사하는 방법은 또한 그대와 같은 사람들에게는 유익할 것이 없다."

혹인이 말하였다.

"聖人이 仙人의 〈장생불사하는 방법을〉 배우지 않는 것은 서로 그 도가 다르기 때문입니다. 聖人은 천하의 사물에 대해 한 가지라도 알지 못하는 것을 부끄러워하고, 仙人은 천하의 사물에 대해 하루라도 오래 살지 못하는 것을 부끄러워합니다."

양자가 말하였다.

"장생함이여. 장생함이여. 명색은 仙人이 장생불사한다고 하지만 실제로는 죽었다."

혹인이 말하였다.

"세상에 장생불사하는 仙人이 없다면 어디서 이런 말을 얻어 들었겠습니까?"

양자가 말하였다.

"이런 말을 하는 사람의 말은 황당무계한 말이 아니겠는가. 황당무계한 말은 없는 일을 있는 일로 만들 수 있다."

혹인이 선인이 실제로 있는지 물으니, 양자가 답하였다.

"그런 말 하지 말라. 선인이 있는지 없는지는 물을 것이 못 된다. 물어야 할 것은 忠孝에 대한 일이다. 忠臣과 孝子가 신선의 일에 대해 말할 겨를이 있겠는가? 그럴 겨를이 없다."

21. 或問 壽可益乎아 曰 德①이니라 曰 回牛之行은 德矣[18])로되 曷壽之不益也②오

18) 回牛之行 德矣 : ≪論語≫ 〈先進〉에 孔子의 제자들을 장점에 따라 德行·言語·政事·文學 네 가지로 나누었는데, 그중에 "德行에는 顏淵, 閔子騫, 冉伯牛, 仲弓이다."라고 보인다.

曰 德故爾③니라 如回之殘과 牛之賊[19]也면 焉(德)〔得〕[20]爾④리오 曰 殘賊或壽한대 曰 彼는 妄也니 君子는 不妄⑤이니라

① 德 : 光曰 "惟修德, 可以益壽."

司馬光이 말하였다. "오직 德을 닦아야 수명을 연장할 수 있다."

② 回牛之行德矣 曷壽之不益也 : 咸曰 "言顔回冉伯牛, 德而何不壽."

宋咸이 말하였다. "顔回와 冉伯牛는 德이 있었는데 어째서 오래 살지 못했느냐는 말이다."

③ 德故爾 : 咸曰 "庸以長生爲壽, 聖以不朽爲壽, 顔冉有德, 故不朽爾."

宋咸이 말하였다. "보통 사람은 장생하는 것을 壽라고 하고, 聖人은 명성이 후세에 전해져 영원히 없어지지 않는 것을 壽라고 하는데, 顔回와 冉伯牛는 德行이 있기 때문에 〈죽은 뒤에도 명성이 전해져〉 영원히 없어지지 않는 것이다."

④ 如回之殘……焉得爾 : 言復甚也. ○ 咸曰 "言假令顔行之殘, 冉行之賊, 則安得不朽之壽如是哉." ○ 光曰 "顔冉之命, 自短耳, 若加之殘賊, 則斯命亦不能保也."

더욱 심한 경우를 말한 것이다.

○ 宋咸이 말하였다. "가령 안회와 염백우가 잔인하고 포악한 짓을 하였다면 不朽한 명성이 어찌 이와 같을 수 있겠느냐는 말이다."

○ 司馬光이 말하였다. "안회와 염백우의 수명은 본래 짧았는데, 만약 거기다 잔인하고 포악한 짓을 하였다면 이 짧은 수명도 보전하지 못했을 것이라는 말이다."

⑤ 彼妄也 君子不妄 : 論語曰 "人之生也直, 罔之生也, 幸而免." 揚子之說, 亦猶此義. ○ 咸曰 "禮云 '庶人曰死.' 死, (斯)〔澌〕[21]盡也. 死則盡, 無所聞矣, 如殘賊者, 安得不朽哉. 彼言不朽者, 乃欺妄也. 彼問, 亦以長生爲壽. 揚對, 終以不朽爲答." ○ 祕曰 "殘賊之人, 妄生於世爾, 豈有不朽之壽哉. 君子不妄生者也." ○ 光曰 "君子修德以俟命, 不爲殘賊而冀得妄壽."

≪論語≫ 〈雍也〉에 이르기를 "사람의 삶은 본래 正直하니, 정직하지 않은데 살아있는 것은 요행히 禍를 면한 것이다."라고 하였으니, 揚子의 말도 이 뜻과 같다.

○ 宋咸이 말하였다. "≪禮記≫ 〈曲禮〉에 이르기를 '庶人이 죽으면 死라고 한다.'라고 하였으니, 死는 사라져 없어지는 것이다. 사람이 죽으면 다 없어져서 들리는

---

19) 回之殘 牛之賊 : ≪孟子≫ 〈梁惠王 下〉에 "仁을 해치는 자를 賊이라 하고, 義를 해치는 자를 殘이라 한다."라고 보인다.

20) (德)〔得〕 : 저본에는 '德'으로 되어 있으나, 劉師培의 ≪揚子法言校補≫에 의거하여 '得'으로 바로잡았다.

21) (斯)〔澌〕 : 저본에는 '斯'로 되어 있으나, 문맥에 의거하여 '澌'로 바로잡았다.

바가 없으니, 예컨대 잔인하고 포악한 자가 어찌 不朽할 수 있겠는가. 혹인이 불후하다고 말한 것은 마침내 欺妄한 것이다. 혹인이 물은 것은 또한 오래 사는 것을 壽라고 여긴 것이고, 揚子가 대답한 것은 끝내 不朽한 명성이 전해지는 것을 壽라고 답한 것이다."

○ 吳祕가 말하였다. "잔인하고 포악한 사람은 〈요행히 화를 면하고〉 세상에 망령되이 사는 것이니, 어찌 不朽한 수명이 있겠는가. 君子는 망령되이 살지 않는다."

○ 司馬光이 말하였다. "君子는 德을 닦고서 천명을 기다리지, 잔인하고 포악한 짓을 하고서 망령되이 오래 살기를 바라지 않는다."

혹인이 물었다.

"사람의 수명을 늘릴 수가 있습니까?"

揚子가 말하였다.

"德을 닦으면 수명을 늘릴 수 있다."

혹인이 말하였다.

"顔回와 冉伯牛는 德行이 훌륭하였는데 어째서 수명을 늘리지 못했습니까?"

양자가 말하였다.

"그들의 덕행이 훌륭하였기 때문에 〈죽은 뒤에도〉 이와 같이 이름을 남길 수 있었던 것이다. 만약 안회와 염백우가 잔인하고 포악한 짓을 하였다면 어찌 이와 같을 수 있었겠는가."

혹인이 말하였다.

"잔인하고 포악한 짓을 하고도 혹 오래 사는 자가 있습니다."

양자가 말하였다.

"그런 자는 〈요행히 화를 면하고〉 망령되이 사는 것이니, 군자는 망령되이 살지 않는다."

22. 有生者는 必有死하고 有始者는 必有終이 自然之道也①라

① 有生者必有死……自然之道也：因論神仙之事，遂至原始要終，以盡死生之說也. ○ 祕曰 "夫春生則秋殺，陽始而陰終，亦猶人也，豈有使之然哉. 自然之道也." ○ 光曰 "天常春而不秋，日常朝而不暮，則人長生而不死矣."

神仙의 일을 논함으로 인하여 마침내 처음을 근원하고 종말을 구하여 死生의 說

을 끝까지 다 궁구하는 데에 이르렀다.

○ 吳祕가 말하였다. “봄에는 만물을 낳고 가을에는 만물을 죽여 陽은 시작하고 陰은 끝마치는 것이 또한 사람이 태어나고 죽는 것과 같으니, 어찌 시켜서 그러한 것이겠는가. 自然스러운 道이다.”

○ 司馬光이 말하였다. “天道가 항상 봄만 있고 가을이 오지 않으며, 하루가 항상 아침만 있고 저녁이 오지 않는다면 사람이 영원히 살고 죽지 않을 것이다.”

태어난 것은 반드시 죽음이 있기 마련이고, 처음이 있는 것은 반드시 끝이 있기 마련이니, 이것이 自然의 道이다.

23. 君子忠人하니 況己乎아 小人欺己하니 況人乎①아

① 君子忠人……況人乎 : 夫至人, 其猶先存諸己而後存諸人者乎. 有其眞然後, 可以訓物, 況乃其身之不諭, 又安能諭諸人哉. ○ 光曰 “盡誠於人曰忠.”

至人은 먼저 道를 자기 안에 보존하고 그런 뒤에 다른 사람에게 도를 보존하게 하는 자일 것이다. 진실함이 있은 뒤에야 남을 가르칠 수 있으니, 더구나 자신도 깨닫지 못하면서 또 어찌 남을 깨닫게 할 수 있겠는가.

○ 司馬光이 말하였다. “남에게 성심을 다하는 것을 忠이라고 한다.”

君子는 남에게도 성심을 다하니, 더구나 자신에게는 어떠하겠는가. 小人은 자신도 속이니, 더구나 남에게는 어떠하겠는가.

孝至* 第十三

* 咸曰"人道之大, 莫大乎孝, 孝道之全, 莫全於終, 故啓之手足, 沒且誡焉, 豈易量哉. 法言, 始於學而終於孝, 理亦粹矣."

宋咸이 말하였다. "人道 중에서 큰 것은 孝보다 더 큰 것이 없고, 孝道의 온전함은 잘 마치는 것보다 더 온전한 것이 없다. 그러므로 〈曾子가 병이 들었을 때 제자들을 불러〉 이불을 걷어 손을 보고 발을 보라고 하여 임종할 때에 경계하였으니, 어찌 쉽게 헤아릴 수 있겠는가. ≪法言≫은 學(〈學行〉)에서 시작하여 孝(〈孝至〉)에서 끝마쳤으니, 이치가 또한 순수하다."

孝莫大於寧親이요 寧親莫大於寧神이요 寧神莫大於四表之歡心①일새 譔孝至②하노라

① 寧神莫大於四表之歡心 : 言尊祖考, 安神靈, 故先王以孝治天下也. ○ 祕曰"寧神, 奉宗廟也. 夫孝, 始於寧親, 終於天下之歡心, 其道甚大." ○ 光曰"神者, 祖考之神, 大孝, 宜若周公然.[1)]"

祖考를 높이고 神靈을 편안히 하기 때문에 先王이 孝로써 天下를 다스림을 말한 것이다.

○ 吳祕가 말하였다. "祖考의 神을 편안하게 하는 것은 宗廟를 받드는 것이다. 孝는 어버이를 편안하게 하는 데에서 시작하고 천하 사람들이 기뻐하는 마음을 얻는 데에서 끝나니, 그 道가 매우 크다."

○ 司馬光이 말하였다. "寧神의 神은 祖考의 神이니, 大孝는 마땅히 周公같이 해야 한다."

② 譔孝至 : 祕曰"夫學, 所以開明也, 故爲其始. 孝, 所以報本也, 故爲其終. 動天地·感鬼神者, 莫速於孝乎." ○ 光曰"論孝及至德, 因敍漢室之盛."

吳祕가 말하였다. "배움은 환히 깨닫기 위한 것이기 때문에 시작으로 삼았고, 孝는 근본에 보답하는 것이기 때문에 끝으로 삼았으니, 천지를 움직이고 귀신을 감동시키는 것은 孝보다 더 빠른 것이 없을 것이다."

---

1) 宜若周公然 : 공자가 말하기를, "文王과 周公은 세상 사람들이 모두 칭찬하는 효자일 것이다. 효라는 것은 어버이의 뜻을 잘 계승하며, 어버이의 일을 잘 따라 행하는 것일 뿐이다." 하였다.(≪中庸章句≫ 제19장)

○ 司馬光이 말하였다. "孝를 논하여 至德에 미치고 이어서 漢室의 성대함에 대해 서술하였다."

孝는 어버이를 편안하게 하는 것보다 더 큰 것이 없고, 어버이를 편안하게 하는 것은 조상신을 편안하게 하는 것보다 더 큰 것이 없으며, 조상신을 편안하게 하는 것은 천하 사람들의 기뻐하는 마음을 얻는 것보다 더 큰 것이 없다. 그러므로 〈孝至〉를 지었다.

01. 孝至矣①인저 一言而該②하니 聖人不加焉③이라

① 孝至矣 : 將欲言其義, 所以歎其至. ○ 祕曰 "先王之至德."
장차 그 뜻에 대해 말하고자 하였기 때문에 그 지극한 효에 감탄한 것이다.
○ 吳祕가 말하였다. "효는 先王의 지극한 德이다."

② 一言而該 : 光曰 "至德要道, 無所不該."
司馬光이 말하였다. "〈孝 한 글자가〉 지극한 덕과 긴요한 도를 포함하지 않은 것이 없다."

③ 聖人不加焉 : 一言而孝, 兼該百行, 聖人無以加之, 是至德也. ○ 祕曰 "該, 備也." ○ 光曰 "聖人之德, 無以加於孝."
한 글자이지만 孝가 모든 행실을 포함하니 聖人도 여기에 더 보탤 수가 없다. 이것이 지극한 德이다.
○ 吳祕가 말하였다. "該는 갖춤이다."
○ 司馬光이 말하였다. "聖人의 德 중에 孝보다 더 큰 것은 없다."

孝는 지극할 것이다. 효라는 한 글자가 모든 행실을 포함하니, 聖人도 여기에는 더 보탤 것이 없다.

02. 父母는 子之天地歟①인저 無天이면 何生이며 無地면 何形이리오 天地는 裕於萬物하고 萬物은 〔非〕[2)]裕於天地②라 裕父母之裕는 不裕矣③라 事父母에 自知不足者는 其舜乎④인저

2) 〔非〕 : 저본에는 '非'가 없으나, 宋咸의 註에 의거하여 보충하였다.

① 父母子之天地歟 : 天懸象, 地載形, 父受氣, 母化成.

하늘에는 해와 달의 형상이 걸려 있고 땅은 형체를 싣고 있으며, 아버지에게는 氣를 받고 어머니는 변화하여 이룬다.

② 無天何生……萬物〔非〕裕於天地 : 裕, 足也, 言萬物取足於天地, 天地不取足於萬物也. ○ 咸曰 "正文, 當云 萬物非裕於天地, 疑脫去非字. 裕, 饒裕也. 天地生萬物, 非冀其報, 故能饒裕於萬物, 而萬物不能饒裕於天地也." ○ 光曰 "裕, 謂饒益優厚也. 揚子設爲疑問,[3] 以明天地則能裕萬物, 萬物豈能裕天地乎."

裕는 충분함이니, 萬物은 天地에서 충분히 취하지만, 天地는 萬物에서 충분히 취하지 않음을 말한 것이다.

○ 宋咸이 말하였다. "正文의 〈'萬物裕於天地'는〉 마땅히 '萬物非裕於天地'가 되어야 한다. 의심컨대 〈'萬物' 아래에〉 '非'자가 빠진 듯하다. 裕는 饒裕(充足)이다. 天地는 萬物을 낳아주되 그 보답을 바라지 않는다. 그러므로 천지는 만물에게 넉넉히 베풀 수 있고 만물은 천지에게 넉넉히 베풀 수가 없다."

○ 司馬光이 말하였다. "裕는 넉넉하게 하고 후하게 대함을 이른다. 揚子가 疑問을 가설하여 天地는 만물에게 넉넉히 베풀 수가 있고 萬物은 천지에게 넉넉히 베풀 수 없음을 밝힌 것이다."

③ 裕父母之裕 不裕矣 : 養父母, 自以爲足者, 乃不足也. ○ 咸曰 "父母雖爲子之天地, 然俟其報, 與天地異也, 故親以生育之恩, 饒裕其子, 則子也以孝養之德, 饒裕於親. 若夫但樂生育之裕, 不能全孝養之裕, 則不爲裕矣, 故曰 '裕父母之裕, 不裕矣.' 以別萬物之於天地也." ○ 祕曰 "父母有餘裕於其子, 其子豈能裕父母哉. 以父母之裕, 而裕其父母 不爲裕矣. 是父母裕於子也, 常有餘, 子孝於父母也, 常不足." ○ 光曰 "欲報之德, 昊天罔極."

부모를 봉양함에 스스로 충분하다고 여기는 자는 도리어 부족한 것이다.

○ 宋咸이 말하였다. "父母는 비록 자식에게 天地와 같은 존재이지만 그러나 보답을 기다리니 天地와는 다르다. 그러므로 부모가 낳아서 길러주는 은혜를 그 자식에게 넉넉히 베풀면 자식은 효성스럽게 봉양하는 은덕으로 그 부모에게 넉넉히 베푼다. 만약 자식이 단지 부모가 낳아서 길러주신 은혜가 넉넉한 것만 즐거워하고 부모를 효성스럽게 봉양하는 은덕을 온전히 하지 못한다면 넉넉히 봉양한 것이 아니다. 그러므로 '부모가 자식에게 넉넉히 베푼 것으로 자식이 부모에게 보답하되 충분하다고 여기는 자는 충분히 봉양한 것이 아니다.'라고 하여 〈부모와 자식의 관계를〉 천지와 만물의 관계와 구별하였다."

---

3) 揚子設爲疑問 : 저본의 '天地裕於萬物 萬物裕於天地'가 다른 본에는 '天地裕於萬物乎 萬物裕於天地乎'로 되어 있기 때문에 이렇게 말한 것이다.

○ 吳祕가 말하였다. "부모가 자식에게 베푸는 것은 충분하지만 자식이 부모에게 보답하는 것이 어찌 충분할 수 있겠는가. 부모가 자식에게 넉넉히 베푼 것으로 자식이 부모에게 보답하되 부모에게 충분히 보답했다고 여긴다면 충분히 보답한 것이 될 수 없으니, 이것이 부모가 자식을 기르는 것은 항상 충분하고, 자식이 부모에게 효도하는 것은 항상 부족한 것이다."

○ 司馬光이 말하였다. "그 은덕을 갚으려 하니 하늘과 같아 다함이 없다."

④ 事父母自知不足者 其舜乎 : 自知不足, 則是舜. ○ 咸曰 "舜所以愈裕, 而不自充足者, 懼夫失所以孝養之裕也."

부모를 봉양함에 스스로 부족함을 안 것은 바로 舜이다.

○ 宋咸이 말하였다. "舜은 〈부모를 섬김에〉 더욱 넉넉한데도 스스로 만족해하지 않은 것은 효성스럽게 봉양함이 부족할까 두려워한 것이다."

父母는 자식의 天地와 같을 것이다. 하늘이 없으면 만물이 어떻게 생겨날 수 있겠으며, 땅이 없으면 만물이 어떻게 형체를 갖출 수 있겠는가. 천지가 만물에게 넉넉하게 베푼 것이지 만물이 천지에게 넉넉히 베푼 것이 아니니, 〈이와 마찬가지로 부모가 자식에게 넉넉히 베푼 것이다.〉 부모가 자식에게 넉넉히 베푼 것으로 자식이 부모에게 보답하되 충분하다고 여기는 자는 충분히 보답한 것이 아니다. 부모를 섬김에 스스로 부족함을 안 것은 순임금일 것이다.

03. 不可得而久者는 事親之謂也①니 孝子는 愛日②이니라

① 不可得而久者 事親之謂也 : 祕曰 "父母之年, 不可不知."[4)]

吳祕가 말하였다. "부모님의 연세는 기억하여 알고 있지 않으면 안 된다."

② 孝子愛日 : 無須臾懈於心. ○ 祕曰 "其心無懈." ○ 光曰 "木欲靜而風不止, 子欲養而親不待, 故孝子養親, 惟日不足."

잠시라도 마음에 태만히 함이 없는 것이다.

○ 吳祕가 말하였다. "마음에 태만히 함이 없는 것이다."

○ 司馬光이 말하였다. "나무는 고요히 있고자 하나 바람이 멎지 않고, 자식이 부모를 봉양하고자 하나 부모는 기다려 주지 않는다. 그러므로 孝子는 부모를 봉양하면서 날마다 부족하게 여긴다."

---

4) 父母之年 不可不知 : ≪論語≫ 〈里仁〉에 "부모의 연세는 기억하여 알고 있지 않으면 안 되니, 한편으로 〈부모께서 장수하신 것을 보면〉 기쁘고 한편으로 〈부모께서 노쇠하신 것을 보면〉 두렵다.〔父母之年 不可不知也 一則以喜 一則以懼〕"라고 하였다.

오래할 수 없는 것은 바로 부모를 섬기는 일을 이르니, 효자는 날짜가 가는 것을 아까워한다.

04. 孝子有祭乎며 有齋乎①인저 夫能存亡形, 屬荒絶者는 惟齋乎②인저 故로 孝子之於齋에 見父母之存也③라 是以(祭)〔齋〕[5)]不賓④이니라 人而不祭면 豺獺乎⑤아

① 孝子有祭乎 有齋乎 : 祭嚴齋敬, 孝子之事. ○ 光曰 "言齋重於祭."

제사 지낼 때 엄숙하고 재계할 때 공경하는 것은 孝子의 일이다.

○ 司馬光이 말하였다. "재계가 제사보다 중요함을 말한 것이다."

② 夫能存亡形屬荒絶者 惟齋乎 : 亡形復存, 荒絶復屬者, 謂祭如在. ○ 光曰 "屬, 之欲切, 謂齋之日."

생전의 모습을 뵙는 듯하고 세대가 멀어진 조상을 잇는다는 것은 제사를 지낼 때에는 조상이 계신 듯이 함을 이른다.

○ 司馬光이 말하였다. "屬은 之와 欲의 반절이니, 재계하는 날을 이른다."

③ 故孝子之於齋 見父母之存也 : 祕曰 "見其居處, 語笑, 所樂, 所嗜, 謂思而見之."

吳祕가 말하였다. "〈재계하는 날에 조상이〉 거처하던 모습을 보며, 그 웃고 말씀하던 모습을 보며, 그 좋아하던 것을 보며, 그 즐기던 것을 보는 것은 재계하는 동안 내내 생각하기 때문에 제사 지내는 날에 보이는 듯함을 이른다."

④ 是以(祭)〔齋〕不賓 : 夫齋者, 交神明之至, 故致齋三日, 乃見其所爲齋者, 禮記論之備矣, 而發斯談者, 有慨乎時也. ○ 咸曰 "祭不賓者, 孝子盡精極思而存夫親, 何暇乎賓之接也." ○ 祕曰 "專乎所親." ○ 光曰 "賓, 謂敬多而親少, 如待賓客."

재계하는 것은 神明과 사귐이 지극하기 때문에 致齋를 한 지 3일 만에 마침내 재계한 대상(조상)을 보게 되니, ≪禮記≫ 〈祭義〉에 이에 대해 논한 것이 갖추어져 있다. 그러나 이 말을 꺼낸 것은 당시의 세태를 개탄스러워 한 것이다.

○ 宋咸이 말하였다. "제사 지낼 때에 빈객을 접대하지 않는 것은 孝子가 정성을 다하고 지극히 생각하여 부모를 마음에 두니, 어느 겨를에 빈객을 접대하겠는가."

○ 吳祕가 말하였다. "〈재계하는 동안〉 오로지 부모만 생각하는 것이다."

○ 司馬光이 말하였다. "賓은 공경하는 마음이 많고 친애하는 마음이 적어 빈객을 대하는 것과 같음을 이른다."

⑤ 人而不祭 豺獺乎 : 九月, 豺祭獸, 正月, 獺祭魚, 豺獺猶有所先, 人而不祭, 豺獺之不

---

5) (祭)〔齋〕 : 저본에는 '祭'로 되어 있으나, 劉師培의 ≪揚子法言校補≫에 의거하여 '齋'로 바로잡았다.

若也.

9월에는 승냥이가 짐승을 잡아 제사 지내고, 정월에는 수달이 물고기를 잡아 제사 지내어, 승냥이와 수달도 오히려 선조에게 제사 지내니, 사람이 만약 제사 지내지 않는다면 승냥이와 수달만도 못하다.

孝子는 제사 지낼 때 엄숙하고 재계할 때 공경한다. 효자가 돌아가신 부모의 모습을 보는 듯하고, 돌아가신 부모와 이어지게 할 수 있는 것은 오직 재계뿐이다. 이 때문에 효자가 재계 중일 때에는 부모가 살아 계셨을 때의 모습을 보는 듯하므로 빈객을 만나지 않는 것이다. 〈승냥이도 짐승을 잡아 祭床에 祭物을 진설하듯 늘어놓고, 수달도 물고기를 잡아 늘어놓는데〉 사람이 만약 제사 지내지 않으면 승냥이와 수달만도 못하지 않겠는가.

05. 或〔問子〕[6]한대 曰 死生盡禮면 可謂能子乎[①]인저

① 死生盡禮 可謂能子乎 : 生事愛敬, 死事哀戚. ○ 祕曰 "問今世, 須死生盡禮, 方可謂能子乎." ○ 光曰 "此問答不類, 疑下有脫文."[7]

부모가 살아 계실 때는 사랑과 공경을 다하여 섬기고 돌아가신 뒤에는 슬픔을 다하여 섬긴다.

○ 吳祕가 말하였다. "지금 세상에는 부모님이 돌아가시거나 살아 계시거나 예를 다해야 비로소 자식된 도리를 다했다고 이를 수 있느냐고 물은 것이다."

○ 司馬光이 말하였다. "이 問答은 전혀 어울리지 않으니, 의심컨대 뒤에 빠진 글이 있는 듯하다."

혹인이 자식된 도리를 물으니, 揚子가 말하였다.

"부모가 돌아가시거나 살아 계시거나 예를 다한다면 자식된 도리를 다했다고 이를 수 있을 것이다."

---

6) 〔問子〕: 저본에는 '問子'가 없으나, 汪榮寶의 ≪法言義疏≫에 의거하여 보충하였다.

7) 此問答不類 疑下有脫文 : 저본에는 원래 '問子' 2자가 없어, 혹인의 묻는 말로 되어 있으므로 사마광이 뒤에 빠진 글이 있는 듯하다고 본 것이다. 한편 劉師培의 ≪揚子法言校補≫에는 "살펴보건대 앞의 '死生盡禮' 4자는 답한 말이고, 뒤의 '可謂能子乎' 5자는 혹인이 물은 말이다."라고 보기도 하였다.

06. (日)[8)]石奮石建은 父子之美也니 無是父면 無是子요 無是子면 無是父①니라 或曰 必也兩乎②인저 曰 與堯無子, 舜無父론 不如堯父舜子也③니라

① 石奮石建……無是子無是父 : 祕曰 "萬石君石奮, 少子建, 皆以(馴孝行謹)〔馴行孝謹〕[9)], 官至二千石." ○ 光曰 "言父子孝謹相成."

吳祕가 말하였다. "萬石君 石奮과 그의 아들인 石建은 모두 착한 행실과 효도하고 근신함으로 인하여 관직이 二千石에 이르렀다."

○ 司馬光이 말하였다. "아버지와 아들이 효도하고 근신함으로 서로 도와서 이루었다."

② 必也兩乎 : 祕曰 "言人必須父子孝謹, 方爲美乎."

吳祕가 말하였다. "사람은 반드시 아버지와 아들이 효도하고 근신하여야 비로소 아름다움을 말한 것이다."

③ 與堯無子舜無父 不如堯父舜子也 : 必不得雙於斯二者, 當如堯之爲父, 舜之爲子. ○ 咸曰 "子雲, 方論孝至, 而遽以萬石君父子, 與堯舜較短長, 得非傷君臣之道, 輕孝至之禮乎. 曰 子雲之心, 蓋所以重孝至, 而謹君臣之道者也. 何哉. 天下之重, 莫大乎孝, 未有天子而無父也, 故自天子, 至于庶人, 其禮雖異, 而其爲孝一也. 夫孝, 君行之於上, 而臣行之於下, 則四海莫不孝矣, 四海皆孝, 則忠臣得矣. 故曰 '求忠臣於孝子之門.' 由是言之, 子雲所以重孝至而謹君臣, 亦明矣. 有旨哉, 子雲也. 學者辨之." ○ 祕曰 "與堯之無子, 舜之無父, 不若使堯爲父, 而舜爲子, 不必兩也. 堯子丹朱不肖, 舜父瞽瞍頑, 雖有, 如無." ○ 光曰 "父子俱聖, 尤美."

반드시 이 둘에게 견줄 수 없을 정도로 빼어나려면 마땅히 堯 같은 아버지와 舜 같은 아들쯤은 되어야 할 것이다.

○ 宋咸이 말하였다. "子雲이 孝의 지극함에 대해 한창 논하다가 갑자기 萬石君 父子를 들어 堯舜과 優劣을 비교한 것은 어찌 君臣間의 道를 손상시키고, 孝의 지극한 禮를 가볍게 여긴 것이 아니겠는가. 子雲의 마음은 아마도 孝의 지극함을 중하게 여기고 군신간의 도를 삼갔을 것이다. 어째서인가? 天下의 중요한 일은 孝보다 더 큰 것이 없으니, 天子라 해도 아버지가 없는 경우는 있지 않다. 그러므로 天子로부터 庶人에 이르기까지 그 禮는 비록 다르지만 효도하는 것은 똑같다. 孝를

8) (日) : 저본에는 '日'이 있으나, 汪榮寶의 ≪法言義疏≫에 의거하여 衍文으로 처리하였다. 앞 章의 "或曰 死生盡禮 可謂能子乎"는 혹인의 묻는 말로, 이 章의 "日 石奮石建……"은 그에 대해 대답하는 말로 보기도 한다.

9) (馴孝行謹)〔馴行孝謹〕 : 저본에는 '馴孝行謹'으로 되어 있으나, ≪史記≫ 〈萬石張叔列傳〉에 의거하여 '馴行孝謹'으로 바로잡았다.

임금이 위에서 행하고 신하가 아래에서 행하면 온 천하에 효도하지 않는 자가 없을 것이고, 온 천하가 모두 효도하면 忠臣을 얻을 수 있을 것이다. 그러므로 '충신을 효자의 가문에서 구한다.'고 하였으니, 이를 통해 말한다면 子雲이 孝의 지극함을 중하게 여기고 군신간의 도를 삼간 것이 또한 분명하다. 깊은 뜻을 담았도다. 子雲이여. 배우는 자는 이를 분별해야 한다."

○ 吳祕가 말하였다. "堯가 훌륭한 아들을 두지 못하고 舜이 훌륭한 아버지를 두지 못한 것보다는 요로 하여금 아버지가 되게 하고 순으로 하여금 아들이 되게 하는 것이 나으니, 아버지와 아들이 반드시 둘다 훌륭하지는 않다. 堯의 아들 丹朱는 不肖하였고, 舜의 아버지 瞽瞍는 완악하여, 비록 있었으나 없는 것과 같았다."

○ 司馬光이 말하였다. "아버지와 아들이 모두 성스러우면 더욱 아름답다."

石奮과 石建은 아버지와 아들의 典型이다. 이런 아버지가 없으면 이런 아들이 없고, 이런 아들이 없으면 이런 아버지가 없다.

혹인이 말하였다.

"반드시 아버지와 아들이 둘다 훌륭해야 할 것입니다."

揚子가 말하였다.

"堯처럼 훌륭한 아들이 없고 舜처럼 훌륭한 아버지가 없는 것보다는 堯같이 훌륭한 아버지가 있고 순같이 훌륭한 아들이 있는 것이 나을 것이다."

07. 子有含菽縕絮而致滋美其親하여 **將以求孝也**인댄 **人曰僞**라하니 **如之何**①오 **曰 假儒衣書**하여 **服而讀之**하고 **三月不歸**하면 **孰曰非儒也**②리오 **或曰 何以處僞**③오 **曰 有人則作之**하고 **無人則輟之之謂僞**④라 **觀人者**는 **審其作輟而已矣**⑤니라

① 子有含菽縕絮……如之何 : 含, 食也. 菽, 豆也. ○ 咸曰 "言人有自含食其菽, 縕被絮, 而能致滋甘之味, 美麗之服於其親, 思以爲孝, 或非之以爲僞, 何如也." ○ 光曰 "縕, 於盆切. 含菽, 菲食. 縕絮, 惡衣."

含은 먹는 것이다. 菽은 콩이다.

○ 宋咸이 말하였다. "자식이 자기는 콩을 먹고 헌 솜옷을 입으면서 어버이에게는 맛있는 음식과 좋은 옷을 드려 효도할 것을 생각하면 혹인이 그를 비난하여 위선이라고 하는 것을 어떻게 생각하느냐고 말한 것이다."

○ 司馬光이 말하였다. "縕은 於와 盆의 반절이다. '含菽'은 거친 음식이고, '縕絮'는 나쁜 옷이다."

② 假儒衣書……孰曰非儒也：咸曰“言設有人，假儒衣書服而讀之，三月不輟而歸，誰曰非乎．言亦可以爲儒也．如彼之自薄而厚於親，儻乎不輟，則亦可爲孝矣．三月者，時一變也，天時且變，而已不變，是可爲儒矣.” ○ 祕曰“己欲孝，斯孝矣．己欲儒，斯儒矣．誰其非之.” ○ 光曰“服儒衣，讀儒書，經時不輟，斯亦儒矣.”

宋咸이 말하였다. “설령 어떤 사람이 유자의 옷을 빌려 입고 유자의 책을 빌려 읽고서 석 달 동안 돌려주지 않으면 누가 그를 유자가 아니라고 하겠는가. 또한 유자가 될 수 있음을 말한 것이다. 만약 저 사람이 자신에게는 박하게 하고 부모에게는 후하게 하여 〈이렇게 하기를〉 만일 그치지 않는다면 또한 효도가 될 수 있다. 석 달은 天時가 한 번 바뀌는 시간이니 天時가 바뀌는데도 이미 변치 않는다면 유자가 될 수 있다.”

○ 吳祕가 말하였다. “자기가 효도하고자 하면 효자가 되고, 자기가 유자가 되고자 하면 유자가 되니, 누가 그르다고 하겠는가.”

○ 司馬光이 말하였다. “유자의 옷을 입고 유자의 책을 읽으며 한 철이 지나도 중지하지 않는다면 이 역시 유자일 것이다.”

③ 何以處僞：咸曰“問何以見其僞者.” ○ 祕曰“爲之則眞，何以居僞.”

宋咸이 말하였다. “무엇으로 위선인 줄 아는지 물은 것이다.”

○ 吳祕가 말하였다. “그 일을 행하면 진짜 같으니, 무엇으로 위선을 분별할 수 있는지 물은 것이다.”

④ 有人則作之 無人則輟之 之謂僞：咸曰“禮云‘道不可斯須離其身，可離，非道也，所以君子愼其獨矣．故有人則修而作之，無人則輟而止之，非僞而何．君子恥之.”

宋咸이 말하였다. “禮(≪禮記≫ 〈中庸〉)에 이르기를 ‘道는 잠시도 몸에서 떠날 수 없는 것이니, 떠날 수 있으면 道가 아니다. 그러므로 군자는 홀로 있을 때를 삼가는 것이다.’라고 하였다. 그러므로 사람들이 있으면 행하고 사람들이 없으면 중지하는 것은 위선이 아니고 무엇이겠는가. 君子는 이것을 부끄러워한다.”

⑤ 觀人者審其作輟而已矣：視其所以，觀其所由，人焉廋哉.

행하는 것을 보고, 행하는 의도를 살펴보면 사람이 어찌 속마음을 숨길 수 있겠는가.

혹인이 말하였다.

“자식이 자기는 콩을 먹고 헌 솜옷을 입으면서 그 어버이에게는 맛있는 음식과 좋은 옷을 드려 장차 효를 다하려고 하면 사람들이 僞善이라고 하니, 어떻게 생각하십니까?”

揚子가 말하였다.

“유생의 옷과 유가의 책을 빌려서 이 옷을 입고 이 책을 읽고 석 달이 지나도 돌려주지 않는다면 누가 그를 유생이 아니라고 하겠는가.”

혹인이 말하였다.

“그렇다면 무엇으로 위선을 구별합니까?”

양자가 말하였다.

“사람들이 있을 때는 행하고 사람들이 없을 때는 그만두는 것을 위선이라고 한다. 사람을 관찰하는 자는 그가 행하는지, 그만두는지를 자세히 살필 뿐이다.”

08. **不爲名之名**은 **其至矣**①요 **爲名之名**은 **其次也**②니라

① 不爲名之名 其至矣：太上以德, 自然之美, 非至而何. ○ 祕曰 “君子行善, 其名自彰至矣.”

최상은 德으로써 하는 것이니 자연스러운 아름다움이니, 지극한 것이 아니고 무엇이겠는가.

○ 吳祕가 말하였다. “君子가 善을 행하면 명예가 저절로 드러남이 지극할 것이다.”

② 爲名之名 其次也：力行近仁[10], 斯亦次矣. ○ 祕曰 “欲求善名而行, 爲次也.” ○ 光曰 “畏惡名, 慕善名, 猶有所恥.”

힘써 행함은 仁에 가까우니, 이는 또한 그 다음이다.

○ 吳祕가 말하였다. “선한 명예를 구하고자 하여 행하는 것은 그다음이다.”

○ 司馬光이 말하였다. “악하다는 평판을 두려워하고 선한 명예를 흠모한다면 그래도 염치가 있는 것이다.”

명예를 구하지 않고 얻은 명예야말로 지극한 명예일 것이다. 명예를 구하여 얻은 명예는 그 다음가는 명예일 것이다.

09. **或問忠言嘉謨**한대 **曰 言合稷契**(설)**之謂忠**이요 **謨合皐陶**(요)**之謂嘉**①라 **或曰 邵如之何**②오 **曰 亦勖之而已**③니라 **庳則秦儀鞅斯**도 **亦忠嘉矣**④니라

---

10) 力行近仁：≪中庸章句≫ 제20장에 “배우기를 좋아함은 知에 가깝고, 힘써 행함은 仁에 가깝고, 부끄러움을 앎은 勇에 가깝다.〔好學近乎知 力行近乎仁 知恥近乎勇〕”라고 한 것을 가리킨다.

① 言合稷契之謂忠 謨合皐陶之謂嘉 : 光曰 "言不以聖人之正道, 佐其君者, 皆非忠嘉."
司馬光이 말하였다. "聖人의 바른 道로써 그 임금을 보좌하지 않는 것은 모두 충직한 말과 아름다운 계책이 아니라는 말이다."

② 卲 如之何 : 咸曰 "卲, 猶繼也, 言欲繼稷契皐陶者, 如之何而可." ○ 祕曰 "卲, 高也, 欲高之則如之何." ○ 光曰 "問稷契皐陶道高, 不可及, 奈何."
宋咸이 말하였다. "卲는 繼와 같으니, 稷과 契과 皐陶를 계승하고자 하면 어떻게 해야 하느냐는 말이다."
○ 吳祕가 말하였다. "卲는 높음이니, 높이고자 하면 어떻게 해야 하는가?"
○ 司馬光이 말하였다. "稷과 契과 皐陶의 道는 높아서 미칠 수 없으니, 어떻게 해야 하는지 물은 것이다."

③ 亦勖之而已 : 勖, 勉. ○ 咸曰 "言欲繼稷契皐陶者, 當勖勉其道而已."
勖은 힘씀이다.
○ 宋咸이 말하였다. "稷과 契과 皐陶를 계승하고자 하는 자는 마땅히 그들의 도를 힘써야 할 뿐임을 말한 것이다."

④ 庳則秦儀鞅斯 亦忠嘉矣 : 庳, 下也, 此所以微言貶乎漢臣而爲王莽之將相者. ○ 祕曰 "勖, 勉也. 庳, 下也. 言人欲自高, 則勉行而已, 如其庳下而不能自勉, 則秦儀鞅斯, 亦可謂之忠嘉矣, 蓋言其自足也." ○ 光曰 "庳音婢, 若嫌論太高而卑之, 則陷入於狙詐矣."
庳는 낮춤이니, 이것은 은미한 말로 漢나라 신하이면서 王莽의 將相이 된 것을 폄하한 것이다.
○ 吳祕가 말하였다. "勖은 힘씀이고 庳는 낮춤이다. 사람이 스스로 높이고자 한다면 힘써 행할 뿐이다. 만약 기준을 낮추고 스스로 노력하지 않는다면 蘇秦, 張儀, 商鞅, 李斯의 말과 계책도 충성스러운 말과 아름다운 계책이라고 이를 수 있으니, 이는 스스로 만족함을 말한 것이다."
○ 司馬光이 말하였다. "庳는 음이 婢이니, 만약 의론이 너무 높음을 혐의하여 낮춘다면 교활하고 간사한 데로 빠져들어가게 될 것이다."

혹인이 충성스러운 말과 아름다운 계책에 대해 물으니, 揚子가 말하였다.

"말이 옛날의 稷과 契의 말과 부합하면 충성스러운 말이라고 이르고, 계책이 皐陶의 계책과 부합하면 아름다운 계책이라고 이른다."

혹인이 말하였다.

"이것은 기준이 너무 높으니, 어떻게 도달할 수 있겠습니까?"

양자가 말하였다.

“〈기준이 아무리 높더라도〉 또한 다만 노력할 뿐이다. 만약 기준을 낮춘다면 蘇秦, 張儀, 商鞅, 李斯의 말과 계책도 충성스러운 말과 아름다운 계책이라고 이를 수 있을 것이다.”

10. 堯舜之道는 **皇兮**①여 **夏殷周之道**는 **將兮**②여 **而以延其光兮**③로다 **或曰 何謂也**오 **曰 堯舜以其讓**하고 **夏以其功**④하고 **殷周以其伐**⑤하노라

① 堯舜之道皇兮 : 祕曰 “皇, 美.”
  吳祕가 말하였다. “皇은 아름다움이다.”

② 夏殷周之道將兮 : 祕曰 “將, 大.”
  吳祕가 말하였다. “將은 위대함이다.”

③ 而以延其光兮 : 二帝三王, 光延至今. ○ 祕曰 “延其美大之光.”
  二帝와 三王의 명성이 길이 이어져 지금에까지 이르렀다.
  ○ 吳祕가 말하였다. “아름답고 위대한 명성을 이어지게 하였다.”

④ 夏以其功 : 平水土也.
  夏나라 우왕은 水土를 다스렸다.

⑤ 殷周以其伐 : 聖德同而禪代異者, 隨時之義 一也, 此又寄言以明其旨焉. 五君, 應乎天, 順乎人. 王莽, 違乎人, 逆乎天. ○ 祕曰 “以是爲美大之次.” ○ 光曰 “皆盡美盡善.”
  聖王의 德은 같은데 〈堯舜은 현자에게 禪位하고 夏·殷·周는 자식에게 繼承하여〉 선양과 계승이 달랐으니, 상황에 따라 알맞게 대처하는 의리는 똑같다. 이것은 또 말을 전하여 그 뜻을 밝힌 것이다. 다섯 임금(堯, 舜, 禹, 湯, 文·武)은 천명에 응하고 인심에 순응하였고, 王莽은 인심을 위배하고 천명을 거역하였다.
  ○ 吳祕가 말하였다. “이것(桀을 정벌한 탕왕과 紂를 정벌한 무왕)을 아름답고 위대한 요순과 우왕의 다음으로 삼은 것이다.”
  ○ 司馬光이 말하였다. “〈다섯 임금이〉 모두 더할 나위 없이 훌륭하고 아름답다.”

堯舜의 道는 아름다우며, 夏禹와 商湯과 周文武의 道는 위대하다. 이 때문에 이들의 훌륭한 광채가 현재까지도 이어져오도다.

혹인이 물었다.

“이것은 무엇을 이른 것입니까?”

揚子가 답하였다.

"堯舜의 도가 아름다운 것은 帝位를 禪讓하였기 때문이고, 夏禹의 도가 위대한 것은 홍수를 다스린 공로 때문이고, 商湯과 周文武의 道가 위대한 것은 무도한 夏桀과 殷紂를 정벌하였기 때문이다."

11. **或曰 食如(螘)〔皚〕**①[11]하고 **衣如華**②하며 **朱輪駟馬**③로 **金朱煌煌**하니 **無已泰乎**④아 **曰 由其德**이면 **舜禹受天下**하시되 **不爲泰**⑤하고 **不由其德**이면 **五兩之綸**과 **半通之銅**도 **亦泰矣**⑥니라

① 食如(螘)〔皚〕 : 言精細也. ○ 光曰 "螘, 與蟻同."

정교하고 세밀함을 말한다.

○ 司馬光이 말하였다. "螘는 蟻와 같다."

② 衣如華 : 服文彩也.

文彩 나는 옷을 입은 것이다.

③ 朱輪駟馬 : 光曰 "宋吳本, 於此有受天字, 今從李本."

司馬光이 말하였다. "宋咸本·吳祕本에는 여기('朱輪駟馬'의 뒤)에 '受天'이라는 글자가 있다. 지금 李軌本을 따랐다."

④ 金朱煌煌 無已泰乎 : 祕曰 "受天子之金朱煌煌然, 無乃已泰乎." ○ 光曰 "謂富貴者如此, 無乃泰侈."

吳祕가 말하였다. "天子에게 받은 金印을 붉은 끈으로 매어 번쩍번쩍 빛나니, 너무 지나친 것 아니냐는 말이다."

○ 司馬光이 말하였다. "富貴한 자가 이와 같으니 너무 지나친 것이 아니냐는 말이다."

⑤ 由其德……不爲泰 : 言當理也.

이치에 합당함을 말한다.

⑥ 不由其德……亦泰矣 : 綸, 如青絲繩也. 五兩之綸, 半通之銅, 皆有秩, 嗇夫之印綬, 印綬之微者也. 言不由其德而佩, 猶爲泰矣, 況滔天乎. ○ 咸曰 "綸, 青絲綬也. 諸本註, 皆作青絲繩, 蓋傳之誤也." ○ 光曰 "綸, 古頑切, 又音倫. 李宋本, 通, 闕."

綸은 푸른 실로 꼰 인끈과 같은 것이다. 다섯 냥짜리 인끈과 半通[12]의 銅印은 모

---

11) (螘)〔皚〕 : 저본에는 '螘'로 되어 있으나, 汪榮寶의 ≪法言義疏≫에 의거하여 '皚'로 바로잡았다.

12) 半通 : 半印과 같은 말이다. 正方形의 印章을 '一通'이라 하고, 正方形 印章의 절반을 '半通'이라고 한다. 漢代에 丞相·列侯에서 令·丞까지는 모두 정사각형의 큰 도장을 썼고,

두 차례가 있고, 嗇夫의 印綬는 인수 중에 하찮은 것이다. 그렇지만 그 덕을 말미암지 않는다면 이것을 차는 것도 오히려 지나친데 더구나 권세가 지극히 큼에 있어서야 더 말할 나위가 없음을 말한 것이다.

○ 宋咸이 말하였다. "綸은 푸른 실로 꼰 인끈이다. 諸本의 註에 모두 靑絲繩으로 되어 있으니, 傳寫를 잘못한 것이다."

○ 司馬光이 말하였다. "綸은 古와 頑의 반절이고, 또 다른 음은 倫이다. 李軌本·宋咸本에 〈半通의〉 通은 注釋하지 않았다."

혹인이 말하였다.

"어떤 사람이 흰쌀밥을 먹고 화려한 옷을 입으며, 〈외출할 때는〉 바퀴에 붉은 칠을 한 駟馬를 타고 〈몸에는〉 번쩍번쩍 빛나는 金印과 붉은 인끈을 차고 있으니, 너무 지나치지 않습니까?"

揚子가 말하였다.

"그게 훌륭한 德으로 인한 것이라면 舜임금과 禹임금이 천하를 받아도 지나치지 않지만, 그게 훌륭한 덕으로 인한 것이 아니라면 〈말단 관원이 차는〉 다섯 가닥으로 꼰 푸른 인끈을 차거나 半通의 銅印을 차는 것도 지나치다."

12. 天下之通道五요 所以行之者一①이니 曰勉②이니라

① 天下之通道五 所以行之者一：五, 謂仁義禮智信也.[13)]

다섯 가지는 仁, 義, 禮, 智, 信을 이른다.

② 勉：勉, 勵. ○ 咸曰 "能一勉而修, 則五得之矣." ○ 祕曰 "非勉, 則不復其性."

勉은 힘씀이다.

○ 宋咸이 말하였다. "능히 하나를 힘써서 닦으면 다섯 가지를 얻을 수 있다."

○ 吳祕가 말하였다. "노력이 아니면 그 性을 회복하지 못한다."

天下에 통용되는 도는 다섯 가지이고 이것을 행하는 것은 하나이니, 그것은 노력이다.

하급 관리는 長方形인 절반 정도의 도장을 사용하였다. 후대에도 그 제도가 이어졌다.

13) 五 謂仁義禮智信也：汪榮寶의 ≪法言義疏≫에는 '五'가 ≪中庸章句≫에 나오는 "군신간·부자간·부부간·형제간·붕우간의 사귐 이 다섯 가지는 천하의 달도이다.〔君臣也 父子也 夫婦也 昆弟也 朋友之教也五者 天下之達道也〕"라고 한 것을 가리킨다고 하였다.

13. 或曰 力有扛洪鼎, 揭華旗하니 **智德亦有之乎**①아 **曰 百人矣**②니라 **德諧頑嚚**③하고 **讓萬國**④하며 **知情天地**⑤하고 **形不測**⑥하니 **百人乎**⑦아

① 力有扛洪鼎揭華旗 智德亦有之乎 : 咸曰 "言古有力者, 能扛鼎揭旗, 夫智德, 亦有能之乎." ○ 光曰 "揭, 渠列切."

宋咸이 말하였다. "옛날에 힘이 센 자는 큰 솥을 들어올리기도 하고 大將의 旗를 들기도 하였으니, 智와 德에도 이렇게 걸출한 사람이 있느냐는 말이다."

○ 司馬光이 말하였다. "揭는 渠와 列의 반절이다."

② 百人矣 : 此力, 百人便能敵之.

이렇게 힘이 센 것은 기껏해야 백 명 정도를 상대할 수 있을 뿐이다.

③ 德諧頑嚚 : 諧, 和也. 頑嚚, 舜父母.

諧는 화목함이다. 완악하고 어리석은 것은 舜임금의 아버지와 어머니이다.

④ 讓萬國 : 以禪禹也.

천하를 양보했다는 것은 禹에게 선양한 것이다.

⑤ 知情天地 : 與天地合其德, 知鬼神之情狀. ○ 咸曰 "知情天地者, 言知天地之情." ○ 光曰 "知, 與智同."

천지와 더불어 그 덕이 합하고 귀신의 실정을 아는 것이다.

○ 宋咸이 말하였다. "'知情天地'는 천지의 실정을 아는 것을 말한다."

○ 司馬光이 말하였다. "知는 智와 같다."

⑥ 形不測 : 光曰 "陰陽不測之謂神, 惟聖人能形容之."

司馬光이 말하였다. "陰陽의 변화를 헤아릴 수 없는 것을 神이라고 하니, 오직 聖人만이 形容할 수 있다."

⑦ 百人乎 : 人見其形而不能測其量, 非百人之倫也. ○ 咸曰 "此, 子雲黜力而尙德者也." ○ 祕曰 "知天地之情, 其形不可測, 豈百人可敵乎."

사람이 그 형체를 보고 그 量을 헤아릴 수 없으니, 백 명 정도를 상대할 정도가 아니다.

○ 宋咸이 말하였다. "이것은 子雲이 힘이 센 것을 물리치고 德을 숭상한 것이다."

○ 吳祕가 말하였다. "천지의 실정을 알고 헤아릴 수 없는 것을 드러낼 수 있으니, 어찌 백 명 정도를 상대할 뿐이겠는가."

혹인이 말하였다.

"어떤 사람은 힘이 세어 큰 솥을 들어 올리고 大將旗를 드니, 智와 德에 있어서도 이렇게 보통 사람보다 뛰어난 경우가 있습니까?"

揚子가 말하였다.

"〈힘이 세어 큰 솥을 들어 올리고 대장기를 드는 것은〉 백 명을 상대할 뿐이다. 〈舜임금의 경우〉 德은 완악한 아버지와 어리석은 어머니의 마음을 돌려 화목하게 하고, 천하를 〈禹에게〉 선양하였으며, 그 지혜는 천지의 실정을 알고 헤아릴 수 없는 사물의 심오한 이치를 알았으니, 〈이러한 지혜와 덕은〉 어찌 백 명을 상대할 뿐이겠는가."

14. **或問君**한대 **曰 明光**이요 **問臣**한대 **曰 若禔**①니라 **敢問何謂也**니잇고 **曰 君子在上則明而光其下**하고 **在下則順而安其上**②이니라

① 若禔 : 祕曰 "若, 順. 禔, 宜讀如媞. 爾雅曰 '媞媞, 安也.'" ○ 光曰 "禔, 是支切, 又杜奚切, 又音支."

吳祕가 말하였다. "若은 順이고, 禔는 '媞'자와 같이 읽어야 하니, ≪爾雅≫에 이르기를 '媞媞는 편안한 모양이다.'라고 하였다."

○ 司馬光이 말하였다. "禔는 是와 支의 반절이고, 또 杜와 奚의 반절이고, 또 다른 音은 支이다."

② 君子在上則明而光其下 在下則順而安其上 : 明而光其下, 堯之爲君也. 順而安其上, 舜之爲臣也. 王莽之事漢, 則傾覆其上, 簒位居攝, 則暴亂其下也. ○ 祕曰 "明而光其下, 法天也. 順而安其上, 法地也." ○ 光曰 "光, 謂能顯忠遂良. 安, 謂能順美救惡."

지혜가 밝아서 아랫사람을 밝게 살피는 것은 堯가 임금 노릇 함이고, 공순하여 윗사람을 편안하게 하는 것은 舜이 신하 노릇 함이다. 그러나 王莽은 漢나라를 섬김에 윗사람을 전복시켜 망하게 하였고, 왕위를 찬탈하여 섭정함에 아랫사람을 해치고 어지럽게 하였다.

○ 吳祕가 말하였다. "지혜가 밝아서 아랫사람들을 밝게 살핌은 하늘을 본받은 것이고, 공순하여 윗사람을 편안하게 함은 땅을 본받은 것이다."

○ 司馬光이 말하였다. "光은 〈아랫사람을 밝게 살펴〉 충성스러운 자를 드러내고 어진 자를 이루어 줌을 이르고, 安은 윗사람의 아름다운 점은 받들어 따르고 윗사람의 잘못된 점은 바로잡아 구제함을 이른다."

혹인이 임금에 대하여 물으니, 揚子가 말하였다.

"밝고 또 밝게 비춘다."

혹인이 신하에 대하여 물으니, 양자가 말하였다.

"공순하고 또 편안하다."

혹인이 말하였다.

"감히 묻건대 무슨 뜻입니까?"

양자가 말하였다.

"君子가 윗자리에 있으면 밝아서 아랫사람을 밝게 살피고, 아랫자리에 있으면 恭順하여 윗사람을 편안하게 한다."

15. 或曰 聖人事異乎①아 **曰 聖人德之爲事**②요 **異亞之**③라 **故常修德者**는 **本也**④요 **見異而修德者**는 **末也**⑤니 **本末不修而存者**는 **未之有也**⑥라

① 聖人事異乎 : 咸曰 "言聖人亦以妖異爲事乎."

宋咸이 말하였다. "聖人도 괴이한 일에 관심을 쏟느냐는 말이다."

② 聖人德之爲事 : 祕曰 "德盛則無異."

吳祕가 말하였다. "德이 성대하면 재이가 나타나지 않는다."

③ 異亞之 : 祕曰 "見異修德者, 次之."

吳祕가 말하였다. "재이가 나타난 것을 보고 덕을 닦는 것은 그다음이다."

④ 故常修德者本也 : 咸曰 "猶堯舜常修其德, 何異之也."

宋咸이 말하였다. "堯舜이 항상 德을 닦은 것과 같으니, 무슨 재이가 있었겠는가."

⑤ 見異而修德者末也 : 咸曰 "猶太戊武丁見異而後修, 非上德矣, 故爲之末焉." ○ 祕曰 "失於常德, 災異乃見(현), 修而禳之, 事在末後."

宋咸이 말하였다. "太戊와 武丁이 재이가 나타난 것을 본 뒤에 덕을 닦은 것과 같으니, 上德이 아니다. 그러므로 말단이 된 것이다."

○ 吳祕가 말하였다. "常德을 잃어 災異가 나타나면 그제야 덕을 닦아서 재이를 물리치는 것은 일이 末後에 해당한다."

⑥ 本末不修而存者 未之有也 : 惑此之甚者, 必亡矣. ○ 咸曰 "猶桀紂, 本末不修, 其亡忽焉." ○ 光曰 "災異應時君之德, 故以德爲本, 異爲末."

이에 미혹됨이 심한 자는 반드시 망할 것이다.

○ 宋咸이 말하였다. "桀紂가 정사의 本末을 닦지 않아 갑자기 망한 것과 같은 것이다."

○ 司馬光이 말하였다. "災異는 時君의 德에 상응하기 때문에 德을 本으로 삼고 재이를 末로 삼는다."

혹인이 말하였다.

"聖人은 〈地震이나 日食 같은〉 災異에 관심을 쏟습니까?"

揚子가 답하였다.

"聖人은 德을 닦는 데 관심을 쏟으니, 재이를 보고 덕을 닦는 것은 그다음이다. 그러므로 항상 덕을 닦는 것이 근본이고, 재이를 보고 덕을 닦는 것은 말단이니, 근본과 말단을 닦지 않고 社稷을 장구하게 보존한 경우는 있지 않다."

16. 天地之得은 斯民也①요 斯民之得은 一人也②요 一人之得은 心矣③라

① 天地之得 斯民也 : 得養育之本故, 能資生斯民也. ○ 祕曰 "天地之大德曰生, 生斯民也. 易曰 '有天地然後, 有萬物, 有萬物然後, 有男女.' 是人與萬物齊生而最靈者也. 班固曰 '夫人, 聰明精粹, 有生之最靈' 故曰得斯民."[14)]

천지가 만물을 기르는 근본을 얻었기 때문에 이 백성을 資生하게 할 수 있다.

○ 吳祕가 말하였다. "天地의 큰 德을 生이라 하니, 이 백성을 낳는다. ≪易≫에 이르기를 '天地가 있은 뒤에 萬物이 있고, 萬物이 있은 뒤에 男女가 있다.'라고 하였으니, 사람이 萬物과 같이 태어나되 가장 신령한 자이다. 班固가 이르기를 '사람은 聰明하고 精粹하여 생명이 있는 것들 중 가장 신령하다.'라고 하였다. 그러므로 '이 백성을 얻었다.〔得斯民〕'라고 하였다."

② 斯民之得 一人也 : 得資生之業, 是故, 係之一人也. ○ 咸曰 "言斯民之衆, 在得一人而治之也." ○ 祕曰 "書曰 '惟天生民有欲, 無主乃亂.'"

군주가 백성을 資生하게 하는 業을 얻었으니, 이 때문에 군주 한 사람에게 달려 있는 것이다.

○ 宋咸이 말하였다. "이 많은 백성들은 군주 한 사람을 얻어 다스리게 하는 데에 있음을 말한 것이다."

○ 吳祕가 말하였다. "≪書經≫ 〈尙書 仲虺之誥〉에 이르기를 '하늘이 내신 백성들이 욕심이 있으니, 군주가 없으면 혼란하게 된다.'라고 하였다."

③ 一人之得 心矣 : 一人之得統御天下者, 以百姓之心爲心. ○ 咸曰 "言一人之責, 在得民心而後, 能長久也, 故受有億兆夷人, 離心離德, 所以亡矣." ○ 祕曰 "五行志曰 '思心之不睿, 是謂不聖.' 又曰 '貌言視聽, 以心爲主', 故一人之得心矣."[15)] ○ 光曰 "天地

---

14) 故曰得斯民 : 이로써 볼 때 오비는 경문의 구두를 '天地之得斯民也'로 뗀 것이다.

15) 故一人之得心矣 : 이로써 볼 때 오비는 경문의 구두를 '一人之得心矣'로 뗀 것이다.

因人而成功, 故天地之所以得其道者, 在民也. 民之所以得其道者, 在君也. 君之所以得其道者, 在心也."

군주 한 사람이 천하를 다스릴 수 있는 것은 백성의 마음을 자신의 마음으로 삼기 때문이다.

○ 宋咸이 말하였다. "군주 한 사람의 책임은 민심을 얻는 데에 있으니, 그런 뒤에야 장구할 수 있다. 그러므로 受(紂王)는 億兆나 되는 일반 백성들이 있었으나 마음이 이반되고 덕이 이반되었으니, 이 때문에 망하였다."

○ 吳祕가 말하였다. "≪漢書≫ 〈五行志〉 傳에 이르기를 '생각이 슬기롭지 못하면 이를 성스럽지 못함이라 이른다.'라고 하였고, 또 이르기를 '용모, 말, 보는 것, 듣는 것은 마음을 위주로 한다.'라고 하였다. 그러므로 '임금이 백성의 마음을 얻었다.〔一人之得心矣〕'라고 하였다."

○ 司馬光이 말하였다. "天地는 사람으로 인하여 功을 이룬다. 그러므로 天地가 그 道를 얻는 것은 백성에게 달려 있고, 백성이 그 道를 얻는 것은 임금에게 달려 있고, 임금이 그 道를 얻는 것은 그 마음에 달려 있다."

〈天地는 사람으로 인하여 功을 이루니,〉 天地가 그 道를 얻는 것은 백성에게 달려 있고, 백성이 그 道를 얻는 것은 임금에게 달려 있고, 임금이 그 道를 얻는 것은 그 마음에 달려 있다.

17. 吾聞諸傳①호니 老則戒之在得이니 年彌高而德彌邵者②는 是孔子之徒歟③인저

① 吾聞諸傳 : 祕曰 "傳記, 謂論語."[16] ○ 光曰 "傳, 直戀切."

吳祕가 말하였다. "傳記는 ≪論語≫를 이른다."

○ 司馬光이 말하였다. "傳은 直과 戀의 반절이다."

② 老則戒之在得 年彌高而德彌邵者 : 咸曰 "邵, 美也." ○ 祕曰 "邵, 亦高也, 老則不貪而有德彌高者, 雖聖人, 何以加焉."

宋咸이 말하였다. "邵는 아름다움이다."

○ 吳祕가 말하였다. "邵도 높음이다. 늙으면 〈경계할 것이 얻음에 있으니, 늙어도〉 탐욕스럽지 않고 덕이 더욱 높아지는 것은 아무리 聖人이라 해도 어찌 이보다 더할 수 있겠는가."

---

16) 傳記 謂論語 : 漢代의 儒者들은 ≪詩≫·≪書≫·≪易≫·≪禮≫·≪春秋≫ 등 儒家의 典籍을 칭하여 '經'이라 하고, 五經을 해석한 서적 및 ≪論語≫와 ≪孟子≫ 등은 '傳' 혹은 '傳記'라고 칭하였다.

③ 是孔子之徒歟：王莽，少則得師力行，老則詐僞簒奪，故揚子寄微言而歎慨焉.

王莽은 젊어서는 스승을 얻어 힘써 행하였고 늙어서는 거짓을 꾸며서 簒奪하였다. 그러므로 揚子가 微言에 붙여서 개탄한 것이다.

내가 傳(≪論語≫)에서 들으니, 늙으면 경계할 것이 얻음에 있다고 하였다. 연령이 높아질수록 덕이 더욱 높아지는 것은 孔子의 문도일 것이다.

18. 或問 德有始而無終과 與有終而無始也는 孰寧①고 曰 寧先病而後瘳乎아 寧先瘳而後病乎②아

① 德有始而無終 與有終而無始也 孰寧：光曰 "宋吳本，作有始而無終歟，有終而無始歟. 音義曰 '天復本，寧作愈，今從李本.' 孰寧，寧爲誰."

司馬光이 말하였다. "宋咸本・吳祕本에는 '有始而無終 與有終而無始也'가 '有始而無終歟 有終而無始歟'로 되어 있다. ≪音義≫에 이르기를 '天復本에는 寧이 愈로 되어 있는데, 지금 李軌本을 따랐다.' 孰寧은 어느 것이 낫겠느냐는 말이다."

② 寧先病而後瘳乎 寧先瘳而後病乎：病簒之深，故有先瘳之喩. ○ 祕曰 "德寧有終也."

찬탈을 미워함이 심하였다. 그러므로 처음에 병을 치유한 뒤에 다시 병이 드는 것으로 비유한 것이다.

○ 吳祕가 말하였다. "德은 끝이 있고 시작이 없는 것이 낫다."

혹인이 물었다.

"德을 행함에 시작은 있고 끝이 없는 것과 끝은 있고 시작이 없는 것 중에 어느 것이 낫습니까?"

揚子가 말하였다.

"그대는 먼저 병이 들었다가 뒤에 병이 낫는 것이 낫겠는가? 먼저 병이 나았다가 뒤에 또 병이 드는 것이 낫겠는가?"

19. 或問大한대 曰小니라 問遠한대 曰邇니라 未達이라 曰 天下爲大나 治之在道하니 不亦小乎①아 四海爲遠이나 治之在心하니 不亦邇乎②아

① 天下爲大……不亦小乎：道至微妙，故曰小也. ○ 祕曰 "一人有道而天下治，故曰小，

謂寡治衆也."

道는 지극히 微妙하기 때문에 작다고 한 것이다.

○ 吳祕가 말하였다. "한 사람이 道가 있으면 天下가 다스려지기 때문에 작다고 한 것이니, 적은 사람이 많은 사람을 다스림을 이른다."

② 四海爲遠……不亦邇乎 : 祕曰 "一人之得心矣."

吳祕가 말하였다. "한 사람의 마음을 얻는 것이다."

혹인이 큰일을 처리하는 것에 대해 물으니, 揚子가 답하였다.

"작은 일을 처리하는 것과 같다."

혹인이 먼 일을 처리하는 것에 대해 물으니, 양자가 답하였다.

"가까운 일을 처리하는 것과 같다."

혹인이 이해하지 못하니, 양자가 말하였다.

"天下는 크지만 천하를 태평하게 다스리는 것은 道에 달려 있으니, 또한 작지 않은가. 四海는 멀지만 사해를 다스리는 것은 마음에 달려 있으니, 또한 가깝지 않은가."

20. 或問俊哲洪秀한대 曰 知哲聖人之謂俊[①]이요 秀穎德行之謂洪[②]이니라

① 知哲聖人之謂俊 : 深識聖義, 是俊傑也. ○ 祕曰 "知哲於聖人之道, 俊哲也."

聖과 義를 깊이 아는 것이 俊傑이다.

○ 吳祕가 말하였다. "지혜가 聖人의 道를 알면 俊哲이다."

② 秀穎德行之謂洪 : 禾之秀其穎, 猶人之洪其道也, 禾秀穎則實結, 人崇道則德聞洪大. ○ 祕曰 "秀穎於德行, 洪秀也." ○ 光曰 "知哲當爲哲知, 言哲, 能知聖人之道, 不溺於異端, 智之俊者也. 秀, 謂材秀, 能修德行, 使穎出於衆, 秀之大者也."

벼의 이삭이 잘 여문 것은 사람이 그 道를 크게 한 것과 같으니, 벼가 잘 여물면 결실을 맺고 사람이 道를 높이고 행하면 덕망이 매우 크다.

○ 吳祕가 말하였다. "德行에 뛰어난 것을 洪秀라고 한다."

○ 司馬光이 말하였다. "知哲은 哲知가 되어야 한다. 哲은 능히 聖人의 道를 알아 異端에 빠지지 않으니 지혜가 뛰어난 자이고, 秀는 재주가 뛰어난 자를 이르니 능히 덕행을 닦아서 뭇사람들 중에 특별히 빼어나 남달리 뛰어난 것이다."

혹인이 지혜가 보통 사람보다 뛰어난 俊哲과 덕행이 보통 사람보다 뛰어난 洪

秀에 대해서 물으니, 揚子가 말하였다.

"지혜가 聖人의 도를 통달하는 것을 俊哲이라 이르고, 덕행이 보통 사람보다 뛰어난 것을 洪秀라고 이른다."

21. 君子動則擬諸事하고 事則擬諸禮①라

① 君子動則擬諸事 事則擬諸禮 : 事不來則不動, 動非禮則不擬. ○ 咸曰"(擬非作凝或也)〔擬或作凝, 非也.〕[17] 擬, 據也, 言君子不妄其動, 乃據事而後動, 不僞其事, 乃據禮而後事." ○ 祕曰"凝, 成也. 君子不妄動, 動則成於事, 事則成於禮. 凝, 一本作擬." ○ 光曰"吳本, 擬作凝, 今從李宋本. 擬, 度(탁)也, 動則度其事之可否, 事則度(탁)於禮爲是爲非."

일이 오지 않으면 행동하지 않고, 행동할 때에는 禮가 아니면 헤아리지 않는다.

○ 宋咸이 말하였다. "擬는 어떤 본에는 凝으로 되어 있으니, 잘못이다. 擬는 근거함이니, 君子는 그 행동을 함부로 하지 않아 일에 근거한 뒤에 행동하고, 그 일을 속이지 않아 禮에 근거한 뒤에 일함을 말한다."

○ 吳祕가 말하였다. "凝은 이루어짐이다. 君子는 함부로 행동하지 않아 행동은 일에서 이루어지고 일은 禮에서 이루어진다. 凝은 一本에는 擬로 되어 있다."

○ 司馬光이 말하였다. "吳祕本에는 擬가 凝으로 되어 있는데, 지금 李軌本·宋咸本을 따랐다. 擬는 헤아림이니, 행동할 때에는 그 일의 옳고 그름을 헤아리고, 일을 할 때에는 그 일이 禮에 있어서 옳은지 그른지 헤아린다."

君子는 행동할 때에는 일을 미리 헤아려 본 뒤에 행동하고, 일을 할 때에는 禮에 맞는지 미리 헤아려 본 뒤에 일한다.

22. 或問群言之長과 群行之宗한대 曰 群言之長은 德言也①요 群行之宗은 德行也②니라

① 群言之長德言也 : 咸曰"謂由德而言, 乃爲群言之長."

宋咸이 말하였다. "德에서 나온 말이라야 여러 가지 말 중에 가장 좋은 말이 됨을 이른다."

---

17) (擬非作凝或也)〔擬或作凝非也〕: 저본에는 '擬非作凝或也'로 되어 있으나, 문맥에 의거하여 '擬或作凝非也'로 바로잡았다.

② 群行之宗德行也：咸曰“謂由德而行，乃爲群行之宗.”

宋咸이 말하였다. “德에서 나온 행동이라야 여러 가지 행동 중에 가장 근본적인 행동이 됨을 이른다.”

혹인이 여러 가지 말 중에 가장 좋은 말과 여러 가지 행동 중에 가장 근본적인 행동에 대해 물으니, 揚子가 말하였다.

“여러 가지 말 중에 가장 좋은 말은 덕 있는 말이고, 여러 가지 행동 중에 가장 근본적인 행동은 덕 있는 행동이다.”

23. **或問泰和**①한대 **曰 其在唐虞成周乎**인저 **觀書及詩**하면 **溫溫乎其和**를 **可知也**②니라

① 或問泰和：咸曰“問太平和樂之道.” ○ 光曰“天下和平之至.”

宋咸이 말하였다. “太平하고 和樂한 道에 대해 물은 것이다.”

○ 司馬光이 말하였다. “天下가 지극히 和平한 것이다.”

② 其在唐虞成周乎……溫溫乎其和可知也：發號出令而民說(열)之.[18] ○ 咸曰“言觀書二典，詩小大雅，見唐虞成周之盛，信泰和矣.” ○ 光曰“言千載之後，觀其詩書，猶溫溫然和樂，況生其世乎.”

호령을 내어 백성들이 기뻐하는 것이다.

○ 宋咸이 말하였다. “≪書經≫의 二典(〈堯典〉·〈舜典〉)과 ≪詩經≫의 〈小雅〉·〈大雅〉를 살펴보면 堯, 舜, 成湯, 周公의 융성했을 때 진실로 태평하였음을 알 수 있음을 말한 것이다.”

○ 司馬光이 말하였다. “천 년 뒤에 ≪詩≫와 ≪書≫를 보아도 오히려 온화하여 화락하였는데 더구나 그 시대에 살았던 사람이야 더 말할 나위가 있겠는가.”

혹인이 어느 시대가 태평했는지 물으니, 揚子가 말하였다.

“堯, 舜, 成湯, 周公의 시대일 것이다. ≪書≫와 ≪詩≫를 보면 온화하여 태평했음을 알 수 있다.”

---

18) 發號出令而民說(열)之：≪禮記≫ 〈經解〉에 “호령을 내어 백성들이 기뻐하는 것을 和라 이르고, 위아래가 서로 친함을 仁이라 이르고, 백성들이 하고자 하는 바를 요구하지 않아도 얻음을 信이라 이르고, 천지의 해로움을 제거함을 義라 이른다.”라고 보인다.

24. **周康之時**에 **頌聲作乎下**하고 **關雎作乎上**은 **習治也**①요 **齊桓之時**에 **縕**이어늘 **而春秋美邵陵**은 **習亂也**②라 **故習治則傷始亂也**③요 **習亂則好始治也**④니라

① 周康之時……習治也 : 咸曰 "習, 積習也, 言由成王來, 積習爲治." ○ 祕曰 "習治, 習見治世之事."

宋咸이 말하였다. "習은 장기간에 걸쳐 익숙해진 것이니, 成王 이래로부터 다스려짐에 익숙해졌다."

○ 吳祕가 말하였다. "'習治'는 태평한 세상의 일을 익숙히 본 것이다."

② 齊桓之時縕而春秋美邵陵 習亂也 : 縕, 亦亂也. ○ 咸曰 "齊桓公, 會諸侯于陘, 楚遣屈完, 如師, 以觀齊, 覩齊之盛, 因而求盟, 桓公退次召陵, 與之盟以禮楚也." ○ 祕曰 "縕, 亦亂也, 言齊桓之時, 下陵上替, 而春秋美邵陵之會[19], 能服楚也. 習亂, 亦謂習見亂世之事. 按僖公四年, 楚屈完來盟于師, 盟于邵陵, 左傳無美之之文, 子雲據公羊而言也."

縕도 혼란함이다.

○ 宋咸이 말하였다. "齊 桓公이 諸侯들과 陘에서 회합하였는데 楚나라가 屈完을 보내어 陘에 주둔한 諸侯의 軍中으로 가서 齊나라의 動靜을 살피게 하니, 굴완이 齊軍의 강성함을 보고 인하여 結盟하기를 요구하였다. 그러자 제 환공이 30리를 물러나 召陵에 머물고 굴완과 결맹하고서 楚나라를 禮遇하였다."

○ 吳祕가 말하였다. "縕도 혼란함이니, 제 환공 때에 아랫사람이 윗사람을 능멸하여 윗사람의 위신이 떨어져서 아무 일도 할 수 없었는데, ≪春秋≫에 邵陵의 회맹에서 초나라를 복종시킨 것을 찬미하였다. '習亂'은 혼란한 세상의 일을 익숙히 본 것을 이른다. 살펴보건대 僖公 4년에 楚나라 굴완이 와서 제후들의 군사와 맹약하려 하여 소릉에서 회맹하였는데, ≪春秋左氏傳≫에 이를 찬미하는 글이 없으니, 子雲이 ≪春秋公羊傳≫에 근거하여 말한 것이다."

③ 故習治則傷始亂也 : 傷, 悼. ○ 咸曰 "太平之民, 追歎舊亂." ○ 祕曰 "習見治世之事, 覩始亂則傷之, 始亂謂幽厲之時也. 孔子曰 '嗚呼哀哉. 我觀周道, 幽厲傷之.'" ○ 光曰 "先儒多以爲周道衰, 詩人本諸衽席, 關雎作, 故揚子以爲始亂."

傷은 슬퍼함이다.

○ 宋咸이 말하였다. "太平한 시대의 백성이 옛날에 혼란했던 것을 돌이켜 생각하

---

19) 春秋美邵陵之會 : 소릉은 초나라의 지명이다. 제나라 管仲이 군사를 이끌고 초나라에 가서 그들에게 왕실에 貢納하지 않은 일에 대해 사리를 따져 추궁하자, 초왕이 굴복하여 屈完을 시켜 소릉에서 제나라와 맹약하도록 하였다. 이는 싸우지 않고 맹약을 이루어 낸 사례로서 널리 일컬어진다.(≪春秋左氏傳≫ 僖公 4년)

며 한탄한 것이다."

○ 吳祕가 말하였다. "태평한 세상의 일을 익숙히 보다가 천하가 처음 혼란해진 것을 보면 슬퍼하니, 처음 혼란해졌다는 것은 幽王과 厲王의 때를 이른다. 〈≪禮記≫ 〈禮運〉에〉 孔子가 말씀하기를 '아, 슬프다. 내가 周나라의 道를 보니, 幽王과 厲王이 그것을 무너뜨렸다.'라고 하였다."

○ 司馬光이 말하였다. "先儒들이 대부분 이르기를 '周나라의 도가 쇠미해지자 詩人이 衽席(부부가 동침하는 자리)의 일에 근거하여 〈關雎〉를 지었다.'라고 하였다. 그러므로 揚子가 처음 혼란해졌다고 한 것이다."

④ 習亂則好始治也：好, 樂. ○ 咸曰 "久汚之俗, 喜安少治." ○ 祕曰 "習見亂世之事, 覩始治則好之, 始治, 謂邵陵之盟也. 公羊傳曰 '桓公救中國而攘夷狄, 卒怗荊. 以此爲王者之事也.'"

好는 즐거워하는 것이다.

○ 宋咸이 말하였다. "오랫동안 혼란한 풍속을 보다가 조금 다스려진 것을 보면 기쁘고 편안하게 여긴다."

○ 吳祕가 말하였다. "혼란한 세상의 일을 익숙히 보다가 처음 다스려진 것을 보면 좋아하니, 처음 다스려졌다는 것은 邵陵의 맹약을 이른다. ≪春秋公羊傳≫ 僖公 4년에 이르기를 '桓公은 中國을 구원하고 夷狄을 물리쳤으며, 마침내 荊나라(초나라)를 굴복시켰으니, 환공의 이러한 일은 바로 王者가 해야 할 일이다.'라고 하였다."

周 康王의 시대에 태평을 칭송하는 노랫소리가 아래로 민간에 울려 퍼지고 위로 조정에서 〈關雎〉를 지어 〈임금의 과실을 비평한 것은 사람들이〉 천하가 태평한 것에 익숙해져 있기 때문이고, 齊 桓公의 시대에는 세상이 혼란하였는데 ≪春秋≫에서 邵陵의 회맹을 칭찬한 것은 사람들이 천하가 혼란한 것에 익숙해져 있기 때문이다. 그러므로 사람들이 천하가 태평한 것에 익숙하면 처음 혼란해진 것에도 상심하며, 사람들이 천하가 혼란한 것에 익숙하면 처음 태평해진 것에도 기뻐한다.

25. 漢德其可謂允懷矣[①]니 黃支之南과 大夏之西와 東鞮北女가 來貢其珍이라 漢德은 其可謂允懷矣니 世鮮焉[②]이라

① 漢德其可謂允懷矣：允, 信. 懷, 至. ○ 祕曰 "漢之有德, 信能懷服遠人." ○ 光曰 "允, 謂信及四夷. 懷, 謂遠人來服."

允은 믿음이고, 懷는 이르게 함이다.

○ 吳祕가 말하였다. "漢나라는 德이 있어서 먼 곳 사람을 진실로 회유하여 복종시킬 수 있다."

○ 司馬光이 말하였다. "允은 신의가 四夷에까지 미침을 이른다. 懷는 먼 곳 사람이 와서 복종함을 이른다."

② 黃支之南……世鮮焉：明此奕世之所致，而莽一旦行詐以取之．○ 祕曰 "言漢德之盛，四夷來貢，信能懷遠矣，而歷世少及焉，此所以明漢興者，天之本也．黃支，南蠻，去合浦日南三萬里．大夏，西戎，去中華一萬二千里．東鞮北女，未詳．或傳寫之誤，當言北鞮東女．匈奴謂漢曰若鞮，自曰呼韓邪，後見漢帝爲孝，慕之，故皆爲若鞮.[20] 哀帝建平四年，烏(昧)〔珠〕[21]留若鞮單于上書願朝，是也．東夷有東女國，西羌別種也，西海有女國，故云東女國." ○ 光曰 "鞮，都奚切．鮮，悉淺切．鞮，蓋東夷國名．女，女國也."

이것은 여러 대에 걸쳐 이루는 것인데 王莽이 하루 아침에 속임수를 행하여 취하였음을 밝힌 것이다.

○ 吳祕가 말하였다. "漢나라의 德이 성대함에 四夷가 와서 貢物을 바쳤으니 진실로 먼 곳 사람을 복종하게 한 것이다. 歷代에 중국의 덕이 四夷에게까지 미친 경우가 적었으니, 이는 漢나라가 興한 것이 천명에 근본하였음을 밝힌 것이다. 黃支는 南蠻이니 合浦郡, 日南郡과의 거리가 3만 리이고, 大夏는 西戎이니 中華와의 거리가 1만 리이다. 東鞮北女는 未詳이다. 혹은 傳寫를 잘못한 것이니 北鞮東女라고 말해야 한다. 匈奴가 漢나라를 若鞮라고 이르고 스스로를 呼韓邪라고 일렀는데, 뒤에 漢나라 皇帝의 시호에 '孝'자가 든 것을 보고는 이를 사모하였기 때문에 이후로는 모두 若鞮라 칭하였다. 哀帝 建平 4년에 烏珠留若鞮單于가 글을 올려 중국에 조회하기를 원하였다고 한 것이 이것이다. 東夷에 東女國이 있으니 西羌의 別種인데, 西海에 女國이 있기 때문에 東女國이라고 하였다."

○ 司馬光이 말하였다. "鞮는 都와 奚의 반절이고 鮮은 悉과 淺의 반절이다. 鞮는 東夷의 國名이고 女는 女國이다."

漢나라의 德은 〈사방의 오랑캐들을〉 진실로 복종하게 하였다고 이를 만하니, 黃支國 이남, 大夏國 이서, 동쪽의 東鞮, 북쪽의 女國이 와서 진기한 보물을 공물

---

20) 後見漢帝爲孝……故皆爲若鞮：匈奴는 孝를 若鞮라 하니, 呼韓邪가 漢나라에 항복한 뒤로부터 漢나라와 친밀해져 漢帝의 시호에 항상 '孝'자가 든 것을 보고는 이를 사모하였다. 그리하여 그의 아들 復株累單于 이후로는 모두 若鞮라 칭하였다.

21) (昧)〔珠〕：저본에는 '昧'로 되어 있으나, ≪漢書≫ 〈匈奴傳〉에 의거하여 '珠'로 바로잡았다.

로 바쳤다. 漢나라의 德은 〈사방의 오랑캐들을〉 진실로 복종하게 하였다고 이를 만하니, 이는 세상에 드문 일이다.

26. 芒芒聖德하여 **遠人咸慕**가 **上也**①요 **武義璜璜**하여 **兵征四方**이 **次也**②요 **宗夷猾夏**하고 **蠢迪王人**하여 **屈國喪師**가 **無次也**③니라

① 芒芒聖德……上也：芒芒, 大也. ○ 咸曰 "猶唐虞之世." ○ 光曰 "李本, 芒芒作荒荒, 今從宋吳本. 芒, 謨皇切."

'芒芒'은 큼이다.

○ 宋咸이 말하였다. "唐・虞의 시대와 같은 것이다."

○ 司馬光이 말하였다. "李軌本에는 '芒芒'이 '荒荒'으로 되어 있으니, 지금 宋咸本・吳祕本을 따랐다. 芒은 謨와 皇의 반절이다."

② 武義璜璜……次也：咸曰 "如商周之代." ○ 祕曰 "璜璜, 猶言煌煌也. 以兵伐四夷者, 次也." ○ 光曰 "璜音黃."

宋咸이 말하였다. "商・周의 시대와 같은 것이다."

○ 吳祕가 말하였다. "'璜璜'은 '煌煌'이라고 말한 것과 같다. 군대를 동원하여 사방의 오랑캐를 정벌하는 것이 그다음이다."

○ 司馬光이 말하였다. "璜은 음이 黃이다."

③ 宗夷猾夏……無次也：宗夷者, 四方群夷也. ○ 咸曰 "猾, 亂也. 蠢迪, 猶陵踐也. 王人, 王室之官, 言五霸六國然也." ○ 祕曰 "宗夷, 猶言夷族也. 蠢, 動也. 迪, 蹈也. 言四夷之族, 猾亂中夏, 動蹈我邊疆, 而犯王人, 又屈國喪師焉, 無禦戎之次也." ○ 光曰 "蠢, 動. 迪, 蹈也. 中國微弱, 四夷交侵, 騷動蹈藉天下之民, 辱國喪衆. 無次, 言最下也. 此, 汎論王者御夷狄之道然也."

宗夷는 四方의 뭇 오랑캐들이다.

○ 宋咸이 말하였다. "猾은 어지럽힘이다. '蠢迪'은 '陵踐(괴롭힘, 업신여김)'과 같다. '王人'은 王室의 관원이다. 춘추시대의 五霸와 전국시대의 六國 같은 것을 말한다."

○ 吳祕가 말하였다. "'宗夷'는 夷族이라고 말하는 것과 같다. 蠢은 騷動이고, 迪은 짓밟음(유린함)이다. 사방의 오랑캐 종족이 中夏를 어지럽혀 걸핏하면 우리 변경을 침범하고 임금과 백성들을 유린하며, 또 국가가 굴욕을 당하고 전쟁에 패하여 군사를 잃어서 오랑캐를 막지 못하는 것이 가장 낮다."

○ 司馬光이 말하였다. "蠢은 소동이고, 迪은 짓밟음이다. 中國이 微弱하면 사방의 오랑캐가 번갈아 침입하여 소동을 일으키고 天下의 백성을 유린하여 나라를 욕

되게 하고 군대를 잃었다. '無次'는 가장 낮음을 말한다. 이것은 王者가 夷狄을 제어하는 도를 일반적으로 논한 것이다."

〈천하를 다스리되〉 심원하고 광대한 聖人의 德이 먼 나라 백성들로 하여금 모두 흠모하여 歸附하게 하는 것이 최상이고, 威武가 당당하고 씩씩하여 군대를 동원해 사방을 정벌하는 것이 그다음이고, 오랑캐가 중국을 어지럽히고 임금과 백성들을 소요하게 만들어 국가가 굴욕을 당하게 하고 전쟁에 패하여 군사를 잃게 하는 것이 최하이다.

27. **麟之儀儀**와 **鳳之師師**는 **其至矣乎**①인저 **螭虎桓桓**②하고 **鷹隼䎡䎡**(잔)③은 **未至也**④니라

① 麟之儀儀 鳳之師師 其至矣乎 : 咸曰 "言帝世泰和, 麟儀儀而馴, 鳳師師而多, 德之至也." ○ 祕曰 "泰和之百官, 皆如麟鳳之時, 儀儀然有義, 師師然衆, 蓋其至也." ○ 光曰 "儀儀師師, 皆和整尙德之貌, 以喩德服四夷."

宋咸이 말하였다. "帝王이 다스리는 세상은 태평하여 기린이 儀儀하여 순종하고, 봉황이 師師하여 많은 것은 德이 지극한 것이다."

○ 吳祕가 말하였다. "태평한 세상의 백관은 모두 기린과 봉황이 출현하는 세상과 같아서 儀儀然하여 위의가 있고 師師然하여 많으니, 이는 지극한 것이다."

○ 司馬光이 말하였다. "儀儀와 師師는 모두 〈용모와 태도가〉 정숙하여 德을 숭상하는 모양이니, 이로써 德이 四夷를 복종시킴을 비유한 것이다."

② 螭虎桓桓 : 仁少 威多 ○ 咸曰 "桓桓, 嚴也, 言王世, 以武勘禍亂, 嚴不失正."

仁은 적고 위엄이 많은 것이다.

○ 宋咸이 말하였다. "'桓桓'은 엄한 것이니, 王의 세상에 武威로 禍亂을 평정하여 嚴하되 바름을 잃지 않은 것이다."

③ 鷹隼䎡䎡(잔) : 攫撮急疾 ○ 咸曰 "䎡䎡, 暴也, 言彊霸之世, 專爲兵詐, 暴而欲殘."

'䎡䎡'은 猛禽이 날쌔게 먹이를 낚아채는 모양이다.

○ 宋咸이 말하였다. "'䎡䎡'은 사나움이니, 강한 패자가 다스리는 세상에는 오로지 전쟁과 속임수를 써서 포악하여 해치려고 하는 것이다."

④ 未至也 : 未合至德. ○ 咸曰 "言桓桓䎡䎡, 比之帝世泰和, 則皆未至也." ○ 祕曰 "非泰和之百官, 皆如螭虎鷹隼之時. 桓桓, 武貌. 䎡䎡然, 鷙飛貌, 於其道, 未至也." ○ 光曰 "䎡, 財于・側板二切. 桓桓, 武貌, 以喩用兵威服遠方."

'未至'는 至德에 부합하지 않는 것이다.

○ 宋咸이 말하였다. "'螭虎桓桓'과 '鷹隼㺶㺶'은 '帝世泰和'에 비하면 모두 지극하지 않다."

○ 吳祕가 말하였다. "태평한 세상의 百官이 아니면 모두 螭虎와 鷹隼의 때와 같다. '桓桓'은 굳센 모양이다. '㺶㺶然'은 매가 나는 모양이니, 그 道에는 지극하지 못한 것이다."

○ 司馬光이 말하였다. "㺶은 財와 于의 반절이고, 側과 板의 반절이다. '桓桓'은 굳센 모양이니, 군대의 위세로써 먼 지역을 복종시킴을 비유한 것이다."

기린이 儀儀하여 순종함과 봉황이 師師하여 많은 것은 덕이 지극한 것이다. 螭虎의 桓桓함과 鷹隼의 㺶㺶함은 덕이 아직 지극하지 못한 것이다.

28. 或曰 訩訩北夷①가 被我純繢②하고 帶我金犀③하고 珍膳寧餬④가 不亦(享)〔厚〕[22)]乎⑤아 曰 昔在高文武에 實爲兵主러니 今稽首來臣하여 稱爲北藩하니 是爲宗廟之神, 社稷之靈也니 可不(享)〔厚〕乎⑥아

① 訩訩北夷 : 光曰 "訩, 翔拱切, 又音凶. 訩訩, 喧嘵之貌."

司馬光이 말하였다. "訩은 翔과 拱의 반절이고, 또 다른 음은 凶이니, 訩訩은 시끄러운 모양이다."

② 被我純繢 : 純, 繒. 繢, 畫. ○ 光曰 "繢音會."

純은 비단이고, 繢는 그림이다.

○ 司馬光이 말하였다. "繢는 음이 會이다."

③ 帶我金犀 : 金, 金印. 犀, 劍飾.

金은 金印이고, 犀는 劍의 장식이다.

④ 珍膳寧餬 : 寧餬, 餬其口也.[23)] ○ 咸曰 "言安然而饗珍膳."

'寧餬'는 입에 풀칠하는 것이다.

○ 宋咸이 말하였다. "편안하게 하고 진기한 음식을 대접하는 것을 말한다."

⑤ 可不(享)〔厚〕乎 : 嫌禮胡, 如此太盛也. ○ 祕曰 "訩訩, 夷衆語貌, 北夷, 南單于也. 被我純繢之衣裳, 帶我金璽·犀飾之劍, 常珍之膳, 以安然餬其口, 不亦施饗禮之盛乎.

---

22) (享)〔厚〕: 저본에는 '享'으로 되어 있으나, 劉師培의 ≪揚子法言校補≫에 "≪御覽≫에는 올바로 인용하여 '厚'로 되어 있다."라고 한 것에 의거하여 '厚'로 바로잡았다. 아래도 같다.

23) 餬其口也 : ≪別雅≫에 "餬는 뜻이 餬와 같다.〔義與餬同〕"라고 하였다. 餬口는 입에 풀칠한다는 뜻으로 여기서는 음식을 먹는 것을 말한다.

南單于呼韓邪, 願爲蕃蔽,[24] 而漢賜之冠帶・衣裳・黃金璽・太官御食之類." ○ 光曰 "享, 當作亨, 亨, 猶泰也. 謂宣帝以後, 單于朝服, 漢以繒絮衣食厚撫之."

오랑캐를 대우함이 이와 같이 너무 성대함을 혐의한 것이다.

○ 吳祕가 말하였다. "'訩訩'은 오랑캐가 시끄럽게 떠들어대는 모양이다. 북쪽 오랑캐는 南單于이다. 우리 漢나라에서 하사해 준 화려한 비단옷을 입고, 우리 한나라에서 하사해준 金印과 무소뿔로 장식한 검을 차고, 산해진미를 편안히 먹는 것은 또한 饗禮를 너무 지나치게 베푼 것이 아니냐는 말이다. 南單于 呼韓邪가 漢나라의 蕃蔽(울타리)가 되기를 원하니, 漢나라에서 冠帶, 衣裳, 黃金璽, 太官(궁중의 음식물을 관장하는 관청)의 御食 따위를 하사하였다."

○ 司馬光이 말하였다. "享은 亨이 되어야 하니, 亨은 泰(온갖 일이 형통하여 편안함)와 같다. 宣帝 이후로 單于가 조회하여 복종하니, 漢나라가 명주와 솜옷, 의복과 음식으로 후하게 위무하였다."

⑥ 昔在高文武……可不(享)〔厚〕乎 : 言如此, 不可不以盛禮待之也. ○ 祕曰 "高祖圍乎平城,[25] 文帝不雪憤辱之恥, 孝武亟(기)興邊略, 實爲兵主矣. 至宣帝時, 呼韓邪來臣, 稱北藩, 扞禦北虜, 蓋漢神靈之祐, 豈可不享之哉." ○ 光曰 "爲兵主者, 謂高帝得天下之後, 文帝武帝承平之時, 兵所以不得息者, 正以匈奴之故也. 今幸而得其臣服, 豈可不厚撫之, 使之離叛, 愛小費而就大患乎."

이와 같으면 성대한 禮로 대우하지 않을 수 없음을 말한 것이다.

○ 吳祕가 말하였다. "高祖는 平城에서 흉노에게 포위를 당하여 화친을 맺었고, 文帝는 〈백성들이 피로할까 염려하여 변방을 지키기만 하고〉 흉노를 정벌하여 설욕하지 못하였으며, 武帝는 자주 군대를 일으켜 흉노에 쳐들어갔으니, 흉노가 실로 전쟁의 주된 상대였다. 그런데 宣帝 때에 이르러 呼韓邪가 와서 신하로 복종하여 北藩이라 칭하고 북쪽 오랑캐를 막은 것은 대개 漢나라 神靈이 보우하신 것이니, 어찌 그들을 후하게 대접하지 않을 수 있겠는가."

○ 司馬光이 말하였다. "전쟁의 주된 상대였다는 것은 高帝가 천하를 얻은 뒤와 文帝・武帝가 태평한 세상이 계속될 때에도 병사들이 쉬지 못한 것은 바로 匈奴 때문이었음을 이른다. 그런데 지금 다행스럽게도 흉노가 신하로 복종하였는데, 어찌

---

24) 南單于呼韓邪 願爲蕃蔽 : ≪後漢書≫ 〈匈奴傳〉에 後漢 光武帝 建武 24년에 匈奴의 八部大人이 함께 의논하여 日逐王 比를 세워서 呼韓邪單于(南匈奴 제1대 선우)라 하고 五原의 변경에 와서 영원히 漢나라의 울타리〔藩蔽〕가 되어서 북쪽 오랑캐를 막기를 원하였다.

25) 高祖圍乎平城 : 漢 高祖 劉邦이 직접 군대를 인솔하고 出征했다가, 平城 부근의 白登山에서 7일 동안 흉노의 冒頓(묵특)을 치다가 40만에 달하는 흉노군에 포위되었던 일을 가리킨다.(≪漢書≫ 〈匈奴傳〉)

이들을 후하게 대우하지 않아 이들로 하여금 離叛하게 하여, 작은 비용을 아껴서 큰 환난을 이루겠는가."

혹인이 말하였다.

"시끄럽고 소란한 북방의 흉노가 우리(漢나라)가 내려준 화려한 비단옷을 입고, 우리가 내려준 金印과 무소뿔로 장식한 검을 차고, 우리가 내려준 산해진미를 먹는 것은, 또한 그들을 너무 후하게 대우하는 것 아닙니까."

揚子가 말하였다.

"옛날에 高祖, 文帝, 武帝 때에는 〈흉노가 항상 中國을 침입하여〉 실로 전쟁의 주된 상대였는데 지금은 머리를 조아리고 來朝하여 북방의 藩臣을 칭하니, 이는 종묘사직의 신령이 보우해주신 덕분이다. 흉노를 후하게 대우할 만하지 않은가."

29. 龍堆以西①와 大漠以北은 鳥夷獸夷①라 郡[26]勞王師를 漢家不爲也①니라

① 龍堆以西 : 白龍堆也.

龍堆 서쪽은 白龍堆이다.

② 大漠以北 鳥夷獸夷 : 鳥夷獸夷者, 衣鳥獸皮毛.

'鳥夷獸夷'는 새와 짐승의 가죽과 털을 입는 것이다.

③ 郡勞王師 漢家不爲也 : 皆在荒服之外, 不爲郡屬者也, 若使勞王師而郡縣之, 漢家不爲也. ○ 光曰 "鳥夷獸夷, 言其如鳥獸, 郡勞王師, 漢家仁明之主, 所不爲."

이런 지역은 모두 荒服의 밖에 있어서 郡에 속하지 않은 것이니, 왕의 군대를 수고롭게 하여 郡縣을 설치하는 일을 漢나라 조정에서는 하지 않는다.

○ 司馬光이 말하였다. "'鳥夷獸夷'는 鳥獸와 같음을 말한 것이니, 왕의 군대를 수고롭게 하여 군현을 설치하는 일을 漢나라 조정의 인자하고 현명한 군주는 하지 않는 바이다."

白龍堆의 서쪽과 大沙漠의 북쪽은 〈새와 짐승의 가죽과 털을 입는〉 鳥夷와 獸夷의 지역이다. 〈그러므로 이런 지역을 개척하기 위해〉 왕의 군대를 여러 차례 동원하는 일을 漢나라 조정에서는 하지 않는다.

---

26) 郡 : 王念孫의 설에 "李軌의 註에는 郡縣의 郡으로 보았으니, '勞王師'와 뜻이 이어지지 않는다. 지금 살펴보건대 郡은 仍(거듭하다)이고, 仍은 重(중복하다), 數(자주하다)이다."라고 한 것에 의거하여 누차, 자주의 뜻으로 해석하였다.

30. 朱厓之絶은 捐之之力也①니 否則介鱗[27)]을 易我衣裳②이라

① 朱厓之絶 捐之之力也 : 朱厓, 南海水中郡. 元帝時, 背叛不臣, 議者勸往征之, 賈捐之以爲 "無異禽獸也, 棄之不足惜, 不擊不損威." 元帝聽之, 事在漢書.

朱厓는 南海 水中의 郡이다. 元帝 때에 朱厓郡이 배반하고 臣服하지 않자, 의론하는 자들이 이곳에 가서 정벌하기를 권하였는데, 賈捐之가 이르기를 "禽獸와 다를 것이 없으니 이 지역은 버려도 아까울 것이 없고 공격하지 않더라도 위엄에 손상되지 않습니다."라고 하니, 원제가 이 말을 따랐다. 이 일은 ≪漢書≫ 〈賈捐之傳〉에 있다.

② 否則介鱗易我衣裳 : 否, 不也. 言不然, 則介鱗之類, 易我衣裳之民也. ○ 光曰 "朱厓島夷故, 云介鱗."

否는 不이니, 그렇지 않았다면 介鱗의 무리를 우리의 중국의 백성과 바꾸었을 것이라는 말이다.

○ 司馬光이 말하였다. "朱厓는 島夷이기 때문에 介鱗이라고 한 것이다."

朱厓郡을 폐지한 것은 賈捐之가 조정에 간언을 올린 공이다. 만약 이렇게 하지 않았다면 介鱗(먼 오랑캐 족속)을 우리의 衣裳(中國의 백성)과 바꾸었을 것이다.(먼 오랑캐를 정벌하기 위해 우리 漢나라 백성을 희생시켰을 것이다.)

31. 君人者는 務在殷民阜財①하고 明道信義②하며 致帝者之用③하고 成天地之化하며 使粒食之民④으로 粲也晏也⑤하여 享于鬼神이면 不亦饗乎⑥아

① 君人者 務在殷民阜財 : 殷, 富. 阜, 盛.

殷은 부유함이다. 阜는 번성함이다.

② 明道信義 : 光曰 "行義, 使民信之."

司馬光이 말하였다. "義를 행하여 백성으로 하여금 믿게 하는 것이다."

③ 致帝者之用 : 光曰 "極其事業."

司馬光이 말하였다. "그 事業을 지극히 하는 것이다."

④ 成天地之化 使粒食之民 : 光曰 "粒食, 謂中國之民."

司馬光이 말하였다. "곡식을 먹는 것은 中國의 백성을 이른다."

---

27) 介鱗 : 介는 甲蟲이다. 介鱗은 먼 오랑캐를 비유한 것이니, 오랑캐들이 魚鼈과 차이가 없음을 말한 것이다.

⑤ 粲也晏也：粲，文采．晏，和柔．○ 祕曰“粲然明盛，晏然安和.”

粲은 文采가 나는 것이고, 晏은 온화하고 유순함이다.

○ 吳祕가 말하였다. “粲然하여 밝고 성대하며, 晏然하여 안정되고 화평한 것이다.”

⑥ 享于鬼神 不亦饗乎：實受其福．○ 祕曰“民，神之主也，民之豐阜，則神饗其祀也.” ○ 光曰“此言王者不應疲弊中國，與遠夷爭雄也.”

실제로 그 복을 받는 것이다.

○ 吳祕가 말하였다. “백성은 鬼神의 주인이니, 백성이 풍족하면 귀신이 그 제사를 흠향한다.”

○ 司馬光이 말하였다. “이것은 王者는 응당 중국을 피폐하게 만들면서 먼 곳의 오랑캐와 승부를 다투어서는 안 된다는 말이다.”

군주는 백성들을 부유하게 하고 재물을 넉넉하게 하며, 도를 밝히고 의를 펴며, 제왕이 천하를 다스리는 일을 지극히 하고 천지가 만물을 化育하는 공을 이루며, 곡물을 주식으로 하는 중국의 백성들로 하여금 예의를 밝게 알고 생활이 안정되게 하는 일에 힘써야 한다. 군주가 이와 같이 하고서 귀신에게 제사 지내면 귀신들이 흠양하지 않겠는가.

32. 天道는 **勞功**①이라 **或問勞功**한대 **曰 日一(日)〔曰〕**[28] **勞**요 **考載**②를 **曰功**③이니라 **或曰 君逸臣勞**하니 **何天之勞**④리오 **曰 於事則逸**하고 **於道則勞**⑤라

① 天道勞功：祕曰“勞而成功.” ○ 光曰“勤勞然後，有成功.”

吳祕가 말하였다. “수고로이 공을 이루는 것이다.”

○ 司馬光이 말하였다. “勤勞한 연후에 공을 이룸이 있다.”

② 日一(日)〔曰〕勞 考載：日一日，猶日日也．考，成也．載，歲也．

‘日一’의 日은 ‘日日’과 같다. 考는 이룸이고, 載는 해이다.

③ 功：周而復始，以成其歲，故曰功．○ 光曰“載，事也．天運行不息，是其勞也．成造化之事，是其功也.”

一週하면 다시 시작하여 한 해를 이루기 때문에 功이라고 한 것이다.

○ 司馬光이 말하였다. “載는 일이다. 하늘이 운행하고 쉬지 않는 것은 수고로움이요, 造化의 일을 이루는 것은 功이다.”

---

28) (日)〔曰〕：저본에는 ‘日’로 되어 있으나, 劉師培의 ≪揚子法言校補≫에 “正文의 ‘日勞’는 마땅히 ‘曰勞’가 되어야 하니, ‘曰功’과 對文이다.”라고 한 것에 의거하여 ‘曰’로 바로잡았다.

④ 君逸臣勞 何天之勞：言於人事, 則君逸臣勞也. 天爲君, 四時行, 百物生, 以喩其勞也.
人事에 있어서는 임금은 위에서 편안하고 신하는 아래에서 수고로움을 말한 것이다. 하늘이 임금이 됨에 四時가 운행하고 만물이 생장하니, 이것으로 그 수고로움을 비유한 것이다.

⑤ 於事則逸 於道則勞：於事則逸, 無功可名, 於道則勞, 運轉機衡. ○ 咸曰 "言人君之道 各有其官, 己弗親之, 故於事則逸. 然修德不暇, 日愈新之, 故於道則勞." ○ 祕曰 "生萬物, 地也, 而天道則勞矣, 以其運行不息也. 理萬事, 臣也, 而君道則勞矣, 以其修省不暇也." ○ 光曰 "天則無爲自然, 而萬物生成, 君則垂衣端拱, 而百姓乂安, 是其事逸也. 天則陰陽往來, 生生日新, 君則求賢訪道, 一日萬幾, 是其道勞也."
일에는 편안하여 功이라고 이름할 만한 것이 없지만, 도에 있어서는 수고로워 機衡(일정한 궤도)을 따라 돈다.
○ 宋咸이 말하였다. "人君의 道는 각각 직사를 맡은 관원이 있어서 자신이 그 일을 직접 하지 않기 때문에 일에 있어서는 편안하다. 그러나 德을 닦기에 여념이 없어 날로 더욱 새롭게 하기 때문에 道에 있어서는 수고롭다."
○ 吳祕가 말하였다. "萬物을 낳는 것은 땅인데 天道가 수고로운 것은 천도의 운행은 한시도 쉼이 없기 때문이요, 萬事를 처리하는 것은 신하인데 君道가 수고로운 것은 군주는 몸을 닦고 반성하기에 여념이 없기 때문이다."
○ 司馬光이 말하였다. "하늘은 인위적으로 함이 없고 自然 그대로인데 萬物이 生成되고, 임금은 의상을 드리우고 두 손을 모으고 있되 百姓이 태평하여 안정되니, 이것은 그 일이 편안한 것이다. 하늘은 陰과 陽이 往來하여 낳고 낳아 날로 새롭고, 임금은 현자를 구하여 도를 자문하여 하루에 萬幾를 다스리니, 이것은 그 道가 수고로운 것이다."

하늘이 운행하는 도는 勞苦와 成功이다.

혹인이 노고와 성공에 대해 물으니, 揚子가 말하였다.

"하늘이 날마다 1도씩 운행하는 것을 수고롭다고 하고, 이렇게 운행하여 1년의 週期를 완성하는 것을 성공이라고 한다."

혹인이 말하였다.

"군주는 편안하고 신하는 수고로운 것이 군신의 도인데, 어째서 군주인 하늘이 수고로운 것입니까?"

양자가 말하였다.

"일에 있어서는 편안하고 도에 있어서는 수고로운 것이다."

32. 周公以來로 未有漢公之懿也라 勤勞則過於阿衡①이라

① 周公以來……勤勞則過於阿衡：漢公, 王莽也, 或以此爲媚莽之言, 或以爲言遜之爲[29]也, 吾乃以爲箴規之深切者也. 稱其漢公已前之美爾, 然則居攝之後, 不貶而惡, 可知也, 揚子所以玄妙也. 發至言於當時, 垂忠教於後世, 言蔽天地而無慚, 教關百代而不恥, 何遜媚之有乎. ○ 宗元曰 "阿衡之事, 不可過也, 過則反." ○ 咸曰 "成王幼, 太甲昏, 勢亦殆矣. 然周公居叔父之尊, 伊尹當阿衡之重, 二公可取而不取, 卒以忠勤復辟而正之. 夫擧其可取不取之因, 明其不可取而取之事, 則子雲之罪莽, 亦大矣." ○ 祕曰 "自周公以來, 未有如王莽而謂之美也. 惟是折節力行勤勞之事, 則欲不止於阿衡, 明其簒也. 伊周, 聖人之居師保者. 漢公, 王莽也. 懿, 美也. 過, 謂不止也. 班固曰 '莽知漢中外殫微, 本末俱弱, 亡所忌憚, 生其姦心, 因母后之權, 假伊周之稱' 子雲因其假也, 故以伊周爲言." ○ 光曰 "法言之成, 蓋當平帝之世, 莽專漢政, 自比伊周, 欲興禮樂, 致太平, 上以惑太后, 下以欺臣民, 附己者進, 異己者誅. 何武鮑宣, 以名高及禍, 故揚子不得不遜辭以避害也. 亦猶薛方云 堯舜在上, 下有巢由也. 當是之時, 莽猶未簒, 人臣之盛者, 無若伊周, 故揚子勸以伊周之美, 欲其終於北面者也. 或曰 '揚子爲漢臣, 漢亡, 不能死, 何也.' 曰 '國之大臣, 任社稷之重者, 社稷亡而死之, 義也. 向使揚子, 據將相之任, 處平勃之地, 莽簒國而不死, 良可責也. 今位不過郎官, 朝廷之事, 無所與聞, 柰何責之以必死乎. 夫死者, 士之所難, 凡責人者, 當先恕己, 則可以知其難矣.' 或曰 '揚子不死, 可也, 何爲仕莽而不去.' 曰 '知莽將簒而去者, 龔勝是也. 莽聘以爲太子師友, 卒不食而死, 揚子名已重於世, 苟去而隱處, 如揭日月, 潛于蒿萊, 庸得免乎.' 或曰 '揚子不去則已, 何必譽莽以求媚, 豈厭貧賤思富貴乎.' 曰'昔晉袁宏, 作東征賦, 不序桓彝陶侃, 猶爲桓溫陶胡奴所刼,[30] 僅以敏捷自免. 況揚子作法言, 品藻漢興以來將相名臣, 而獨不及莽, 莽能無恥且忿乎. 此杜預所謂「吾但恐爲害, 不求益也.」且揚子自謂「不汲汲於富貴, 不戚戚於貧賤.」始爲郎, 給事黃門, 與王莽劉歆竝, 哀帝之初, 又與董賢同官, 當成哀平間, 莽賢, 皆爲三公, 權傾人主, 所薦, 莫不拔擢, 而雄三世不徙官, 此豈非言行相副之明驗乎. 古今之人, 能安恬如此者幾希, 而子乃疑其求媚

---

29) 言遜之爲：≪論語≫ 〈憲問〉에 "나라에 도가 있을 때에는 말과 행동 모두 높게 해야 하고, 나라에 도가 없을 때에는 행동은 높게 하되 말은 낮춰서 겸손하게 해야 한다.〔邦有道 危言危行 邦無道 危行言遜〕"라고 하였으니, 화를 피하기 위해 겸손하게 말하는 것이다.

30) 昔晉袁宏……猶爲桓溫陶胡奴所刼：袁宏이 〈東征賦〉를 지으면서 그 내용에 陶侃을 언급하지 않았는데, 도간의 아들 陶範이 원굉에게 시퍼런 칼날을 들이대면서 "선친의 공훈과 업적이 이렇게 훌륭한데 그대는 〈동정부〉를 지으면서 어찌 소홀하게 생략했는가?〔先公勳業如是 君作東征賦 云何相忽略〕"라고 위협한 일이 있다.(≪世說新語≫ 〈文學〉) 陶胡奴는 도간의 아들 陶範을 말한다. 胡奴는 그의 자이다.

而思富貴, 不亦過乎. 使揚子果好富貴, 則必爲莽佐命, 不在劉甄之下矣'."

漢公은 王莽이니, 혹은 揚子가 이로써 왕망에게 아첨한 말이라고 하기도 하고, 혹은 말을 공손하게 한 것이라고 하기도 하나, 나는 이 말이 왕망을 매우 간절하게 경계하여 바로잡은 것이라고 생각한다. 漢公이 이전에 아름다웠음을 칭송하였으니, 그렇다면 居攝한 뒤에는 폄하하지 않아도 나쁘게 여겼음을 알 수 있으니 이것이 揚子가 玄妙한 까닭이다. 당시에 지극한 말을 하고 후세에 충성스러운 가르침을 남겨, 말은 천지를 덮어도 천지에 부끄러움이 없고 가르침은 百代를 관통해도 백대에 부끄럽지 않으니, 어찌 공손하게 비위를 맞추는 일이 있었겠는가.

○ 柳宗元이 말하였다. "阿衡(伊尹)의 일은 지나쳐서는 안 되니, 지나치면 돌아온다."

○ 宋咸이 말하였다. "成王은 어리고 太甲은 어리석었으며 형세 또한 위태로웠다. 그런데 周公은 叔父의 존귀한 지위에 거하고 伊尹은 阿衡의 중임을 맡았으니, 주공과 이윤이 〈왕위를〉 취할 수 있었으나 취하지 않고, 마침내 충성스럽고 부지런함으로 復辟(물러났던 임금이 다시 왕위로 돌아옴)하여 바르게 하였다. 〈주공과 이윤이 왕위를〉 취할 수 있었으나 취하지 않은 까닭을 들어 〈왕망이 왕위를〉 취해서는 안 되는데 취한 일을 밝혔으니, 子雲이 왕망을 책망함이 또한 크다."

○ 吳祕가 말하였다. "周公 이래로 왕망 같은 사람은 있지 않다고 하여 왕망을 아름답다고 한 것은, 오직 몸을 낮추어 勤勞의 일을 힘써 행한 것으로 말하면 阿衡에 그치지 않고자 해서이니, 왕망이 찬탈하였음을 밝힌 것이다. 이윤과 주공은 聖人으로 師保에 거한 자이다. 漢公은 왕망이다. 懿는 아름다움이다. 過는 그치지 않음을 이른다. 班固가 말하기를 '왕망은 漢나라가 안팎으로 미약하여 本末이 모두 약한 줄을 알고는 기탄하는 바가 없이 간악한 마음을 내어 母后(太后)의 권세를 빙자하고 이윤과 주공을 사칭하였다.'라고 하였다. 子雲이 가설한 것이기 때문에 이윤과 주공을 가지고 말한 것이다."

○ 司馬光이 말하였다. "≪法言≫이 이루어진 것은 平帝의 시대를 당하여 왕망이 漢나라의 정사를 전횡하여 자신을 이윤과 주공에 견주어 禮樂을 일으켜 太平을 이룩하고자 하여 위로는 太后를 현혹하고 아래로는 臣民을 속여서, 자기에게 아부하는 사람은 나오게 하고 자기에게 반대하는 사람은 주살하였다. 何武와 鮑宣은 명성이 높았는데도 화를 당하였기 때문에 揚子가 어쩔 수 없이 말을 공손하게 하여 해를 피하였다. 또한 〈왕망이 薛方을 예우하여 安車로 맞이하려 하자〉 설방이 〈使者를 통하여 사양하여〉 이르기를 '堯와 舜이 위에 계셨는데도 아래에 巢父와 許由가 있었습니다.'라고 한 것과 같다. 이때를 당하여 왕망이 오히려 아직 찬탈하기 전이고, 人臣 중에 성대한 것은 이윤과 주공만 한 이가 없기 때문에 揚子가 이윤과 주공의 아름다움으로써 권면하여 신하로 마치게 하고자 한 것이다. 혹인이 묻기를 '揚子

가 漢나라 신하가 되었는데 漢나라가 망했을 때에 죽지 않은 것은 어째서입니까?' 라고 하니, 대답하기를 '社稷의 중임을 맡고 있는 나라의 大臣은 社稷이 망하면 죽는 것이 의리이다. 가령 揚子가 將相의 직임을 차지하고 陳平과 周勃의 지위에 거했으면서 왕망이 나라를 찬탈하였는데 죽지 않았다면 진실로 꾸짖을 만하다. 그러나 지금 揚子는 지위가 郎官에 불과하여 조정의 일에 참여하여 들은 바가 없으니, 어찌 목숨을 바치기를 요구할 수 있겠는가. 죽음은 선비가 어렵게 여기는 것이니, 남을 꾸짖는 자가 먼저 자신을 용서하는 마음으로 남을 꾸짖는다면 그 어려움을 알 수 있을 것이다.'라고 하였다. 혹인이 묻기를 '揚子가 죽지 않은 것은 가하거니와 어찌하여 왕망에게 벼슬하고 떠나지 않았습니까?'라고 하니, 대답하기를 '왕망이 장차 찬탈할 것이라는 것을 알고 떠난 것은 龔勝이 이런 경우이다. 왕망이 太子師友로 공승을 불렀으나 음식을 먹지 않고 죽었다. 揚子의 명성이 세상에 이미 중하여 구차히 떠나 은거하더라도 해와 달이 하늘에 걸려 있는 것과 같은데 초야에 숨는다 한들 어찌 면할 수 있겠는가.'라고 하였다. 혹인이 묻기를 '揚子가 떠나지 않은 것은 그만이거니와 하필 왕망을 칭찬하여 잘 보이기를 구한 것은 어찌 빈천을 싫어하고 부귀를 흠모한 것이 아니겠는가.'라고 하니, 말하기를 '옛날 晉나라 袁宏이 〈東征賦〉를 지을 적에 그 내용에 桓彝와 陶侃에 대해 서술하지 않아 오히려 桓溫과 陶胡奴에게 위협을 당하였는데 겨우 敏捷함으로 스스로 화를 면하였다. 더구나 揚子는 《法言》을 지어 漢나라가 흥한 이후의 將相과 名臣에 대해 품평하였으나 유독 왕망에 대해서는 언급하지 않았으니, 왕망을 부끄러워하고 또 분하게 여기는 마음이 없었겠는가. 이는 杜預의 이른바 「나는 다만 그들이 나를 해칠까 두려워한 것일 뿐이요, 유익함을 구하는 것이 아니다.」라는 것이다. 또 揚子가 스스로 이르기를 「부귀에 급급하지 않고, 빈천함에 급급하지 않는다.」라고 하였다. 〈成帝의 세대에 揚雄이 詩賦를 바쳐〉 처음 郎官이 되어 給事黃門侍郎으로서 王莽·劉歆과 함께 반열에 올랐고, 哀帝 초년에는 또 董賢과 함께 벼슬하였다. 成帝·哀帝·平帝 때를 당하여 왕망과 동현은 三公이 되어서 권세가 군주를 능가하여 그들이 추천하는 사람이 발탁되지 않는 경우가 없었으나, 양웅은 3대에 걸쳐 관직이 승진되지 못하였으니, 이것이 어찌 말과 행동이 서로 부합한다는 분명한 징험이 아니겠는가. 古今의 사람 중에 이와 같은 것을 편안히 여기는 자가 거의 드문데, 그대는 마침내 揚子가 왕망에게 잘 보이기를 구하고 부귀를 흠모한 것이라고 의심하니, 또한 지나치지 않은가. 가령 揚子가 정말로 富貴를 좋아하였다면 반드시 왕망을 위하여 보좌하는 것이 劉歆과 甄豐의 아래에 있지 않았을 것이다.'라고 하였다."

周公 이후로 安漢公(王莽)만큼 훌륭한 사람은 있지 않다. 그가 정사를 보좌하느라 근로한 것은 阿衡(伊尹)보다 더하였다.

33. 漢興二百一十載而中天하니 其庶矣乎①인저 辟廱以本之하고 校學以教之하고 禮樂以容之하고 輿服以表之하며 復其井刑하여 勉人役[31)]하니 唐矣夫②[32)]인저

① 漢興二百一十載而中天 其庶矣乎 : 言人民衆多富盛也. ○ 宗元曰 "揚子極陰陽之數, 此言知漢祚之方半耳." ○ 咸曰 "子雲雖學極陰陽, 然亦不當逆知漢祚方半也. 夫中天者, 猶中興也, 蓋子雲觀莽之强簒而立, 復暴磔如是, 天下思漢德未已, 知赤氏之運[33)]未去, 必有中興而王者. 言庶幾乎近也. 故後十餘年, 光武果定, 豈非驗乎." ○ 祕曰 "子雲上稱漢德之允懷, 中言王莽之不正, 下言漢載之中天, 是覩民思漢德莽爲不道, 必有中興之義, 且明德之不可已也, 如是. 孔子曰 '其或繼周者, 雖百世可知也.' 以禮明之也. 子雲曰 '漢二百一十載而中天, 以德明之也.' 是知子雲, 其聖人之徒歟. 漢高祖元年, 至孺子嬰二年, 凡二百一十四年. 自王莽(稱)〔始〕[34)]建國元年, 至獻帝延康元年, 凡二百一十二年." ○ 光曰 "庶者, 庶幾於治也."

백성이 많고 부유함을 말한 것이다.

○ 柳宗元이 말하였다. "揚子는 陰陽의 數에 정통하였으니, 이것은 漢나라의 國運이 바야흐로 절반에 이르렀음을 알았다는 말이다."

○ 宋咸이 말하였다. "子雲이 비록 학문이 陰陽에 정통하였으나, 또한 漢나라의 국운이 바야흐로 중흥할지 미리 알 수 없다. '中天'은 中興과 같으니, 자운은 王莽이 억지로 찬탈하여 즉위한 뒤에 다시 포악함이 이와 같아서 천하 사람들이 漢나라의 德을 그리워 마지않는 것을 보았고, 漢나라의 국운이 아직 떠나지 않아서 반드시 中興하여 왕천하하는 자가 있을 것이라는 것을 알았기 때문에 거의 다스려짐에 가까울 것이라고 말한 것이다. 그러므로 10여 년 뒤에 光武帝가 과연 천하를 평정하였으니, 어찌 그 증거가 아니겠는가."

---

31) 勉人役 : 勉은 免(면제하다)과 통용되고, 人役은 사람에게 부림을 받는 奴婢를 가리킨다. ≪漢書≫ 〈王莽傳〉에 "왕망이 천하의 奴婢를 私屬이라 改名하고 팔지 못하게 하였다.〔莽令更名天下奴婢曰私屬 皆不得賣之〕"라고 보인다.

32) 唐矣夫 : 古注에는 대부분 '唐'을 '唐堯'로 해석하였으나, 汪榮寶의 ≪法言義疏≫에 '唐'을 '大'라고 해석한 것에 근거하여 '위대하다'라고 해석하였다.

33) 赤氏之運 : 赤氏는 漢 高祖 劉邦을 가리킨다. 한 고조가 일찍이 술에 취해 길을 가다가 길을 막고 있는 흰 뱀을 칼로 쳐서 죽였는데, 그날 밤 어떤 노파가 길에서 울고 있다가 말하기를 "흰 뱀은 나의 아들로 白帝인데, 뱀으로 화해 있다가 赤帝에게 죽음을 당하였다."고 한 데에서 유래하였다. 백제는 秦나라를 가리키고, 赤帝는 漢나라를 가리킨다. (≪漢書≫ 〈高帝紀〉)

34) (稱)〔始〕 : 저본에는 '稱'으로 되어 있으나, ≪漢書≫ 〈王莽傳〉에 의거하여 '始'로 바로잡았다.

○ 吳祕가 말하였다. "자운이 위에서는 漢나라의 德은 신의가 四夷에까지 미쳐 믿고 그리워하게 한다고 칭하였고, 중간에는 왕망의 不正함을 말하였고, 아래에는 漢나라의 국운이 中天에 뜬 해와 같다고 말하였다. 이는 백성들이 漢나라의 德을 그리워하고 王莽이 不道한 짓을 하니 반드시 中興할 의리가 있음을 본 것이고, 또 明德은 그칠 수가 없음이 이와 같은 것이다. 孔子가 말하기를 '혹여 周나라를 계승하는 나라가 있다면 비록 100왕조 이후라도 알 수 있을 것이다.'라고 한 것은 禮로써 밝힌 것이요, 자운이 이르기를 '漢나라가 일어난 지 210년이 되어 중천에 뜬 해와 같다.'고 한 것은 德으로 밝힌 것이다. 이것으로 자운은 聖人의 부류임을 알 수 있다. 漢 高祖 원년부터 孺子嬰 2년까지는 모두 214년이고, 왕망 始建國(왕망의 연호) 원년부터 獻帝 延康 원년까지는 모두 212년이다."

○ 司馬光이 말하였다. "庶는 다스려짐에 거의 가까운 것이다."

② 辟廱以本之……唐矣夫：言若盡此諸美，以濟勉人者，無羨唐虞之世也．○ 咸曰 "勉，當爲免，字之誤也．言後之中興者，能修漢之辟廱學校禮樂輿服之未修者，能復井田之未復者，能措刑辟之未措者，以是道而化天下，復免人事邊之役，則唐堯如矣．" ○ 祕曰 "漢之中天，惟是盛德之符，設使行辟廱校學禮樂輿服之事，復其井田象刑，勉勵其人，役於百執事者，則唐堯之治矣．夫孔子刪書，始于唐堯，而子雲法言，以是終之，蓋百王之表則(칙)也．" ○ 光曰 "容，爲之容飾．表，表其尊卑．役，用也，用唐堯故事．"

만약 이 여러 가지 아름다운 점을 극진하게 하여 사람을 구제하여 힘쓰게 한다면 唐虞의 시대도 부러울 것이 없음을 말한 것이다.

○ 宋咸이 말하였다. "勉은 마땅히 免이 되어야 하니, 글자가 잘못된 것이다. 후에 中興하는 자가 능히 漢나라의 辟廱, 學校, 禮樂, 輿服이 정비되지 못한 것을 닦고, 井田法을 회복하지 못한 것을 회복하고, 형벌을 폐지하지 못한 것을 폐지하여 이러한 道로 天下를 교화하고, 다시 변방을 개척하는 일을 중지한다면 唐堯와 같을 것이다."

○ 吳祕가 말하였다. "漢나라가 中天에 뜬 해와 같다는 것은 다만 성대한 덕의 징표이니, 가령 辟廱, 校學, 禮樂, 輿服의 일을 행하고, 井田과 象刑을 회복하고, 백성들을 면려하여 백관에게 일을 시키는 것은 唐堯의 다스림이다. 孔子가 《書》를 산삭할 때에 唐堯에서 시작하였고, 子雲이 《法言》을 지을 적에 이로써 끝맺었으니, 唐堯는 百王의 표준이다."

○ 司馬光이 말하였다. "容은 그를 위하여 용의를 꾸미는 것이요, 表는 尊卑를 표하는 것이다. 役은 쓰는 것이니, 唐堯의 故事를 쓰는 것이다."

漢나라가 일어난 지 210년이 되어 〈그 형세가 마치〉 해가 중천에 있는 것과 같으니, 거의 다스려짐에 가까울 것이다. 辟廱을 세워 근본으로 삼고 校學을 세워 백성들을 가르치며, 禮樂을 제정하여 수식하고 車馬와 服飾의 제도를 제정하여 신분의 차등을 표하며, 옛날의 정전법과 肉刑을 회복하고 노비의 신분을 면제하게 하였으니, 참으로 위대하다.

附錄

〔附錄〕

1. ≪揚子法言 2≫ 參考書目

◇ 底本

• ≪新纂門目五臣音註揚子法言≫, 揚雄(漢) 著, 李軌(晉)・柳宗元(唐) 註, 宋咸(宋)・吳祕(宋)・司馬光(宋) 添註, 국립중앙도서관 소장본(일산貴1262-2).

◇ 底本 관련자료

• ≪揚子法言≫, 揚雄(漢) 著, 李軌(晉)・柳宗元(唐) 註, 宋咸(宋)・吳祕(宋)・司馬光(宋) 增註, 규장각 소장본(奎中3440).
• ≪揚子法言≫, 揚雄(漢) 著, 李軌(晉)・柳宗元(唐) 註, 宋咸(宋)・吳祕(宋)・司馬光(宋) 增註, 규장각 소장본(奎中2335).
• ≪揚子法言≫, 揚雄(漢) 著, 李軌(晉)・柳宗元(唐) 註, 宋咸(宋)・吳祕(宋)・司馬光(宋) 增註, 성균관대학교 존경각 소장본(C02-0160a 省軒文庫).
• ≪揚子法言≫, 揚雄(漢) 著, 宋咸(宋) 註, 국립중앙도서관 소장본(古1262-4).
• ≪揚子法言：音義≫, 揚雄(漢) 著, 李軌(晉) 註, 국립중앙도서관 소장본(古1262-3).
• ≪揚子法言≫, 揚雄(漢) 著, 宋咸(宋) 註, 국립중앙도서관 소장본(한古朝16-31).
• ≪揚子法言≫, 揚雄(漢) 著, 宋咸(宋) 註, 文淵閣四庫全書, 臺灣商務印書館, 1986.
• ≪揚子法言≫, 揚雄(漢) 著, 宋咸(宋) 註, 四部叢刊, 商務印書館, 1929.
• ≪揚子法言增註≫, 揚雄(漢) 著, 桃源藏增(日) 註, 東都：松山堂書店, 1796.
• ≪揚子法言校補≫, 劉師培(中), 寧武南氏校印.
• ≪法言補釋≫, 劉師培(中), 江蘇古籍出版社, 劉申叔遺書本, 1997.
• ≪法言義疏≫, 汪榮寶(中) 撰, 中華書局, 1987.
• ≪域外漢籍珍本文庫 第3輯：新纂門目五臣音注揚子法言≫, 域外漢籍珍本文庫編纂出版委員會 編, 西南師範大學出版社, 2012.

◇ 經部

- ≪論語集註大全≫, 朱熹(宋) 集註, 胡廣(明) 等 編, 朝鮮 內閣本, 影印本, 學民文化社.
- ≪大學章句大全≫, 朱熹(宋) 集註, 胡廣(明) 等 編, 朝鮮 內閣本, 影印本, 學民文化社.
- ≪孟子集註大全≫, 朱熹(宋) 集註, 胡廣(明) 等 編, 朝鮮 內閣本, 影印本, 學民文化社.
- ≪中庸章句大全≫, 朱熹(宋) 集註, 胡廣(明) 等 編, 朝鮮 內閣本, 影印本, 學民文化社.
- ≪尙書正義≫, 孔安國(漢) 傳, 孔穎達(唐) 疏, 標點校勘整理本, 北京大學出版社, 2000.
- ≪書傳大全≫, 蔡沈(宋) 集傳, 胡廣(明) 等 編, 朝鮮 內閣本, 影印本, 學民文化社.
- ≪詩傳大全≫, 朱熹(宋) 集傳, 胡廣(明) 等 編, 朝鮮 內閣本, 影印本, 學民文化社.
- ≪周易傳義大全≫, 程頤(宋) 傳, 朱熹(宋) 本義, 胡廣(明) 等 編, 朝鮮 內閣本, 影印本, 學民文化社.
- ≪禮記集說大全≫, 陳澔(元) 集說, 胡廣(明) 等 編, 朝鮮 內閣本, 影印本, 學民文化社.
- ≪大戴禮記詳解≫, 王聘珍(淸) 撰, 中華書局, 1989.
- ≪周禮註疏≫, 阮元(淸) 校刻, 十三經注疏, 中華書局, 2009.
- ≪春秋穀梁傳注疏≫, 范寧(晉) 註, 楊士勛(唐) 疏, 標點校勘整理本, 北京大學出版社, 2000.
- ≪春秋公羊傳注疏≫, 何休(漢) 註, 徐彦(唐) 疏, 標點校勘整理本, 北京大學出版社, 2000.
- ≪春秋左氏傳注疏≫, 杜預(晉) 註, 孔穎達(唐) 疏, 標點校勘整理本, 北京大學出版社, 2000.

◇ 史部

- ≪史記≫, 司馬遷(漢) 撰, 標點校勘本, 中華書局, 1959.
- ≪越絶書≫, 袁康(漢) 撰, 文淵閣四庫全書, 臺灣商務印書館, 1986.
- ≪戰國策≫, 高誘(漢) 注, 文淵閣四庫全書, 臺灣商務印書館, 1986.
- ≪晉書≫, 房玄齡(唐) 撰, 標點校勘本, 中華書局, 1974.
- ≪漢書≫, 班固(漢) 撰, 中華書局, 1962.
- ≪後漢書≫, 范曄(南朝 宋) 撰, 中華書局, 1965.

◇ 子部

- ≪古今注≫, 崔豹(晉) 撰, 文淵閣四庫全書, 臺灣商務印書館, 1986.
- ≪孔子家語≫, 王肅(漢) 註, 文淵閣四庫全書, 臺灣商務印書館, 1986.
- ≪老子≫, 王弼(魏) 註, 文淵閣四庫全書, 臺灣商務印書館, 1986.
- ≪論衡≫, 王充(漢) 撰, 文淵閣四庫全書, 臺灣商務印書館, 1986.

- ≪西京雜記≫, 劉歆(漢) 撰, 葛洪(晉) 輯, 文淵閣四庫全書, 臺灣商務印書館, 1986.
- ≪孫子≫, 孫武(周) 撰, 文淵閣四庫全書, 臺灣商務印書館, 1986.
- ≪荀子≫, 王先謙(清) 集解, 中華書局, 1988.
- ≪新序≫, 劉向(漢) 撰, 文淵閣四庫全書, 臺灣商務印書館, 1986.
- ≪新書≫, 賈誼(漢) 撰, 文淵閣四庫全書, 臺灣商務印書館, 1986.
- ≪呂氏春秋≫, 呂不韋(秦) 編, 高誘(漢) 註, 文淵閣四庫全書, 臺灣商務印書館, 1986.
- ≪列子≫, 張湛(晉) 註, 文淵閣四庫全書, 臺灣商務印書館, 1986.
- ≪爾雅注疏≫, 郭璞(晉) 註, 邢昺(宋) 疏, 北京大學出版社, 1999.
- ≪莊子集釋≫, 莊周(戰國 宋) 撰, 郭象(晉) 註, 陸德明(唐) 釋文, 成玄英(唐) 疏, 郭慶藩(淸) 輯, 王孝魚(中) 點校, 中華書局, 1961.
- ≪太玄經≫, 揚雄(漢) 撰, 文淵閣四庫全書, 臺灣商務印書館, 1986.
- ≪淮南子≫, 劉安(漢) 撰, 高誘(漢) 註, 文淵閣四庫全書, 臺灣商務印書館, 1986.

◇ 集部

- ≪文選≫, 蕭統(梁) 撰, 李善(唐) 註, 文淵閣四庫全書, 臺灣商務印書館, 1986.
- ≪諸子平議≫, 兪樾(淸) 著, 中華書局, 1954.

◇ 研究論著 및 飜譯書

〔韓國〕

- 이연승 역, ≪법언 : 큰글씨책≫, 지식을만드는지식, 2014.
- 이익 편저, 임창순 등 역, ≪국역 성호사설≫ 1-12, 민족문화추진회, 1977-1979.
- 이준영 역, ≪법언 : 한나라의 논어를 꿈꾸다≫, 자유문고, 2015.
- 최형주 역, ≪法言≫, 자유문고, 1996.

〔中國〕

- 郭君銘 著, ≪揚雄法言思想研究≫, 巴蜀書社, 2006.
- 紀國泰 著, ≪扬子法言今读≫, 巴蜀書社, 2010.
- 兰秀隆 著, ≪扬子法言研究≫, 文津出版社, 1989.
- 路廣 著, ≪法言·揚雄集 詞類研究≫, 高等教育出版社, 2011.
- 李守奎·洪玉琴 譯, ≪二十二子详注全译 : 揚子法言譯註≫, 黑龍江人民出版社, 2003.

◇ 論文

〔韓國〕

- 남상호, 〈揚雄의 應時變經의 方法〉, ≪유교사상문화연구≫ 제23집, 2005.
- 이장휘, 〈揚雄 문론 역주 : ≪法言≫과 ≪太玄經≫ 및 몇 가지 逸文을 중심으로〉, ≪中國語文論譯叢刊≫ 제26집, 2010.
- 조원일, 〈揚雄의 教育思想에 관한 研究〉, ≪退溪學論叢≫ 제24집, 2014.

〔中國〕

- 譚繼和, 〈讀懂揚雄與≪揚子法言≫的現代闡釋〉, ≪西華大學學報≫, 2012.
- 呂高峰, 〈≪揚子法言≫ 問句研究〉, 新疆師範大學, 2012.
- 林曉雁, 〈一個漢代儒者的執著與徘徊〉, 北京大學, 2004.
- 馬輝芬, 〈≪法言≫著錄及版本考略〉, ≪圖書館理論與實踐≫, 2006.
- 問永寧, 〈從≪太玄≫看揚雄的人性論思想〉, ≪周易研究≫, 2002.
- 孫少華, 〈揚雄的文學追求與文學觀念之遷變〉, ≪清華大學學報≫, 2012.
- 施丁, 〈揚雄評司馬遷之意義〉, ≪求是學刊≫, 2007.
- 王博, 〈揚雄≪法言≫研究〉, 廣西師範大學, 2004.
- 熊莉, 〈揚雄韻文考辨〉, 華中師範大學, 2014.
- 衛仲璠, 〈≪揚子法言≫ 論屈原章析義〉, ≪安徽師範大學學報≫, 1985.
- 張慶偉, 〈揚雄≪法言≫思想研究〉, 山東大學, 2008.
- 張立文, 〈揚雄的太玄哲學〉, ≪孔子研究≫, 2013.
- 張兵, 〈揚雄≪法言≫的版本與流傳〉, ≪古籍整理研究學刊≫, 2004.
- 陳朝輝, 〈揚雄≪自序≫考論〉, ≪四川師範大學學報≫, 2006.

◇ 데이터베이스(DB) 자료

- 한국고전종합DB(http://db.itkc.or.kr)
- 동양고전종합DB(http://db.cyberseodang.or.kr)
- 電子版 文淵閣四庫全書, 上海古籍出版社.
- 상우천고(http://www.s-sangwoo.kr)

2. ≪揚子法言 2≫ 參考圖版 目錄

譯註

朴勝珠

홍익대학교 국어교육과 졸업
민족문화추진회 상임연구원 수료
구경서숙(久敬書塾) 강사
서울시민대학 강사
해동경사연구소 연구위원
한국고전번역원 번역위원(現)
전통문화연구회 연구위원(前)

역저

譯書 《承政院日記》 仁祖 10·20·26·55·58·69집 등 공역
《承政院日記》 英祖 22·43·63·67·76집 등 공역 외 다수

懸吐

成百曉

충남 예산 출생
가정에서 부친 월산공(月山公)으로부터 한문 수학
월곡(月谷) 황경연(黃璟淵), 서암(瑞巖) 김희진(金熙鎭) 선생 사사(師事)
민족문화추진회 국역연수원 수료
고려대학교 교육대학원 한문교육과 수료
한국고전번역원 부설 고전번역교육원 명예한학교수(現)
전통문화연구회 부회장(前)
해동경사연구소 소장(現)
고전국역상 수상

논문 및 역저

論文 〈艮齋의 性理說小考〉〈燕岩의 學問思想硏究〉
譯書 四書集註 《詩經集傳》 《書經集傳》 《周易傳義》 《古文眞寶》
《牛溪集》 등 다수
共譯 《宣祖實錄》 《宋子大全》 《茶山集》 《退溪集》 등 다수

東洋古典譯註叢書 95

譯註 揚子法言 2 28,000원

2025년 10월 20일 초판 인쇄
2025년 10월 30일 초판 발행

著　　者　　揚 雄

企劃編輯　　東洋古典飜譯編輯委員會
飜譯研究管理　朴相水
譯　　註　　朴勝珠
懸　　吐　　成百曉
潤　　文　　李孝宰
校　　訂　　李孝宰
編輯出版　　白俊哲

發 行 人　　金 炫

發 行 處　　社團法人 傳統文化研究會
서울 종로구 삼봉로 81 두산위브파빌리온 1332호
전화 : (02)762-8401　전송 : (02)747-0083
전자우편 : juntong@juntong.or.kr
홈페이지 : juntong.or.kr
사이버書院 : hm.cyberseodang.or.kr
온라인서점 : book.cyberseodang.or.kr
총판 : 한국출판협동조합(070-7119-1750)

ISBN 979-11-5794-445-3 94150
978-89-85395-71-7 (세트)

※ 이 책은 2023년도 교육부 고전문헌 국역지원사업 지원비에 의해 번역되었음.

전통문화연구회 도서목록

新編 基礎漢文教材·漢文讀解捷徑

서명	역자	가격
新編 四字小學·推句	고전교육연구실 編譯	11,000원
新編 啓蒙篇·童蒙先習	고전교육연구실 編譯	11,000원
新編 明心寶鑑	李祉坤·元周用 譯註	15,000원
新編 擊蒙要訣	咸賢贊 譯註	12,000원
新編 註解千字文	李忠九 譯註	12,000원
新編 原文으로 읽는 故事成語	元周用 編譯	15,000원
新編 唐音註解選	權卿相 譯註	22,000원
(개정판) 漢文독해기본패턴	고전교육연구실 著	20,000원
논어독해 첫걸음	고전교육연구실 著	17,000원
맹자독해 첫걸음		근간
한문독해첩경 文學篇	朴相水·李和春 외 著	17,000원
한문독해첩경 史學篇	朴相水·李和春 외 著	17,000원
한문독해첩경 哲學篇	朴相水·李和春 외 著	17,000원

五書五經讀本

서명	역자	가격
論語集註 上·下	鄭太鉉 譯註	合 49,000원
孟子集註 上·下	田炳秀 外 譯註	合 60,000원
大學·中庸集註	李光虎 外 譯註	15,000원
小學集註 上·下	李忠九 外 譯註	合 50,000원
詩經集傳 上·中·下	朴小東 譯註	合 90,000원
書經集傳 上·中·下	金東柱 譯註	合 90,000원
周易傳義 元·亨·利·貞	崔英辰 外 譯註	合 120,000원
詳說 古文眞寶大全後集 上·下	李相夏 外 譯註	合 64,000원
春秋左氏傳 上·中·下	許鎬九 外 譯註	合 109,000원
禮記 上·中·下	成百曉 外 譯註	合 90,000원

東洋古典國譯叢書

서명	역자	가격
大學·中庸集註 -개정증보판	成百曉 譯註	12,000원
論語集註 -개정증보판	成百曉 譯註	30,000원
孟子集註 -개정증보판	成百曉 譯註	30,000원
詩經集傳 上·下	成百曉 譯註	合 70,000원
書經集傳 上·下	成百曉 譯註	合 66,000원
周易傳義 上·下	成百曉 譯註	合 80,000원
小學集註	成百曉 譯註	30,000원
古文眞寶 後集	成百曉 譯註	32,000원

東洋古典譯註叢書

〈經部〉

서명	역자	가격
十三經注疏		
周易正義 1~4	成百曉 外 譯註	合 147,000원
尙書正義 1~7	金東柱 譯註	合 241,000원
毛詩正義 1~8〔全15〕	朴小東 外 譯註	合 288,000원
禮記正義 1~3, 中庸·大學	李光虎 外 譯註	合 117,000원
論語注疏 1~3	鄭太鉉 外 譯註	合 117,000원
孟子注疏 1~4〔全5〕	崔彩基 外 譯註	合 124,000원
孝經注疏	鄭太鉉 外 譯註	35,000원
周禮注疏 1~4〔全15〕	金容天 外 譯註	合 129,000원
春秋左傳正義 1~2〔全18〕	許鎬九 外 譯註	合 59,000원
春秋公羊傳注疏 1〔全7〕	宋基采 外 譯註	合 37,000원
春秋左氏傳 1~8	鄭太鉉 譯註	合 255,000원
禮記集說大全 1~6〔全10〕	辛承云 外 譯註	合 206,000원
東萊博議 1~5	鄭太鉉 外 譯註	合 172,000원
韓詩外傳 1~2	許敬震 外 譯註	合 65,000원
說文解字注 1~5〔全20〕	李忠九 外 譯註	合 172,000원

〈史部〉

서명	역자	가격
思政殿訓義 資治通鑑綱目 1~23〔全39〕	辛承云 外 譯註	合 710,000원
通鑑節要 1~9	成百曉 譯註	合 316,000원
唐陸宣公奏議 1~2	沈慶昊 外 譯註	合 88,000원
貞觀政要集論 1~4	李忠九 外 譯註	合 109,000원
列女傳補注 1~2	崔秉準 外 譯註	合 68,000원
歷代君鑑 1~4	洪起殷 外 譯註	合 140,000원

〈子部〉

서명	역자	가격
孔子家語 1~2	許敬震 外 譯註	合 79,000원
管子 1~4〔全5〕	李錫明 外 譯註	合 130,000원
近思錄集解 1~3	成百曉 譯註	合 106,000원
老子道德經注	金是天 譯註	30,000원
大學衍義 1~5〔全7〕	辛承云 外 譯註	合 148,000원
墨子閒詁 1~7	李相夏 外 譯註	合 267,000원
說苑 1~2	許鎬九 譯註	合 50,000원
世說新語補 1~5	金鎭玉 外 譯註	合 181,000원
荀子集解 1~7	宋基采 譯註	合 238,000원
心經附註	成百曉 譯註	38,000원
顔氏家訓 1~2	鄭在書 外 譯註	合 59,000원
揚子法言 1〔全2〕	朴勝珠 譯註	24,000원
列子鬳齋口義	崔秉準·孔勤植·權憲俊 共譯	40,000원
二程全書 1~7〔全8〕	崔錫起·外 譯註	合 251,000원
莊子 1~4	安炳周·田好根 共譯	合 143,000원
政經·牧民心鑑	洪起殷·全百燦 譯註	27,000원
韓非子集解 1~5	許鎬九 外 譯註	合 202,000원
武經七書直解		
孫武子直解·吳子直解	成百曉 外 譯註	45,000원
六韜直解·三略直解	成百曉 外 譯註	26,000원
尉繚子直解·李衛公問對直解	成百曉 外 譯註	26,000원
司馬法直解	成百曉 外 譯註	26,000원

〈集部〉

서명	역자	가격
古文眞寶 前集	成百曉 譯註	30,000원
唐詩三百首 1~3	宋載卲 外 譯註	合 127,000원
唐宋八大家文抄 韓愈 1~3	鄭太鉉 譯註	合 78,000원
〃 柳宗元 1~2	宋基采 譯註	合 44,000원
〃 歐陽脩 1~7	李相夏 譯註	合 220,000원
〃 王安石 1~2	申用浩·許鎬九 共譯	合 45,000원
〃 曾鞏	宋基采 譯註	25,000원
〃 蘇洵	李章佑 外 譯註	25,000원
〃 蘇軾 1~5	成百曉 譯註	合 110,000원
〃 蘇轍 1~3	金東柱 譯註	合 64,000원
明清八大家文鈔 1 歸有光·方苞	李相夏 外 譯註	35,000원
〃 2 劉大櫆·姚鼐	李相夏 外 譯註	35,000원
〃 3 梅曾亮·曾國藩	李相夏 外 譯註	38,000원
〃 4 張裕釗·吳汝綸	李相夏 外 譯註	50,000원

東洋古典新譯

서명	역자	가격
당시선	송재소·최경렬·김영죽 편역	24,000원
손자병법	성백효 역주	14,000원
장자	안병주·전호근·김형석 역주	13,000원
고문진보 후집	신용호 번역	28,000원
노자도덕경	김시천 역주	15,000원
고문진보 전집 上·下	신용호 번역	各 22,000원
신식 비문척독	박상수 번역	25,000원
쉽게 배우는 안씨가훈	김창진 편역	23,000원

동양문화총서

서명	저자	가격
동양사상 해설과 원전	정규훈 外 저	22,000원
화합의 길 《중용》 읽기	금장태 저	20,000원
호설과 시장	신용호 저	20,000원
어느 노학자의 젊은 시절 -《고문진보》 選譯	심재기 저	22,000원

문화문고

서명	저자	가격
경전으로 본 세계종교 그리스도교	이정배 편저	10,000원
〃 도교	이강수 편역	13,000원
〃 천도교	윤석산 외 편저	10,000원
〃 힌두교	길희성 편역	10,000원
〃 유교	이기동 편저	10,000원
〃 불교	김용표 편저	22,000원
〃 이슬람	김영경 편역	13,000원
논어·대학·중용	조수익·박승주 공역	13,000원
맹자	조수익·박승주 공역	10,000원
소학	박승주·조수익 공역	10,000원
십구사략 1~2	정광호 저	合 24,000원
무경칠서 손자병법·오자병법	성백효 역	13,000원
〃 육도·삼략	성백효 역	10,000원
〃 사마법·울료자·이위공문대	성백효 역	10,000원
당시선	송재소·최경렬·김영죽 편역	10,000원
한문문법	이상진 저	20,000원
한자한문전통교재	조수익·이성민 공역	13,000원
士小節 선비 집안의 작은 예절	이동희 편역	13,000원
儒學이란 무엇인가	이동희 저	18,000원
동아시아의 유교와 전통문화	이동희 저	13,000원
현대인, 동양고전에서 길을 찾다	이동희 저	10,000원
100자에 담긴 한자문화 이야기	김경수 저	12,000원
우리 설화 1~2	김동주 편역	合 20,000원
대한민국 국무총리	이재원 저	10,000원
백운거사 이규보의 문학인생	신용호 저	14,000원